原文 註釋 國譯

漢書(八)

後漢 班固 著

陳 起 煥 譯註

明文堂

揚雄(양웅)

87권 참조.

范蠡(범려)

통칭, 陶朱公. 중국인의 財神.

董賢(동현)

漢 哀帝의 男寵(남총).

斷袖之好(단수지호)

哀帝는 잠든 董賢을 깨우지 않으려고, 자신의 옷 소매를 자르게 했다.

93권 참조. 陳洪綬의 博古葉子(1651).

素紗單衣(소사단의)
前漢. 上下 128cm, 소매길이 190cm, 무게 49그램.
馬王堆(마왕퇴) 1호묘(軑侯妻墓) 출토. 湖南省 博物館 소장.

漢代의 비단 그림(주인공의 升天)
前漢. 총길이 205cm, 상단 가로 92cm, 하단 가로 48cm.
馬王堆(마왕퇴) 1호묘(軑侯妻墓) 출토. 湖南省 博物館 소장.

錯金銀雲文犀樽(착금은운문서준)
前漢. 높이 34cm, 길이 58cm, 中國歷史博物館 소장.

〖明文 中國正史 大系〗

原文 註釋 國譯

漢 書(八)

後漢 班固 著

陳 起 煥 譯註

明文堂

차례

원문 주석 국역
한서(八)

86 何武王嘉師丹傳
〔하무, 왕가, 사단전〕

86-1. 何武

原文

何武字君公, 蜀郡郫縣人也. 宣帝時, 天下和平, 四夷賓服, 神爵, 五鳳之間屢蒙瑞應. 而益州刺史王襄使辯士王褒頌漢德, 作〈中和〉,〈樂職〉,〈宣佈〉詩三篇. 武年十四五, 與成都楊覆衆等共習歌之. 是時, 宣帝循武帝故事, 求通達茂異士, 召見武等於宣室. 上曰, "此盛德之事, 吾何足以當之哉!" 以褒爲待詔, 武等賜帛罷.

│ 註釋 │ ○何武(하무, ? - 서기 3년) - 前 8년 御史大夫(大司空) 역임. 나중

에 왕망의 모함으로 자살. ㅇ蜀郡郫縣 - 蜀郡 치소는 今 四川省 成都市. 郫
縣(비현)은 今 四川省 成都市 관할의 郫縣. ㅇ神爵,五鳳 - 모두 선제의 연호.
神爵은 前 61 - 58년, 五鳳은 前 57 - 54년. ㅇ益州刺史 - 13자사부의 하나.
관할 지역은 지금의 四川省, 貴州省, 雲南省 일대의 8개 군. ㅇ辯士 - 말재
주가 좋은 사람. ㅇ王襃(왕포) - 34권, 〈嚴朱吾丘主父徐嚴終王賈傳〉(下)에
입전. ㅇ循武帝故事 - 循은 답습하다. 따라하다. 故事는 前例. ㅇ茂異士 -
秀才異等之士. ㅇ宣室 - 未央宮의 전각 이름. ㅇ待詔 - 수시로 황제의 부
름을 받아 자문에 응하는 관리. 이후 점차 특정 분야를 담당하는 직명으로
전환되어 太史, 治曆, 音律, 本草待詔 등으로 불렸다.

〖 國譯 〗

　　何武(하무)의 字는 君公으로 蜀郡 郫縣(비현) 사람이다. 宣帝 때 천
하가 화평하고 四夷들도 조공을 바쳤으며 神爵(신작), 五鳳 연간에
는 여러 상서로운 조짐이 많았다. 그 무렵 益州刺史인 王襄(왕양)은
변사인 王襃(왕포)를 시켜 漢의 공덕을 칭송하는 〈中和〉, 〈樂職〉, 〈宣
佈〉 등의 詩 3편을 짓게 하였다. 그때 하무는 나이가 14, 5세였는데
成都의 楊覆衆(양복중) 등과 함께 노래를 익혔다. 이 무렵 宣帝는 武
帝의 전례를 따라 경전에 통달하고 재주가 뛰어난 인재를 구했는데
하무 등을 미앙궁 宣室(선실)에서 불러 만났다. 선제는 "이러한 훌륭
한 덕이 어찌 내게 있겠는가!"라고 말하면서 왕포를 대조에 임명하
고 하무 등에게는 비단을 하사하여 돌려보냈다.

武詣博士受業, 治《易》. 以射策甲科爲郎, 與翟方進交志相友. 光祿勳擧四行, 遷爲鄠令, 坐法免歸.

武兄弟五人, 皆爲郡吏, 郡縣敬憚之. 武弟顯家有市籍, 租常不入, 縣數負其課. 市嗇夫求商捕辱顯家, 顯怒, 欲以吏事中商. 武曰, "以吾家租賦繇役不爲衆先, 奉公吏不亦宜乎!" 武卒白太守, 召商爲卒吏, 州里聞之皆服焉.

| 註釋 | ○博士 – 질록은 6백석으로 낮으나 직분은 높고 중했다. 僕射(복야) 1인이 박사를 통솔했다. 복야는 본래 우두머리란 뜻으로, 각 분야별로 복야가 있었다. 侍中僕射, 博士僕射, 尙書僕射, 謁者僕射 등이 그 예이다. ○射策 – 추첨에 의한 테스트를 거치는 인재 평가 방법. 천거된 사람들이 미리 출제하여 밀봉된 문제를 뽑아 그에 대한 방책을 논하는 것. 뽑은 문제의 난이에 따라 甲科와 乙科로 구분하였다. ○翟方進(적방진) – 승상 역임. ○光祿勳 – 九卿의 하나. 郎中令. 궁궐 수위 임무. 질록은 中二千石. ○四行 – 元帝 永光 원년(前 43)에 質朴, 敦厚, 謙遜, 有行義한 인재를 천거하게 하였다. 당시 광록훈이 이 방법에 의거 인재를 천거하였다. ○鄠(호) – 현명. 今 陝西省 西安市 관할의 戶縣. ○市籍 – 商人의 호적. 중농억상책의 일환으로 상인의 호적에 오른 사람이나 그 자손은 죄를 지은 관리나 도망자와 같은 대우를 받아 일정 기간 노역에 종사해야만 했다. ○市嗇夫求商 – 嗇夫(색부)는 시장 상인들의 세금을 걷는 사람. 縣에 시장을 감독하는 市掾(시연)이 있고 그 아래에 색부가 있었다. 求商은 인명. 姓은 求. ○召商爲卒吏 – 卒吏는 卒史. 卒史는 관청의 하급 관리 질록이 1백석이라서 百石卒史라고 통칭했다. 단, 三輔의 졸사는 秩이 2백석이기에 2백석 졸사라고 불렸다.

[國譯]

하무는 博士에게 나아가 수업하며 《易經》을 전공하였다. 射策에서 甲科로 뽑혀 낭관이 되어 翟方進(적방진)과 뜻을 함께 하며 친하게 지냈다. 光祿勳이 四行의 인재를 천거하여 하무는 鄠縣(호현) 현령이 되었으나 법을 어겨 면직 귀향하였다.

하무의 형제 5인이 모두 郡의 관리였는데 군현 사람들이 두려워하였다. 하무의 동생 何顯(하현)은 市籍(시적)에 올라 租(조)를 늘 바치지는 않았는데 현에서도 자주 빼주기도 하였다. 市場의 嗇夫(색부)인 求商(구상)이 하현의 식구를 잡아다가 모욕을 주자 하현은 분노하면서 관리의 일을 빙자하여 구상을 중상하려고 하였다. 그러자 하무가 말했다. "우리 집안이 租賦(조부)나 요역을 남들보다 솔선하지 않았으니 공무를 담당하는 관리를 받들어야 옳지 않겠는가!"

하무는 나중에 태수에게 추천한 뒤 구상을 불러 卒史에 임명하니 마을 사람들이 듣고서는 감복하였다.

原文

久之, 太僕王音擧武賢良方正, 徵對策, 拜爲諫大夫, 遷揚州刺史. 所擧奏二千石長吏必先露章, 服罪者爲虧除, 免之而已, 不服, 極法奏之, 抵罪或至死. 九江太守戴聖, 《禮經》號小戴者也, 行治多不法, 前刺史以其大儒, 優容之. 及武爲刺史, 行部錄囚徒, 有所擧以屬郡. 聖曰, "後進生何知, 乃欲亂人治!" 皆無所決. 武使從事廉得其罪, 聖懼, 自免,

後爲博士, 毁武於朝廷. 武聞之, 終不揚其惡. 而聖子賓客
爲群盜, 得, 繋廬江, 聖自以子必死. 武平心決之, 卒得不死.
自是後, 聖慚服. 武每奏事至京師, 聖未嘗不造門謝恩.

| 註釋 | ○王音(왕음, ?-전 15년) - 王鳳의 사촌 아우, 王莽(왕망)의 당숙.
○徵對策 - 徵은 詢問하다. 對策은 對册이라고도 하는데, 政事나 經義에 대
한 설문에 응시자의 답변을 대책이라 한다. 인재 등용의 한 방법. ○諫大夫
- 光祿勳의 속관. 政事 의론을 담당. 秩 比八百石. ○服罪者爲虧除 - 服罪
는 자복하다. 虧除(휴제)는 죄의 내용을 경감하다. ○九江 - 군명. 치소는 壽
春縣(今 安徽省 六安市 관할의 壽縣). ○戴聖(대성) - 인명. 일찍이 미앙궁의
石渠閣(석거각)에서 경전의 校書와 講學에 참여하였던 사람. ○行部錄囚徒
- 업무 지역을 돌며 죄수의 기록을 검토하다. ○從事 - 자사의 속관. 秩 百
石. ○廉得其罪 - 廉은 조사하다. 査察하다. ○廬江 - 군명. 치소는 舒縣(今
安徽省 合肥市 관할의 廬江縣). ○造門謝恩 - 造는 이르다(至也). 나아가다.

〖 國譯 〗

　얼마 지나 太僕인 王音(왕음)이 하무를 賢良方正한 인재로 천거하
였고 부름을 받고 대책을 올려 諫大夫가 되었다가 揚州(양주) 자사
가 되었다. 상주문서 중에 이천석 고관의 경우 내용을 공개하고 지
은 죄를 자수하는 자는 그 죄상을 축소하여 면직만 시켰으나 자수하
지 않으면 법대로 끝까지 상주하여 죄에 걸려들거나 사형도 당하게
하였다.

　九江太守인 戴聖(대성)은 《禮記》에 밝아 '小戴(소대)'라고 불리는
사람이었지만 업무에서는 불법이 많았으나 전직 자사는 그가 大儒

(대유)라 하여 우대하고 관용하였다. 하무는 자사가 되어 각 지역을 돌며 죄수 기록을 검토하여 적발한 것을 각 군에 위임하였다. 이에 대성이 말했다. "학문이 깊지 않은 자가 무엇을 안다고 남의 치적을 어지럽게 하는가!"라고 말하며 실천하지 않았다. 하무가 從事를 시켜 그 죄를 조사하자 대성은 두려워서 자진 사퇴하였는데 나중에 박사가 되어 조정에서 하무를 중상모략하였다. 하무는 이를 알았지만 끝내 그의 부정을 말하지 않았다. 대성의 아들과 동료가 떼지어 도둑질을 하다 체포되어 廬江郡(여강군)에 갇히자 대성은 아들이 틀림없이 사형될 것이라고 생각했다. 그러나 하무가 공정하게 평결하여 결국 죽지는 않았다. 이후 대성은 부끄러워하며 탄복하였다. 하무가 매번 업무보고 차 京師에 도착하면 대성은 그 집에 찾아가 사은하지 않은 적이 없었다.

原文

　武爲刺史, 二千石有罪, 應時擧奏, 其餘賢與不肖敬之如一, 是以郡國各重其守相, 州中淸平. 行部必先卽學官見諸生, 試其誦論, 問以得失, 然後入傳舍, 出記問墾田頃畝, 五穀美惡, 已乃見二千石, 以爲常.

│註釋│ ㅇ二千石－태수나 각 제후국의 相은 질록이 2천석이었다. ㅇ先卽學官－卽은 도착하다. 찾아가다. 學官은 學之官舍. ㅇ傳舍－驛舍. 출장관리의 숙소. ㅇ出記~－出記는 單子(札子, 일종의 메모지)를 보내다.

　하무는 자사가 되어 이천석 관리에게 죄가 있으면 즉시 보고하였지만 그 외에는 현명하든 안 하든 똑같이 공경하였기에 각 군국에서는 태수나 相을 존중했고 담당지역은 청정하고 평온하였다. 관할 지역을 순시하면서 먼저 학관에 가서 여러 유생을 만나보고 그들의 암송과 논술을 들어보고 정사의 득실을 물어본 뒤에 전사에 들어갔고 문서를 보내 개간한 면적 등을 묻고 오곡의 풍흉을 확인한 뒤에 태수를 만났는데 늘 이렇게 하였다.

原文

　初, 武爲郡吏時, 事太守何壽. 壽知武有宰相器, 以其同姓故厚之. 後壽爲大司農, 其兄子爲廬江長史. 時, 武奏事在邸, 壽兄子適在長安, 壽爲具召武弟顯及故人楊覆衆等. 酒酣, 見其兄子, 曰, "此子揚州長史, 材能駑下, 未嘗省見." 顯等甚慚, 退以謂武, 武曰, "刺史古之方伯, 上所委任, 一州表率也, 職在進善退惡. 吏治行有茂異, 民有隱逸, 乃當召見, 不可有所私問." 顯, 覆衆强之, 不得已召見, 賜卮酒. 歲中, 廬江太守擧之. 其守法見憚如此.

| 註釋 | ○長史 - 각 관서나 郡 태수의 보좌관. 曹史의 長이란 뜻. ○方伯 - 夏, 殷, 周代에는 한 지역 제후의 우두머리. 대 제후. ○賜卮酒 - 卮酒는 술 한 잔. 卮은 술잔 치.

　그전에 하무가 郡吏이었을 때 太守인 何壽(하수)를 상관으로 모셨었다. 하수는 하무가 재상이 될 器量이고 또 同姓이라고 우대하였다. 뒤에 하수가 대사농이 되었는데 그 형의 아들은 여강군의 長史이었다. 그때 하무는 업무를 보고하러 경사에 와서 집에 있었고 하수 형의 아들도 마침 장안에 올라왔었는데 하수는 술상을 차려놓고 하무의 동생 何顯(하현)과 하무의 친구 楊覆衆(양복중) 등을 초청했다. 술이 취하자 형의 아들을 불러놓고 말했다. "이 아이는 揚州자사 관내의 長史지만 재능이 모자라 아직 양주자사가 불러 만나지는 않았다."라고 말했다. 하현 등은 매우 미안해서 끝난 뒤에 하무에게 이야기했다. 그러자 하무가 말했다. "刺史는 옛날에는 方伯으로 왕의 위임을 받아 한 주를 통솔하였는데 그 직무는 선자를 등용하고 악자를 물리치는 것이었다. 관리의 직무수행에 특별한 공적이 있거나 백성 중에 隱逸(은일)이 있으면 바로 불러 만나보지만 사적으로 만나볼 수는 없는 것이다." 하현과 양복중이 여러 번 권하자 부득이 불러 만나 술을 하사하였다. 그 해에 여강군 태수가 그를 천거하였다. 하무가 원칙을 지키고 불법을 피하는 것이 이와 같았다.

　爲刺史五歲, 入爲丞相司直, 丞相薛宣敬重之. 出爲淸河太守, 數歲, 坐郡中被災害什四以上免. 久之, 大司馬曲陽侯王根薦武, 徵爲諫大夫. 遷兗州刺史, 入爲司隷校尉, 徙

京兆尹. 二歲, 坐擧方正所擧者召見槃辟雅拜, 有司以爲詭
衆虛僞. 武坐左遷楚內史, 遷沛郡太守, 復入爲廷尉. 綏和
元年, 御史大夫孔光左遷廷尉, 武爲御史大夫. 成帝欲修辟
雍, 建三公官, 卽改御史大夫爲大司空. 武更爲大司空, 封
氾鄕侯, 食邑千戶. 氾鄕在琅邪不其, 哀帝初卽位, 褒賞大
臣, 更以南陽犫之博望鄕爲氾鄕侯國, 增邑千戶.

| 註釋 | ○丞相司直 – 관리의 부정을 적발하는 승상의 업무를 돕는 직책.
秩 比二千石. ○薛宣(설선) – 83권, 〈薛宣朱博傳〉 입전. ○淸河太守 – 淸河
郡 치소는 淸陽縣(今 河北省 邢台市 淸河縣, 山東省 접경 지역). ○王根(? – 前
6) – 왕망의 숙부. ○兗州(연주)刺史 – 東郡, 陳留郡 등 4개 군과 淮陽國 등
4국을 감찰. ○槃辟雅拜(반벽아배) – 槃辟은 서성거리다. 盤旋과 같음. 雅拜
는 한 무릎을 먼저 꿇고 절하다. 하여튼 예법에 어긋난 행위를 했기에 그 추
천자를 추궁하였다. ○楚 – 치소는 彭城縣(팽성현, 今 江蘇省 徐州市). 內史는
제후국의 民政 담당 관리. ○沛郡(패군) – 치소는 相縣[今 安徽省 북부 淮北
市 관할의 濉溪縣(수계현)]. ○辟雍(벽옹) – 周代에 천자가 설치한 대학. 원형
의 부지를 연못이 감싸고 다리를 통하여 외부와 연결되었다. ○琅邪(낭야)
不其 – 不其(불기)는 縣名. 今 山東省 靑島市 일대. ○犫(주) – 현명. 今 河
南省 魯縣 동남. 犫는 흰 소 주.

[國譯]

하무는 자사로 5년을 근무하고 중앙에 들어와 丞相司直이 되었
는데 승상 薛宣(설선)도 하무를 존중하였다. 하무는 조정을 떠나 淸
河太守가 되었는데 몇 년 뒤에 재해의 피해가 군의 10분의 4이상이

된다 하여 면직되었다. 오래 있다가 대사마인 곡양후 王根(왕근)이 하무를 천거하여 부름을 받아 諫大夫(간대부)가 되었다. 兗州(연주) 刺史를 역임하고 중앙에 들어와 사예교위가 되었다가 경조윤으로 옮겼다. 2년에 方正한 인재를 천거했는데 천거 받은 인재가 두리번 거리고 예법에 어긋난 절을 한 죄에 연루되었는데 有司는 하무가 대 중을 속이고 위선을 했다고 말하였다. 하무는 楚國 내사로 좌천되었다가 다시 沛郡(패군) 태수를 거쳐 다시 조정에 들어와 정위가 되었다. 성제 綏和(수화) 원년(前 8)에 어사대부 孔光(공광)이 정위로 좌천되자 하무는 어사대부가 되었다. 성제는 辟雍(벽옹)을 세우고 三公의 官府를 설치하려고 어사대부를 大司空으로 바꾸었다. 하무는 大司空이 되어 氾鄕侯(범향후)에 봉해졌으며 식읍은 1천 호였다. 氾鄕(범향)은 琅邪郡(낭야군) 不其縣(불기현)에 있는데, 애제가 즉위하고 大臣을 포상하면서 다시 南陽郡 酇縣(주현)의 博望鄕을 범향후국으로 하고 1천 호를 늘려주었다.

原文

武爲人仁厚, 好進士, 獎稱人之善. 爲楚內史厚兩龔, 在沛郡厚兩唐, 及爲公卿, 薦之朝廷. 此人顯於世者, 何武力也, 世以此多焉. 然疾朋黨, 問文吏必於儒者, 問儒者必於文吏, 以相參檢. 欲除吏, 先爲科例以防請托. 其所居亦無赫赫名, 去後常見思.

| 註釋 | ○獎稱人之善 - 獎은 권장하다. 稱은 칭송하다. ○兩龔 - 龔勝
과 龔舍(공사). 72권, 〈王貢兩龔鮑傳〉에 입전. ○兩唐 - 唐林과 唐尊. 왕망의
新에서 요직을 역임. ○世以此多焉 - 多는 칭송하다. 존중하다. ○科例 -
條例.

〔國譯〕

　하무는 사람이 인자 후덕하고, 선비 추천을 좋아했고, 다른 사람
의 선행을 칭찬하였다. 楚國의 內史 때는 龔勝(공승)과 龔舍(공사)를
후대하였고, 패군태수로 근무할 때는 唐林(당림)과 唐尊(당존)을 우
대하였는데 공경이 되어서 이들을 조정에 천거하였다. 이 4인이 세
상에 알려진 것은 하무의 힘이었기에 세상에서는 하무를 많이 칭송
하였다. 그러나 하무는 붕당을 싫어하였고 文吏에 물을 것이 있으면
유생에게도 물었고, 유생에게 물은 것은 文吏에게도 물어 서로 참작
하였다. 관리를 임명할 때에도 먼저 조례를 만들어 청탁을 예방하였
다. 그가 재임했던 곳에서 혁혁한 명성은 없었지만 떠나간 뒤에는
늘 생각이 나는 사람이었다.

原文

　及爲御史大夫司空, 與丞相方進共奏言, "往者諸侯王斷
獄治政, 內史典獄事, 相總綱紀輔王, 中尉備盜賊. 今王不
斷獄與政, 中尉官罷, 職並內史, 郡國守相委任, 所以一統
信, 安百姓也. 今內史位卑而權重, 威職相踰, 不統尊者, 難
以爲治. 臣請相如太守, 內史如都尉, 以順尊卑之序, 平輕

22 漢書(八)

重之權." 制曰, "可." 以內史爲中尉. 初, 武爲九卿時, 奏言宜置三公官, 又與方進共奏罷刺史, 更置州牧, 後皆復復故, 語在〈朱博傳〉. 唯內史事施行.

| 註釋 | ㅇ以內史爲中尉 - 內史를 中尉라고 하다. 내사는 秦과 漢에서 경가와 주변의 행정을 담당하는 직책. 무제 때부터 경조윤, 좌풍익, 우부풍으로 구분. 中尉는 무관직으로 치안 유지가 주 임무, 질 중이천석. 무제 이후執金吾로 개칭. 제후국에도 중위를 두어 치안을 유지했다. ㅇ〈朱博傳〉 - 83권, 〈薛宣朱博傳〉.

〖 國譯 〗

何武가 大司空(御使大夫)이 되어 승상인 적방진과 함께 상주하였다.

"옛날에 諸侯王은 옥사를 결단하고 정치를 하였으며, 內史는 獄事를 관장하고 승상은 백관의 기강을 잡아 왕을 보좌하였으며, 中尉는 도적을 막았습니다. 지금의 왕은 재판하거나 행정을 하지 않고 중위의 관직은 없어졌으며 업무는 내사에 합쳐졌고 군국은 태수나 相에게 위임되었기에 어디서나 하나같이 신뢰하며 백성은 편안할 수 있습니다. 지금 내사는 직위는 낮으나 권력은 막중하여 권위와 직분이 서로 어긋나며 尊者를 統轄(통할)할 수 없어 그 업무에 어려움이 있습니다. 臣들은 제후국의 相은 太守과 같게 하고 內史는 都尉와 같게 하여 존비의 차례에 따르고 권한의 경중을 같게 만들어 줄 것을 주청합니다."

황제는 주청을 허락하였고 內史를 中尉라 하였다. 그전에 하무가 처음 九卿의 반열에 올랐을 때 三公의 官府를 설치하자고 상주했으며 또 적방진과 함께 刺史(자사)를 폐지하고 州에 牧(목)을 설치해야 한다고 주청했으며 나중에 모두 옛날로 돌아갔는데, 이는 〈朱博傳〉에 있고 다만 內史에 관한 건의만 시행되었다.

原文

多所擧奏, 號爲煩碎, 不稱賢公. 功名略比薛宣, 其材不及也, 而經術正直過之. 武後母在郡, 遣吏歸迎, 會成帝崩, 吏恐道路有盜賊, 後母留止, 左右或譖武事親不篤. 哀帝亦欲改易大臣, 遂策免武曰, "君擧錯煩苛, 不合衆心, 孝聲不聞, 惡名流行, 無以率示四方, 其上大司空印綬, 罷歸就國." 後五歲, 諫大夫鮑宣數稱冤之, 天子感丞相王嘉之對, 而高安侯董賢亦薦武, 武由是復徵爲御史大夫, 月餘, 徙爲前將軍.

| 註釋 | ○煩碎(번쇄) - 너저분하고 좀스럽다. ○不稱賢公 - 어사대부는 승상과 동급으로 인식되었다. 賢公의 公은 三公. ○左右或譖 - 左右는 황제의 측근. ○高安侯董賢 - 애제의 동성애 파트너. 93권, 〈佞幸傳〉에 입전.

〖 國譯 〗

하무는 상주가 많아 번쇄하다는 말을 들었지 현명한 三公이라는 칭송은 없었다. 功名은 대략 薛宣(설선)과 비슷하였지만 그 자질은 미치지 못했고 경학과 정직한 성품은 설선보다 나았다. 하무의 後母는 故郡에 살고 있어 관리를 보내 데려오려 했으나 마침 成帝가 붕어하여 도로에서 도적을 만날까 걱정되어 후모를 그대로 머물러 살게 하였는데, 이 때문에 황제 측근에서 가끔 하무가 부모를 잘 봉양하지 않는다고 비난하였다. 哀帝도 대신들을 교체할 생각이 있어 책명을 내려 하무를 면직시키며 말했다.

"君은 상주하는 일이 너무 번잡하고 여러 사람 생각과 다르며 효도한다는 말은 들리지 않고 악명만 돌아 천하를 통솔하기 어려우니 大司空의 인수를 반납 사직하고서 봉국에 돌아가기 바라노라."

그 5년 뒤 諫大夫 鮑宣(포선)은 하무가 억울하게 사직했다고 자주 거론하였고, 애제는 승상 王嘉(왕가)의 대책에 감동하였으며, 또 高安侯 董賢(동현)도 하무를 천거하였기에 하무는 다시 부름을 받아 어사대부가 되었는데 한 달 뒤에 자리를 옮겨 前將軍이 되었다.

原文

　先是, 新都侯王莽就國, 數年, 上以太皇太后故徵莽還京師. 莽從弟成都侯王邑爲侍中, 矯稱太皇太后指白哀帝, 爲莽求特進給事中. 哀帝復請之, 事發覺. 太后爲謝, 上以太后故不忍誅之, 左遷邑爲西河屬國都尉, 削千戶. 後有詔擧大常, 莽私從武求擧, 武不敢擧. 後數月, 哀帝崩, 太后卽日引莽入, 收大司馬董賢印綬, 詔有司擧可大司馬者. 莽故大司馬, 辭位辟丁, 傅, 衆庶稱以爲賢, 又太后近親, 自大司徒

孔光以下擧朝皆擧莽. 武爲前將軍, 素與左將軍公孫祿相
善, 二人獨謀, 以爲往時孝惠,孝昭少主之世, 外戚呂,霍,上
官持權, 幾危社稷, 今孝成,孝哀比世無嗣, 方當選立親近輔
幼主, 不宜令異姓大臣持權, 親疏相錯, 爲國計便. 於是武
擧公孫祿可大司馬, 而祿亦擧武. 太后竟自用莽爲大司馬.
莽風有司劾奏武,公孫祿互相稱擧, 皆免.

| 註釋 |　○太皇太后 - 원제의 황후, 성제의 모친인 王政君. 왕망의 고모.
○特進給事中 - 特進은 퇴임 원로 대신에게 내리는 명예직. 조회 시에 班次
는 三公 다음. 給事中은 加官의 명칭. 이를 받으면 매일 언제든지 황제를 면
담하고 황제의 고문에 응대할 수 있다. 황제가 신임하는 신하가 받을 수 있
었다.　○西河屬國都尉 - 西河는 군명. 치소는 平定縣(今 陝西省 북부 楡林市
관할의 府谷縣). 屬國은 변방의 군에 설치한 이민족의 자치 집단. 都尉는 그
관리 책임자.　○大常 - 太常. 종묘 의례 담당, 교육 및 박사의 선발과 관리도
담당.　○公孫祿(공손록) - 애제 때 집금오와 좌, 우장군 역임. 왕망에 의해
축출 당했다.

〚國譯〛

　　이보다 앞서, 신도후 왕망이 봉국에 가 있기 몇 년에 애제는 太皇
太后 때문에 왕망을 경사로 돌아오게 하였다. 왕망의 사촌 동생인
성도후 王邑(왕읍)은 侍中으로 太皇太后의 교지를 사칭하여 애제에
게 왕망이 特進에 급사중을 원한다고 말했다. 애제가 이를 다시 태
후에게 말하자 거짓이 드러났다. 태후는 이에 사과하였고 애제는 태
후 때문에 왕읍을 주살하지는 못하고 서하군의 속국도위로 좌천시

키고 식읍 일천호를 삭감했다. 뒤에 조서를 내려 태상을 천거하라고
하였는데 왕망은 사적으로 하무에게 천거를 요청했으나 하무는 천
거할 수가 없었다. 그 몇 달 뒤에 哀帝가 붕어하자 태황태후는 그날
로 왕망을 데리고 입조하여 大司馬 董賢(동현)의 인수를 회수하고
유사에게 조서를 내려 대사마가 될 사람을 천거하게 하였다. 왕망은
전에 大司馬로 있다가 丁씨와 傅씨 일족을 피하려 사임했었는데 많
은 사람들이 이를 현명하다고 칭송하였고 또 태왕태후의 근친이기
에 大司徒(승상)인 孔光(공광) 이하 조정의 많은 사람이 왕망을 천거
하였다. 하무는 前將軍으로 평소에 左將軍인 公孫祿(공손록)과 서로
친했는데 두 사람이 함께 협의하기를 지난날에 惠帝와 昭帝 같은 나
이 어린 황제가 있을 때 외척인 呂氏, 霍氏(곽씨) 上官氏가 권력을 쥐
고 사직을 위기에 처하게 했었는데 지금 성제, 애제 모두 후사가 없
으니 지금이야말로 근친을 뽑아 어린 황제를 보필해야 하지 異姓의
대신이 권력을 장악하는 것은 옳지 않으며 親疏가 서로 조화를 이루
어야 나라에 도움이 될 것이라 생각하였다. 그리하여 하무는 공손록
이 대사마에 적합하다고 천거하였고 공손록은 하무를 천거하였다.
그러나 태황태후는 왕망을 대사마에 등용하였다. 왕망은 담당자에
게 암시하여 하무와 공손록이 서로 천거한 것을 탄핵상주하게 한 뒤
에 모두 면직시켰다.

原文

武就國後, 莽寢盛, 爲宰衡, 陰誅不附己者. 元始三年, 呂
寬等事起. 時, 大司空甄豐承莽風指, 遣使者乘傳案治黨與,

連引諸所欲誅, <u>上黨鮑宣</u>,<u>南陽彭偉</u>,<u>杜公子</u>, 郡國豪桀坐死者數百人. <u>武</u>在見誣中, 大理正檻車徵<u>武</u>, <u>武</u>自殺. 衆人多冤<u>武</u>者, <u>莽</u>欲厭衆意, 令<u>武</u>子<u>況</u>嗣爲侯, 諡<u>武</u>曰刺侯. <u>莽</u>簒位, 免<u>況</u>爲庶人.

| 註釋 | ○宰衡(재형) – 湯王의 현신 伊尹(이윤)은 阿衡(아형)이라고 했고, 周 무왕의 동생 周公은 太宰라 불렸는데 왕망은 자신이 주공과 이윤의 업적을 겸한다 하여 宰衡이라는 호칭을 만들어 安漢公이라는 작위 앞에 붙여 사용하였다. 재형은 上公이나 諸侯 왕보다 높았다. ○呂寬 – 왕망의 아들 王宇(왕우) 妻의 오빠(왕우의 손위 처남). 왕망이 平帝의 모친 일가의 장안 거주를 막자 왕우는 뒷일을 걱정하여 여관과 모의하여 왕망의 집에 피를 뿌리고서 이는 하늘이 내리는 경계라고 말했다. 결국 왕우는 자살하였고, 여관은 처형되고, 여관의 가족은 合浦로 강제 이주되었다. 99권, 〈王莽傳〉 참고. ○上黨鮑宣,南陽彭偉,杜公子 – 上黨, 南陽은 모두 군명. ○大理正 – 정위의 속관. 廷尉正. 질 일천석.

〔 國譯 〕

하무가 봉국으로 돌아간 이후 왕망의 권세는 날로 강성하여 宰衡(재형)이라는 칭호를 썼고 자신에게 협조하지 않는 자를 음밀하게 죽였다. 평제 元始 3년(서기 3년), 呂寬(여관) 등의 사건이 일어났다. 大司空 甄豐(견풍)은 왕망의 뜻을 받들어 사자를 보내고 문건을 띄워 그 무리를 조사케 하면서 죽이고자 했던 사람들을 연행케 하였는데 상당군의 鮑宣(포선), 남양군의 彭偉(팽위)와 杜欽(두흠) 등 郡國의 여러 호걸들이 이에 연좌되어 죽은 자가 수백 명이었다. 하무도 무

고를 당했는데 大理正이 檻車(함거)를 보내 하무를 잡아가려 하자
하무는 자살하였다. 많은 사람들이 하무가 억울하다는 말을 하자 왕
망은 衆議를 달래려고 하무의 아들 何况(하황)을 후사로 뒤를 잇게
하고 하무에게 시호를 내려 剌侯(자후)라 하였다. 왕망이 찬위하고
서는 하황은 작위를 빼앗겨 서인이 되었다.

86-2. 王嘉

原文

王嘉字公仲, 平陵人也. 以明經射策甲科爲郞, 坐戶殿門
失闌免. 光祿勳于永除爲掾, 察廉爲南陵丞, 復察廉爲長陵
尉. 鴻嘉中, 擧敦朴能直言, 召見宣室, 對政事得失, 超遷太
中大夫. 出爲九江, 河南太守, 治甚有聲. 徵入爲大鴻臚, 徙
京兆尹, 遷御史大夫. 建平三年代平當爲丞相, 封新甫侯,
加食邑, 千一百戶.

| 註釋 | ○王嘉(왕가, ? - 前 2) - '千人所指, 無病而死'란 말을 남겼다. 애
제가 하옥시키자 20여 일을 단식한 뒤 피를 토하고 죽었다.   ○平陵 - 昭帝
의 능, 능현 이름. 今 陝西省 咸陽市 서북.   ○坐戶殿門失闌免 - 坐는 법을 어
기다. 戶는 止也. 闌 가로막을 난. 免은 면직되다.   ○南陵丞 - 南陵은 현명.

今 陝西省 西安市 동남. 丞은 현승. 현령의 보좌관. ○長陵尉－高祖의 능.
今 陝西省 咸陽市 동북. 尉는 縣尉. ○鴻嘉－成帝 연호, 前 20－17년. ○河
南太守－河南郡은 今 河南省 洛陽市. ○建平三年－哀帝 연호, 前 4년. ○平
當－71권, 〈雋疏于薛平彭傳〉에 입전.

[國譯]

　　王嘉(왕가)의 字는 公仲(공중)으로 平陵縣 사람이다. 明經으로 射
策 甲科에 뽑혀 낭관이 되었는데 殿門을 지키면서 들어갈 수 없는
사람을 들어가게 한 잘못으로 면직되었다. 光祿勳 于永(우영)이 掾
(연, 실무 관리)에 임명하였다가 察廉으로 천거되어 남릉현의 현승이
되었고 다시 찰렴으로 천거되어 長陵尉가 되었다. 성제 鴻嘉(홍가)
연간에 敦朴하고 직언을 잘하는 인재로 천거되어 宣室에서 성제를
알현하고 정사의 득실에 대하여 대답한 뒤에 등급을 뛰어넘어 태중
대부로 승진하였다. 지방관으로 나가 九江郡과 河南郡 태수를 역임
하며 그 치적에 명성이 높았다. 부름을 받아 중앙에 들어와 大鴻臚
(대홍려)가 되었다가 京兆尹으로 옮겼다가 어사대부로 승진하였다.
애제 建平 3년에 平當의 후임으로 승상이 되었고 新甫侯에 봉해졌
으며 식읍을 추가하여 1천 1백 호였다.

原文

　　嘉爲人剛直嚴毅有威重, 上甚敬之. 哀帝初立, 欲匡成帝
之政, 多所變動, 嘉上疏曰,

　　「臣聞聖王之功在於得人. 孔子曰, "材難, 不其然與!" 故

繼世立諸侯, 像賢也." 雖不能盡賢, 天子爲擇臣, 立命卿以輔之. 居是國也, 累世尊重, 然後士民之衆附焉, 是以敎化行而治功立. 今之郡守重於古諸侯, 往者致選賢材, 賢材難得, 拔擢可用者, 或起於囚徒. 昔魏尙坐事繫, 文帝感馮唐之言, 遣使持節赦其罪, 拜爲雲中太守, 匈奴忌之. 武帝擢韓安國於徒中, 拜爲梁內史, 骨肉長安. 張敞爲京兆尹, 有罪當免, 黠吏知而犯敞, 敞收殺之, 其家自冤, 使者覆獄, 刻敞賊殺人, 上逮捕不下, 會免, 亡命數十日, 宣帝徵敞拜爲冀州刺史, 卒獲其用. 前世非私此三人, 貪其材器有益於公家也.」

| 註釋 | ○欲匡～－匡은 바로 잡다. ○材難, 不其然與－舜有臣五人～. 武王曰, ～. 孔子曰, "才難, 不其然乎"《論語 泰伯》. ○故繼世～－《禮記 郊特牲》의 인용. ○魏尙坐事繫, ～－50권, 〈張馮汲鄭傳〉 중 馮唐傳 참고. ○雲中－군명. 치소는 雲中縣. 今 內蒙古 呼和浩特市(內蒙古自治區의 首府) 서남. ○武帝擢韓安國於徒中－武帝는 景帝의 착오. 경제가 韓安國을 발탁하였다. 韓安國은 52권, 〈竇田灌韓傳〉에 입전. ○黠吏知而犯敞－黠吏(힐리)는 교활한 관리. 張敞(장창)은 76권, 〈趙尹韓張兩王傳〉에 입전.

〖國譯〗

　王嘉는 사람이 강직, 엄격하며 위엄이 있어 성제도 크게 공경하였다. 애제 즉위 초에 성제 때 정치폐단을 바로 잡으려 여러 가지를 바꾸었는데 왕가가 이에 상소하였다.

「臣이 알기로, 聖王의 공덕은 사람을 얻는데 있습니다. 공자는 "인재는 얻기 어려우니 그렇지 않은가!"라고 하였고, 또 "世系를 이어 제후를 봉하는 것은 현명한 선조를 닮는 것"이라고 하였습니다. 신하가 모두 현인일 수는 없기에 천자는 신하를 고르거나 천자가 임명한 관리로 제후를 돕게 하였습니다. 한 나라에 거주하며 여러 세대에 걸쳐 존경을 받은 연후에야 백성들이 따르며 그렇게 되어야 교화가 이루어지고 공덕을 이루게 됩니다. 지금의 군수는 예전 제후보다도 책임이 더 중한데 예전에는 현명한 인재를 고르거나 인재를 얻기 어려우면 쓸만한 자를 발탁하였고 가끔은 죄수 중에서도 골랐습니다. 전에 魏尙(위상)은 업무상 착오로 잡혀 있었는데 文帝는 馮唐(풍당)의 말에 감격하여 지절을 가진 사자를 보내 위상의 죄를 사면하고서 雲中태수에 임명하자 흉노가 두려워하였습니다. 景帝는 죄수 중에서 韓安國을 발탁하여 梁의 內史로 삼자 梁王은 허물을 짓지 않고 늘 평안하였습니다. 張敞(장창)이 京兆尹(경조윤)이 되어 업무상 과오로 면직되게 되자 교활한 관리가 장창을 거역하자 장창은 그 사람을 처형했고, 처형자의 가족이 탄원하자 황제의 사자가 판결을 번복하여 장창이 사람을 각박하게 죽였다고 장창을 체포하려고 상주하였으나 宣帝는 수락 않다가 사면한 뒤에 수십 일 지나 장창을 다시 冀州자사에 임명하여 장창의 능력을 활용하였습니다. 이전의 황제가 이 3인을 편애해서 그런 것이 아니라 그 재능과 기량이 국가에 유익했기 때문이었습니다.」

「孝文時, 吏居官者或長子孫, 以官爲氏, 倉氏,庫氏則倉
庫吏之後也. 其二千石長吏亦安官樂職, 然後下下相望, 莫
有苟且之意. 其後稍稍變易, 公卿以下傳相促急, 又數改更
政事, 司隸,部刺史察過悉劾, 發揚陰私, 吏或居官數月而退,
送故迎新, 交錯道路. 中材苟容求全, 下材懷危內顧, 一切
營私者多. 二千石益輕賤, 吏民慢易之. 或持其微過, 增加
成罪, 言於刺史, 司隸, 或至上書章下, 衆庶知其易危, 小失
意則有離畔之心. 前山陽亡徒蘇令等從橫, 吏士臨難, 莫肯
伏節死義, 以守相威權素奪也. 孝成皇帝悔之, 下詔書, 二
千石不爲縱, 遣使者賜金, 尉厚其意, 誠以爲國家有急, 取辦
於二千石, 二千石尊重難危, 乃能使下.」

| 註釋 | ○或長子孫 − 長은 낳다(生)의 뜻. ○懷危內顧 − 두려워하며 자
신만 걱정하다. ○慢易之 − 慢易(만이)는 깔보다. 易은 輕也. ○從橫 − 橫行
하다. ○以守相威權素奪也 − 守는 太守. 二千石. 相은 제후국의 國相, 태수
와 동급. 素는 평소. 奪은 상실하다.

〖國譯〗

「文帝 때, 관리로 현직에 있거나 혹은 그 후손들은 관직을 성씨로
정했으니 倉氏나 庫氏는 바로 倉庫 관리의 후손이었습니다. 그 二千
石 고급 관리도 관직에 안락하였지만 내려올수록 서로 기대하는 것
에 구차한 뜻이 없지 않았습니다. 그 이후 차츰 변하여 公卿 이하는

서로 독촉을 하거나 또는 정사가 자주 바뀌게 되니 司隷校尉(사예교위)나 13部의 剌史가 과오를 찾아내면 모두 고발하며 남이 모르는 사적인 일도 다 드러나게 되고 관직에 있은 지 몇 달 만에 물러나게 하였으니 전임을 보내고 후임을 맞이하는 일이 길에서 교차하게 됩니다. 그러다 보니 보통 재능은 어지간하면 자리나 지키려 하고 재능이 부족하면 두려워하는 마음으로 자신만을 걱정하며 많은 자들이 사익만 추구하게 됩니다. 二千石(太守) 자리가 경시될수록 吏民도 더 경시하게 됩니다. 때로는 작은 과오를 잡아 거기에 보태어 죄를 만들어 자사나 사예교위에게 말하거나 때로는 투서된 글을 아래로 내려 보내면 많은 관리들은 쉽게 위기에 몰리는 것을 알기에 관리들은 작은 失意라도 있으면 이반하려는 마음을 품게 됩니다. 그전에 山陽郡의 도망간 죄수 蘇令(소령) 등이 멋대로 횡행할 때 어려운 상황에 처한 관리들은 지조를 지켜 대의를 위해 죽으려 하지 않았고 太守나 國相은 평소의 권위를 상실하였습니다. 孝成皇帝가 이를 걱정하여 조서를 내려 이천석 태수를 문책하지 않겠다고 하며 사자를 보내 상금을 하사하고 그 뜻을 위로하며 국가가 위급하면 태수의 처분에 따르고 위난에 당면한 태수를 존중하여야만 평정할 수 있다고 진정으로 생각하게 되었습니다.」

原文

「孝宣皇帝愛其良民吏, 有章劾, 事留中, 會赦壹解. 故事, 尙書希下章, 爲煩擾百姓, 證驗繫治, 或死獄中, 章文必有 '敢告之'字乃下. 唯陛下留神於擇賢, 記善忘過, 容忍臣子,勿責以備. 二千石,部刺史,三輔縣令有材任職者, 人情不能不有過差, 宜可闊略, 令盡力者有所勸. 此方今急務, 國家爲利也. 前蘇令發, 欲遣大夫使逐問狀, 時見大夫無可使者, 召盩厔令尹逢拜爲諫大夫遣之. 今諸大夫有材能者甚少, 宜豫畜養可成就者, 則士赴難不愛其死, 臨事倉卒乃求, 非所以明朝廷也.」

| 註釋 | ○愛其良民吏 － 백성을 善治하는 관리(愛其善治民之吏). 良은 善也. ○ '敢告之' 字乃下 － '진실하게 올릴 것' 이라는 글자를 써서 내려 보내다. 말한 자의 진실한 글이니 절대로 거짓 보고하지 말라는 당부의 뜻. ○宜可闊略 － 闊略(활략)은 사소한 잘못을 너그럽게 용서하다. ○盩厔(주질) － 縣名. 今 陝西省 西安市 관할의 周至縣. 盩 칠 주. 厔 막을 질.

〔國譯〕

「孝宣皇帝께서는 백성을 잘 다스리는 관리를 아끼면서 탄핵 건이 올라오면 일단은 유보하면서 나중에 사면하여 모두를 해결하였습니다. 전례대로라면 尙書가 조서를 내리면 백성들이 수고롭게 하거나 증거를 얻으려 고문으로 치죄하여 가끔은 옥중에서 죽을 수 있어 (宣帝께서는) 조서에 반드시 '진실하게 올릴 것' 이라는 글자를 써서 내려 보냈습니다. 폐하께서도 현자를 등용하시는 일에 마음을 쓰시고 관리들의 선행은 기억하고 과오는 잊어버리면서 臣子를 너그럽게 대하고 심하게 책망하시지 말기를 앙망합니다. 이천석 태수와 13部 刺史, 三輔의 縣令의 직분을 맡은 자가 잘못이 없을 수 없으니 너그럽게 대하면서 최선을 다하도록 더욱 권장하셔야 합니다. 이것이 지금의 급선무이며 국가에 이익이 될 것입니다. 전에 蘇令(소령)의 소요가 일어났을 때, 대부를 보내 상황을 파악 문책하려 해도 그 때 보낼만한 대부가 보이질 않아 盩厔(주질)의 현령인 尹逢(윤봉)을 발탁하여 諫大夫로 삼아 파견하였습니다. 지금 여러 대부 중에 재능이 뛰어난 자는 매우 적기에 성취할만한 인재를 미리 양성한다면 선비가 난관에 봉착하여 자신의 죽음을 아까워하지 않을 것이며 일을 당하여 갑자기 구하려 한다면 현명한 조정이라 할 수 없습니다.」

原文

　嘉因薦儒者公孫光, 滿昌及能吏蕭咸,薛修等, 皆故二千石有名稱. 天子納而用之.

　會息夫躬,孫寵等因中常侍宋弘上書告東平王雲祝詛, 又與后舅伍宏謀弑上爲逆, 雲等伏誅, 躬,寵擢爲吏二千石. 是時, 侍中董賢愛幸於上, 上欲侯之而未有所緣, 傅嘉勸上因東平事以封賢. 上於是定躬,寵告東平本章, 掇去宋弘, 更言因董賢以聞, 欲以其功侯之, 皆先賜爵關內侯. 頃之, 欲封賢等, 上心憚嘉, 乃先使皇后父孔鄕侯傅晏持詔書視丞相御史. 於是嘉與御史大夫賈延上封事言,

　「竊見董賢等三人始賜爵, 衆庶匈匈, 咸曰賢貴, 其餘並蒙恩, 至今流言未解. 陛下仁恩於賢等不已, 宜暴賢等本奏語言, 延問公卿大夫博士議郞, 考合古今, 明正其義, 然後乃加爵土, 不然, 恐大失衆心, 海內引領而議. 暴平其事, 必有言

當封者, 在陛下所從, 天下雖不說, 咎有所分, 不獨在陛下.
前定陵侯淳于長初封, 其事亦議. 大司農谷永以長當封, 衆
人歸咎於永, 先帝不獨蒙其譏. 臣嘉,臣延材駑不稱, 死有餘
責. 知順指不迕, 可得容身須臾, 所以不敢者, 思報厚恩也.」

　　上感其言, 止, 數月, 遂下詔封賢等, 因以切責公卿曰,

　　"朕居位以來, 寢疾未瘳, 反逆之謀相連不絶, 賊亂之臣近
侍帷幄. 前東平王雲與后謁祝詛朕, 使侍醫伍宏等內侍案
脈, 幾危社稷, 殆莫甚焉! 昔楚有子玉得臣, 晉文爲之側席
而坐. 近事, 汲黯折淮南之謀. 今雲等至有圖弒天子逆亂之
謀者, 是公卿股肱莫能悉心務聰明以銷厭未萌之故. 賴宗廟
之靈, 侍中駙馬都尉賢等發覺以聞, 咸伏厥辜.《書》不云乎?
'用德章厥善.' 其封賢爲高安侯, 南陽太守寵爲方陽侯, 左
曹光祿大夫躬爲宜陵侯."

| 註釋 |　○公孫光(공손광), 滿昌(만창) － 공손광은 성제 때 태수 역임. 만
창은《齊詩》전공.　○蕭咸(소함) － 蕭望之의 아들. 78권,〈蕭望之傳〉에 입전.
○息夫躬(식부궁, ? － 前 1), 孫寵 － 부귀만을 추구하여 東平王 劉雲의 모반을
얽어매어 고발, 피봉되었으나 결국에는 옥사. 45권,〈蒯伍江息夫傳〉에 입전.
○中常侍 － 加官의 명칭. 궁중 출입이 자유롭고 수시로 황제를 시중.　○東
平王雲 － 劉雲(? － 前 4). 宣帝의 손자, 東平 思王 劉宇의 아들. 병중의 애제
를 저주하며 황제가 되려 한다고 식부궁 등의 모함을 받아 결국은 자살하였
다.　○伍宏(오굉) － 太醫, 동평왕 왕후의 친정 아버지, 의술로 애제의 총애를
받았으나 식부궁의 모함을 받아 처형되었다.　○董賢(동현) － 哀帝의 동성연

애자. 高安侯. 애제가 죽은 당일에 관작을 빼앗기고 그날 자살했다. 93권, 〈佞幸傳〉에 입전. ○封事 - 주머니에 넣어 밀봉한 상서. ○淳于長(순우장) - 淳于는 복성. 元帝 王皇后 언니의 아들. 성제가 총애하는 趙飛燕을 황후로 책립하는데 힘써 定陵侯가 되었다. 綏和 원년(전 8년)에 대역죄로 처형. 93권, 〈佞幸傳〉에 입전. ○不迕 - 거스르지 않다. 迕는 거스를 오. ○寢疾未瘳 - 寢疾(침질)은 臥病. 未瘳(미추)는 낫지 않다. 瘳는 병 나을 추. ○子玉得臣 - 子玉은 춘추시대 楚의 令尹(영윤, 재상)인 成得臣. 楚 成王이 宋을 칠 때 晉은 宋을 구원하였다. 자옥이 군대를 더 달라고 요청했지만 成王이 따르지 않다가 나중에 적은 병력을 내 주었다. 결과적으로 자옥은 패전했고, 성왕의 문책을 받아 자살하였다. ○汲黯折淮南之謀 - 汲黯(급암, ?-前 112) - 汲물 길을 급. 黯 어두울 암. 50권, 〈張馮汲鄭傳〉에 입전. 회남왕 劉安은 武帝 元狩 元年(前 122년)에 모반했다. ○務聰明以銷厭未萌之故 - 務聰明은 널리 보고 듣다. 銷厭은 銷壓. 厭은 싫어할 염, 누를 엽(壓과 동). 未萌(미맹)은 일이 발생하기 전. ○侍中駙馬都尉 - 侍中은 가관의 칭호. 駙馬都尉(부마도위)는 황제 出行 時에 副車를 운행하며 시중드는 직책. 질록 比二千石. ○'用德章厥善' - '用罪는 伐厥死하고 用德은 彰厥善하라.'《書經 商書 盤庚 上》. ○左曹光祿大夫 - 左曹는 加官의 칭호. 尙書의 일을 담당하는 황제의 측근. 光祿大夫는 고문에 응대하는 황제의 측근. 秩 比二千石.

[國譯]

王嘉(왕가)는 이어 유생 公孫光(공손광)과 滿昌(만창), 그리고 유능한 관리 蕭咸(소함)과 薛修(설수) 등을 천거하였는데 모두가 이전에 태수를 역임하며 유명했던 사람이었다. 애제는 이들을 받아들이고 등용하였다.

그 무렵 息夫躬(식부궁), 孫寵(손총) 등이 中常侍 宋弘(송홍)을 통해

東平王 劉雲(유운)이 애제를 저주하였고, 또 동평왕후의 아버지 伍宏(오굉)과 애제를 시해하려고 모의하며 반역했다고 상서하자 유운 등은 처형되고 식부궁과 손총은 발탁되어 태수가 되었다. 이때 侍中 董賢(동현)이 애제의 총애를 받았는데 애제는 동현을 제후에 봉하고 싶었으나 그럴만한 소재가 없었는데 傅嘉(부가)가 애제에게 東平王의 사건을 가지고 동현을 봉할 수 있다고 말했다. 애제는 이에 식부궁과 손총이 동평왕 사건을 고발한 문서를 고쳐 宋弘(송홍)의 행적을 빼고 동현이 알려 준 것이라고 하여 그 공으로 제후에 봉하려고 우선 이들에게 모두 관내후의 작위를 하사하였다. 얼마 뒤에 동현 등을 봉하려 했으나 애제는 왕가가 마음에 걸려 먼저 傅皇后의 부친인 孔鄕侯 傅晏(부안)을 시켜 조서를 가지고 가서 승상과 어사대부에게 보여주게 하였다. 이에 왕가와 어사대부 賈延(가연)이 封事를 올렸다.

「저희들이 볼 때, 동현 등 3인이 처음 작위를 받았는데 백성들은 흉흉해하며 모두 동현은 총애로 봉을 받았고 그 나머지도 은총을 입었다고 말하는데 여러 가지 유언이 지금도 끝이 없습니다. 폐하께서 동현 등에게 끝없이 은총을 베푸시니 동현 등이 올린 본래의 글을 공개하여 공경대부와 박사와 議郎(의랑)에게 공개적으로 의견을 물어 고금의 예에 합당하고 그 뜻이 분명하고 옳다면 작위와 봉읍을 하사하고, 그렇지 않다면 아마 크게 민심만 잃을 것이며 사람들은 목을 늘려가며 비판할 것입니다. 그 사실을 다 공개하여 제후로 봉해도 괜찮다는 의견이 있어 폐하께서 따르신다면 천하 사람들이 좋아하지 않아도 그 허물은 분할되니 폐하 혼자 탓이 아닙니다. 그전에 定陵侯 淳于長(순우장)이 처음 제후에 봉해질 때 그 일 역시 의논에 회부했었습니다. 大司農이던 谷永(곡영)은 순우장을 봉해야 한다고 말했기에 많은 사람들이 곡영을 탓했고 先帝(成帝)는 그 비난을 혼자 받지 않았습니다. 臣 嘉(가)와 臣 延(연)은 재주도 없고 직무도 잘하지 못하기에 죽더라고 책망은 남을 것입니다. 폐하의 뜻에 따라 어긋나지 말아야 잠시라도 容身할 수 있겠지만 그래도 말씀드리지 않을 수 없는 것은 두터운 은의에 보답해야 하기 때문입니다.」

애제는 그 말에 감명을 받아 중지하였지만 몇 달 뒤 마침내 조서를 내려 동현 등을 봉하면서 이어 공경을 엄히 책망하였다.

"朕(짐)은 즉위 이래로 병이 아직도 낫지 않고 반역의 모의는 계속 이어지며 끊이지 않으면서 짐을 해치려는 자가 짐 가까이에도 있었다. 그전에 동평왕 劉雲(유운)과 왕후 謁(알)이 짐을 저주하였고 侍醫 伍宏(오굉)이 가까이에서 진맥할 때 그 무렵 안위가 이보다 더 위태로울 때는 없었도다! 옛날에 楚에 子玉得臣(자옥득신)이 있을 때 晉 文公은 걱정이 되어 방 한쪽에 앉아 있어야 했었다. 근래에는 汲黯(급암)이 淮南王의 역모를 좌절시켰었다. 지금 劉雲 등 천자를 시해하려는 역모를 꾸미는 자까지 있었지만 이를 公卿이나 股肱之臣(고굉지신)이 온 마음으로 널리 보고 들어서 일이 꾸며지기 전에 능히 알아내어 진압한 자가 없었다. 다행히 종묘 신령의 도움으로 侍中이며 駙馬都尉인 董賢 등이 알아내고 보고하여 모두가 그 죄를 自服하였다.《書經》에도 있지 않은가? '덕을 쌓았다면 그 선행을 드러내 주어야 한다.' 동현을 高安侯(고안후)에, 南陽太守 孫寵(손총)을 方陽侯(방양후)에, 左曹인 光祿大夫 식부궁을 宜陵侯(의릉후)에 봉하기 바라노라."

後數月, 日食, 舉直言, 嘉復奏封事曰,

「臣聞咎繇戒帝舜曰, '亡敖佚欲有國, 兢兢業業, 一日二日萬機.' 箕子戒武王曰, "臣無有作威作福, 亡有玉食, 臣之有作威作福玉食, 害於而家, 凶於而國, 人用側頗辟, 民用僭忒" 言如此則逆尊卑之序, 亂陰陽之統, 而害及王者, 其國極危. 國人傾仄不正, 民用僭差不一, 此君不由法度, 上下失序之敗也. 武王躬履此道, 隆至成, 康. 自是以後, 縱心恣欲, 法度陵遲, 至於臣弒君, 子弒父. 父子至親, 失禮患生, 何況異姓之臣? 孔子曰, "道千乘之國, 敬事而信, 節用而愛人, 使民以時." 孝文皇帝備行此道, 海內蒙恩, 爲漢太宗. 孝宣皇帝賞罰信明, 施與有節, 記人之功, 忽於小過, 以致治平. 孝元皇帝奉承大業, 溫恭少欲, 都內錢四十萬萬, 水衡錢二十五萬萬, 少府錢十八萬萬. 嘗幸上林, 後宮馮貴人從臨獸圈, 猛獸驚出, 貴人前當之, 元帝嘉美其義, 賜錢五萬. 掖庭見親, 有加賞賜, 屬其人勿衆謝. 示平惡偏, 重失人心, 賞賜節約. 是時, 外戚訾千萬者少耳, 故少府水衡見錢多也. 雖遭初元, 永光凶年饑饉, 加有西羌之變, 外奉師旅, 內振貧民, 終無傾危之憂, 以府臧內充實也. 孝成皇帝時, 諫臣多言燕出之害, 及女寵專愛, 耽於酒色, 損德傷年, 其言甚切, 然終不忿怒也. 寵臣淳于長, 張放, 史育, 育數貶退, 家資不滿千萬, 放斥逐就國, 長榜死於獄. 不以私愛害公義, 故雖

多內譏, 朝廷安平, 傳業陛下.」

| 註釋 | ○咎繇戒帝舜曰 – 咎繇(구요)는 皐陶(고요), 帝舜의 理官, 刑政을
담당. 중국 사법관의 시조. ○亡敖佚欲有國, ~ – 敖佚은 傲慢(오만)과 逸樂
(일락). 有國은 治國. 兢兢業業은 戰戰兢兢(전전긍긍)과 同.《書經 虞書 皐陶
謨(고요모)》의 구절. ○箕子戒武王曰 – 箕子는 殷 紂王의 숙부. 나중에 周
武王의 신하.〈洪範〉은 기자가 무왕을 깨우치려고 지은 글.《書經 周書 洪
範》. ○害於而家 – 而는 너 이. 人用側頗辟의 人은 관리. 頗辟(파벽)은 치우
치다. 偏과 同. 공정하지 못하다. ○民用僭慝 – 民은 백성. 僭慝(참특)은 僭
越(참월), 邪慝(사특). ○傾仄 – 기울다. 치우치다. 仄은 기울 측. ○躬履此
道 – 躬履(궁리)는 몸소 실천하다. ○隆至成,康 – 成康之治의 태평성대를 이
룩하다. ○法度陵遲 – 陵遲(능지)는 점점 쇠퇴하다. 陵夷(능이)와 同. ○孔
子曰 –《論語 學而》. ○道千乘之國 – 千乘의 戰車를 보유할 수 있는 제후국.
道는 治也. ○都內錢四十萬萬 – 都內는 大內와 同. 國庫. 大司農의 속관인
都內令이 관리하였다. 국고의 금전을 都內錢이라 하였다. 萬萬은 億(억).
○水衡錢 – 황실 재산과 주전을 담당하는 상림원의 水衡都尉(수형도위, 秩 二
千石)가 관리하는 금전. ○少府 – 황궁의 재산과 물자를 관리하는 관청. 九
卿의 하나. ○賜錢五萬 – 이는 97권,〈外戚傳〉에 있다. ○掖庭見親 – 掖庭
은 후궁의 처소. 후궁. 見親은 부모를 만나 뵈다. 覲親(근친). ○屬其人勿衆
謝 – 외부의 많은 사람들 앞에서(衆)이 사례하지(謝) 말라고(勿) 부탁하다
(屬). ○重失人心 – 重은 不願과 같음. ○外戚貲千萬者 – 貲는 재물 자. 資
와 同. ○初元,永光 – 모두 元帝의 연호. 初元은 前 48 – 44년, 永光은 前 43
– 39년. ○燕出之害 – 燕出은 微服으로 潛行(잠행)하다. ○長榜死於獄 –
오래 杖刑(장형)을 받아 옥에서 죽다. 榜은 매 방. 매질하다.

〔國譯〕

  그 몇 달 뒤에 일식이 있어 직언을 올리라 하자 왕가는 다시 봉서
를 올렸다.

  「臣이 알기로, 皐陶(고요)가 帝舜에게 주의를 촉구하며 말했습니
다. "탐욕과 평안으로 치국하지 마시고 조심하며 두려워해야 하나
니 하루 이틀에 만 가지 일이 일어날 수 있습니다." 그리고 箕子(기
자)가 武王을 깨우치려고 말했습니다. "신하가 위세를 부리고 복을
내리거나 좋은 음식을 먹어서는 안 되는데 신하가 위세를 부리고 재
물을 나눠주며 좋은 음식을 먹는다면 너의 집에 해가 되고 너의 나
라에 흉사가 될 것이며, 관리가 치우쳐 공평하지 못하면 백성들이
분수를 모르며 사특해질 것입니다." 이는 이렇게 되면 尊卑의 순서
가 뒤집히고 음양의 체통이 혼란하여 그 해악이 王者에 미치고 나라
가 아주 위기에 처한다는 것을 말한 것입니다. 관리들이 편파적이고
공정하지 못하다면 백성들도 제멋대로라서 하나가 될 수 없으니, 이
는 國君이 법도를 따르지 않아 상하의 질서가 무너졌기 때문입니다.

  武王은 이 원칙을 준수했기에 다음의 成王과 康王 代에 융성을
이룩했습니다. 그 이후에는 마음 내키는 대로 욕망을 따랐기에 법도
가 해이해져서 신하가 주군을 시해하고 자식이 부친을 죽이기에 이
르렀습니다. 父子가 至親이지만 예법이 무너지면 환란이 생기는데
하물며 異姓의 君臣이라면 더 말하겠습니까? 그래서 공자도 "千乘
의 나라를 다스릴 때 恭敬으로 다스리고 절약하며 백성을 사랑하고
때에 맞게 백성을 사역시켜야 한다."고 말했습니다. 文帝께서도 이
정도를 실천하였기에 천하가 그 혜택을 입어 漢의 太宗이 될 수 있
었습니다. 宣帝께서는 상벌이 공정하였고 시상이 절도가 있었으며

신하의 공적은 기억하지만 작은 과오를 생각하지 않아 태평한 치세를 이룩하셨습니다. 元帝께서는 大業을 이어받으신 뒤에 溫恭하시며 절약하셨기에 국고의 금전이 40萬萬錢, 水衡都尉(수형도위)가 관리하는 금전이 25萬萬錢, 少府의 금전이 18萬萬錢이었습니다. 일찍이 원제가 上林苑에 행차하였을 때 後宮 馮(풍) 귀인이 짐승우리에 가까이 다가가자 맹수가 놀라 뛰쳐나오자 풍귀인이 원제 앞을 가로막았고 원제께서는 그 뜻을 가상히 여겨 금전 5만을 하사하였습니다. 후궁이 부모를 만나 뵐 때 여러 상을 내리면서 그 사람들에게 타인에게는 보여주지 말라고 부탁을 합니다. 폐하께서는 공정을 보여야 하고 당파를 혐오하며 인심을 잃는 일을 해서도 안 되며 상을 내리는 것도 아껴야 합니다. 지금 외척으로 자산이 천만에 이른 자가 없기에 少府와 수형도위의 금전이 많게 보이는 것입니다. 비록 지난 初元과 永光 연간의 흉년과 기근을 당하고 거기다가 서쪽 羌族(강족)의 변란을 겪으면서 외부적으로 군수 물자를 공급하고, 내부적으로 빈민을 진휼했어도 끝까지 재정이 기우는 걱정을 하지 않았던 것은 내부에 비축된 재산이 충실했기 때문입니다. 成帝 때 간언을 올리는 신하들이 미복 외출의 폐해와 후궁에 대한 편파적인 총애와 주색에 탐닉하는 일이 성덕을 손상시키고 수명에 지장이 많다고 여러 번 건의하면서 그 언사가 매우 절실하여도 끝까지 노하지 않으셨습니다. 寵臣(총신)인 淳于長(순우장)과 張放(장방), 그리고 史育(사육) 중에 특히 사육은 여러 번 폄직되어 물러났고 가산이 천이나 만전도 되지 않는데도 방출되어 후국으로 물러났다가 오래 매질을 당해 옥에서 죽었습니다. 그래도 (성제의) 편애가 公義를 해치지 않았기에 비록 내부적으로 비난이 많았지만 조정이 평안하여 폐하게 대업이

물려질 수 있었습니다.」

原文

「陛下在國之時, 好《詩》《書》, 上儉節, 徵來所過道上稱誦
德美, 此天下所以回心也. 初卽位, 易帷帳, 去錦繡, 乘輿席
緣綈繪而已. 共皇寢廟比比當作, 憂閔元元, 惟用度不足,
以義割恩, 輒且止息, 今始作治. 而駙馬都尉董賢亦起官寺
上林中, 又爲賢治大第, 開門鄕北闕, 引王渠灌園池, 使者護
作, 賞賜吏卒, 甚於治宗廟. 賢母病, 長安廚給祠具, 道中過
者皆飲食. 爲賢治器, 器成, 奏御乃行, 或物好, 特賜其工,
自貢獻宗廟三宮, 猶不至此. 賢家有賓婚及見親, 諸官並共,
賜及倉頭奴婢, 人十萬錢. 使者護視, 發取市物, 百賈震動,
道路讙嘩, 群臣惶惑. 詔書罷菀, 而以賜賢二千餘頃, 均田
之制從此墮壞. 奢僭放縱, 變亂陰陽, 災異衆多, 百姓訛言,
持籌相驚, 被髮徒跣而走, 乘馬者馳, 天惑其意, 不能自止.
或以爲籌者策失之戒也. 陛下素仁智愼事, 今而有此大謬.」

| 註釋 | ○陛下在國之時 - 애제〔劉欣(유흔)〕는 즉위 전에 定陶王이었다.
孝元皇帝는 三男을 두었다. 王皇后(王政君)가 孝成帝를 낳고, 傅昭儀(부소
의)가 定陶共王(恭王) 劉康(유강)을, 馮昭儀(풍소의)가 中山孝王 劉興을 출산
했다. 유강이 일찍 죽자 아들 劉欣(유흔, 母親 丁氏)은 정도왕이 되었다가 成
帝가 아들이 없이 죽자 뒤를 이어 제위에 올랐다(哀帝). ○天下所以回心也

- 성제에 대한 기대에서 새로 즉위하는 애제에 대한 기대로 바뀌었다는 의미. ○縡繒 - 縡 두껍게 짠 비단 제. 繒 비단 증. ○共皇寢廟比比當作 - 정도공왕의 종묘를 줄줄이 이어 건축했다. 比比는 屢次(누차). ○王渠灌園池 - 王渠(왕거)는 도수로의 이름. 작은 운하. 灌은 물댈 관. ○長安廚給祠具 - 長安廚(장안주)는 경조윤의 속관으로 황제의 행차에 대비하여 여러 이궁의 설비나 행사 준비, 그리고 필요한 음식들을 주선하는 관리. 祠具는 병을 낫게 치성으로 올리는 제사에 필요한 도구나 음식. ○奏御 - 상주하다. ○宗廟三宮 - 三宮은 천자와 태후와 황후의 궁궐, 또는 태황태후의 거처인 長信宮, 傅太后의 永信宮, 그리고 成帝 趙太后(飛燕)의 궁. ○賓婚 - 婚事. ○倉頭奴婢 - 倉頭나 奴婢는 동의어. ○道路讙嘩 - 讙 시끄러울 환. 嘩 시끄러울 화. ○詔書罷菀 - 菀은 동산 완. 苑의 古字. ○均田之制從此墮壞 - 均田制는 관리의 등급에 따라 일정량의 토지를 지급했다는 註가 있는데, 이는 농민들에게 분급하는 토지제도가 아니다. 관리들의 후생을 위하여 지급한 토지. 均田은 성제 綏和 2년(전 7년)에 처음 지급하였다. ○持籌相驚 - 애제 建平 4년에 백성들은 西王母 점을 친다며 볏짚이나 삼대(麻幹)를 주고받았는데 이를 行詔籌(행조주)라고 하였다. ○天惑其意 - 夭惑其意로 된 판본도 있다.

[國譯]

「폐하께서 定陶國에 계실 때 《詩》와 《書》를 좋아하시고 절검을 숭상하셨으며 부름을 받고 올라오는 길에 백성들이 미덕을 칭송하였는데, 이는 온 천하의 인심이 성제에서 폐하로 옮겨온 것입니다. 즉위하신 후에 휘장을 교체했고 수놓은 비단을 들어내고 수레의 깔개도 거친 비단으로 바꾸었을 뿐입니다. 共皇(恭皇, 애제 부친)의 종묘를 줄줄이 이어 건축할 때 백성을 연민하면서도 비용이 부족할까 걱정하였고 의리로 은덕을 베풀겠다고 하였지만 곧 그만두었으며 시작하면 끝이었습니다. 그러나 駙馬都尉 董賢에게는 상림원에 관청 건물을 지었고, 또 동현을 위해 대 저택을 지었는데 대문을 열면 북궐로 이어지게 하였으며, 王渠(왕거)를 끌어 정원에 물을 대었고 사자를 파견하여 건축을 감독하게 하였으며, 그 이졸들에게도 상을 하사하였는데 종묘를 짓는 것보다 더 잘 지었습니다. 동현의 모친이 병이 나자 長安廚(장안주) 관리를 보내 제사 도구를 보내 주었고 길을 가는 사람들도 모두 그 음식을 먹을 수 있었습니다. 동현을 위하여 새로 그릇을 만들게 하여 그릇이 완성되자 상주하고서 주었으며, 혹 어떤 기물이 좋으면 그 제품을 동현에게 보내게 하였는데 종묘나 三宮에 쓰는 물건도 이에 이르지 못한다고 하였습니다. 동현의 집안에 혼사가 있거나 친척들을 만날 때는 여러 관리들도 재물을 보냈는데 하사품이 그 집의 노비까지 내려졌으며 사람에게만 십만 전을 주었습니다. 사자가 감시를 해주면서 시장 물건을 징발하자 온 상인들이 두려워하면서 도로가 소란하였으며 모든 신하들도 당혹해 하였습니다. 조서로 나라의 동산(苑)을 없애고 그것을 동현에게 2천 여 頃(경)을 주었으니 均田의 제도는 이때부터 무너졌습니다. 분수에 넘치는 사치와 방종한 생활에 음양의 질서가 무너지고 재해와 이변은 더욱 많아졌으며 백성들은 訛言(와언)을 믿어 점을 치고 놀라면서 머리를 산발하고 맨발로 도주하는 자가 있는가 하면 말을 타고 피신하였는데 요사한 일에 현혹되는 뜻을 그치게 할 수가 없었습니다. 혹자는 점을 친다는 소동은 실책에 대한 경계라고 생각하고 있습니다. 폐하께서는 평소에 인자하시고 지혜롭고 신중하시지만 지금은 이처럼 큰 비방이 성행하고 있습니다.」

「孔子曰, "危而不持, 顚而不扶, 則將安用彼相矣!" 臣嘉
幸得備位, 竊內悲傷不能通愚忠之信, 身死有益於國, 不敢
自惜. 唯陛下愼己之所獨鄕, 察衆人之所共疑. 往者寵臣鄧
通,韓嫣驕貴失度, 逸豫無厭, 小人不勝情慾, 卒陷罪辜. 亂
國亡軀, 不終其祿, 所謂愛之適足以害之者也. 宜深覽前世,
以節賢寵, 全安其命.」

於是上寢不說, 而愈愛賢, 不能自勝.

| 註釋 | ○危而不持 ~ -《論語 季氏》. ○鄧通,韓嫣 - 鄧通(등통)은 文帝
의 寵臣(총신). 文帝의 악성 종기를 입으로 빨아 신임을 얻었다. 문제는 蜀의
구리(銅) 광산을 등통에게 주었으며 私錢(鄧通錢)의 발행과 유통을 허용하
여 등통은 大富가 되었다. 景帝가 즉위하여 등통의 재산을 몰수했고 등통은
아사했다. 韓嫣(한언)은 武帝의 총신. 63권. 〈佞幸傳〉에 입전. 嫣은 아리따울
언. ○逸豫 - 安樂.

[國譯]

「공자는 "위기에 처했는데도 잡아주지 못하고, 넘어졌는데도 일
으켜 세우지 못한다면 그런 신하를 어디에 쓰겠는가?"라고 말했습
니다. 臣 嘉(가)는 요행수로 자리나 차지하고 있지만 삼가 이 어리석
은 충성의 신념이 통할 수 없는 것이 내심 슬프지만 제 몸이 죽어 유
익하다면 절대로 아까워하지 않겠습니다. 폐하께서 친히 홀로 지향
하는 바를 신중히 생각해 보시고 천하가 걱정하는 바를 살피시기 바
랍니다. 지난날 총신이었던 鄧通(등통)과 韓嫣(한언)은 교만이 정도

를 넘었고 안락한 생활은 만족할 줄을 몰랐으며 소인으로 그 정욕을 이기지 못했기에 결국은 죄를 짓고 죽었습니다. 나라를 뒤흔들었으나 육신을 망쳐 국록을 끝까지 지키지도 못했으니 넘치는 은총이 자신을 해친 것이라 할 수 있습니다. 의당 앞선 사례를 살펴 동현에 대한 총애를 조절하여 그 생명을 지켜주어야 할 것입니다.」

그러나 애제는 점점 왕가를 싫어하였고 동현을 더욱 총애하며 자제할 줄 몰랐다.

原文

會祖母傅太后薨, 上因托傅太后遺詔, 令成帝母王太后下丞相,御史, 益封賢二千戶, 及賜孔鄉侯,汝昌侯,陽新侯國. 嘉封還詔書, 因奏封事諫上及太后曰,

「臣聞爵祿土地, 天之有也.《書》云, '天命有德, 五服五章哉!' 王者代天爵人, 尤宜愼之. 裂地而封, 不得其宜, 則衆庶不服, 感動陰陽, 其害疾自深. 今聖體久不平, 此臣嘉所內懼也. 高安侯賢, 佞幸之臣, 陛下傾爵位以貴之, 單貨財以富之, 損至尊以寵之, 主威已黜, 府藏已竭, 唯恐不足. 財皆民力所爲, 孝文皇帝欲起露臺, 重百金之費, 克己不作. 今賢散公賦以施私惠, 一家至受千金, 往古以來貴臣未嘗有此, 流聞四方, 皆同怨之. 里諺曰, '千人所指, 無病而死.' 臣常爲之寒心. 今太皇太后以永信太后遺詔, 詔丞相,御史益賢戶, 賜三侯國, 臣嘉竊惑. 山崩地動, 日食於三朝, 皆陰侵

陽之戒也. 前賢已再封, 晏,商再易邑, 業緣私橫求, 恩已過厚, 求索自恣, 不知厭足, 甚傷尊尊之義, 不可以示天下, 爲害痛矣! 臣驕侵罔, 陰陽失節, 氣感相動, 害及身體. 陛下寢疾久不平, 繼嗣未立, 宜思正萬事, 順天人之心, 以求福祐, 奈何輕身肆意, 不念高祖之勤苦垂立制度欲傳之於無窮哉! 《孝經》曰, '天子有爭臣七人, 雖無道, 不失其天下.' 臣謹封上詔書, 不敢露見, 非愛死而不自法, 恐天下聞之, 故不敢自劾. 愚戇數犯忌諱, 唯陛下省察.」

| 註釋 | ○傅太后薨 － 薨(죽을 훙, 제후가 죽다)이 아니라 崩(무너질 붕, 천자의 죽음)이어야 한다는 주석도 있다. ○孔鄕侯,汝昌侯,陽新侯國 － 孔鄕侯(傅晏, 傅太后의 從弟), 汝昌侯(傅商, 부태후의 從弟), 陽新侯(鄭業, 부태후 同母女弟의 아들). 이전에 작위는 받았으나 國邑이 없었다. ○嘉封還詔書 － 내려온 조서를 돌려 올려 보내다. 封駁(봉박). ○《書》云 －《書經 虞書 皐陶謨》. 五服五章은 天子, 諸侯, 卿, 大夫, 士의 5등급과 그에 따른 복식. ○單貨財~ － 單은 殫과 通. 다하다. 竭盡. ○重百金~ － 重은 꺼리다. 不願. ○里諺 － 俗諺. 俗言. ○千人所指, ~ － '千人呪萬人罵'(천인이 저주하고 만인이 욕을 한다.), '千人唾罵萬人厭'(千人이 침을 뱉고 萬人이 싫어한다.), '一人一口唾沫 也能淹死人'(1人1口로 침을 뱉어도 사람을 빠뜨려 죽일 수 있다.)도 같은 뜻의 속담이다. ○寒心 － 마음이 섬뜩함. ○日食於三朝 － 三朝는 새해 정월 초하루. ○爲害痛矣 － 痛은 심각하다. 甚也. ○天子有爭臣~ － 納諫만 하여도 악에 빠지지 않는다는 뜻. ○愚戇數犯忌諱 － 愚戇(우당)은 어리석은 고집. 忌諱(기휘)는 꺼리고 싫어하다.

마침, (애제)의 조모 傅太后가 죽었는데, 애제는 부태후의 유조를
의탁하여 성제의 모친인 王태후에게 승상과 어사에게 동현의 식읍
을 2천 호 늘려주고 孔鄕侯와 汝昌侯, 그리고 陽新侯에게 國邑을 하
사하라고 시켰다. 왕가는 조서를 봉해서 돌려보내고 封事를 올려 애
제와 태후에게 諫諍(간쟁)하였다.

「臣이 알기로, 작록과 토지는 하늘의 것입니다.《書經》에서 말한
'天命은 有德者에게 있어 五服과 五章이로다.' 라고 하였습니다.
王者는 하늘을 대신하여 작위를 내리는 것이니 더욱 신중해야 합
니다. 땅을 나눠 분봉하면서 옳지 않다면 백성들이 따르지 않고 음
양을 움직여 그 폐해로 (천자의) 질병은 더 심해질 것입니다. 지금
폐하의 옥체가 평안하지 못하기에 이는 臣에 내심으로 두려운 것
입니다. 高安侯 董賢(동현)은 총애를 받는 신하로 폐하께서 작위를
편파적으로 하사하여 고귀한 지위에 올렸고 재물을 모두 주어 부
자로 만들었으며, 폐하의 존엄을 손상시키면서 총애하였기에 주군
의 위엄은 이미 사라졌고 국고도 이미 고갈되었는데도 아직도 부
족하다고 걱정하고 있습니다. 나라의 재물은 모두 백성이 만든 것
이기에 孝文皇帝는 露臺(노대)를 짓고 싶었으나, 百金의 경비를 지
출할 수 없어 하고 싶은 마음을 접으며 짓지 않았습니다. 지금 동현
에게 국가의 조세를 가지고 사적특혜를 베푸는데 한 사람에게 천
금을 준 경우는 예전 총신일지라도 이 정도는 아니었기에 사방에
소문이 나서 모두가 함께 원망하고 있습니다. 속언에도 '千人의 손
가락질을 받으면 병이 없어도 죽는다.' 고 하였으니, 臣은 늘 한심
하다고 생각하였습니다. 지금 太皇太后께서 永信太后(傅太后)의

유조라 하시면서 승상과 어사대부에게 동현의 식읍을 늘려주고 3인에게 국읍을 하사하라고 조서를 내리셨는데 臣 嘉(가)는 당혹스럽습니다. 산이 무너지고 지진이 나며 새해 정월 초하루에 일식이 일어난 것은 모두 음이 양을 침범한 것에 대한 경고입니다. 이전에도 동현은 이미 두 번이나 책봉 받았고 傅晏(부안)과 傅商(부상)도 두 번이나 식읍을 바꿔주었으며, 鄭業(정업)은 사적인 연고로 마음껏 재물을 늘려 은택이 이미 지나친데도 재물을 멋대로 늘려가며 만족할 줄도 모르고 지존의 존엄한 뜻을 심히 손상시키고 있기에 조서를 천하에 알릴 수도 없을 정도로 폐해가 심각합니다! 신하가 교만하여 점차 거짓을 자행하고 음양이 節度를 상실하며 天氣가 감응하여 움직이면 몸에 해로울 뿐입니다. 폐하께서는 병석에 오래 계셨고 후사도 아니 정해졌기에 만사를 正道로 생각하시고 천심과 인심에 순응하면서 복을 빌어야 하는데, 어찌 가벼운 처신과 방만한 생각으로 高祖께서 고생하시며 이룩하신 제도를 끝도 없는 길로 몰아가고 있는 줄을 생각하지 못하십니까!《孝經》에서도 '天子에게 爭臣 7인만 있으면 無道하더라도 천하를 상실하지 않는다.'고 하였습니다. 臣이 조서를 삼가 봉하여 올리면서 감히 드러내지 않는 것은 죽음이 좋아서도, 또 법에 걸리려는 뜻도 아니라 천하가 이를 알까 두렵기에 제 스스로 탄핵하지 않을 수 없습니다. 어리석은 고집이 여러 번 폐하의 기휘를 건드렸지만 폐하께서 살피시기 바랍니다.」

初, 廷尉梁相與丞相長史,御史中丞及五二千石雜治東平
王雲獄, 時冬月未盡二旬, 而相心疑雲冤, 獄有飾辭, 奏欲傳
之長安, 更下公卿復治. 尙書令鞫譚, 僕射宗伯鳳以爲可許.
天子以相等皆見上體不平, 外內顧望, 操持兩心, 幸雲逾冬,
無討賊疾惡主讎之意, 制詔免相等皆爲庶人. 後數月大赦,
嘉奏封事薦相等明習治獄, "相計謀深沉, 譚頗知雅文, 鳳經
明行修, 聖王有計功除過, 臣竊爲朝廷惜此三人." 書奏, 上
不能平. 後二十餘日, 嘉封還益董賢戶事, 上乃發怒, 召嘉
詣尙書, 責問以, "相等前坐在位不盡忠誠, 外附諸侯, 操持
兩心, 背人臣之義, 今所稱相等材美, 足以相計除罪. 君以
道德, 位在三公, 以總方略一統萬類分明善惡爲職, 知相等
罪惡陳列, 著聞天下, 時輒以自劾, 今又稱譽相等, 云爲朝廷
惜之. 大臣舉錯, 恣心自在, 迷國罔上, 近由君始, 將謂遠者
何! 對狀." 嘉免冠謝罪.

| 註釋 | ㅇ丞相長史,御史中丞 – 丞相長史는 승상의 업무 보좌관 질 1천
석. 御史中丞은 어사대부의 참모, '中執法'이라고도 호칭. 雜治는 共治. 합
동으로 조사하다. ㅇ獄有飾辭 – 옥안이 사실이 아니다. 假飾(가식)되다. ㅇ宗
伯鳳 – 宗伯은 복성. 鳳이 이름. ㅇ幸雲逾冬 – 겨울 3개월이 지나면 사형을
집행하지 않기에 살 수 있다. ㅇ後數月大赦 – 인물 이름, 轉職, 사면 시기 등
에 약간씩 착오라는 註가 있지만 원문 그대로 번역했다. ㅇ上不能平 – 애제
가 화를 내다(心怒也). ㅇ舉錯 – 조치. 행위. ㅇ對狀 – 칙령에 회답하다.

〖國譯〗

그전에, 廷尉 梁相(양상)과 丞相長史와 御史中丞 및 5인의 2천석 관리가 공동으로 동평왕 劉雲(유운)의 옥사를 조사케 하였는데 그 때가 20일 정도 겨울철이 남아있었는데 양상은 마음속으로 유운이 원통하게 걸렸고 獄案이 조작되었다고 생각하며 이를 장안으로 이첩하여 공경의 의논에 부쳐야 한다고 생각하였다. 尙書令인 鞠譚(국담)과 僕射(복야)인 宗伯鳳(종백봉)도 그렇게 생각하였다. 애제는 양상 등이 천자의 건강이 안 좋을 것을 보고 양쪽을 저울질하며 두 마음을 가지고서 요행히 유운이 겨울을 넘기도록 지연시키면서 역적을 성토하고 주범을 징벌할 뜻이 없다고 생각하여 조서로 양상 등을 면직시켜 서인으로 만들어버렸다. 그 몇 달 뒤에 대사면을 단행하였는데 王嘉(왕가)는 봉사를 올려 양상 등이 옥안 처리에 밝다고 추천하면서 "양상은 생각이 깊고 국담은 글을 잘 지으며 종백봉은 경학에 밝고 행실이 바르기에 聖王께서 그간을 공적으로 과오를 상쇄해 주시면 조정에서도 이 세 사람을 애석히 여길 것입니다."라고 말했다. 상서가 올라가자 애제는 크게 화를 내었다.

그 20여 일 뒤에 왕가가 동현의 식읍을 늘려주라는 조서를 되돌려 보내자 애제는 화를 내며 왕가를 소환하여 尙書에게 보내 질책하였다.

"양상 등은 이전에 직위에서 충성을 다하지 않고 겉으로 제후에 아부하고 두 마음을 품어 신하의 도리를 어겼는데도 이번에 양상 등의 재능이 뛰어나며 그간의 죄를 상계할 수 있다고 칭찬하였소. 君은 도덕으로 三公의 지위에 올라 방략을 총괄하고 만물을 통솔하며 선악을 분명히 하는 것이 직분이거늘 양상 등의 죄악을 밝혀 천하에 알리는 일을 해야 하는데도 수시로 자신의 죄를 탄핵한다고 하면서 이번에 또 양상 등을 칭송하며 조정에서도 애석해 한다고 말하고 있도다. 대신이 마음 내키는 대로 행동한다면 나라를 혼란케 하고 주군을 속이는 것이니 가까운 승상이 이러하다면 그 나머지는 말하여 무엇 하겠는가! 칙령에 응답하라."

왕가는 관을 벗어놓고 사죄하였다.

原文

事下將軍中朝者, 光祿大夫孔光,左將軍公孫祿,右將軍王安,光祿勳馬宮,光祿大夫龔勝劾嘉迷國罔上不道, 請與廷尉雜治. 勝獨以爲嘉備宰相, 諸事並廢, 咎由嘉生, 嘉坐薦相等, 微薄, 以應迷國罔上不道, 恐不可以示天下. 遂可光等奏.

| 註釋 | ○中朝者 - 中朝(內朝)의 신하. 中朝는 지금 우리나라의 경우 대통령 비서실 격이라 할 수 있다. ○馬宮 - 인명. 81권, 〈匡張孔馬傳〉에 입전. ○光祿大夫龔勝 - 衍字(연자). 下文에 공승의 異議를 기록하였으니 다른 사람과 같이 주청하지는 않았다.

〖 國譯 〗

사건이 장군과 中朝로 넘어가자 광록대부인 孔光, 좌장군인 公孫祿(공손록), 우장군인 王安, 광록훈인 馬宮, 광록대부인 龔勝(공승) 등은 왕가가 나라를 미혹케 하고 황상을 기만하는 무도한 죄를 범했다고 탄핵하며 정위와 함께 조사해야 한다고 주청하였다. 다만 공승은 왕가가 재상의 자리에 있어 여러 일이 왕가의 죄에 따라 함께 폐지되어야 하고 양상 등을 천거한 것이 큰 죄가 아니기에 나라를 미혹케 하고 황상을 기만하는 무도한 죄라고 천하에 공표할 수 없다고 하였다. 결국 공광 등의 주청대로 결정되었다.

原文

光等請謁者召嘉詣廷尉詔獄, 制曰,

「票騎將軍, 御史大夫, 中二千石, 二千石, 諸大夫, 博士, 議郎議. 衛尉雲等五十人以爲, "如光等言可許." 議郎龔等以爲, "嘉言事前後相違, 無所執守, 不任宰相之職, 宜奪爵士, 免爲庶人." 永信少府猛等十人以爲, "聖王斷獄, 必先原心定罪, 探意立情, 故死者不抱恨而入地, 生者不銜怨而受罪. 明主躬聖德, 重大臣刑辟, 廣延有司議, 欲使海內咸服. 嘉罪名雖應法, 聖王之於大臣, 在輿爲下, 御坐則起, 疾病視之無數, 死則臨吊之, 廢宗廟之祭, 進之以禮, 退之以義, 誅之以行. 案嘉本以相等爲罪, 罪惡雖著, 大臣括發關械, 裸躬就笞, 非所以重國褒宗廟也. 今春月寒氣錯繆, 霜露數降, 宜示天下以寬和. 臣等不知大義, 唯陛下察焉." 有詔假謁者節, 召丞相詣廷尉詔獄.

| 註釋 | ○謁者(알자) - 황제를 시종하거나 의례를 진행, 또는 황제의 심

부름을 담당하는 자. 황제에 관련한 죄를 지은 자를 왕명에 의한 조사와 재판을 하는 정위에게 압송하기도 한다. 키가 크고 50세 이하의 낭관 중에서 선발. 질록 6백석. ㅇ衛尉(위위) - 궁궐 수비 총책. 9卿의 한 사람. 당시 위위는 孫雲이었다. ㅇ刑辟 - 刑罰. 동의어가 겹치는 말. ㅇ在輿爲下, 御坐則起 - 수레에서 내려오고 어좌에서 일어나다. 황제가 수레를 타고 가다가 승상을 만나면 수레가 잠깐 멈추며 알자가 내려 '황제께서 승상을 위해 수레에서 내리셨습니다.' 라고 크게 외치고 수레에 올라탄다. 또 황제가 직접 수레에서 내려서는 것은 아니다. ㅇ誄之以行 - 誄는 제문 뢰. 죽은 사람의 공적을 칭송하는 글(累德行之文). ㅇ括發關械 - 括은 묶어 매다. 關械는 형구를 씌우다. 형틀.

〔國譯〕

孔光(공광) 등이 謁者를 시켜 王嘉(왕가)를 소환하여 廷尉의 詔獄(조옥)으로 데려가게 하자, 애제가 制書를 내려 말했다.

"표기장군과 어사대부, 중이천석과 이천석의 관리 여러 大夫와 博士와 議郞이 논의하였다. 衛尉(위위)인 雲(운) 등 50인은 "공광 등이 주청한 그대로 하는 것이 좋다."고 말했으며, 議郞 龔(공) 등은 "왕가의 말은 앞뒤가 같지 않고 지키는 원칙도 없으며 재상의 직분을 다하지 못하였으니 작위와 식읍을 박탈하고 면직시켜 서인으로 만들어야 한다."고 말했다.

이에 永信宮의 少府인 猛(맹) 등 10인이 말했다.

"聖王의 재판은 필히 먼저 本心에 대하여 定罪를 하고 그 뜻에 의거 정상을 참작한다면 처형자도 원한을 품지 않고 묻히며 산 자도 원한을 갖지 않고 벌을 받을 것입니다. 明主께서는 몸소 聖德으로 大臣의 처벌을 어려워하여 有司의 의견을 널리 참작하기에 천하 모

두가 다 심복하고 있습니다. 왕가의 죄명대로 법을 집행하더라도 聖
王은 大臣을 대우하기에 수레에서도 잠시 내려오고, 어좌에서도 잠
시 일어나며, 병석에 있으면 수시로 찾아 문병하고, 죽으면 조문을
하면서 종묘의 제사라도 일시 중지하면서 禮로 등용하고 義로 물러
나게 하며 그 행실에 따라 祭文을 짓습니다. 왕가의 죄는 본래 양상
등 때문에 죄를 지었고 죄상이 확실하다지만 대신을 형틀에 묶어 매
거나 옷을 벗겨 매질을 시키는 것은 국가를 중히 여기고 종묘를 기
리는 뜻이라 할 수 없습니다. 금년 봄철에 늦추위가 심하고 서리가
자주 내리는 것은 천하에 관용을 베풀라는 계시일 것입니다. 臣 등
이 대의를 잘 모르지만 폐하께서 성찰해 주시기 바랍니다."라고 말
하였다.

이에 애제는 알자에게 부절을 주어 승상을 정위의 詔獄에 보내게
하였다.

原文

使者旣到府, 掾史涕泣, 共和藥進嘉, 嘉不肯服. 主簿曰,
"將相不對理陳冤, 相踵以爲故事, 君侯宜引決." 使者危坐
府門上. 主簿復前進藥, 嘉引藥杯以擊地, 謂官屬曰, "丞相
幸得備位三公, 奉職負國, 當伏刑都市以示萬衆. 丞相豈兒
女子邪, 何謂咀藥而死!" 嘉遂裝出, 見使者再拜受詔, 乘吏
小車, 去蓋不冠, 隨使者詣廷尉. 廷尉收嘉丞相, 新甫侯印
綬, 縛嘉載致都船詔獄.

| 註釋 | ○掾史(연사) - 掾 도울 연. 屬官의 통칭. 승상부 같은 중앙부서나 郡國 관아의 업무 부서 책임자(課長이나 係長). ○主簿(주부) - 문서 담당 관리. ○將相不對理陳冤 - 將相은 대장군이나 승상. 文武 최고 관리. 理는 大理, 곧 廷尉. 승상이 아래 사람인 정위에게 자기 죄를 변명하지 않는다는 뜻. ○相踵以爲故事 - 주발이 옥에 갇혔을 때 賈誼가 주발을 변호하였다, 文帝는 大臣의 지조를 인정하였는데 이후로 將相이 유죄이면 형벌을 받지 않고 자살하는 것이 전통이었다. 그러나 景帝 때 周亞夫, 武帝 때 公孫賀(공손하) 등은 자결을 거부하고 옥사하였다. 相踵(상종)은 관례를 따르다. 踵은 뒤꿈치 종. ○君侯宜引決 - 引決은 자결하다. 自殺. ○危坐府門上 - 危坐는 두 무릎을 땅에 대고 앉다. 무릎을 꿇다. 자결을 독촉하는 뜻. ○都船詔獄 - 執金吾의 속관에 都船令이 있고 도선령 관할 하에 옥이 있는데, 이를 都船詔獄이라 하였다. 詔獄은 황제와 연관한 범죄에 대한 수사와 재판기구이다.

〖 國譯 〗

사자가 승상부에 도착하자 掾史(연사)는 눈물을 흘리고 울면서 독약을 제조하여 왕가에게 올렸으나 왕가는 마시려 하지 않았다. 승상부의 主簿(주부)가 "將相은 정위에게 자신이 원통하다고 말하지 않고 뒤따라가는 것을 전례라 생각하니 君侯께서는 자결하셔야 합니다."라고 말했다. 使者는 승상부 정문 앞에 무릎을 꿇었다. 주부가 다시 독약을 올리자 왕가는 약이 든 잔을 쳐 땅에 떨어뜨리며 관속들에게 말했다. "丞相이 행운을 얻어 三公의 자리에 올랐다지만 나라를 책임지는 직책이었는데 형을 받아야 한다면 수도의 모든 사람이 보아야 한다. 승상이 무슨 여자아이도 아닌데, 왜 약을 먹고 죽으라고 하는가!"

왕가는 관복을 입은 채로 걸어 나와 사자를 만나 두 번 절하고 조서를 받고서 관리들의 작은 수레를 타고 덮개를 벗겨 씌우지 않고 사자를 따라 정위에게 나아갔다. 정위는 왕가의 승상과 新甫侯(신보후)의 인수를 회수한 뒤 왕가를 포박하여 싣고 가서 都船(도선) 詔獄(조옥)에 가두었다.

原文

上聞嘉生自詣吏, 大怒, 使將軍以下與五二千石雜治. 吏詰問嘉, 嘉對曰, "案事者思得實. 竊見相等前治東平王獄, 不以雲爲不當死, 欲關公卿示重愼, 置驛馬傳囚, 勢不得逾冬月, 誠不見其外內顧望阿附爲雲驗. 復幸得蒙大赦, 相等皆良善吏, 臣竊爲國惜賢, 不私此三人." 獄吏曰, "苟如此, 則君何以爲罪猶當? 有以負國, 不空入獄矣." 吏稍侵辱嘉, 嘉喟然卬天歎曰, "幸得充備宰相, 不能進賢退不肖, 以是負國, 死有餘責." 吏問賢,不肖主名, 嘉曰, "賢, 故丞相孔光, 故大司空何武, 不能進, 惡, 高安侯董賢父子, 佞邪亂朝, 而不能退. 罪當死, 死無所恨." 嘉繫獄二十餘日, 不食, 歐血而死. 帝舅大司馬驃騎將軍丁明素重嘉而憐之, 上遂免明, 以董賢代之, 語在〈賢傳〉.

嘉爲相三年誅, 國除. 死後上覽其對而思嘉言, 復以孔光代嘉爲丞相, 徵用何武爲御史大夫. 元始四年, 詔書追錄忠臣, 封嘉子崇爲新甫侯, 追諡嘉爲忠侯.

| 註釋 | ○欲關公卿~ - 關은 통고하다. ○喟然卬天歎曰 - 喟然(위연)은 탄식하는 모양. 喟는 한숨 위. 卬天은 仰天. ○孔光 - 孔子의 후손. 51권, 〈匡張孔馬傳〉에 입전. ○〈賢傳〉 - 93권, 〈佞幸傳〉.

〖 國譯 〗

　애제는 왕가가 죽지 않고 스스로 정위에게 갔다는 말을 듣고 대노하며 장군 이하 5인의 2천석 관리가 함께 치죄하게 하였다. 관리들이 왕가를 힐문하자 왕가가 대답했다.

　"치죄하는 사람들은 진실을 알아내야 한다. 내가 볼 때 梁相(양상) 등이 전에 東平王의 옥안을 조사하면서 劉雲(유운)이 부당하게 죽는다고 말하지도 않았고, 여러 公卿에게 사실을 통보하고 신중을 기하려 했는데 역마를 통해 죄수를 호송한다면 그 형편이 겨울을 넘기지 않을 수 없었으며, 실질적으로 안팎으로 눈치를 보며 유운의 무죄를 위해 아부하지도 않았다. 그 뒤에 사면을 받았으며 양상 등이 모두 유능하고 선량한 관리이기에 나는 나라를 위해 버리기 아까운 인재라고 한 것이지 그 3인을 사적으로 편애하지 않았다."

　그러자 옥리가 말했다. "정말 그러하다면 승상은 왜 그들을 사면하는데 동의했는가? 나라를 책임진다면서 죄도 없이 옥에 끌려오지 않았는가?" 관리들이 점차 왕가를 고문하자 왕가는 크게 하늘을 우러러 탄식하며 말했다.

　"다행히 재상의 자리에 올랐지만 현자를 등용하지도 못하고 못난 자를 물러나게 하지 못하면서 나라를 책임진다 하였으니 죽더라도 책망을 들어야 한다."

그러자 관리가 현명한 사람과 모자란 사람이 누구냐고 묻자 왕가가 말했다.

"賢者는 전에 승상이었던 孔光(공광)과 전에 대사공이었던 何武(하무)를 밀지 못했고 미워할 자 高安侯 董賢(동현) 父子는 아부하여 조정을 어지럽혀도 물리치지 못했다. 그런 죄로 죽어야 하니 죽어도 여한이 없다."

왕가는 옥에 갇혀 20여 일에 음식을 먹지 않다가 피를 토하고 죽었다. 애제의 외삼촌인 大司馬 표기장군 丁明(정명)은 평소에 왕가를 존중하였기에 가엾게 여겼고 애제는 결국 정명을 면직시키고 동현을 후임으로 삼았는데, 이는 〈賢傳〉에 실려 있다.

왕가는 승상 3년에 처형되었고 나라는 없어졌다. 죽은 뒤에 애제는 왕가가 올린 대책을 읽어보며 왕가의 말을 생각하였고, 다시 孔光(공광)을 불러 승상에 임명하였으며, 何武를 불러 어사대부에 임명하였다. 平帝 元始 4년(서기 4), 조서를 내려 충신을 찾아 수록하면서 왕가의 아들 王崇을 新甫侯(신보후)에 책봉하고 왕가에게 忠侯라는 시호를 추증하였다.

86-3. 師丹

原文

師丹字仲公, 琅邪東武人也. 治《詩》, 事匡衡. 擧孝廉爲郎. 元帝末, 爲博士, 免. 建始中, 州擧茂才, 復補博士, 出爲東平王太傅. 丞相方進, 御史大夫孔光擧丹論議深博, 廉正守道, 徵入爲光祿大夫, 丞相司直. 數月, 復以光祿大夫給事中, 由是爲少府, 光祿勳, 侍中, 甚見尊重. 成帝末年, 立定陶王爲皇太子, 以丹爲太子太傅. 哀帝卽位, 爲左將軍, 賜爵關內侯, 食邑, 領尙書事, 遂代王莽爲大司馬, 封高樂侯. 月餘, 徙爲大司空.

| 註釋 | ○師丹(사단, ? – 서기 3년) – 애제 때 왕망의 권한 박탈을 강력 주장. 애제 때 개혁 시도는 외척의 반대로 실패했다. ○琅邪東武 – 琅邪(낭야)는 郡名, 東武는 縣名. 今 山東省 濰坊市의 諸城市(縣級市). ○匡衡(광형) – 81권, 〈匡張孔馬傳〉에 입전. ○孝廉 – 인재 추천 영역의 하나. 善事父母와 淸廉節操의 2개 영역임. ○太傅 – 德義로 군왕을 가르치고 보좌하는 사람. 제후국에도 임명. 질 이천석. ○太子太傅 – 질록 이천석.

〔國譯〕

師丹(사단)의 字는 仲公으로 낭야군 東武縣 사람이다. 《詩經》을 전공했고 匡衡(광형)에게서 배웠다. 孝廉(효렴)으로 천거되어 낭관이 되었다. 元帝 말기에 博士가 되었다가 면직되었다. 成帝 建始 연간에 州에서 茂才(무재)로 천거되어 다시 博士가 되었다가 동평왕의 太傅(태부)로 나갔다. 승상 翟方進(적방진)과 어사대부 孔光(공광)이 사단이 논의가 심오하고 박학하며 청렴 정직한 도의를 따른다고 천거하여 조정에 불려 들어가 광록대부와 승상사직을 역임했다. 몇 달 뒤에 다시 광록대부 급사중이 되었다가 소부와 광록훈 시중이 되었는데 매우 존경을 받았다. 成帝 말년에 定陶王을 황태자로 책립하고 사단을 太子太傅에 임명하였다. 哀帝가 즉위하자 左將軍이 되어 관내후와 식읍을 하사받고 尙書事를 겸하다가 드디어 왕망의 후임으로 대사마가 되었고 고악후에 책봉되었다. 한 달 뒤에 대사공으로 자리를 옮겼다.

原文

上少在國, 見成帝委政外家, 王氏僭盛, 常內邑邑. 卽位, 多欲有所匡正. 封拜丁,傅, 奪王氏權. 丹自以師傅居三公位, 得信於上, 上書言,

「古者諒闇不言, 聽於冢宰, 三年無改於父之道. 前大行尸柩在堂, 而官爵臣等以及親屬, 赫然皆貴寵. 封舅爲陽安侯, 皇后尊號未定, 豫封父爲孔鄕侯. 出侍中王邑,射聲校尉王邯等. 詔書比下, 變動政事, 卒暴無漸. 臣縱不能明陳大義, 復曾不能牢讓爵位, 相隨空受封侯, 增益陛下之過. 間者郡國多地動, 水出流殺人民, 日月不明, 五星失行, 此皆擧錯失

中, 號令不定, 法度失理, 陰陽混濁之應也. 臣伏惟人情無子, 年雖六七十, 猶博取而廣求. 孝成皇帝深見天命, 燭知至德, 以壯年克己, 立陛下爲嗣. 先帝暴棄天下而陛下繼體, 四海安寧, 百姓不懼, 此先帝聖德當合天人之功也. 臣聞天威不違顏咫尺, 願陛下深思先帝所以建立陛下之意, 且克己躬行以觀群下之從化. 天下者, 陛下之家也. 肺附何患不富貴, 不宜倉卒. 先帝不量臣愚, 以爲太傅, 陛下以臣托師傅, 故亡功德而備鼎足, 封大國, 加賜黃金. 位爲三公, 職在左右, 不能盡忠補過, 而令庶人竊議, 災異數見, 此臣之大罪也. 臣不敢言乞骸骨歸於海濱, 恐嫌於僞. 誠慚負重責, 義不得不盡死.」

書數十上, 多切直之言.

| 註釋 | ○常內邑邑 - 邑邑은 우울하고 즐겁지 않은 모양. 邑은 근심할 읍. 悒과 同. ○諒闇不言 - 諒闇(양암)은 제왕의 居喪. 諒陰, 亮陰(양음)과 同. ○三年無改於父之道 - '三年無改於父之道 可謂孝也'《論語 學而》. ○大行尸柩 - 大行은 붕어한 지 얼마 안 되어 시호가 없는 황제. 尸는 屍. 柩는 靈柩(영구). ○孔鄉侯 - 傅晏, 傅太后의 從弟이며 애제 傅皇后의 친정아버지. ○射聲校尉 - 北軍 8교위의 한 사람. 弓射에 능한 常備 精兵을 지휘하여 장안을 방어를 담당한 秩 二千石의 고급 무관직. ○不違顏咫尺 - 면전에서 멀리 떨어지지 않는다. 곧 눈앞에 있다. 늘 자숙하고 조심하라는 뜻.《左傳 僖公》9년의 기사. 咫(지)는 8寸, 짧은 길이. ○肺附 - 肺腑(폐부). 아주 가까운 사람. 肺附를 柿(대꼇밥 폐) 附(나무껍질 부)의 뜻으로 해석하여 '관계가 먼 친척'의 뜻으로 새길 수도 있다. ○鼎足 - 鼎의 다리. 三公의 지위. ○海濱

(해빈) - 바닷가. 師丹의 본향은 동해에 가깝다.

〖 國譯 〗

애제는 어려 定陶國에 있을 때도 成帝가 정사를 외가에 위임하여 王氏의 세력이 점차 강성해지는 것을 보고 마음속으로 늘 울적하였다. 즉위하자, 바로 잡고자 하는 바가 많았다. 丁氏와 傅氏를 봉하고 관직에 임명하여 왕씨의 권력을 빼앗으려 하였다. 사단은 사부로 삼공의 지위에서 애제의 신임을 받고 있었는데 상서하여 말했다.

「예로부터 제왕은 居喪 중에 말을 하지 않고 冢宰(총재)의 말을 따르며 父親의 道를 3년 동안 바꾸지 않는다고 하였습니다. 앞서 가신 폐하의 영구가 아직 빈소에 모셔져 있는데 臣과 친족에게 관직을 수여하여 혁혁하게 높여 주었습니다. 외삼촌(丁明)을 陽安侯에 봉하셨고 황후의 존호가 미정인데 미리 황후의 부친(傅晏)을 孔鄕侯에 봉하셨습니다. 또 侍中 王邑과 射聲校尉(사성교위) 王邯(왕한) 등을 내보내셨습니다. 조서가 연 이어 내려오며 정치 변혁이 점진적이 아니라 갑자기 진행되고 있습니다. 臣은 이런 조치에 대한 大義를 명확히 알아 따르지도 못하고 작위를 확실하게 사양하지도 못하며 서로 封號를 공연히 받기만 하여 결국은 폐하의 과오를 보텔 뿐입니다. 요즈음에 郡國에 지진이 많이 일어나고 홍수가 발생하여 백성을 죽게 하고, 日月의 빛도 밝지 못하며 五星의 운행이 달라졌는데, 이 모두가 폐하의 조치가 中正을 잃고 법령이 일정하지 않으며 법도가 바르게 실천되지 않아 음양이 혼탁해진 반응일 것입니다. 臣의 생각으로 자식이 없으면 60, 70이 되어도 널리 여인을 맞이하여 자식을 구하려는 것이 사람의 인정일 것입니다. 孝成皇帝께서는 天命을 잘

내다보시고 큰 덕을 밝혀 장년의 나이에도 뜻을 접고 폐하를 후사로 책립하셨습니다. 先帝께서 갑자기 세상을 버리시어 폐하께서 대통을 이으시어 천하가 안정되고 백성이 두려워 떨지 않았으니, 이는 先帝의 聖德이 天人의 뜻을 합치시킨 공덕일 것입니다. 臣이 알기로, 天威는 언제나 눈앞에 있다 하였으니 폐하께서는 先帝께서 폐하를 후사로 정한 뜻을 깊이 살피시어 욕망을 자제하고 여러 신하가 기대하는 바를 보시고 실천해 주시기 바랍니다. 지금 天下는 폐하의 집입니다. 먼 친척이라 할지라도 부귀를 누리지 못할까 걱정하지 않으니 갑자기 서두는 것은 좋지 않습니다. 先帝께서는 臣의 어리석음을 헤아리지 않으시고 太傅(태부)에 임명하셨으며, 폐하께서는 臣을 師傅(사부)로 챙겨주시어 공적도 없이 三公의 자리를 차지하고 큰 식읍과 하사하시는 황금까지 받았습니다. 三公의 지위에 올라 폐하 측근의 직분으로 충성을 다하고 부족한 것을 보완하지도 못하며, 庶人들이 정사를 비판하고 재해와 이변이 자주 나타나니 모두가 저의 큰 허물일 것입니다. 臣이 퇴임하고 고향 바닷가로 돌아가겠다고 감히 말씀드리지 못한 것은 위선이라는 비판을 듣는 것이 싫기 때문입니다. 정말로 중책을 다하지 못해 부끄럽고 죽는다 하여 끝날 수도 없을 것입니다.」

이외에 수십 번 상서하였는데 간절한 직언이 많았다.

原文

初, 哀帝卽位, 成帝母稱太皇太后, 成帝趙皇后稱皇太后, 而上祖母傅太后與母丁后皆在國邸, 自以定陶共王爲稱. 高昌侯董宏上書言, "秦莊襄王母本夏氏, 而爲華陽夫人所子, 及卽位後, 俱稱太后. 宜立定陶共王后爲皇太后." 事下有司, 時丹以左將軍與大司馬王莽共劾奏宏, "知皇太后尊之號, 天下一統, 而稱引亡秦以爲比喩, 詿誤聖朝, 非所宜言, 大不道." 上新立, 謙讓, 納用莽,丹言, 免宏爲庶人. 傅太后大怒, 要上欲必稱尊號, 上於是追尊定陶共王爲共皇帝, 尊傅太后爲共皇太后, 丁后爲共皇后. 郞中令泠褒,黃門郞段猶等復奏言, "定陶共皇太后,共皇后皆不宜復引定陶蕃國之名以冠大號, 車馬衣服宜皆稱皇之意, 置吏二千石以下各供厥職, 又宜爲共皇立廟京師." 上復下其議, 有司皆以爲宜如褒,猶言.

| 註釋 | ○皆在國邸 – 濟陰郡을 개칭한 定陶國의 치소는 定陶縣, 今 山東省 菏澤市 관할의 定陶縣. ○秦莊襄王 – 秦始皇의 생부. ○華陽夫人 – 秦孝文王의 부인. ○詿誤 – 남을 속여 잘못된 길로 인도하다. 詿 그르칠 괘, 속일 괘. ○郞中令泠褒 – 郞中인 泠褒(냉포), 성은 泠. ○蕃國 – 諸侯國. ○稱皇之意 – 지존의 칭호에 부합하다. ○有司 – 各有專司의 뜻. 職官. 담당자.

〔國譯〕

　　그전에 애제가 즉위했을 때, 成帝의 모친을 太皇太后로, 성제의 趙皇后(趙飛燕)을 皇太后라 호칭하였고, 애제의 조모 傅(부) 태후와 모친 丁后는 모두 정도국 궁궐에 있었기에 定陶 共王으로 불리었다. 이에 高昌侯 董宏(동굉)이 상서하여 말했다.

"秦의 莊襄王 모친은 본래 夏氏이나 華陽夫人의 양자(장양왕)가 즉위한 뒤에는 함께 太后로 불리었습니다. 定陶共王의 后를 皇太后라고 불러야 합당할 것입니다."

이를 有司에서 내려 의논케 하였는데, 그때 師丹(사단)은 左將軍으로 大司馬인 王莽(왕망)과 함께 공동으로 동굉을 탄핵하기를 "皇太后의 높여 부르는 것은 천하가 하나이어야 하는데 멸망한 秦의 예를 들어 比喩하는 것은 聖朝(漢)를 잘못 이끄는 것으로 바른 말도 아니며 크게 무도한 짓입니다."

애제는 새로이 즉위한지라 겸양의 뜻으로 왕망과 사단의 말을 수용하여 동굉을 면직시켜 서인으로 만들었다. 그러나 부태후는 대노하면서 애제에게 태후의 존호로 호칭해 줄 것을 요청하였는데, 이에 애제는 定陶共王을 共皇帝로 추존하고 傅太后를 높여 共皇太后로 생모 丁后를 共皇后라고 부르게 하였다. 그러자 郎中令인 泠襃(냉포)와 黃門郎인 段猶(단유) 등이 다시 상주하여 "定陶共皇太后와 共皇后가 모두 定陶라는 제후국의 이름을 大號의 앞에 붙이는 것은 옳지 않으나 車馬나 衣服의 모든 것은 황제의 호칭에 부합하여야 하고 이천석 이하의 관리를 두어 그 직분을 수행케 하며 또 共皇帝의 종묘를 경사에 설치해야 합당합니다."라고 건의하였다. 애제는 다시 이를 논의에 부쳤고 담당자들은 모두 냉포와 단유의 말이 옳다고 하였다.

原文

丹議獨曰, "聖王制禮取法於天地, 故尊卑之禮明則人倫之序正, 人倫之序正則乾坤得其位而陰陽順其節, 人主與萬民俱蒙祐福. 尊卑者, 所以正天地之位, 不可亂也. 今定陶共皇太后,共皇后以定陶共爲號者, 母從子妻從夫之義也. 欲立官置吏, 車服與太皇太后並, 非所以明尊卑亡二上之義也. 定陶共皇號諡已前定, 義不得復改.《禮》,'父爲士, 子爲天子, 祭以天子, 其屍服以士服.'子亡爵父之義, 尊父母也. 爲人後者爲之子, 故爲所後服斬衰三年, 而降其父母期, 明尊本祖而重正統也. 孝成皇帝聖恩深遠, 故爲共王立後, 奉承祭祀, 今共皇長爲一國太祖, 萬世不毀, 恩義已備. 陛下旣繼體先帝, 持重大宗, 承宗廟天地社稷之祀, 義不得復奉定陶共皇祭入其廟. 今欲立廟於京師, 而使臣下祭之, 是無主也. 又親盡當毀, 空去一國太祖不墮之祀, 而就無主當毀不正之禮, 非所以尊厚共皇也."

丹由是浸不合上意.

| 註釋 | ○《禮》－《禮記 中庸》의 '父爲大夫 子爲士 葬以大夫 ~'의 변형. ○繼體－선대의 뒤를 계승하다. ○是無主也－애제는 성제의 후사가 되어 大宗으로 종묘와 사직의 제사를 지내야 하며, 共皇의 묘당에는 신하를 보내 제사를 지내야 하니 祭主가 없다는 뜻.

〔國譯〕

이에 師丹(사단)은 혼자 건의하였다.

"聖王은 制禮에 천지를 본받았으니, 尊卑의 禮法이 분명하면 인륜의 차례가 바르게 되고, 人倫의 질서가 바르면 乾坤(건곤)이 제 자리를 찾고 음양의 순환이 바르게 되어 人主와 만민이 모두 하늘의 복을 받게 됩니다. 높고 낮다는 것은 天地의 지위를 바로잡는 것이니 결코 함부로 할 수 없습니다. 지금 定陶共皇太后와 共皇后가 모두 定陶라고 함께 부르는 것은 모친은 자식을, 처는 지아비를 따른다는 뜻입니다. 관부를 설치하고 관리를 배치하여 수레나 복식을 太皇太后와 같게 한다는 것은 지존을 높여 둘이 있을 수 없다는 뜻을 분명히 하는 것이라 할 수 없습니다. 定陶共皇의 시호는 이미 앞서 정해진 것이고 다시 개정해야할 대의가 없습니다. 《禮記》에 '父가 士이고 子가 天子이면 天子로 제사하나 그 屍服은 士의 복식이다.' 라고 하였습니다. 이는 아들에게 부친 작위의 뜻이 없어도 부모를 높이는 것입니다. 남의 뒤를 이을 자식이 되었기에 뒤에 斬衰(참최) 3년의 복을 입지만 모친 복상의 기간을 줄이는 것은 본줄기인 조상을 높이 정통을 중시하는 뜻을 밝힌 것입니다. 孝成皇帝의 성은은 아주 심원하였기에 共王인 폐하를 후사로 책립하여 제사를 받들게 한 것이며, 지금 共皇은 길이 一國(定陶國)의 太祖로 萬世에 이르도록 그만둘 수 없는 은의를 갖춘 것입니다. 폐하께서는 이미 先帝의 뒤를 이어 大宗의 중책을 받으셨기에 宗廟와 천지와 사직의 제사를 받들어야 하니 대의상 定陶共皇의 묘당에 들어가 그 제사를 받들 수 없습니다. 지금 장안에 (定陶共皇의) 묘당을 세운다 하여도 신하를 보내 제사를 지내야 하니, 이는 祭主가 없는 것입니다. 또 혈연의 관계가 다하면 응당 단절하는 것이기에 一國 太祖의 중단할 수 없는 제사이지만, 제주가 없어 중단할 제사를 폐하가 지내는 잘못된 예를 따르는 것은 共皇을 받드는 뜻이 아닐 것입니다."

사단은 이때부터 애제의 뜻에 맞지 않았다.

會有上書言古者以龜貝爲貨, 今以錢易之, 民以故貧, 宜
可改幣. 上以問丹, 丹對言可改. 章下有司議, 皆以爲行錢
以來久, 難卒變易. 丹老人, 忘其前語, 後從公卿議. 又丹使
吏書奏, 吏私寫其草, 丁, 傅子弟聞之, 使人上書告丹上封事
行道人遍持其書. 上以問將軍中朝臣, 皆對曰, "忠臣不顯
諫, 大臣奏事不宜漏洩, 令吏民傳寫流聞四方. '臣不密則失
身', 宜下廷尉治." 事下廷尉, 廷尉劾丹大不敬. 事未決, 給
事中博士申咸, 炔欽上書言, "丹經行無比, 自近世大臣能若
丹者少. 發憤懣, 奏封事, 不及深思遠慮, 使主簿書, 漏洩之
過不在丹. 以此貶黜, 恐不厭衆心." 尙書劾咸, 欽, "幸得以
儒官選擢備腹心, 上所折中定疑, 知丹社稷重臣, 議罪處罰,
國之所愼, 咸, 欽初傅經義以爲當治, 事以暴列, 乃復上書妄
稱譽丹, 前後相違, 不敬." 上貶咸, 欽秩各二等. 遂策免丹
曰, "夫三公者, 朕之腹心也. 輔善相過, 匡率百僚, 和合天
下者也. 朕旣不明, 委政於公, 間者陰陽不調, 寒暑失常, 變
異屢臻, 山崩地震, 河決泉湧, 流殺人民, 百姓流連, 無所歸
心, 司空之職尤廢焉. 君在位也出入三年, 未聞忠言嘉謀,
而反有朋黨相進不公之名. 乃者以挺力田議改幣章示君, 君

內爲朕建可改不疑, 以君之言博考朝臣, 君乃希衆雷同, 外以爲不便, 令觀聽者歸非於朕. 朕隱忍不宣, 爲君受愆. 朕疾夫比周之徒虛僞壞化, 寖以成俗, 故屢以書飭君, 幾君省過求己, 而反不受, 退有後言. 及君奏封事, 傳於道路, 布聞朝市, 言事者以爲大臣不忠, 辜陷重辟, 獲虛采名, 謗譏匈匈, 流於四方. 腹心如此, 謂疏者何? 殆謬於二人同心之利焉, 將何以率示群下, 附親遠方? 朕惟君位尊任重, 慮不周密, 懷諼迷國, 進退違命, 反覆異言, 甚爲君恥之, 非所以共承天地, 永保國家之意. 以君嘗托傅位, 未忍考於理, 已詔有司赦君勿治. 其上大司空<u>高樂侯</u>印綬, 罷歸."

| 註釋 | ○龜貝爲貨 – 龜貝는 龜甲이나 貝殼(패각). ○難卒變易 – 卒은 猝. 變易(변역)은 바꾸다. ○'臣不密則失身' – 《易經 繫辭 上》의 구절. ○申咸(신함), 炔欽(계흠) – 둘 다 인명. 炔는 성 계. 불 피울 결. ○憤懣(분만) – 화가 나 번민하다. 불평을 누르지 못하다. 憤 화낼 분. 懣 분개할 만. ○貶黜(폄출) – 貶은 떨어트릴 폄. 黜은 물리칠 출. ○夫三公者 – 夫는 發語辭. ○百姓流連 – 流連은 遊離하다. ○挺力田 – 힘써 경작하는 사람을 선발하자는 의논. 모범적 농민을 선발하여 장려하자는 내용. ○希衆雷同 – 希는 迎合하다. ○隱忍不宣 – 참으면서 말하지 않다. ○比周之徒 – 比黨. 黨人. 比는 편파적인 교제를 하는 사람. 比黨. 周는 생각과 처신이 공정한 사람. ○幾君省過求己 – 幾는 희망하다. 冀(바랄 기)와 通. ○辜陷重辟 – 지은 죄가 중한 벌에 해당하다. 辜 허물 고. 重辟은 重刑. ○殆謬於二人同心之利焉 – 殆는 처음부터(始와 通). 謬 그릇될 유. 잘못되다. 二人同心之利는 《易經 繫辭 上》의 구절. '二人同心 其利斷.' ○懷諼迷國 – 諼 속일 훤. 邪也. ○共承天地 – 共은 恭.

〖 國譯 〗

　마침 그때 어떤 자가 상서하여 예전에는 거북 등판이나 조개껍질을 돈으로 했는데, 지금은 錢으로 바뀌어서 백성이 가난하게 되었으니 돈을 바꾸어야 한다고 상서하였다. 애제가 이 문제를 사단에게 물었고, 사단은 바꿀 수 있다고 대답하였다. 올라온 글을 담당자들이 의논에 부쳤는데 모두가 금전이 통용된 지 오래라서 갑자기 바꾸기 어렵다고 하였다. 사단은 늙은 사람이라 전에 한 말을 잊어버리고 공경들의 의논에 따랐다. 그리고 사단이 아래 관리를 시켜 상주할 내용을 필사시켰는데 그 관리가 초안을 몰래 필사하였고, 이를 丁氏와 傅氏의 자제들이 알고서 사람을 시켜 사단이 올린 봉서를 길 가는 사람도 그 글을 가지고 다닌다고 아뢰었다. 애제는 이를 장군과 中朝의 신하에게 물었더니, 모두가 "충신은 간언을 표내지 아니하고 大臣은 상주할 일을 누설하지 않아야 하는데, 백성들에게 옮겨 쓴 글이 사방에 돌아다닌다면 '신하가 철저하지 못하여 몸을 망친 것'이니 정위에게 보내어 조사하는 것이 옳을 것"이라고 대답하였고, 정위는 사단을 大不敬하다고 탄핵하였다. 사안이 결정되지 않았을 때 급사중인 박사 申咸(신함)과 炔欽(계흠)이 상서하여 "사단의 바른 행실은 남과 다르며 근래의 대신에 사단과 같은 사람이 없는데 참을 수 없어 봉사를 올리려 했지만 생각이 깊지 못하여 主簿(주부)에게 필사하게 하였지만 누설한 과오는 사단에게 있지 않습니다. 이 때문에 폄직되고 내쫓긴다면 백성 마음을 어루만지기 어려울 것입니다."라고 하였다. 그러자 尙書가 신함과 계흠을 탄핵하였다.

　"유생의 관리로 다행히 뽑혀 발탁되어 복심의 자리에 있지만 위에서 논의를 들어 결정해야 할 일이며, 사단이 사직의 중신임을 안다면 죄와 처벌에 대한 논의는 신중해야 하는데, 신함과 계흠은 처음부터 경전의 뜻을 빙자하여 응당 처벌받아야 하고 또 이미 드러난 일을 다시 상소하며 망령되게 사단을 칭송하니 전후가 맞지 않는 불경한 짓입니다."

애제는 신함과 계흠의 질록을 각각 2등급 깎았다. 애제는 策書(책서)를 내려 사단을 면직시키며 말했다.

"三公이란 자리는 짐의 腹心(복심)이다. 善을 보완하고 과오를 덜어주며 百僚를 두루 통솔하며 천하를 화합케 하는 자이다. 짐이 명철하지 못해 公에게 정사를 위임하였지만 최근에 음양이 조화롭지 못하고 날씨가 정상이 아니며, 여러 이변이 자주 발생했고 산이 무너지며 지진이 일어나고 하천이 터져 물이 넘쳐 인민을 죽게 하니, 백성은 유랑하며 돌아갈 마음을 갖지 못하는데 司空의 직분은 더욱 나빠졌도다. 君이 재위하며 근무하기 3년에 충언과 좋은 정책이 없었고 도리어 붕당이 생기면서 공평치 못하다는 평판만 돌았다. 지난번에 힘써 경작하는 자를 선발하자는 논의와 화폐를 바꾸자는 상소를 君에게 보여주었더니 君은 內朝에서는 짐에게 틀림없이 개정할 수 있다고 말하여 군의 뜻을 조신들에게 詳考하라고 하자, 君은 여러 사람 뜻을 영합하고 雷同(뇌동)하며 外朝에서는 불편하다고 말을 하자 이를 보고 들은 사람들이 짐에게 옳지 않다고 하였도다. 朕은 참으면서 드러내지 않고 君을 대신하여 허물을 받았도다. 朕의 질환에도 당인들은 거짓말로 교화를 방해하는데 이런 풍조가 거의 습관처럼 되었기에 여러 번 君에게 경고하면서 군이 잘못을 되돌아보고 자신의 과오를 반성하기를 희망했으나 도리어 뒷말만이 많았다. 그리고 君이 封事를 상주하면서 그 내용이 길 가는 사람에게도 알려졌고 시중에도 널리 퍼져 이를 두고 대신이 불충하며 지은 죄가 중형에 해당하며 헛 명성만 얻으려 한다는 비방이 흉흉하게 사방에 퍼졌도다. 짐의 심복이 이러하다면 소원한 신하야 어떻겠는가? 처음부터 二人同心의 이로움은 틀렸다고 하더라도 앞으로 어떻게 아랫사람들을 통솔하며 가깝고 먼 사람들을 모두 끌어들이겠는가? 짐의 생각으로 군이 고위에 重責에도 사려가 주밀하지 못하고 거짓된 마음으로 나라를 혼란케 하고 진퇴에 명을 어기며 앞뒤가 다른 말을 반복하여 君을 위해 이를 매우 부끄럽게 생각하니, 이는 천지를 공경하고 나라를 영원히 보위할 만한 뜻이 아니라 생각하노라. 이전에 君이 사부의 임무를 맡았었기에 차마 정위에게 보낼 수 없어 이미 담당자에게 君을 조사하지 말라고 말하였도다. 大司空과 高樂侯의 印綬(인수)를 반환하고 사직 귀가하기 바란다."

原文

尙書令唐林上疏曰, "竊見免大司空丹策書, 泰深痛切, 君子作文, 爲賢者諱. 丹經爲世儒宗, 德爲國黃耇, 親傅聖躬, 位在三公, 所坐者微, 海內未見其大過, 事旣已往, 免爵大重, 京師識者咸以爲宜復丹邑爵, 使奉朝請, 四方所瞻仰也. 惟陛下財覽衆心, 有以尉復師傅之臣."

上從林言, 下詔賜丹爵關內侯, 食邑三百戶.

| 註釋 | ○唐林 – 何武가 천거한 사람. 뒷날 왕망의 新에서 요직을 역임.

○泰深 - 太深. 太甚(태심).　○黃耉 - 늙은이. 원로. 黃은 익다. 머리가 세었다는 뜻. 黃髮. 耉 늙을 구.　○使奉朝請 - 朝請은 제후가 봄가을로 천자의 조회에 참여하는 일.　○財覽衆心 - 財는 裁量하다.　○尉復 - 慰報. 위로하다.

〔國譯〕

尙書令인 唐林(당림)이 상소하였다.

"삼가 대사공 師丹(사단)을 면직시킨 책서를 읽어보건대, 군자가 글을 지어도 賢者를 위해 피할 것이 있음을 아주 깊이 통감하였습니다. 사단은 경학에서는 이 시대 유생의 으뜸이고 덕행에서도 나라의 원로이며 폐하의 사부였으며, 삼공의 지위에서 지은 죄가 미약하며 잘못이 많다는 세간의 평을 듣지 않았습니다. 일은 이미 끝난 일이지만 작위 박탈은 너무 심하다며 경사의 식자들이 모두 사단의 식읍과 작위를 회복하는 것이 옳다고 말하고 있으니 제후로 조회에 참여하게 한다면 사방에서 폐하를 우러러 볼 것입니다. 폐하께서는 백성들의 마음을 헤아려 재량하시고 다시 사부였던 신하를 복직하여 위로하시기 바랍니다."

애제는 당림의 말에 따라 조서로 사단에게 관내후의 작위와 식읍 3백 호를 하사하였다.

原文

丹旣免數月, 上用朱博議, 尊傅太后爲皇太太后, 丁后爲帝太后, 與太皇太后及皇太后同尊, 又爲共皇立廟京師, 儀如孝元皇帝. 博遷爲丞相, 復與御史大夫趙玄奏言, "前高昌

侯宏首建尊號之議, 而爲丹所劾奏, 免爲庶人. 時天下衰粗,
委政於丹. 丹不深惟褒廣尊親之義而妄稱說, 抑貶尊號, 虧
損孝道, 不忠莫大焉. 陛下聖仁, 昭然定尊號, 宏以忠孝復
封高昌侯. 丹惡逆暴著, 雖蒙赦令, 不宜有爵邑, 請免爲庶
人." 奏可. 丹於是廢歸鄕里者數年.

| 註釋 | ㅇ朱博 - 83권, 〈薛宣朱博傳〉에 입전. ㅇ太皇太后 - 元帝의 王
황후. 성제의 母后. 皇太后는 成帝의 황후 趙皇后. ㅇ衰粗(최조) - 거친 삼베
로 만들어 가슴에 걸치는 상복의 일부. 성제의 장례기간이었다는 뜻. 衰 쇠
할 쇠. 상옷 최.

〖 國譯 〗

師丹(사단)이 면관된 몇 달 뒤에 애제는 朱博(주박)의 건의를 받아
들여 傅(부)태후를 皇太太后로, 丁后를 帝太后로 높여 太皇太后 및
皇太后와 같게 하였고, 또 共皇의 묘당을 장안에 짓고 祭儀는 孝元
皇帝와 같게 하였다. 주박은 승진하여 승상이 되었는데 다시 어사대
부 趙玄(조현)과 함께 상주하였다.

"전에 高昌侯 董宏(동굉)은 맨 먼저 존호를 올리자고 건의하여 사
단에게 탄핵을 받아 면관되어 서인이 되었습니다. 그때는 천자께서
는 성제의 상중이었기에 정사가 사단에 의해 처리될 때였습니다. 사
단은 존친의 뜻을 널리 펼친다는 생각을 하지 못하고 망령된 말을
하여 존호를 올리자는 의논을 억제 폄하하여 폐하의 효도를 훼손케
하였으니 불충이 이보다 더 클 수 없습니다. 폐하께서 인자하시어
광명하게 존호를 정하셨습니다만 동굉은 충효한 사람이기에 다시

고창후에 봉해야 합니다. 사단은 사악하고 포악했던 만큼 비록 사면을 받았다지만 작읍을 받을 수 없으니 제후를 박탈하여 서인으로 만들 것을 주청합니다."

애제는 상주를 可하다고 하였다. 이에 사단은 서인으로 향리에서 몇 년을 살았다.

原文

平帝卽位, 新都侯王莽白太皇太后發掘傅太后,丁太后塚, 奪其璽授, 更以民葬之, 定陶隳廢共皇廟. 諸造議泠褒,段猶等皆徙合浦, 復免高昌侯宏爲庶人. 徵丹詣公車, 賜爵關內侯, 食故邑. 數月, 太皇太后詔大司徒,大司空曰, "夫褒有德, 賞元功, 先聖之制, 百王不易之道也. 故定陶太后造稱僭號, 甚悖義理. 關內侯師丹端誠於國, 不顧患難, 執忠節, 據聖法, 分明尊卑之制, 確然有柱石之固, 臨大節而不可奪, 可謂社稷之臣矣. 有司條奏邪臣建定稱號者已放退, 而丹功賞未加, 殆繆乎先賞後罰之義, 非所以章有德報厥功也. 其以厚丘之中鄉戶二千一百封丹爲義陽侯."

月餘薨, 諡曰節侯. 子業嗣, 王莽敗乃絶.

| 註釋 | ○平帝卽位 – 서기 前 1년 10월에 즉위, 연호 元始는 서기 1년 – 5년. ○隳廢 – 隳는 무너뜨릴 휴. ○厚丘 – 현명. 今 江蘇省 북부 省 직할의 沭陽縣(술양현).

平帝가 즉위 후에, 新都侯 왕망은 태황태후에게 아뢰고 傳太后와 丁太后의 무덤을 파헤쳐 그 옥새와 인수를 회수한 뒤 평민의 신분으로 다시 묻었고 定陶에 있는 共皇의 묘당도 철거하였다. 여러 번 의논을 하게 했던 泠褒(냉포)와 段猶(단유) 등은 모두 남쪽 合浦로 이주시켰고 高昌侯 董宏(동굉)을 다시 박탈하여 서인으로 만들었다. 師丹을 불러 公車에 오자 관내후 작위와 옛 식읍을 하사하였다. 몇 달 뒤, 太皇太后는 大司徒와 大司空에게 조서를 내려 말했다.

"유덕자와 큰 공을 포상하는 것은 先聖의 법제이며 모든 王者의 바뀔 수 없는 도리이다. 예전 定陶太后는 참람한 호칭을 만들어 사용하며 대의를 크게 허물었다. 관내후 사단은 나라에 충성하면서 환난을 두려워 않고 충절을 지켜 성왕의 법도에 따라 尊卑의 격식을 분명히 하였으며 뚜렷이 주춧돌처럼 확고히 하면서 큰 지조를 지켜 버리지 않았으니 가히 사직을 지킬 신하라 할 수 있다. 업무 담당자가 존칭을 올리는 건의를 했던 간사한 신하들을 조목별로 올려 이미 축출하였지만 사단의 공은 아직 시상하지 않았는데, 이는 먼저 상을 주고 뒤에 징벌한다는 대의에도 크게 어긋나며 유덕자를 표창하고 그 공적을 보상하는 원칙도 아니었다. 이에 厚丘縣(후구현) 中鄕의 2,100호로 사단을 義陽侯(의양후)에 봉하기 바란다."

한 달여 뒤에 사단이 죽었고, 시호는 節侯이다. 아들 師業이 뒤를 이었으나 왕망이 패망하며 단절되었다.

贊曰, 何武之擧, 王嘉之爭, 師丹之議, 考其禍福, 乃效於
後. 當王莽之作, 外內咸服, 董賢之愛, 疑於親戚, 武, 嘉區
區, 以一簣障江河, 用沒其身. 丹與董宏更受賞罰, 哀哉! 故
曰 '依世則廢道, 違俗則危殆', 此古人所以難受爵位者也.

| 註釋 | ○何武之擧 - 公孫祿을 대사마에 천거한 일. ○王嘉之爭 - 동현
의 식읍을 늘리라는 조서를 돌려보내면 올린 상서 같은 것. ○師丹之議 -
부태후에 대한 존호 올리는 것을 반대하는 논의. ○區區 - 소소한. 말할만
한 것이 못되다. ○以一簣障江河 - 簣(삼태기 궤)는 짚으로 만든 광주리. 흙
을 담아 나르는 도구.

〖國譯〗

班固의 論贊 : 何武(하무)의 인재 추천, 王嘉(왕가)의 간쟁, 師丹(사
단)의 주장에 대하여 그 화복을 살펴보면 모두 사후에 그대로 나타
났다. 王莽(왕망)의 융성에 내외가 모두 복종하였지만 (애제의) 董賢
에 대한 총애는 마치 친척과도 같았으며 하무와 왕가의 구구한 행동
은 마치 한 광주리의 흙으로 큰 강물을 막으려는 것으로 그 때문에
죽어야만 했다. 사단과 董宏(동굉)은 상벌이 여러 번 번복되었지만
정말 서글픈 일이었다. 그래서 '세태를 따르며 正道를 잃고 세속에
어긋나면 위태롭다.' 라고 말하는 것이니, 이는 옛날 작위를 가진 자
들도 어려워했던 처세이었다.

87 揚雄傳
〔양웅전〕

87-1. 揚雄傳(上)

原文

揚雄字子雲, 蜀郡成都人也. 其先出自有周伯僑者, 以支
庶初食采於晉之揚, 因氏焉, 不知伯僑周何別也. 揚在河,汾
之間, 周衰而揚氏或稱侯, 號曰揚侯. 會晉六卿爭權, 韓,魏,
趙興而范,中行,知伯弊. 當是時, 偪揚侯, 揚侯逃於楚巫山,
因家焉. 楚漢之興也, 揚氏溯江上, 處巴江州. 而揚季官至
廬江太守. 漢元鼎間避仇復溯江上, 處岷山之陽曰郫, 有田
一廛, 有宅一區, 世世以農桑爲業. 自季至雄, 五世而傳一
子, 故雄亡它揚於蜀.

| 註釋 | ○揚雄(양웅, 前 53 - 서기 18) - 西漢 말기의 문인, 철학자. ○蜀郡成都 - 군명, 成都는 현명. 今 四川省 成都市. ○食采 - 采地. 采는 官의 뜻(以官受地). ○晉之揚 - 晉나라의 揚縣(今 山西省 臨汾市 관할의 洪洞縣). ○河,汾 - 黃河와 汾河. 汾河(분하, 汾水)는 山西省을 남북으로 관통하여 運城市 관할 河津市에서 黃河에 합류하는 전장 700km의 큰 강. ○晉六卿爭權 - 晉이 韓, 魏, 趙로 분국. 이후 전국시대라 칭함. 范, 中行, 知伯씨는 소멸되었다. ○偪揚侯 - 偪은 逼. 逼迫(핍박)하다. ○楚巫山 - 巫山은 湖北省 荊州의 서남. ○巴江州 - 巴郡. 치소는 江州縣(今 重慶市 渝中區(투중구)). ○廬江太守 - 廬江(여강)은 군명. 치소는 舒縣(今 安徽省 合肥市 廬江縣). ○元鼎(원정) - 무제의 연호. 前 116 - 111년. ○岷山(민산) - 今 四川省 松潘縣의 산이름. ○有田一廛 - 一廛(집터 전)은 100畝, 곧 一夫의 경작지.

[國譯]

揚雄(양웅)의 字는 子雲으로 蜀郡 成都縣 사람이다. 그의 선조는 周의 伯僑(백교)라고 하는데 지손으로 처음에 晉(진)의 揚(양)을 采地(채지)로 받았고 그 땅을 성씨로 했는데 伯僑가 周의 어떤 분파인지는 알 수 없다. 揚은 황하와 汾水(분수)의 중간에 있는데 周나라가 쇠퇴하면서 揚氏 중에 혹 제후를 칭한 자가 있어 揚侯(양후)라 하였다. 그때 晉의 六卿이 세력을 다투었는데 韓, 魏, 趙는 흥했지만 范(범), 中行, 知伯씨는 피폐해졌다. 이때 양후는 핍박을 받아 楚 땅의 巫山(무산)으로 도망하였다. 楚와 漢이 흥기할 때 揚氏는 長江 상류를 거슬러 올라 巴郡(파군) 江州에 자리 잡았다. 揚季(양계)는 廬江(여강) 태수를 역임하였다. 漢 무제 元鼎(원정) 연간에 원수를 피해 다시 장강 상류로 올라와 岷山(민산)의 남쪽 郫縣(비현)에 1백무의 땅에 집한 채를 가지고 농사와 누에치기로 살았다. 양계 이후 揚雄까지 독자로 이어와서 다른 양씨들은 蜀郡에 없었다.

雄少而好學, 不爲章句, 訓詁通而已, 博覽無所不見. 爲
人簡易佚蕩, 口吃不能劇談, 默而好深湛之思, 淸靜亡爲, 少
嗜欲, 不汲汲於富貴, 不戚戚於貧賤, 不修廉隅以徼名當世.
家産不過十金, 乏無儋石之儲, 晏如也. 自有下度, 非聖哲
之書不好也, 非其意, 雖富貴不事也. 顧嘗好辭賦.

| 註釋 | ○章句 − 문장을 분석하다(剖章析句). 문장의 정확한 뜻을 파악
하다. ○訓詁通 − 字句의 뜻을 이해하다. 訓詁(훈고)는 詞意를 해석하다.
○簡易佚蕩(간이질탕) − 소탈하고 초탈하여 속박을 받지 않다. ○口吃不能
劇談 − 口吃(구흘)은 말을 더듬다. 劇談은 말을 빨리 하다. ○汲汲(급급) −
힘써 얻으려 하다. ○戚戚(척척) − 슬퍼하다. ○廉隅 − 행실이 바르고 절조
가 굳음. ○乏無儋石之儲 − 乏은 궁핍. 儋石(담석)은 한두 섬. 많지 않은 양.
儲(쌓을 저)는 비축. 여분. ○顧 − 但也. 다만.

〖 國譯 〗

양웅은 어려서부터 호학하였으나 문장을 분석하기보다는 뜻만
통하면 되었고 많은 책을 보아 읽지 않은 것이 없었다. 사람됨이 소
략하면서도 초탈하였고 말을 더듬어 언사가 유창하지 못했기에 말
없이 깊이 생각에 잠겼으며, 청정무위하면서 욕심이 없고 부귀에 급
급하지 않았으며, 빈천을 서글피 여기지도 않으면서 행실을 닦고 교

제하여 당세에 이름을 얻으려 하지도 않았다. 가산이라야 十金이 되지 않았지만 또 부족하여 비축한 것이 없어도 마음이 편했다. 스스로 생각해서 성인의 글이 아니라면 좋아하지 않았고 내키지 않으면 부귀한 사람일지라도 섬기려 하지 않았다. 다만 젊어서부터 辭賦(사부)를 좋아하였다.

先是時, 蜀有司馬相如, 作賦甚弘麗溫雅, 雄心壯之, 每作賦, 常擬之以爲式. 又怪屈原文過相如, 至不容, 作〈離騷〉, 自投江而死, 悲其文, 讀之未嘗不流涕也. 以爲君子得時則大行, 不得時則龍蛇, 遇不遇命也, 何必湛身哉! 乃作書, 往往摭〈離騷〉文而反之, 自岷山投諸江流以吊屈原, 名曰〈反離騷〉. 又旁〈離騷〉作重一篇, 名曰〈廣騷〉, 又旁〈惜誦〉以下至〈懷沙〉一卷, 名曰〈畔牢愁〉. 〈畔牢愁〉,〈廣騷〉文多不載, 獨載〈反離騷〉, 其辭曰,

| 註釋 | ○司馬相如(前 179 ? – 118) – 漢賦의 代表作家, '賦聖'이라는 칭송도 있다. 卓文君과의 私奔(사분)은 널리 알려진 이야기이다. 《漢書 藝文志》에 사마상여의 賦 29편명이 올랐는데 잘 알려진 것으로는 〈子虛賦〉,〈上林賦〉,〈大人賦〉,〈哀二世賦〉 등이 있다. 57권,〈司馬相如傳〉上,下 참고.《史記 司馬相如列傳》도 있다. ○屈原(굴원, 前 352 – 前 281) – 전국시대 楚國의 시인. 楚辭의 창립자 겸 대표 작가.《史記 屈原賈生列傳》참고. ○得時則大行 – 大行은 安步徐行하다. 자신의 뜻을 펴다. ○不得時則龍蛇 – 龍蛇는 칩

거하면서 存身하다. ○攄〈離騷〉文而反之 - 攄(주울 척)은 따오다. 모방하다.
○旁〈離騷〉 - 旁은 모방하다. 따라짓다. ○〈畔牢愁〉 - 畔은 離也. 조우하다.
부착하다. 牢는 쓸쓸하다. 주관과 상리하여 쓸쓸히 근심하고 있다는 뜻. ○獨
載〈反離騷〉 - 〈反騷〉라고 해야 맞는다는 주석도 있다.

〖國譯〗

이에 앞서 蜀에 司馬相如(사마상여)가 살았는데, 그가 지은 賦는
매우 뜻이 크고 아름다우며 溫潤(온윤) 典雅하면서도 雄心에 壯麗하
였기에, 양웅은 賦를 지을 때마다 늘 모방하며 법식으로 삼았다. 그
러면서 屈原의 문장은 사마상여보다 나으나 楚에서 받아들여지지
않아 〈離騷〉를 짓고 스스로 강물에 투신하여 죽은 것을 괴이하게
생각하여 그 글에 슬퍼하며 읽을 때마다 눈물을 흘리지 않은 적이
없었다. 양웅은 군자가 때를 만나면 자기 뜻을 펴지만 때를 만나지
못했다면 잠룡처럼 칩거하면 되며, 때를 만나고 못하고는 命인데 하
필 투신까지 해야 하는가? 라고 생각했다. 그리하여 글을 지으며 가
끔 〈離騷〉의 글을 모방하나 그 반대로 지어 岷山(민산)에서부터 강물
에 던지며 굴원을 조문하며 이름을 〈反離騷〉라 하였다. 또 〈離騷〉
를 본 떠 다른 1편을 지어 〈廣騷〉라 하였으며, 또 〈惜誦〉에서 〈懷沙〉
까지를 모방한 1권을 지어 〈畔牢愁(반뇌수)〉라고 이름 지었다. 〈畔
牢愁〉와 〈廣騷〉는 장문이라서 수록하지 않고 다만 〈反離騷〉를 수
록하였는데 그 문사는 다음과 같다.

〈反離騷〉

「有周氏之蟬嫣兮, 或鼻祖於汾隅, 靈宗初諜伯僑兮, 流於
末之揚侯.

淑周楚之豐烈兮, 超旣離乎皇波, 因江潭而水往記兮, 欽
吊楚之湘纍.

惟天軌之不辟兮, 何純潔而離紛! 紛纍以其渂涊兮, 暗纍
以其繽紛.」

| 註釋 | ○蟬嫣(선언) − 이어지다(連也). 蟬은 매미 선. 잇다. 嫣은 잇달을
언, 웃을 언. ○鼻祖(비조) − 始祖. ○汾隅 − 汾水의 땅. ○靈宗 − 유덕한
선조. ○諜 − 보첩. 기록하다. ○伯僑 − 선조의 이름. ○淑 − 善也. ○豐烈
− 大業. ○超 − 빨리(速也). ○離 − 떠나가다. 거쳐 가다. 去也. 皇波는 大
波. 장강의 파도를 넘어 岷山(민산)의 남쪽으로 이주했다는 뜻. ○江潭 − 江
邊. 潭은 水邊. ○湘(상) − 湘水. 장강의 지류. ○纍 − 죄도 없이 죽다. 누명
을 쓰고 죽다. 맬 루, 연루시킬 루. 湘纍(상루)는 상수에서 굴원의 죽음. ○天
軌 − 天路. 辟은 열다(開也). 離는 만나다. 당하다. ○渂涊(전년) − 더럽다
〔穢濁(예탁)〕. 더러운. 渂은 때가 낄 전. 涊 때 묻을 연. ○繽紛 − 뒤섞이다(交
雜하다). 繽 어지러울 빈. 紛 섞일 분.

〔國譯〕

〈反離騷〉*

「周氏에서 이어왔나니 시조 한 분이 汾水의 땅에 사셨으니,

　훌륭하신 선조 伯僑(백교)로부터 이어내려 후손 揚侯(양후)에 이르

렸네.

착하신 선조는 周와 楚에 대업을 이뤘고 서둘러 長江을 올라 가
셨으며,

강변에 올라가 弔文을 지어 삼가 楚 땅 湘水의 억울한 죽음을 슬
퍼하노라.

생각하면 天路가 아니 열리니 순결한 분이 왜 난관을 당해야 하나!

분분히 속세의 더러움에 얽혀졌고 어둠에 묶여 뒤섞였도다.

「漢十世之陽朔兮, 招搖紀於周正, 正皇天之淸則兮, 度后
土之方貞.

圖纍承彼洪族兮, 又覽纍之昌辭, 帶鉤矩而佩衡兮, 履欃
槍以爲綦.

素初貯厥麗服兮, 何文肆而質讆! 資娵,娃之珍髢兮, 鬻九
戎而索賴.」

| 註釋 | ○漢十世 - 揚雄이 屈原을 조문하는 해. 高祖 - 成帝까지 10세에
해당. ○陽朔(양삭) - 성제의 연호. 전 24 - 21. ○招搖(초요) - 북두칠성. 天
時를 주관한다. 周正은 十一月. ○皇天 - 하늘. ○淸 - 맑다. 盛世. ○后土
- 땅. 대지. 方貞은 바르다. 屈原의 시대와는 다른 漢代의 융성을 언급한 구
절이라는 註에 따른다. ○圖 - 생각하다. ○纍承 - 累承 누대에 걸쳐 이어
진. ○洪族 - 大族. ○覽 - 省視也. 昌辭는 아름다운 文辭. 昌은 美也. ○鉤
矩 - 規矩(규구). 법도, 본보기. 鉤(갈고랑이 구)는 規. 矩(직각 자 구)는 方也.

○佩衡 – 저울을 들다. 공평하게 처리하다. 衡은 平也. ○履 – 밟다. ○欃槍
(참창) – 살별, 혜성. 綦(비단 기)는 신발 끈. 신을 신고 밟은 자국. 脚印. 屈原
은 결국 악인으로 몰려 放退되었다는 뜻. ○貯 – 績也. ○麗服 – 아름답게
장식한 옷. ○文肆(문사) – 마음껏 멀리 유람하다(放言遠游也). 質薤(질해)
는 性情이 편협하다. 세상에 용납되지 못해 스스로 물러나 있다는 뜻. 薤은
염교 해(薤), 좁을 해. 좁다. ○娭,娃 – 娭는 閭娭(여주). 미녀의 이름. 娃는
吳娃(오왜). 역시 미녀의 이름. ○髢 – 다리 체. 머리를 부풀리는 장식. ○鬻
– 팔 육. 죽 죽. ○九戎(구융) – 야만인. 賴는 得也. 屈原이 高行으로 楚에
벼슬한 것은 마치 미인의 머리 장식을 야만인에게 팔아 이득을 얻으려는 것
과 같아 성공할 수 없다는 의미.

〔國譯〕

「漢 개국 十世에 (成帝) 陽朔 연간, 천시는 11월인데,

皇天이 正히 융성하고 后土도 한결같이 方正하도다.

오래 이어온 名門을 생각하고 또 오랜 훌륭한 문사를 살펴보니,

바른 품행과 공정한 처신은 악인의 자취로 몰려 내쫓기었도다.

늘 전처럼 아름다운 옷이나, 어찌 마음껏 유람도 용납되지 못하
는가.

미인의 진기한 머리 장식을 九戎(구융)에 팔아 이득을 얻으려 했네.」

原文

「鳳皇翔於蓬陼兮, 豈駕鵝之能捷! 騲驊騮以曲囏兮, 驢騾
連塞而齊足.

枳棘之榛榛兮, 蝯狖擬而不敢下, 靈修旣信椒,蘭之唼佞兮, 吾纍忽焉而不蚤睹?

袀茭茄之綠衣兮, 被夫容之朱裳, 芳酷烈而莫聞兮, 固不如襞而幽之離房.

閨中容競淖約兮, 相態以麗佳, 知衆嫭之嫉妒兮, 何必颺纍之蛾蛾眉?」

| 註釋 | ○翔 – 빙빙 돌아 날 상. ○蓬陼(봉저) – 봉래산의 물가. 陼 물가 저. ○駕鵝(가아) – 野鵝(야생 거위). 捷은 따라가다. ○騁 – 달릴 빙. ○驊騮(화류) – 준마 이름. ○曲艱 – 굽고 험한 길. 艱은 고생살이 간. 艱의 古字. ○驢驘(여라) – 당나귀. 連蹇(연건)은 길이 험하여 가기 힘든 모양. 불운. 蹇 절 건. ○枳棘(지극) – 가시나무. 榛榛(진진)은 초목이 무성한 모양. 榛 개암나무 진. 덤불. ○蝯狖(원유) – 원숭이. 蝯은 긴팔원숭이 원. 狖는 긴꼬리원숭이 유. ○擬(헤아릴 의) – 疑와 통. ○靈修 – 神巫. 楚王을 지칭. 椒, 蘭은 令尹 子椒(자초)와 子蘭(자란). 唼佞(첩녕)은 참소를 하다. 참언. 唼은 헐뜯을 첩. 쪼아 먹을 삽. ○忽 – 경시하다. 蚤는 早의 古字. ○袀 – 묶어 매다. 옷의 띠. 옷깃 금. 茭茄(지가)는 마름과 연(蓮). 茄(연 줄기 가)는 荷(연 하)와 同. 茭茄는 隱者의 옷. ○被 – 입다. 披也. 옷을 걸치다. 夫容은 芙蓉(부용, 연꽃). ○芳 – 향기. 명성. 酷烈(흑열)은 매우 진함. ○襞(벽) – 옷을 개다. 접을 벽. 옷의 주름. 幽는 감추어 두다. 離房은 別房. ○容競 – 용모를 다투다. 많은 선비가 경쟁을 하다. 淖約(작약)은 정숙하다. 淖는 얌전할 작. 진흙 뇨(요), 온화할 뇨. ○麗佳(여가) – 佳麗(가려). 아름다운 모습. ○嫭 – 미인. 아름다울 호. ○嫉妒(질투) – 시기하다. ○颺 – 揚의 古字. ○蛾眉(아미) – 蛾眉(아미). 누에 눈썹, 미인의 눈썹. 眉는 眉의 古字. 굴원의 뛰어난 자질과 조행이 남의 질투와 모함을 받았다는 의미.

「봉황이 봉래섬 물가를 높이 나니 들거위가 어찌 따라가랴!

준마도 굽고 험한 길에서는 다리 저는 나귀와도 함께 갈 수 있도다.

가시나무 우거진 덤불에는 의심많은 원숭이도 감히 오지 못하나니,

楚王은 벌써 子椒와 子蘭의 참소를 믿었는데 내가 어찌 일찍 모르겠는가?

마름과 연의 綠衣를 졸라매고 芙蓉(부용)의 붉은 치마를 입었으며,

향기가 진해도 맡지 못하나니 옷을 개어 옆방에 두는 것만 못하다.

閨中(규중)에 얌전히 용모를 다투고 서로의 아름다움에 마음을 주며,

여러 미인의 질투를 알면서도 꼭 蛾眉(아미)를 뽐내어야 하는가?」

原文

「懿神龍之淵潛, 俟慶雲而將舉, 亡春風之被離兮, 孰焉知龍之所處?

愍吾纍之衆芬兮, 颲燁燁之芳苓, 遭季夏之凝霜兮, 慶夭頹而喪榮.

橫江,湘以南水往兮, 云走乎彼蒼吾, 馳江潭之汎溢兮, 將折衷乎重華.

舒中情之煩或兮, 恐重華之不纍與, 陵陽侯之素波兮, 豈吾纍之獨見許?」

| 註釋 | ○懿 - 아름다울 의(美也). ○俟 - 기다리다(待也). 慶雲의 慶은
어조사 강. 發語辭. 龍은 풍운을 기다려 승천하고 선비는 明君을 기다려 출
사한다. 이 구절은 굴원이 隱德(은덕)이 없어 화를 자초했다는 뜻이다. ○被
離 - 흩어져 감싼 모양. 被는 披와 通. ○孰 - 누구 숙. ○焉知(언지) - 어찌
알겠는가? ○衆芬 - 여러 香草. ○燁燁(엽엽) - 번쩍번쩍 빛나는 모양. ○芳
苓(방령) - 香草. ○季夏 - 끝 여름. 凝霜(응상)은 서리가 내리다. 굴원이 너
무 일찍 참소를 당했다는 뜻. ○慶(강) - 發語辭. ○夭頹(요췌) - 일찍 시들
다. 頹는 파리할 췌(悴와 同). 喪榮은 영화를 잃다. 榮은 꽃. ○江, 湘 - 長江
과 湘水. ○蒼吾(창오) - 蒼梧, 군명. 지금의 廣西壯族自治區 梧州市, 廣東省
과의 경계. 舜이 죽어서 묻힌 산 이름. ○江潭 - 長江의 물. 汎溢(범일)은 泛
溢(범일), 물이 광대한 모양. ○重華(중화) - 帝舜의 이름. ○中情 - 속마음.
煩或(번혹)은 번민과 의혹. ○不嘉與 - 허용되지 않다. 與는 許也. ○陵 -
乘也. 陽侯(양후)는 제후의 이름. 죄를 뒤집어쓰고 강물에 던져졌는데 그 영
혼이 파도가 되었다는 전설이 있다.

〖國譯〗

「神龍이 잠긴 연못은 아름답고 구름을 기다려 날아오르나니,
春風이 퍼져 감싸지도 않았으니 어찌 용이 있다고 누가 알리오?
(屈原의) 많은 재능에 아름답게 빛나는 향풀 내음을 걱정하나니
끝 여름 일찍 내린 서리에 빨리 시들어 영화를 잃었도다.
長江의 湘水를 거슬러 남쪽 蒼梧山(창오산)에 이르러,
(굴원은) 장강 넘실대는 물을 지나 帝舜에게 진정을 하소연했네.
마음속 번민과 의혹을 말하여도 帝舜이 허용하지 않을까 걱정하

고,

　억울한 陽侯 혼령의 파도를 넘었는데 어찌 만나주려 않는가?」

原文

「精瓊靡與秋菊兮, 將以延夫天年, 臨汨羅而自隕兮, 恐日薄於西山.

　解扶桑之總轡兮, 縱令之遂奔馳, 鸞皇騰而不屬兮, 豈獨飛廉與雲師.

　卷薜芷與若蕙兮, 臨湘淵而投之, 棍申椒與菌桂兮, 赴江湖而漚之.

　費椒稰以要神兮, 又勤索彼瓊茅, 違靈氛而不從兮, 反湛身於江皋!」

| 註釋 | ○精 – 자질구레한 것(細也). ○瓊靡(경미) – 옥의 화려함. ○汨羅(멱라) – 湖南省에 있는 洞庭湖의 지류. 汨은 잠길 골. 물 이름 멱. ○自隕(자운) – 자살하다. 隕은 떨어질 운. 薄은 잠깐, 조금. ○扶桑(부상) – 神木. 이곳에서 해가 뜬다고 하였다. ○總轡(총비) – 묶어 맨 고삐. 總은 結也. 부상에 떠오르는 해는 主君을 뜻한다. ○奔馳(분치) – 내달리다. ○鸞皇(난황) – 난새. 천자를 상징. ○飛廉(비렴) – 風伯. ○雲師 – 雲神. ○卷薜芷與若蕙兮 – 薜(승검초 벽), 芷(지초 지), 若(두약 두약), 蕙(혜초 혜)는 모두 향초 이름. ○棍 – 묶은 혼. 몽둥이 곤. 申椒(신초), 菌桂(균계)는 모두 香草. ○漚 – 담글 구. ○椒稰(초서) – 산초나무와 고사 지낼 쌀. 稰 고사 쌀 서. 精米. ○索 – 구하다. ○瓊茅(경모) – 靈草. ○靈氛(영분) – 고대에 점을 잘 쳤다는 사

람.　○江皐(강고) ─ 江岸.

〖國譯〗

　「작고 화려한 옥과 가을국화로 天年을 연장하려 하더니
　멱라수에 몸을 던질 때, 해는 서산에 지려 했었다.
　扶桑(부상)에 묶인 해(日)의 끈을 풀어 놓아주어 해를 달리게 하고
　난새는 매인 데 없이 날아오르나니 어찌 風伯과 雲師 뿐이랴.
　여러 가지 향초를 엮어 상수의 물가에 던졌고,
　申椒(신초)와 菌桂(균계)를 묶어서 長江의 물에 담갔다.
　산초와 고사 쌀을 바쳐 神을 내리고 또 삼가 그 영초를 구하고,
　점쟁이의 말을 따르지 않더니 되레 강물에 몸을 던졌도다.」

原文┃

　「纍旣攀夫傅說兮, 奚不信而遂行? 徒恐鵜鴂之將鳴兮, 顧先百草爲不芳!

　初纍棄彼虙妃兮, 更思瑤臺之逸女, 抨雄鳩以作媒兮, 何百離而曾不壹耦!

　乘雲蜺之旖柅兮, 望崑崙以樛流, 覽四荒而顧懷兮, 奚必云女彼高丘?」

│註釋│　○攀 ─ 당길 반. 攀援(반원). 다른 사람에게 맡기다.　○傅說(부열) ─ 인명. 武丁(殷 高宗)의 신하. 본래는 築城에 종사하던 노예였었다.　○奚

- 어찌 해. ○鵜鴂(제규) - 子規. 두견이. 立夏에 울기 시작한다. ○虙妃(복비) - 전설 속의 神女. 伏羲(복희)씨의 딸. 洛水에 익사하였는데 洛水의 여신이 되었다. ○瑤臺(요대) - 신선의 거처. 逸女(일녀)는 簡狄(간적), 새의 알을 먹고 殷의 시조인 契(설)을 낳았다. 이 구절은 굴원의 마음이 일정하지 않음을 풍자한다는 주석이 있다. ○抨 - ~하게 하다.(使, 令과 同) 탄핵할 평. ○雄鴆(웅짐) - 큰 짐새. 毒鳥.〈離騷〉에 '吾令鴆爲媒兮' 라는 구절이 있다. ○雲蜺(운예) - 무지개(虹也). 旖柅(의니)는 깃발이 펄럭이는 모양. 구름이 피어오르는 모양. 旖 성할 의. 柅 무성할 니. ○樛流(규류) - 에워싼 모양. 樛 휠 규. 돌고 돌다. ○四荒(사황) - 사방의 끝. 顧懷(고회)는 가슴에 품고 생각하다. ○女 - 士의 비유, 곧 出仕하다. 高丘(고구)는 楚나라.〈離騷〉에 '哀高丘之無女' 라는 구절이 있다.

〖 國譯 〗

「이미 傅說(부열)에게 맡기고선, 왜 그를 믿지 않고 따르지 않나?

두견이 울려는데, 왜 온갖 풀이 향기가 없다고 걱정하는가!

처음에는 虙妃(복비)를 버리더니 다시 瑤臺(요대)의 逸女(일녀)를 생각한다.

큰 鴆(짐)새로 중매를 삼더니, 어찌 모두와 헤어져 짝도 없는가!

무지개를 타고 구름처럼 피어올라서 곤륜산을 바라보며 감싸고,

四荒(사황)을 둘러보고 가슴에 그리며, 어찌 꼭 楚에 출사하려 했는가?」

「旣亡鸞車之幽藹兮, 駕八龍之委蛇? 臨江瀕而掩涕兮, 何有〈九招〉與〈九歌〉?

夫聖哲之不遭兮, 固時命之所有, 雖增欷以於邑兮, 吾恐靈修之不纍改.

昔仲尼之去魯兮, 斐斐遲遲而周邁, 終回復於舊都兮, 何必湘淵與濤瀨!

溷漁父之餔歠兮, 潔沐浴之振衣, 棄由,聃之所珍兮, 蹠彭咸之所遺!」

| 註釋 | ○鸞車之幽藹 - 鸞車(난거)는 천자가 타는 수레. 幽藹(유애)는 햇빛을 희미하다(晻藹). 그늘. 이 이후 부분이 〈反離騷〉에서 말하고자 하는 양웅의 뜻이라 할 수 있다. ○委蛇(위이) - 구불구불 나아가다. 蛇는 뱀 사. 구불구불 갈 이. ○江瀕(강빈) - 물가. ○何有〈九招〉與〈九歌〉? -〈九招〉와〈九歌〉는 古樂의 명칭. 〈離騷〉에 '奏〈九歌〉以舞韶' 라는 구절이 있다. 이는 '哀樂이 서로 부응하지 않음을 풍자한 것이다.' 라는 주석이 있다. ○雖增欷以於邑兮 - 增은 거듭. 欷 흐느낄 희. 탄식하다. 於邑(어읍)은 오열하다. ○神巫 - 楚王을 지칭. ○斐斐遲遲而周邁 - 斐斐(비비)는 왔다 갔다 하는 모양. 斐 계집종 비. 遲遲(지지)는 꾸물대다. 천천히 가다. 周邁(주매)는 사방을 돌아다니다. ○湘淵與濤瀨 - 湘淵은 湘水. 濤瀨(도뢰)는 큰 파도와 급류. ○溷漁父之餔歠兮 - 溷 흐릴 혼. 혼탁하다. 餔歠(포철)은 먹고 마시다(飮). ○振衣 - 옷을 깨끗하게 정리하다. 〈漁父〉의 내용으로 굴원의 신념을 말했다. ○棄由,聃之所珍兮 - 許由(허유), 老聃(노담, 노자). ○蹠彭咸之所遺 - 蹠(밟을 척)은 답습하다. 彭咸(팽함)은 殷의 志士. 뜻을 얻지 못하자 강물에 몸을

던져 죽었다.

【國譯】

「차일을 친 鸞車(난거)가 없다면 어찌 구불구불 八龍을 몰아 달리며

강가에 서서 눈물을 훔치면서 어찌 〈九招〉와 〈九歌〉를 즐기는가?

성인을 만날 수 있는 것은 본디 천시와 타고난 운명일 것이니,

비록 거듭 흐느끼고 오열해도 楚王은 잘못을 고치지 않았도다.

옛날 魯를 떠나는 공자가 꾸물대는 발걸음에 사방을 오가며 주유하다가,

나중에 옛 고을로 돌아올 수 있었는데 하필 湘水의 급류에 몸을 맡기셨는가!

혼탁한 세상의 어부처럼 먹고 마시거나 깨끗이 목욕하고 옷을 털어 입더라도,

許由와 老子의 소중함도 버리고 彭咸(팽함)을 따라 세상을 버렸도다.」

原文

孝成帝時, 客有薦雄文似相如者, 上方郊祠甘泉泰畤, 汾陰后土, 以求繼嗣, 召雄待詔承明之庭. 正月, 從上甘泉, 還奏〈甘泉賦〉以風. 其辭曰,

| 註釋 | ○甘泉 泰畤 – 감천궁(일명 雲陽宮)은 今 陝西省 咸陽市 관할의

淳化縣 甘泉山에 있었다. 泰畤(태치)는 天神에게 제사하는 제사터. ○汾陰
后土 - 汾陰(분음)은 현명. 今 山西省 運城市 관할의 萬榮縣. 汾水의 남쪽. 后
土는 地神인 后土를 모시는 사당. ○正月 - 성제 元延 2년(前 11년).

〖 國譯 〗

성제 때 어떤 사람이 양웅의 문장이 司馬相如와 비슷하다며 천거
하였는데, 성제는 그때 막 甘泉宮 泰畤(태치)에서 郊祠를 지내고 汾
水 남쪽의 后土祀에서 繼嗣를 얻게 해달라고 기원하면서 揚雄(양웅)
을 불러 (미앙궁) 承明殿에서 대기하도록 하였다. 양웅은 正月에 성
제를 따라 감천궁에 다녀와 〈甘泉賦〉를 상주하여 諷諫(풍간)하였다.
그 〈甘泉賦〉는 아래와 같다.

原文

〈甘泉賦〉

「惟漢十世, 將郊上玄, 定泰畤, 雍神休, 尊明號, 同符三
皇, 錄功五帝, 卹胤錫羨, 拓迹開統. 於是乃命群僚, 歷吉日,
協靈辰, 星陳而天行. 詔招搖與泰陰兮, 伏鉤陳使當兵, 屬
堪輿以壁壘兮, 梢夔魖而抶獝狂. 八神奔而警蹕兮, 振殷轔
而軍裝, 蚩尤之倫帶干將而秉玉戚兮, 飛蒙茸而走陸梁. 齊
總總撙撙, 其相膠葛兮, 猋駭雲訊, 奮以方攘, 駢羅列布, 鱗
以雜沓兮, 柴虒參差, 魚頡而鳥肸, 翕赫曶霍, 霧集蒙合兮,
半散照爛, 粲以成章.」

| 註釋 | ○惟漢十世 - 惟는 발어사. 有의 의미. 有漢은 國名 앞에 有를 붙인 것. 有虞, 有夏 같은 말이 있다. 漢 高祖에서 成帝까지는 10세이다. 郊는 郊祭. 上玄은 하늘(天). ○定泰時 - 성제는 감천태치와 분음후토의 제사를 폐지했었는데 후사가 없음을 걱정한 왕태후의 당부로 다시 회복했다. ○雍神休 - 雍은 保佑의 뜻. 모으다. 神休는 신의 가호. 休는 美의 뜻. ○尊明號 - 明號는 明神의 호칭. ○同符三皇 - 황제는 受命於天했기에 三皇과 같다고 생각하였다. ○錄功五帝 - 공적을 기록하면 五帝와 같다. ○岬胤錫羨 - 후사를 걱정하고 이어지기를 바라다. 岬은 憂也. 胤은 後嗣, 이을 윤. 錫은 주다. 이룩하다. ○拓迹開統 - 漢의 대업을 이루려 하다. 拓迹(척적)은 대업을 이룩하다. 開統은 발전하고 統轄(통할)하다. ○歷吉日 - 歷은 고르다(挑選). ○協靈辰 - 協은 協和하다. 靈辰은 良辰(양신). 좋은 날. ○星陳而天行 - 별이 벌려 있고 하늘이 운행하듯. 천자 행차의 장엄함. ○詔招搖與泰陰兮 - 招搖(초요, 북두성의 끝)와 泰陰(태음, 太歲星 뒤의 두 별)은 모두 별 이름. ○伏鉤陳使當兵 - 별을 그린 깃발로 군사를 이끌게 하다. 當은 주관하다. ○屬堪輿以壁壘兮 - 屬은 위탁하다. 堪輿(감여)는 하늘과 땅. 천지의 여러 神을 지칭. 壁壘(벽루)는 군대의 보루. ○梢夔魖而抶獝狂 - 梢는 참살하다. 나무 끝 초. 夔(기)는 木石으로 이루어진 괴물로 人面에 용과 같은 형상이나 뿔이 있다고 한다. 魖는 악귀. 疫鬼(역기) 허. 抶은 매질할 질. 獝狂(흉광)은 악귀. 獝은 미칠 휼. ○八神奔而警蹕兮 - 八神은 팔방의 신. 奔은 달려 나가다. 警蹕(경필)은 길을 치우다. ○振殷轔而軍裝 - 振은 떨치다. 殷轔(은린)은 성대한 모양. 轔은 수레 소리 인. ○蚩尤之倫帶干將而秉玉戚兮 - 蚩尤(치우)는 황제와 싸워서 죽은 동방 제후의 하나. 蚩尤之倫은 武威를 담당하는 군사. 干將(간장)은 寶劍의 이름. 秉은 잡다. 玉戚(옥척)은 자루가 玉인 도끼. ○飛蒙茸而走陸梁 - 蒙茸(몽용, 풀이 무성한 모양)과 陸梁(육량)은 모두 어지럽게 나대는 모양. ○齊總總撙撙 - 齊는 모두. 여러 군사들. 總總(총총)과 撙撙(준준)은 모두 모여드는 모양. ○其相膠葛兮 - 膠葛(교갈)은 서로 얽혀 어지

러운 모양. ○猋駭雲訊 - 猋駭(표해)는 놀라 흩어지는 모양. 猋는 개가 빨리 달릴 표. 회오리바람. 雲訊(운신)은 구름이 갑자기 없어지는 모양. ○奮以方 攘 - 奮은 빠른 모양. 方攘은 흩어진 모양. ○駢羅列布 - 駢羅(변라)는 나란 히 줄지어선 모양. ○鱗以雜沓兮 - 鱗(비늘 린)은 많은 모양. 雜沓(잡답)은 사람이 많이 모인 상태. ○柴虒參差 - 柴虒(시사)는 들쑥날쑥한 모양. 柴는 땔나무 시. 虒는 뿔범 사. 參差(참치)는 높고 낮게 층이 나는 모양. ○魚頡而 鳥胻 - 頡(힐)은 날아오르다. 곧은 목 힐. 胻은 새가 내려올 항. ○翕赫�霍 - 翕赫(흡혁)은 성대한 모양. 천자 행차의 모습을 묘사. 翕 합할 흡. 㫚霍(흘 곽)은 빠른 모양. 㫚은 빠를 흘. 새벽. 昒과 同. 霍은 빠를 곽. ○霧集蒙合 - 행동이 재빠른 모양을 표현한 것임. 霧는 땅의 기운이 피어오른 것. 蒙(몽)은 천기가 내려온 것. ○半散照爛 - 여러 곳에 흩어져 빛을 내다. ○粲以成章 - 粲(밝을 찬)은 燦. 成章은 문채가 나다.

〖 國譯 〗

〈甘泉賦〉*

「漢의 十世이신 成帝께서 하늘에 교사를 지내시려 泰畤(태치, 제사 터)를 만드시고 神明의 아름다운 가호를 모으시어 천자의 칭호를 받으셨으니 三皇의 돌보심과 五帝의 공적을 이루었으며 후사를 이어 주시고 대업과 통솔을 성취하고자 하시었다.

이에 모든 신하에게 명하여 길일을 고르고 좋은 날을 협의하고서 별이 하늘에 빛나듯 하늘이 운행하듯 행차하셨도다.

招搖(초요)와 泰陰(태음)의 별을 깃발에 그리게 하여 그 깃발을 배치하여 군사를 거느리게 하고 천지의 여러 神明에게 부탁하여 보루를 지어 여러 역귀를 죽이며 악귀를 매질하게 하였다.

팔방의 신으로 하여금 길을 치우게 하시고서 성대한 군장을 갖추시었으며 치우와 같은 용사들이 보검과 옥도끼를 들고 호위하였고 이리저리 분주히 들고 나갔도다.

모두가 이리저리 여기저기서 모였다가 회오리바람과 구름처럼 갑자기 재빨리 흩어지고 나란히 줄지은 많은 군사가 수없이 모였다가 물고기나 새처럼 오르고 내리며 성대하고 빠른 모양은 천지의 기운이 모였다가 중간에 흩어지듯 찬란히 빛이 나더라.」

原文

「於是乘輿乃登夫鳳皇兮翳華芝, 馴蒼螭兮六素虬, 蠖略蕤綏, 漓虖幓纚. 帥爾陰閉, 霅然陽開, 騰淸霄而軼浮景兮, 夫何旗旐郅偈之旖柅也! 流星旄以電燭兮, 咸翠蓋而鸞旗. 敦萬騎於中營兮, 方玉車之千乘. 聲駍隱以陸離兮, 輕先疾雷而馺遺風. 陵高衍之嵱嵷兮, 超紆譎之淸澄. 登椽欒而狃天門兮, 馳閶闔而入凌兢.」

| 註釋 | ○於是乘輿 − 천자의 수레. 天子. 乃登夫 鳳皇 봉황으로 장식한 수레 兮翳華芝(혜예화지)는 천자 수레의 해 가리개. 翳 일산 예. 양산. 華芝는 華蓋(화개). 수레는 본래 서서 탔다. 앉아서 타는 것은 노인용 安車. ○馴蒼螭兮六素虬 − 馴 말 네 마리 사. 蒼螭(창리)는 靑龍. 素虬(소규)는 백마. 螭(리)는 뿔이 없는 龍, 虬는 뿔이 둘인 龍. ○蠖略蕤綏 − 용이 나아가는 모습. 나아가고 멈추는 것이 일정함. 蠖은 자벌레 확. 略은 움츠리다. 蕤 드리워질 유, 綏는 편안할 수. ○漓虖幓纚 − 휘장이 휘날리며 흔들리는 모양. 漓 스며들 리. 虖는 乎의 古字. 幓纚(삼리)는 늘어진 모양. 幓은 수레 휘장 삼. 纚는

갓끈 리. ○帥爾陰閉 - 帥爾(솔이)는 신속히. 갑작스런 모양. ○霅然(잡연) - 갑작스런 모양. 빠른 모양. 霅 빠를 잡. 흩어질 삽. ○騰淸霄而軼浮景兮 - 騰은 오를 등. 淸霄(청소)는 天空. 軼은 앞지를 질. 浮景 환하게 움직이는 모양. ○夫何旟旐郅偈之旖柅也 - 夫何 旟旐(여조)는 새매를 그린 깃발(旟)과 거북과 뱀을 그린 깃발(旐). 郅偈(질게)는 큰 장대에 깃발을 매단 모양. 旖柅(의니)는 바람 따라 펄럭이는 모양. 旖 깃발 펄럭일 의. 柅 무성할 니. ○流星旄以電燭兮 - 流旄(성모)는 旌旗(정기, 천자의 깃발). 電燭은 번개처럼 빛나다. ○咸翠蓋而鸞旗 - 翠蓋(취개)는 푸른 물총새 깃털로 장식한 덮개. ○鸞旗(난기) - 천자 행차 시에 들고 가는 난새를 그린 깃발. ○敦萬騎於中營兮 - 敦은 모이다. 진을 치다. 中營은 천자의 軍營. ○方玉車之千乘 - 方은 나란히 모이다. 가지런히 줄을 서다. ○聲駍隱以陸離兮 - 聲 駍隱(평은)은 거마에서 나는 큰 소리. 陸離(육리)는 눈앞에 화려하게 펼쳐진 모양. 駍은 수레소리 평. ○駁遺風 - 駁 달릴 삽. 遺風은 질풍. ○陵高衍之嵱嵷兮 - 高衍(고연)은 높아 끝없는 모양. 衍은 단애가 없는 평평한 언덕. 嵱嵷(용종)은 아래위로 굉장히 많은 모양. 嵱 산봉우리 용. 嵷 산 우뚝할 종. ○超紆譎之淸澄 - 超는 넘어가다. 紆譎(우휼)은 굽고 꺾인 모양. 紆는 굽을 우. 譎은 굽다. 속일 휼. 淸澄(청징)은 맑다. ○登椽欒而羾天門兮 - 椽欒(연난)은 甘泉山의 지명. 羾은 날아오를 공. ○馳閶闔而入凌兢 - 閶闔(창합)은 궁전의 큰 문. 감천궁의 정문. 閶은 天門 창. 闔은 문짝 합. 凌兢(능긍)은 한랭하여 전율을 느끼다. 엄숙한 곳에 이르다.

[國譯]

　「이에 천자께서는 봉황 수레에 올라 일산 아래에 섰고 4마리 청룡이 모는 수레와 여섯 마리 백마를 모는데 나아가고 멈춤이 법도에 맞으며 휘장을 휘날리며 나아간다.

　갑자기 꽉 닫히고 홀연히 환하게 열리듯, 하늘에 올라 환하게 빛

내며 달려가나니, 수없이 많은 새매와 뱀을 그린 깃발이 높은 장대 끝에서 펄럭이도다!

정기가 번개처럼 번쩍이고, 푸른 차일과 난새를 그린 깃발이 움직인다.

수만의 기병이 천자의 군영에 모여들고 玉으로 장식한 수레 一千乘이 줄지어 서있다.

수레 소리가 시끄러우나 눈앞에 화려하고 가벼이 바람을 가르며 빨리 달린다.

높이 솟은 수많은 산봉우리를 넘어 구불구불 맑은 시내를 지나서 간다.

橡欒(연난)을 지나 天門을 나르듯 지나 감천궁의 정문을 지나 엄숙한 곳에 들어갔도다.」

原文

「是時未輳夫甘泉也, 乃望通天之繹繹. 下陰潛以慘凜兮, 上洪紛而相錯, 直嶢嶢以造天兮, 厥高慶而不可乎疆度. 平原唐其壇曼兮, 列新雉於林薄, 攢並閭與茇苦兮, 紛被麗其亡鄂. 崇丘陵之駊騀兮, 深溝嶔巖而爲谷, 往往離宮般以相燭兮, 封巒石關施靡虖延屬.」

| 註釋 | ○未輳 ─ 輳은 이를 진(臻也). ○通天 ─ 通天臺. 건물 이름. 繹繹(역역)은 高大한 모양. ○下陰潛以慘凜兮 ─ 陰潛(음잠)은 陰暗(어둡고 침침함.) 慘凜(참름)은 매우 춥다. 凜은 차가울 늠(름). ○洪紛而相錯 ─ 洪紛은

宏大(굉대)한 모양. ○直嶢嶢以造天兮 － 嶢嶢(요요)는 매우 높은 모양. 嶢는 높을 요. 造天은 하늘에 닿다. ○厥高慶而不可乎疆度 － 慶(강)은 發語辭. 疆度(강도)는 限度. ○唐其壇曼兮 － 唐은 광대한 모양. 壇曼(단만)은 평탄한 모양. ○列新雉於林薄 － 新雉(신치)는 향초 이름. 薄은 들풀과 초목이 많이 난 곳. ○攢并閭與茇葀兮 － 攢(모일 찬)은 모으다. 并閭(병려)는 棕櫚樹(종려수). 茇葀(발괄)은 薄荷(박하) 계통의 향초. 茇은 흰꽃 피는 풀 발. 葀은 괄루 괄(풀이름). ○紛被麗其亡鄂 － 被麗(피려)는 分散된 모양. 亡鄂(망악)은 무한한 모양. 鄂은 땅이름 악. 경계. 끝. ○崇丘陵之駊騀兮 － 崇은 높을 숭. 駊騀(파아)는 高大한 모양. 駊 말이 머리 흔들 파. 騀 말이 머리를 내밀 아. ○深溝嶔巖而爲谷 － 深溝는 깊은 도랑. 嶔巖(금암)은 깊고 험한 모양. ○往往離宮般以相爥兮 － 往往은 處處. 곳곳에. 般은 널려 있다. ○封巒石關施靡 虖延屬 － 封巒(봉만)과 石關(석관)은 모두 궁궐 이름. 施靡(이미)는 이어진 모양. 施는 기울 이. 베풀 시. 延屬(연속)은 끝없이 이어지다.

〖國譯〗

「이때 감천궁에 도착하기 전, 通天臺의 높고 큰 건물을 바라본다.

아래는 어둡고 침침하며 서늘하고 위는 크고 높이 지었는데, 곧게 높이 올라 하늘에 닿았으니 그 높이가 끝이 없도다.

평원은 넓고 평탄하고 향초인 新稚가 숲에 가득하며, 종려와 박하가 모여 자라고 곳곳에 널려 그 끝이 없도다.

높은 구릉은 높고도 광대하고 깊은 도랑에 험한 모양의 골짜기이고, 곳곳에 널려 있는 이궁은 서로 비추며 封巒(봉만)과 石關(석관) 궁은 끝없이 이어졌다.」

　於是大夏雲譎波詭, 㠜㠜而成觀, 仰撟首以高視兮, 目冥
眴而亡見. 正瀏濫以弘惝兮, 指東西之漫漫, 徒回回以徨徨
兮, 魂固眇眇而昏亂. 據軨軒而周流兮, 忽軼軋而亡垠. 翠
玉樹之青蔥兮, 壁馬犀之瞵珉. 金人仡仡其承鐘虡兮, 嵌巖
巖其龍鱗, 揚光曜之燎燭兮, 乘景炎之炘炘, 配帝居之<u>縣圃</u>
兮, 像泰壹之威神. 洪臺掘其獨出兮, 致北極之嶟嶟, 列宿
乃施於上榮兮, 日月才經於㭄桭, 雷鬱律而巖突兮, 電倏忽
於牆藩. 鬼魅不能自還兮, 半長途而下顚. 歷倒景而絕飛梁
兮, 浮蔑蠓而撇天.

| 註釋 | ○於是大夏雲譎波詭 – 大夏는 大廈(대하). 큰 집(大屋). 빌딩.
○雲譎波詭(운휼파궤) – 구름이나 파도의 기이한 모습을 만들다. 건물의 구
조가 복잡하여 천태만상이다. ○㠜㠜而成觀 – 㠜㠜(최취)는 재목이 겹쳐 쌓
여 있는 모습(崔巍와 同). 成觀은 볼만하다. 높고 크게 지은 집이 볼만하다.
㠜는 높고 험할 최. 㠜는 산굽이 취. ○仰撟首以高視兮 – 撟首(교수)는 머리
를 들다. 撟는 들 교. ○目冥眴而亡見 – 冥眴(명현)은 눈이 아찔하다.〔瞑眩
(명현)〕. 眴 눈 깜짝일 현. ○正瀏濫以弘惝兮 – 瀏濫(유람)은 劉覽의 假借.
훑어보다. 瀏는 물 맑을 류. 弘惝(홍창)은 크고도 널찍하다. 惝은 놀랄 창.
○東西之漫漫 – 漫漫(만만)은 길다. ○徒回回以徨徨兮 – 回回는 徊徊(회
회). 왔다 갔다 하다. 徨徨(황황)은 어지럽다. ○魂固眇眇而昏亂 – 眇眇(묘
묘)는 아득한 모양. 가물거리다. 回回, 徨徨, 眇眇는 아주 크게 놀란 모양이
다. ○據軨軒而周流兮 – 據는 의거하다. 軨軒(영헌)은 창문이 있는 수레. 軨
사냥 수레 영. 軒 집 헌. 수레. 周流는 두루 살펴보다. ○忽軼軋而亡垠 – 軼

軋(알알)은 광대한 모양. 軮 수레 소리 앙. 넓고 크다. 軋은 삐걱거릴 알. 꾸불꾸불하다. 亡垠(무은)은 끝이 없다. 亡 없을 무. 垠 끝 은. ○翠玉樹之靑蔥兮 — 翠 푸를 취. 玉樹는 玉石, 寶珠로 만든 나무. 靑蔥(청총)은 푸른색. ○壁馬犀之瞵珉 — 馬犀(마서)는 馬腦나 犀角(서각), 壁은 壁, 壁玉으로 해석할 수도 있다. 瞵珉(인빈)은 문채 나는 모양. 瞵 아찔할 인(린). 珉 옥에 문채 있는 모양 빈. ○金人仡仡其承鐘虡兮 — 金人은 구리로 만든 인형. 匈奴 休屠王을 치고 빼앗은 金人을 佛像으로 해석하기도 하지만 흉노가 제천할 때 사용했다고 한다. 仡仡(흘흘)은 씩씩한 모양. 우뚝하다. 仡은 날랠 흘, 높을 흘. 鐘虡(종거)는 종을 매다는 틀. ○嵌巖巖其龍鱗 — 嵌은 새길 감. 새겨 넣다. 끼어 넣다. 巖巖은 높은 모양. ○揚光曜之燎燭兮 — 燎燭(요촉)은 밝게 비추다. ○乘景炎之炘炘 — 景炎은 태양 빛. 炎은 화염. 炘炘(흔흔)은 빛나고 환한 모양. 炘 불탈 흔. 빛나다. ○配帝居之縣圃兮 — 縣圃(현포)는 신선의 거처. ○像泰壹之威神 — 泰壹은 太一. 가장 고귀한 天神. 천신의 제1인자. 太一神의 거처가 紫微宮이다. ○洪臺掘其獨出兮 — 洪臺는 큰 누각. 掘은 우뚝 솟다. 特貌. ○致北極之嶟嶟 — 嶟嶟(준준)은 가파르게 높은 모양. 嶟 가파를 준. ○列宿乃施於上榮兮 — 列宿(열수)는 많은 별(列星). 施(이)는 옮아가다. 뻗다. '베풀 시'의 뜻이 아님. 上榮의 榮은 건물의 처마. ○日月才經於枅桭 — 日月才經於 枅桭(영진) 처마의 가운데. 枅 가운데 영. 중앙. 桭은 처마 진. ○雷鬱律而巖突兮 — 鬱律(울률)은 천둥소리. 巖突(암돌)은 그윽한 곳. 樓觀의 밑부분. ○電倏忽於牆藩 — 倏忽(숙홀)은 아주 짧은 시간. 갑자기. 倏은 갑자기 숙. 牆藩(장번)은 담. 울타리. ○鬼魅不能自還兮 — 鬼魅(귀매)는 도깨비. ○半長途而下顚 — 半長途는 긴 길의 중간. 顚은 顚沛(전패). 굴러 떨어지다. ○歷倒景而絕飛梁兮 — 倒景(도영). 거꾸로 비치는 햇살. 건물이 하도 높아 태양이 아래에서 위로 비춘다는 뜻. 絕은 넘어가다. 飛梁은 구름다리, 또는 높은 곳에 지은 복도. ○浮蔑蠓而撇天 — 蔑蠓(멸몽)은 먼지, 또는 하루살이. 또는 '빠르게'로 풀이한 주석도 있다. 蔑 버릴 멸. 떠다니다. 蠓 하루살이 몽.

撇天(별천)은 공중에 떠돌다. 撇 흔들 별. 때리다.

〚國譯〛

「이에 누각은 구름과 파도인 양 기이하고 높다란 집이 볼만한데, 머리를 들어 올려다보면 눈이 아찔한 듯 금방 사라져 보인다.

크고도 널찍한 경관을 바라보면 동서로 길게 이어졌는데, 공연히 마음이 흔들릴 듯 어지럽고 정신은 아득하기만 하도다.

창문 있는 수레를 타고 둘러보면 홀연히 광대하여 끝이 없고, 비취옥 나무는 파랗게 빛나고 마뇌와 서각으로 꾸민 벽은 광채를 낸다.

金人은 우뚝 솟은 종 받침이 되었고 커다랗게 龍鱗을 끼워 넣은 듯, 광채는 눈부시게 환한 횃불마냥 태양의 불꽃처럼 이글거리고, 天帝가 사는 신선의 거처인 듯, 마치 위대한 太一의 신과 같도다.

큰 누각은 우뚝 홀로 솟아난 듯하고 북쪽 끝에 가파르게 높이 솟았는데, 많은 별들은 처마 위로 뻗어 있고 일월은 겨우 그 처마 사이를 지나가며, 우레 천둥소리는 구석진 곳에도 울리고 번개는 잠깐 담을 스친다.

도깨비도 그 끝까지 갔다 올 수 없어 긴 자락 중간에서 아래로 떨어진다.

거꾸로 비친 햇살이 구름다리 위를 넘어가고 하루살이 떼가 중간에 떠돈다.」

「左欃槍右玄冥兮, 前爓闕後應門, 陰西海與幽都兮, 涌醴
汨以生川. 蛟龍連蜷於東崖兮, 白虎敦圉虖崑崙. 覽樛流於
高光兮, 溶方皇於西清. 前殿崔巍兮, 和氏瓏玲, 炕浮柱之
飛榱兮, 神莫莫而扶傾, 閌閬閬其寥廓兮, 似紫宮之崢嶸.
駢交錯而曼衍兮, 嶐崔隗虖其相嬰. 乘雲閣而上下兮, 紛蒙
籠以掍成. 曳紅采之流離兮, 颺翠氣之冤延. 襲琁室與傾宮
兮, 若登高妙遠, 肅虖臨淵.」

| 註釋 | ○欃槍(참창) － 彗星(혜성)의 다른 이름. 玄冥(현명)은 水神, 雨神
이라는 주석도 있다. ○爓闕(표궐) － 붉은 궁궐 문. 爓 불똥 표. 應門은 궁전
의 정문. 여기서부터는 감천궁에 대한 설명이다. ○陰西海 － 陰은 그늘지게
하다. ○幽都 － 北海에 있는 산. 북해의 根源. ○涌醴汨以生川 － 涌은 샘솟
다. 醴(단술 예)는 감로수. 汨은 흐를 율(빠질 골). ○連蜷(연권) － 몸을 서리
다. 蜷 구부릴 권. 몸을 오그리다. ○敦圉(돈어) － 성난 모습. 격앙된 모습.
敦은 힘쓸 돈. 圉 마부 어. 감옥. 敦圉(돈어, 짐승 이름)가 아님. ○覽樛流 －
구부러지고 꺾여 흐르는 물을 보다. 樛은 휠 규. 구불구불하다. 高光은 궁전
이름. ○溶方皇於西清 － 溶은 한가롭다. 方皇은 彷徨(방황), 왔다 갔다 하다.
西清은 서쪽의 청정한 곳. ○崔巍(최외) － 높고 험한 모양. 崔嵬(최외). ○前
殿 － 正殿. ○和氏 － 和氏璧(화씨벽). 여기서는 일반적인 璧玉(벽옥)을 지칭.
○瓏 － 옥 소리 농(롱). ○玲 － 옥소리 령(영). ○炕浮柱之飛榱兮 － 炕(항)
은 꼭대기. 높은. 들다(抗也). 浮柱(부주)는 기둥 위에 작은 나무. 栱包(공포)
의 일부. 대들보 위의 기둥. 飛榱(비최)는 높게 걸린 서까래. ○神莫莫而扶傾
－ 莫莫은 은근히, 남이 모르게. 扶傾(부경)은 기우는 것을 잡다. ○閌閬閬其

寥廓兮 – 閌은 높은 문 항. 閌閬(낭랑)은 공허한 모양. 휑당하다. 寥廓(요곽)은 크고 멀다. ○似紫宮之崢嶸 – 紫宮(자궁)은 전제의 거처인 紫微宮(자미궁). 崢嶸(쟁영)은 높아 그 속은 깊숙한 모양. 崢은 가파를 쟁. 嶸 가파를 영. ○駢交錯而曼衍兮 – 駢은 나란할 변. 曼衍(만연)은 널리 퍼져 있다. 끝이 없다. ○峻崔隗虖其相嬰 – 峻은 산이 길게 뻗은 모양 타. 崔隗(최외)는 산이 높은 모양. 虖는 乎其. 嬰은 빙 둘러치다. ○雲閣 – 구름에 닿은 전각. ○紛蒙籠以掍成 – 紛은 분분히. 蒙籠(몽롱)은 뒤얽힌 모습. 掍成(혼성)은 뒤섞이다. 混成. 掍은 몽둥이 곤. 뒤섞일 혼. ○曳紅采之流離兮 – 曳는 끌다. 끌 예. 紅采之 流離(유리)는 陸離. 눈부시게 아름다운 모양. 뒤섞여 흩어진 모양. ○飋翠氣之冤延 – 飋은 날릴 양. 冤延(원연)은 蜿蜒(완연). 구불구불한 모양. ○襲琁室與傾宮兮 – 襲(이을 습)은 이어받다. 琁室(선실)은 夏 桀王의 궁전. 傾宮(경궁)은 殷 紂王의 궁궐. ○妙遠 – 眇 멀리 보다. ○肅虖臨淵 – 肅는 엄숙함. 마음속으로 경계함. 臨淵(임연)은 深淵의 곁에 있다. 두려워하며 조심하다. 이 마지막 구절이 성제를 풍간하는 뜻이라고 하는데 난해한 장문의 賦가 주는 메시지가 좀 약하다는 느낌이다. 이하의 내용은 초목, 음향, 향기에 대한 내용으로 풍간의 뜻을 보태어 준다는 주석이 있다.

〔國譯〕

「왼쪽에 欃槍(참창), 오른쪽에 玄冥(현명)을, 앞엔 붉은 궐문, 뒤엔 정문이 西海에 그늘을 드리우고 北海를 어둡게 하며 감로수가 솟아 흘러 내를 이룬다.

蛟龍(교룡)은 동해 바닷가에 웅크렸고, 백호는 곤륜산에서 포효하고, 高光殿에서 굽어 흐르는 시내를 보고 서쪽 청정한 곳을 한가히 거닐었다.

正殿은 높게 솟았고 벽옥은 玲瓏(영롱)하며, 꼭대기 栱包(공포)의 서까래는 높이 걸렸는데 神이 몰래 잡고 있는 것 같고, 대문은 휑하니 크고 높으며 자미궁처럼 높이 우뚝 솟았다.

　궁궐이 이리저리 엇갈려 널려 있고 길게 뻗은 산들이 둘러쳐 있다.

　구름에 닿은 전각이 위아래에 있어 분분히 어렴풋이 뒤섞여 있다.

　붉은 광채를 끌며 눈부시고 푸른 기운을 날리며 구불구불 이어졌다.

　桀紂(걸주)의 琁室(선실)과 傾宮(경궁)을 이었는가? 높은 곳에서 멀리 내다보면 깊은 연못가에 있는 것처럼 조심스럽도다.」

原文

　「回飆肆其砀骇兮, 翍桂椒, 鬱栘楊. 香芬茀以窮隆兮, 擊薄櫨而將榮. 蘸眣肦以捆根兮, 聲駊隱而歷鐘, 排玉戶而颺金舖兮, 發蘭惠與穹窮. 惟弸彋其拂汩兮, 稍暗暗而靚深. 陰陽淸濁穆羽相和兮, 若夔,牙之調琴. 般,倕棄其剞厥兮, 王爾投其鉤繩. 雖方征僑與偓佺兮, 猶彷彿其若夢.」

| 註釋 | ○回飆肆其砀骇兮 - 回飆(회표)는 회오리바람. 飆 개가 빨리 달릴 표. 회오리바람(飈와 同). 肆는 방자할 사. 풀어놓다. 빠르다. 砀骇(탕해)는 동요하다. 줄렁이게 하다(動蕩). ○翍桂椒 - 翍는 날개 펼 피. 흩다, 쪼개다(披). 桂椒(계초)는 계수나무와 산초나무. ○鬱栘楊 - 鬱은 栘楊. 鬱 우거지다. 막힐 울. 栘楊(제양)은 棠棣(당체, 산 앵두나무)와 버드나무. ○香芬茀以

窮隆兮 – 芬茀(분불)은 향기가 진동하다. 芬 향기로울 분. 茀은 풀 우거질 불. 窮隆(궁륭)은 높고 크다. 여기서는 향기가 멀리까지 퍼진다는 뜻. ○擊薄櫨 而將榮 – 薄櫨(박로)는 대들보 위의 짧은 기둥. 斗拱(두공). 將은 '보내다'의 뜻으로 해석. ○薌呹肹以捆根兮 – 薌은 香. 여기서는 響으로 울리다의 뜻으로 볼 수 있다. 薌은 곡식 냄새 향. 呹肹(일힐)은 빨리 흩어지다. 呹은 빠를 일. 목소리 질. 肹 소리 울릴 힐. 捆 섞일 혼. ○聲駍隱而歷鐘 – 駍隱(평은)은 울리는 소리. 歷鐘은 종이 있는 곳까지 이른다는 뜻. '歷入殿上之鐘'이란 주석이 있다. ○排玉戶而颺金舖兮 – 排는 밀쳐서 열다. 颺 날릴 양. 흔들리다. 金舖는 쇠로 만든 문고리. ○發蘭蕙與穹窮 – 蘭蕙(난혜)와 穹窮(궁궁, 川芎). 모두 향초이다. ○惟彌彋其拂汨兮 – 惟는 帷(휘장 유)의 필사 오류라는 주석에 따른다. 彌彋(붕횡)은 휘장이 펄럭이는 소리. 彌 화살 소리 붕. 彋은 화살 소리 횡. 拂汨(불골)은 펄럭이는 모양. 拂은 떨다. 흔들다. 汨은 걷다. 빠질골. ○稍暗暗而靚深 – 稍는 점점. 靚深(정심)은 정막이 깊어지다. 靚(정숙할 정)은 靜의 뜻. ○陰陽淸濁穆羽相和兮 – 陰陽淸濁은 음양의 조화. 穆羽(목우)는 變音과 正音이라는 주석이 있다. ○若夔,牙之調琴 – 夔(조심할 기)는 舜의 樂官. 牙는 伯牙(백아). ○般,倕棄其剞劂兮 – 般은 公輪班, 魯의 名匠, 魯班. 倕(수)는 黃帝 때의 유명한 장인. 剞劂(기궐)은 匠人의 연모. 조각하는 칼. 剞는 새김칼 기. 劂은 구멍을 파는 연모. 끌. 연장을 버린다는 뜻은 감천궁을 짓고 장식한 솜씨가 놀라워 감히 잡을 수 없다는 뜻. ○王爾投其鉤繩 – 王爾(옥이)는 고대의 名匠 이름. 鉤繩(구승)은 曲尺과 準을 재는 먹줄. ○雖方征僑與偓佺兮 – 征僑(정교)와 偓佺(악전)은 모두 古代의 신선. ○猶彷彿其若夢 – 彷彿(방불)은 비슷하다. 흐릿하여 구별이 어렵다. 방불. 이상은 감천궁 건물의 화려함을 서술하였다.

〖國譯〗

「회오리바람이 갑자기 불어 계피, 산초, 당체, 버드나무를 흔든다.

향기가 진동하여 높은 곳, 천정 栱包(공포)와 처마까지 퍼진다.

메아리도 빨리 퍼져 뿌리를 흔들고 울려 종이 있는 곳까지 간다.

玉戶를 열고 쇠 문고리가 흔들리고 蘭惠(난혜)와 穹窮(궁궁)의 향내가 퍼지며, 휘장이 소리를 내며 펄럭이다가 점점 조용해지며 靜寂(정적)이 깃든다.

음양의 조화와 여러 소리가 어울리니 夔(기)와 伯牙가 琴을 연주하는 듯하다.

公輸班과 倕(수)가 연장을 놓고 王爾(옥이)도 曲尺과 먹줄을 던진다.

비록 지금 征僑(정교)와 偓佺(악전) 같은 신선이라도 꿈꾸듯 황홀하리라.」

「於是事變物化, 目駭耳回, 蓋天子穆然珍臺閒館璇題玉英蝡蛵蠖濩之中, 惟夫所以澄心清魂, 儲精垂思, 感動天地, 逆釐三神者. 乃搜逑索耦皐,伊之徒, 冠倫魁能, 函甘棠之惠, 挾東征之意, 相與齊虖陽靈之宮. 靡薜荔而爲席兮, 折瓊枝以爲芳, 噏淸雲之流瑕兮, 飮若木之露英, 集虖禮神之囿, 登虖頌祇之堂. 建光耀之長旓兮, 昭華覆之威威, 攀璇璣而下視兮, 行遊目乎三危, 陳衆車於東阬兮, 肆玉釱而下馳, 漂龍淵而還九垠兮, 窺地底而上回. 風倘倘而扶轄兮, 鸞鳳紛其御蕤, 梁弱水之濔濔兮, 躡不周之逶蛇, 想西王母

欣然而上壽兮, 屏玉女而卻虙妃. 玉女無所眺其清盧兮, 虙
妃曾不得施其蛾眉. 方覽道德之精剛兮, 眸神明與之爲資.」

| 註釋 | ○目眩耳回 – 眩은 놀랄 해. 回는 回惶, 迷惑(미혹)으로 풀이.
○穆然 – 조용한 모양. ○珍臺閒館璇題玉英蜵蜎蠖濩 – 珍臺(진기한 보물로
채운 臺閣), 閒館(광대한 樓觀), 璇題(선제, 옥으로 장식한 서까래의 끝), 玉英(옥
벽의 광채), 蜵蜎(연연, 구불구불한 조각), 蠖濩(확호, 건물의 여러 장식). ○惟夫
所以澄心淸魂 – 惟는 思惟. ○逆釐(역희) 三神者 – 逆은 맞이하다(迎也). 釐
는 복 희(禧也). 다스릴 리. 三神은 天一, 地一, 太一神. ○乃搜逑索耦皐,伊
之徒 – 搜(찾을 수)는 가리다. 찾다. 逑는 짝 구. 배우자. 耦는 짝 우. 상대자.
皐는 堯의 신하인 皐陶(고요), 伊는 湯王의 신하 伊尹. ○冠倫魁能 – 冠倫은
무리의 우두머리. 魁는 으뜸 괴. ○函甘棠之惠 –〈甘棠〉은 詩經에서 召公의
덕을 노래한 시. 여기서는 召公. ○挾東征之意 – 東征은 周公이 管叔과 蔡
叔을 정벌한 동방 원정. ○相與齊虖陽靈之宮 – 齊는 洗心하다. 齋와 通. 陽
靈之宮은 祭天 장소. ○靡薜荔而爲席兮 – 靡는 깔다. 베어서 자다. 薜荔(벽
려)는 향기로운 풀 이름. ○折瓊枝以爲芳 – 瓊枝(경지)는 玉樹. 芳은 꽃다울
방. ○噏淸雲之流瑕兮 – 淸雲은 靑雲. 푸른 하늘. 噏은 들이 쉬다(吸과 同).
流瑕(유하)는 流霞. 태양 가까이의 붉은 기운. 노을. ○飮若木之露英 – 若木
은 곤륜산 서쪽의 神樹, 또는 扶桑으로 풀이한 주석도 있다. 露英은 꽃잎에
맺힌 이슬. ○集虖禮神之囿 – 禮神은 제사하다. 囿는 동산 유. ○頌祇之堂
– 頌祇(송지)는 地神을 제사하다. ○長旄兮 – 旄는 깃발 소. ○昭華覆之威
威 – 昭는 밝히다. 華覆(화복)은 華蓋(화개). 威威(위위)는 화려하고 선명한
모양. ○攀璇璣而下視兮 – 攀 오를 반. 璇璣(선기)는 북두칠성. ○行遊目乎
三危 – 三危는 전설 속의 三危山. ○東阬(동갱) – 동해의 바닷가, 또는 높은
언덕(山岡). ○肆玉釱而下馳 – 肆는 늘어서다. 玉釱(옥대)는 옥으로 장식한

수레의 굴대. 수레를 지칭. ○漂龍淵而還九垠兮 – 漂는 떠돌 표. 龍淵을 지명으로 보는 주석도 있다. 九垠(구은)은 九重. ○窺地底 – 窺는 엿볼 규. ○風傱傱而扶轄兮 – 傱傱(종종)은 아주 빠른 모양. 傱은 종종걸음을 칠 종. 轄은 비녀 장 할. 수레바퀴를 고정시키는 큰 빗장. 수레. 바람이 잘 불어 수레가 빨리 달린다는 표현. ○鸞鳳紛其御蕤 – 鸞鳳(난봉)은 난새와 봉황. 御蕤(어유)는 수레의 늘어진 장식. ○梁弱水之潺湲兮 – 梁은 건너다. 弱水는 전설 속의 강물. 潺湲(정영)은 얕은 시냇물. 潺 물이 적은 모양 정. 湲 물이 흐를 영. ○躡不周之逶蛇 – 躡은 밟을 섭. 오르다. 不周는 西海 밖, 곤륜산 서쪽에 있다는 전설 속의 산. 逶蛇(위이)는 구불구불 나아가다. 조용히 自得한 모양. ○欣然而上壽兮 – 欣然(흔연)은 기뻐하는 모양. 上壽는 祝壽하다. ○屛玉女而卻虙妃 – 屛은 물리치다. 玉女는 東王公과 함께 지낸다는 미인. 卻은 물리칠 각. 虙妃(복비)는 洛水의 女神. ○眺其淸盧兮 – 眺는 바라볼 조. 淸盧(청노)는 맑고 검은 눈동자. 盧는 눈동자(瞳子). ○蛾眉(아미) – 蛾眉(아미). ○精剛 – 精緻(정치)하면서도 굳센 의리. ○眸神明與之爲資 – 眸는 본받다. 구하다. 侔와 통. 資는 咨와 通. 이상의 단락은 祭神하는 천자의 모습을 서술한 것이라는 주석이 있다.

[國譯]

「이런 사물의 변화와 보고 들은 것에 놀라나 천자께서는 진기한 보물의 臺閣, 널찍한 樓觀, 옥장식의 서까래, 옥벽의 광채, 구불구불한 조각과 건물의 여러 장식 속에서도 조용히 사색하시며 정성으로 복을 내려 주시리라 기대하시며 천지를 감동시켜 三神이 주시는 복을 맞이하신다.

이에 賢臣을 가려 皐陶(고요)와 伊尹의 짝이 될 만한 인물을 뽑아 유능한 신하의 우두머리로 삼고 김公과 같은 慈惠를 생각하며 周公

의 東征과 같은 대업을 회고하며 이루고자 함께 제천하는 곳에서 재계한다.

薜荔(벽려)를 베어 자리로 깔고 玉樹를 잘라 향기롭게 하며, 하늘의 맑은 기운을 들이마시고 若木의 꽃잎에 맺힌 이슬을 마시고 하늘을 제사하는 동산에 모였다가 또 지신을 제사하는 사당에 나아간다.

빛나는 큰 깃발을 세우고 화려 선명한 일산을 수레에 덮고서 북두칠성만큼 높은 누각에서 내려 보아 三危山을 휘둘러보는데 많은 수레들은 동쪽 언덕 아래 모였다가 옥으로 장식한 수레들을 달려 나가 연못 주변을 돌고 땅 저쪽 멀리까지 돌아서 땅속을 엿본 듯이 올라오며, 바람은 세게 불어 수레를 밀고 鸞鳳처럼 어지러이 수레 장식이 날리며, 弱水의 작은 시내를 건너서 不周山의 구불구불한 길을 지나 西王母에게 기쁘게 축수하는 모습을 생각하고 玉女와 虙妃(복비) 같은 미인도 물리친다.

玉女의 눈동자를 볼 수 없고 虙妃(복비)라도 그 눈길을 보낼 수가 없다.

바야흐로 도덕과 바른 의리를 잡고서 신명을 본받아 바탕으로 삼는다.」

原文

「於是欽柴宗祈. 燎熏皇天, 招繇泰壹. 舉洪頤, 樹靈旗. 樵蒸焜上, 配藜四施, 東燭倉海, 西耀流沙, 北爌幽都, 南煬丹厓. 玄瓚觩䚡, 秬鬯泔淡, 肹嚮豐融, 懿懿芬芬. 炎感黃龍

兮, 爥訛碩麟, 選<u>巫咸</u>兮叫帝閽, 開天庭兮延群神. 儐暗藹
兮降清壇, 瑞穰穰兮委如山.」

|註釋| ○於是欽紫宗祈 - 欽은 공손한 모양. 紫는 시료 시, 섶나무(柴)를
태워 연기를 하늘로 올려 보내는 제사 의식의 일부. 宗은 받들다. 祈 빌 기.
기원하다. 祈福하다. ○燎熏皇天 - 燎는 섶 위에 碧玉과 희생물을 놓고 태
우다. 熏은 연기 낄 훈. 火煙上出也. 燻의 뜻. 招繇(초요)와 泰壹(태일)은 모두
神의 이름. ○擧洪頤 - 洪頤(홍이)는 깃발 이름. ○樵蒸焜上 - 樵蒸(초증)은
굵은 나무(樵)와 가느다란 나무(蒸)로 된 횃불. 焜 빛날 혼. 불꽃. ○配藜四
施 - 配藜(배려)는 사방으로 흩어지는 모양. 화광이 사방을 비추다. ○東燭
倉海 - 蒼海. 流沙는 사막. 爌(밝을 황)은 晃(밝을 황)의 古字. 밝게 비추다. 幽
都(유도)는 北海에 있는 산. 丹厓(단애)는 丹水의 언덕. 厓는 崖. ○玄瓚觩艗
- 玄瓚(현찬)은 검은 옥돌로 장식한 술을 따르는 기구. 觩艗(구류)는 현찬이
굽은 모양. 觩는 뿔이 굽을 구. 艗는 뿔이 굽을 류. ○秬鬯泔淡(거창감담) -
秬鬯(거창)은 찰기장으로 빚은 술. 秬는 찰기장 거. 鬯 울창주 창. 향초. 鬱金
香(울금향). 泔淡(함담)은 가득 차다. 泔은 가득 찰 함. 뜨물 감. 淡 묽을 담.
○肣䚩豐融(힐향풍융) - 肣䚩은 넘쳐흐르다. 豐融은 아주 많다. ○懿懿芬芬
- 향기가 진하고 널리 퍼지다. 懿 아름다울 의. 芬 향기로울 분. ○爥訛碩麟
- 爥는 불똥 표. 訛는 化하다. 움직이다. 碩麟(석린)은 큰 기린. ○選巫咸兮
叫帝閽 - 巫咸(무함)은 고대에 신통한 무당의 이름. 帝閽(제혼)은 천문. 閽 문
지기 혼. ○儐暗藹兮降清壇 - 儐(인도할 빈)은 손님을 안내하는 사람. 제사
를 돕는 사람. 暗藹(암애)는 많은 모양, 또는 신의 그림자. ○瑞穰穰兮 - 瑞
는 상서로움. 길조. 穰穰(양양)은 많은 모양. 이상은 제사를 지내는 모습이
다.

「그리고 공손히 섶을 쌓으며 복을 기원하였다.

섶을 태워 皇天과 招繇(초요)와 泰壹(태일)신에게 연기를 올렸다.

洪頤(홍이)를 높이 올리고 靈旗를 세웠도다.

굵고 가는 횃불의 화염이 솟고 불꽃이 사방을 환히 비추어 동쪽 창해를 비추고, 서쪽의 사막을 밝혔으며, 북쪽으로 幽都山, 남쪽으로 丹厓(단애)를 비추었도다.

술 따르는 구부러진 玄瓚(현찬), 가득 찬 秬鬯酒(거창주), 술이 가득 차고 넘쳐 진한 향기가 퍼지도다.

불꽃이 黃龍을 감동케 하고 튀는 불똥이 큰 기린을 움직이고 신통한 무당을 불러 天門에서 큰 소리로 외쳐 天庭을 열고서 여러 신을 맞이하도다.

여러 신을 모셔 깨끗한 단 위로 내리고 하니 상서로움이 많이 산처럼 쌓이도다.」

「於是事畢功弘, 回車而歸, 度三巒兮偈棠梨. 天閫決兮地垠開, 八荒協兮萬國諧. 登長平兮雷鼓礚, 天聲趣兮勇士厲, 雲飛揚兮雨滂沛, 于胥德兮麗萬世.」

| 註釋 | ○度三巒兮偈棠梨 — 三巒(삼만)은 封巒觀(봉만관). 偈는 쉴 게. 棠梨(당리)는 宮名. ○天閫決兮地垠開 — 天閫(천곤)은 하늘세계의 문지방. 決은 開也. 地垠(지은)은 땅 끝. ○八荒 — 팔방의 거친 땅 끝. ○登長平兮雷

鼓磕 – 長平은 今 陝西省 涇陽縣의 고개 이름. 磕는 돌 부딪칠 개. 북 치는 소리. ○勇士厲 – 厲는 흥분하여 환호하다. ○雨滂沛 – 滂沛(방패)는 소낙비가 내리는 모양. ○于胥德兮麗萬世 – 于는 발어사. 胥는 모든. 皆也. 이 단락은 제사 이후의 천자 모습을 묘사하였다.

〖國譯〗

「이어 제사를 마쳤고 큰 성과를 거두어 수레를 돌려 돌아오며, 封巒觀(봉만관)을 거쳐 棠梨宮에서 쉬도다.

하늘의 문이 열리고 땅 끝까지도 길이 트여 팔방이 서로 돕고 만국이 화합하도다.

長平의 고갯마루에서 큰 북을 치니 우레 같은 소리 하늘에 닿고 용사는 환호하고, 구름이 비껴 날더니 큰 비가 내리고, 모든 덕이 만세에 길이 빛나도다.」

原文

「亂曰, 崇崇圜丘, 隆隱天兮, 登降峛崺, 單埢垣兮. 增宮㟏差, 駢嵯峨兮, 嶺巀嶭峋, 洞亡厓兮. 上天之綷, 杳旭卉兮, 聖皇穆穆, 信厥對兮. 徠祇郊禋, 神所依兮, 徘徊招搖, 靈遲迡兮. 輝光炫燿, 隆厥福兮, 子子孫孫, 長亡極兮.」

│註釋│ ○亂曰 – 亂은 다스리다(理也). 賦의 전체적 결론. 악부의 終章을 亂이라 하여 작가의 의도와 전편의 宗旨를 槪括(개괄)한다. ○崇崇圜丘 – 崇崇은 높은 모양. 圜丘(원구)는 祭天하는 大壇. 圜은 두를 환. 둥글 원.

○登降峛崺 - 峛崺(이이)는 낮은 산줄기가 길게 뻗은 모양. 峛는 고갯길 이 (리). 崺 산이 길게 뻗을 이.　○單埢垣兮 - 單에 '크다' 뜻이 있다. 埢垣(권원)은 둥그런 모양의 담.　○增宮參差 - 增宮은 重宮. 參差(참치)는 參差(참치). 높고 낮은 모양, 가지런하지 않은 모양.　○駢嵳峨兮 - 駢은 아울러. 嵳峨(차아)는 높은 모양. ○嶺嶾嶙峋 - 산이 깊고 끝이 없는 모양. 嶺 산봉우리 영(령). 嶾은 산골 으슥할 영. 嶙은 가파를 인(린). 峋 산이 깊을 순. ○上天之綷 - 綷는 일(事) 재. 事情. ○杳旭卉兮 - 杳는 어두울 묘. 적적하다. 旭卉(욱훼)는 어두운 모양(幽暗). 卉는 晦의 假借字라는 註가 있다.　○聖皇穆穆 - 穆穆(목목)은 威儀가 바르고 성대한 모양. 화목한 모양.　○徠祗效禋 - 徠는 來. 祗는 공경 지, 效禋(교연)은 교외에서 나무를 태워 하늘에 제사하다. ○徘徊招搖 - 招搖(초요)는 방황하는 모양.　○靈遲迟兮 - 靈은 신령. 遲迟 (지지)는 꾸물대며 떠나기 싫어하다. 遊息이라는 뜻의 주도 있다. 遲는 늦을 지. 迟는 늦을 지. 가까울 이(니).　○輝光炫耀 - 炫耀(현요)는 밝게 빛나다. ○長亡極兮 - 極은 끝. 다하다(窮盡). 감천궁에서의 제사는 후사를 기원하는 제사였기에 이렇게 결말을 지었다.

〔國譯〕

「總結하나니, 높고 높은 원구단은 하늘을 가리고, 오르락내리락 길게 이어진 크고 굽은 담이 있다.

겹겹 궁궐은 들쑥날쑥하고 또 높은데, 산은 깊고 길게 이어졌고 골짜기는 끝이 없도다.

上天의 일은 심원하여 알 수 없으나, 聖皇은 온화하시니 진실로 하늘의 짝이로다.

와서 공손히 연기로 제사하니 신령이 의지하고, 배회하고 머물면서 신령도 놀며 쉬도다.

빛나고 또 빛나니 하늘의 큰 복이여, 자자손손에 이르도록 영원히 끝없을 지어라.」

原文

甘泉本因秦離宮, 旣奢泰, 而武帝復增通天,高光,迎風. 宮外近則洪崖,旁皇,儲胥,弩陸, 遠則石關,封巒,枝鵲,露寒, 棠梨,師得, 遊觀屈奇瑰瑋, 非木摩而不雕, 牆塗而不畫. 周宣所考, 般庚所遷, 夏卑宮室, 唐虞梌椽三等之制也. 且其爲已久矣, 非成帝所造, 欲諫則非時, 欲默則不能已, 故遂推而隆之, 乃上比於帝室紫宮, 若曰此非人力之所爲, 黨鬼神可也. 又是時趙昭儀方大幸, 每上甘泉, 常法從, 在屬車間豹尾中. 故雄聊盛言車騎之衆, 參麗之駕, 非所以感動天地, 逆釐三神. 又言 '屛玉女, 卻虙妃,' 以微戒齊肅之事. 賦成奏之, 天子異焉.

| 註釋 | ○秦離宮 – 본래 秦의 林光宮이었다. ○屈奇瑰瑋 – 屈奇는 기이하다. 瑰瑋(괴위)는 아름답고 기이하다. ○非木摩~ – 非는 맨 뒤의 ~三等之制也까지 해당. ○周宣所告 – 周 宣王의 완성한 건물. ○般庚所遷 – 盤庚(반경). 殷王. 所遷은 사치한 궁궐을 피해 亳(박)으로 천도하여 검소하게 살았다. ○唐虞梌椽三等之制也 – 唐虞(당우)는 堯와 舜. 梌椽(채연)은 산에서 베어 온 다듬지 않은 서까래. 三等은 3단의 土階. 궁궐이 작고 검소했다는 뜻. ○黨鬼神~ – 黨은 부사로 쓰였다. 만약, 혹은. ○趙昭儀 – 趙飛燕, 나

중에 황후가 되었다. ㅇ常法從 - 늘 당연히 수행하다. ㅇ在屬車間豹尾中 - 황제를 수행하는 수레는 81乘인데, 맨 나중 수레에만 豹尾(표범의 꼬리)를 매달아야 했는데 성제의 행차에는 중간에 있었다는 뜻. ㅇ參麗之駕 - 대가를 수행하는 관리의 총칭. 수행 관리의 前道, 左道 右道를 參駕(삼가)라 한다. 특히 좌도와 우도만을 麗駕라고 하였다. ㅇ逆釐(역희) - 逆은 맞이하다(迎也). 釐는 복 희(禧也). 다스릴 리.

〖國譯〗

甘泉宮은 본래 秦의 이궁이었기에 크고 화려하였는데 무제가 다시 通天, 高光, 迎風殿을 지었다. 궁 밖 가까이에는 洪崖(홍애), 旁皇(방황), 儲胥(저서), 弩陆宮(노거궁)이 있었고 좀 떨어진 곳에도 石關, 封巒(봉만), 枝鵲(지작), 露寒(노한), 棠梨(당리), 師得(사득)의 宮觀이 있어 멀리서 보면 기이하고 아름다우나 나무를 다듬었지만 새기지 않고, 담에 색칠은 했지만 그리지 않았다. 周 宣王이 지은 건물이나 般庚(반경)의 천도, 夏의 낮은 궁궐, 堯와 舜이 다듬지 않은 목재로 짓고 3단의 흙 계단이 있는 작은 궁궐의 모습은 아니었다. 그리고 감천궁은 이미 지어진 건물로 成帝가 지은 것이 아니기에 그런 건물의 사치를 諫한다는 것은 시기적으로 맞지 않지만 아무 말을 안 할 수는 없기에 치켜 올리고 높여서 감천궁을 하늘의 궁궐인 자미궁에 비유하였고, 그래서 '이는 사람이 지을 수는 없고 혹시 귀신만이 지을 수 있다.'고 하였다. 그리고 그때는 趙昭儀(趙飛燕)가 한창 크게 총애를 받을 때라서 매번 감천궁에 늘 당연히 따라갔으며 수행하는 수레 중간에 표미를 매달았다. 그래서 揚雄은 많은 수레와 관원이 천지를 감동시켜 三神의 복을 받는 것은 아니라고 상세히 말하였다.

또 '玉女를 물리치고, 虙妃(복비)도 가까이 하지 않는다.'고 하여 엄숙하게 삼가야 하는 제사라는 것을 은미한 뜻으로 간하였다.

〈감천부〉가 완성되어 상주되자 천자께서는 특별하게 여겼다.

其三月, 將祭后土, 上乃帥群臣橫大河, 湊汾陰. 既祭, 行遊介山, 回安邑, 顧龍門, 覽鹽池, 登歷觀, 陟西嶽以望八荒, 跡殷,周之虛, 眇然以思唐,虞之風. 雄以爲, 臨川羨魚不如歸而結網, 還, 上〈河東賦〉以勸. 其辭曰,

| 註釋 | ○湊汾陰 – 湊은 이르다(臻也, 趣也). 많다. 汾陰(분음)은 현명. 今 山西省 運城市 관할의 萬榮縣. ○介山 – 汾陰玄의 동북. 汾山이라고도 한다. ○安邑 – 현명. 河東郡의 치소, 今 山西省 運城市 夏縣 서북. ○顧龍門, 覽鹽池 – 龍門은 今 陝西省 韓城市와 山西省 夏津市 사이 황하 兩岸에 있는 명산. 鹽池(염지)는 山西省 夏縣 남쪽. ○歷觀(역관) – 歷山에 있는 宮觀. ○西嶽 – 5악의 하나. 보통 華山이라고 한다. ○臨川羨魚不如歸而結網 – 이와 비슷한 뜻의 속언으로는 '荷鋤候雨 不如決渚'(괭이 들고 비를 기다리는 것은 도랑 파서 물을 대는 것만 못하다). '大海有魚十萬擔 不撒魚網打不到魚'(큰 바다에 물고기가 10만 섬이라도 그물을 치지 않으면 잡을 수 없다.)가 있다.

〖 國譯 〗

그해 3월에 后土에게 제사하려고 성제는 군신을 거느리고 황하를 건너 汾陰(분음)에 도착하였다. 제사를 마친 뒤 介山을 둘러보고 安邑에 들렀다가 龍門山과 鹽池(염지)를 유람한 뒤 歷觀(역관)에 오르고, 다시 西嶽에 올라 八荒(팔황)을 둘러보고 殷과 周의 옛 터를 지나 아득히 먼 唐虞(堯舜)의 풍모를 사모하였다. 양웅은 물가에서 물고기를 잡고 싶어 한다면 돌아와 그물을 만드는 것만 못하다고 생각하여 귀경한 뒤에 〈河東賦〉를 지어 올려 권면하였다. 그 글은 아래와 같다.

〈河東賦〉

「伊年暮春, 將瘞后土, 禮靈祇, 謁汾陰於東郊, 因茲以勒崇垂鴻, 發祥隤祉, 飲若神明者, 盛哉鑠乎, 越不可載已! 於是命群臣, 齊法服, 整靈輿, 乃撫翠鳳之駕, 六先景之乘, 掉犇星之流旃, 彏天狼之威弧. 張耀日之玄旄, 揚左纛, 被雲梢. 奮電鞭, 驂雷輜, 鳴洪鐘, 建五旗. 羲和司日, 顏倫奉輿, 風發飆拂, 神騰鬼趠, 千乘霆亂, 萬騎屈橋, 嘻嘻旭旭, 天地稠嶸. 簸丘跳巒, 湧渭躍涇. 秦神下讋, 跖魂負沴, 河靈矍踢, 爪華蹈衰. 遂臻陰宮, 穆穆肅肅, 蹲蹲如也.」

| 註釋 | ○伊年暮春 − 伊年은 그해, 〈甘泉賦〉를 지은 해. 暮春은 晚春, 3월. ○將瘞后土 − 瘞는 제사하다(埋物祭地). 묻을 예. 祇는 토지신 기. 마침지. ○東郊 − 長安의 동쪽. ○勒崇垂鴻 − 崇名을 새기고 鴻業을 성취하다. ○隤祉(퇴지) − 복을 내리다(降). 내리는 복을 받다. 隤는 내릴 퇴, 무너트릴

퇴. ○若神明者 － 若은 따르다(順也). ○盛哉鑠乎 － 鑠(녹일 삭)은 아름답다(美也). 빛나다(耀也). ○越不可載已 － 越은 이에, ~에, 바로(發語辭). ○齊法服 － 관리에 복식 규정을 갖추다. ○靈輿(영여) － 천자의 수레. ○乃撫翠鳳之駕 － 撫는 뒤따르다. 翠鳳之駕는 푸른 봉황으로 장식한 천자의 安車. ○六先景之乘 － 六馬가 끄는 御車가 빨리 달려가다. 先景은 수레가 빨리 달려 그림자보다 앞서 간다는 뜻. ○掉犇星之流旃 － 掉는 흔들 도. 움직이게 하다. 犇星(분성)은 流星. 旃(전)은 천자의 깃발. ○彏天狼之威弧 － 彏은 당길 확. 天狼과 弧(호)는 星名. ○玄旄(현모) － 흑색의 깃발. 旄 깃대 장식 모. ○揚左纛 － 左纛(좌독)은 황제 수레의 왼쪽에 매단 무소의 꼬리와 꿩 꼬리로 만든 장식물, 纛은 소꼬리 장식의 깃발 독. ○被雲梢 － 雲梢(운소)는 구름을 그린 旌旗(정기). ○驂雷輜 － 驂는 곁마 참. 雷輜(뇌치)는 짐수레. ○五旗 － 오색의 깃발. ○羲和司日 － 羲和(희화)는 매일 태양을 끌고 하늘을 달려가는 신령. ○顔倫奉輿 － 顔倫(안륜)은 고대에 수레를 잘 몰았던 사람. ○風發飆拂 － 飆는 회오리바람 표(飆와 同). ○鬼趡 － 趡는 움직일 추. 달려가다. 뛰어넘다. ○千乘霆亂 － 모든 수레가 천둥소리처럼 달리다. 霆은 천둥소리 정. ○屈橋 － 屈橋(굴교)는 웅장하고 빠른 모양(壯捷貌). 校는 矯의 借字. 말이 고개를 들고 달린다는 뜻. ○嘻嘻旭旭 － 嘻嘻旭旭은 自得之貌. 嘻는 웃을 희. 嘻嘻는 스스로 만족한 모양. 旭旭(욱욱)은 득의하여 교만한 모양. ○稠嶅(조오) － 흔들리는 모양. 稠는 움직일 조, 빽빽할 조. 嶅 잔돌이 많은 산 오(嶅와 同). ○簸丘跳巒 － 작은 산을 불어 날리고 뛰어넘다. 車騎가 많이 달려가니 작은 산은 날아갈 것 같다는 과장. 簸 까불 파. 곡식의 먼지를 날려 없애다. 跳 뛰어넘을 도. 巒는 뫼 만. ○湧渭躍涇 － 渭水와 涇水를 가볍게 건너뛰다. ○秦神下讋 － 秦 문공 때 괴물이 강물에 뛰어 들어 귀신이 되었는데 그 귀신도 두려워하다. 讋 두려워할 섭. ○跖魂負沴 － 잡귀도 두려워하며 물속으로 숨어버린다는 뜻. 沴 물가 려, 해칠 려. ○河靈矍踢 － 矍踢(확척)은 놀라는 모양. 矍 두리번거릴 확. 踢 찰 척. ○爪華蹈衰 － 손바

닥에 華山을 얹고 襄山을 발로 밟다. 爪는 掌의 古字. 蹈는 밟을 도. ○陰宮
－汾陰의 궁궐. ○蹲蹲 (준준) － 행동에 절도가 있음. 蹲 웅크릴 준.

[國譯]

〈河東賦〉*

「그해 3월, 后土神에 제사하고 신령한 토지신에 예를 갖추고자
장안 동쪽 분음현에 행차하였는데 고귀한 이름을 남기고 鴻業을 성
취하며 상서로움과 하늘의 복을 받아 신명의 가르침을 따랐으니 성
대하고 아름다운 일을 이에 기록하지 않을 수 없도다!

이에 群臣에 命하여 法服을 갖춰 입고 천자 수레를 정비하게 하
고 翠鳳(취봉)으로 장식한 어거를 따르게 하니, 六馬가 아주 빨리 달
려 유성처럼 천자의 깃발을 날리고 天狼星과 弧星을 당기듯 달려갔
다.

해를 그린 검은 깃발을 달고 왼편에 纛旗(독기)를 날리며 구름 그
린 깃발을 흔들고 번개같이 채찍을 휘두르며 짐수레도 몰고 큰 종을
울리며 오색 깃발을 세우고 달렸다.

羲和(희화)가 태양을 끌고 달리듯 顔倫(안윤)이 수레를 모는데 회
오리바람에 나부끼고 귀신이 달려 뛰어가듯 모든 수레가 천둥소리
처럼 달리며 일만 기병이 씩씩하게 내달리니 모두가 득의한 듯 천지
가 요동치도다.

작은 언덕을 날려버리고 산을 뛰어넘고 渭水와 涇水(경수)를 건
넜다.

秦의 귀신도 두려워 떨고 잡귀들은 숨어버렸으며 河水의 신령도
놀랐는데 華山을 손에 쥐고 襄山을 밟아버렸다.

마침내 汾陰의 이궁에 도착하여 온화 엄숙하며 절차에 절도가 있
었다.」

原文

原文

「靈祇旣鄉, 五位時敍, 絪縕玄黃, 將紹厥後. 於是靈輿安
步, 周流容與, 以覽虖介山. 嗟文公而愍推兮, 勤大禹於龍
門, 灑沈災於豁瀆兮, 播九河於東瀕. 登歷觀而遙望兮, 聊
浮游以經營. 樂往昔之遺風兮, 喜虞氏之所耕. 瞰帝唐之嵩
高兮, 眽隆周之大寧. 泊低回而不能去兮, 行眡陔下與彭城.
滅南巢之坎坷兮, 易幽岐之夷平. 乘翠龍而超河兮, 陟西嶽
之嶕嶢. 雲霏霏而來迎兮, 澤滲灕而下降, 鬱蕭條其幽藹兮,
瀇泛沛以豐隆. 叱風伯於南北兮, 呵雨師於西東, 參天地而
獨立兮, 廓蕩蕩其亡雙.」

| 註釋 | ○靈祇旣鄉 — 鄉은 嚮. ○五位時敍 — 五位는 5方之神. ○絪縕
玄黃 — 絪縕은 天地合氣也. 絪縕(인온)은 천지의 기운이 서로 합하여 왕성
한 모양. 絪은 기운 인. 縕은 솜 온. 緼과 同字. 玄黃은 천지의 빛. 天玄而地
黃. ○將紹厥後 — 天地의 기운이 제사 후에 大發하다. 將은 大也. ○靈輿 —
천자의 수레. ○容與 — 安逸自得. 與는 豫. 마음이 평화롭고 즐겁다. 悅樂.
○嗟文公而愍推兮 — 嗟는 탄식하다. 文公은 晋 文公. 춘추 5패의 한 사람. 愍
은 불쌍히 여기다. 推는 介子推. 무제와 성제가 后土를 제사한 介山과 개자
추가 모친과 함께 피신한 개산은 별개인데, 여기서는 하나로 혼동했다. ○勤
大禹於龍門 — 큰 용문산 때문에 황하의 물길이 막혔는데 大禹가 치수사업의

일환으로 용문산을 가운데를 갈라서 황하의 물길을 텄다고 한다. 그래서 禹가 애를 썼다고 하였다. ○灑沈災於豁瀆兮 - 灑는 나누다. 분산하다. 뿌릴 쇄. 沈災는 홍수. 豁은 開也. 瀆은 도랑 독. 여기서는 황하, 장강, 회수 등 동쪽으로 흐르는 강을 지칭. ○播九河於東瀕 - 播는 뿌릴 파. 九河는 禹가 치수 사업을 할 때 黃河의 9개 지류. 瀕은 물가 빈. ○聊浮游以經營 - 聊(료)는 즐기다. 바라다. 浮游(부유)는 주유하다. 經營은 왕래하다. ○喜虞氏之所耕 - 虞氏(舜)은 歷山에서 농사를 짓고 살았었다. ○瞰帝唐~ - 瞰 내려다 볼 감. 帝唐은 帝堯. ○眡隆周之大寧 - 眡은 훔쳐볼 맥. ○汨低回~ - 汨은 지나가다. 低回는 徘徊(배회)하다. ○行睨陔下與彭城 - 行은 또, 그리고. 睨 흘겨볼 예. 보다. 陔下(해하)는 항우가 패망한 곳. 彭城(팽성)은 항우가 일어난 곳. 항우의 도읍지. 今 江蘇省 徐州市. 여기서 해하나 팽성이 보일 수는 없으나 마음속으로 생각해 본다는 뜻. ○濊南巢之坎坷兮 - 濊(깊을 예)는 穢(더러울 예). 南巢(남소)는 湯王이 桀을 방출한 땅. 坎坷(감가)는 뜻을 이루지 못함. 坎 구덩이 감. 坷는 평탄하지 않을 가. ○易豳岐之夷平 - 易는 기꺼워하다(樂也). 豳(빈)은 周의 先祖가 살던 곳. 今 陝西省 咸陽市 관할의 彬縣(빈현). 岐山(기산)은 今 陝西省 寶溪市 관할의 岐山縣. 大王(태왕, 고공단보)은 狄人(적인)이 쳐들어오자 豳(빈)을 떠나 岐山(기산) 아래로 옮겨 가자 나라 사람들이 다투어 따라 왔다. 夷平(이평)은 평평함. 마음이 평안함. ○乘翠龍而超河兮 - 翠龍(취룡)은 穆天子(周 穆王)이 타던 말. ○陟西嶽之嶢崝 - 嶢崝(요쟁)은 높고도 가파르다. 嶢은 높을 요. 崝은 가파를 쟁. ○雲霏霏~ - 霏霏는 구름이 나는 모양. 霏 구름이 일어날 비, 눈 펑펑 날릴 비. ○澤滲灕而下降 - 澤은 雨露. 滲灕(삼리)는 흘러가는 모양. 滲 스며들 삼. 灕는 물이 흘러갈 이. ○鬱蕭條其幽藹兮 - 鬱은 막힐 울. 날이 무덥다. 蕭條(소조)는 초목이 말라 시드는 모양. 幽藹(유애)은 幽深(유심)한 모양. 藹는 우거질 애. ○滃泛沛以豐隆 - 滃은 구름이 일어날 옹. 泛沛(범패)는 구름이 일어나 비가 내리는 모양. ○叱風伯~ - 叱과 다음 구의 呵는 모두 꾸짖다. 일을 시키다.

○參天地~ − 天地의 兩儀에 천명을 받은 王者의 德이 함께 하기에 參天地라 하였다. ○廓蕩蕩其亡雙 − 천하는 蕩蕩(탕탕)하니 둘이 없더라. 蕩蕩(탕탕)은 끝없이 큰 모양. 西嶽인 華山에서 천하를 내려다 본 느낌일 것이다.

〖 國譯 〗

「신령한 토지신이 돌아보시고 五方의 神도 때를 맞추며, 천지의 기운이 하나가 되어 제사 뒤에 크게 일어났도다.

이에 천자 수레는 천천히 사방을 둘러보며 즐거이 介山을 유람하시다.

文公과 介子推를 추모하고, 大禹는 고생하며 용문산을 잘라내어 홍수를 분산하여 물길을 텄고 九河를 다스려 동해로 빼냈다.

歷山의 宮觀에 올라 멀리 조망하며 즐겨 주유하고 왕래했도다.

옛날의 유풍을 좋게 생각하면서 帝舜이 농사 지은 歷山을 지나간다.

帝堯의 숭고한 뜻을 느껴보고 융성한 周의 번영을 바라본다.

배회하며 떠날 수 없어 마음으로 垓下(해하)와 彭城(팽성)을 바라본다.

南巢(남소)의 험한 땅이 싫고 豳(빈)과 기산의 평평한 땅이 좋았다.

목천자의 말을 빌려 타고 河水를 건너 높고 험한 西嶽(華山)에 올랐도다.

구름이 피어나며 맞이하더니 비가 줄줄이 내리고, 무더워 시들었던 만물이 구름 따라 오는 비에 풍성하도다.

風伯을 남북으로 다니게 명령하고 雨師를 동서로 뛰도록 시켰고, 천지에 함께 우뚝 서니 끝없이 넓은 천하는 둘이 없도다.」

「遵逝虖歸來, 以函夏之大漢兮, 彼曾何足與比功? 建〈乾〉〈坤〉之貞兆兮, 將悉總之以群龍. 麗鉤芒與驂蓐收兮, 服玄冥及祝融. 敦衆神使式道兮, 奮《六經》以攄頌. 隃於穆之緝熙兮, 過〈淸廟〉之雝雝, 軼五帝之遐跡兮, 躡三皇之高蹤. 旣發軔於平盈兮, 誰謂路遠而不能從?」

| 註釋 | ○以函夏之大漢兮 - 函(품을 함)은 포용하다. 夏는 諸夏. 중국. ○彼曾何足與比功 - 彼는 옛 聖王, 堯, 舜, 殷, 周의 성현. ○貞兆 - 吉兆. ○麗鉤芒與驂蓐收兮 - 麗는 2마리 말이 나란히 끌다(竝駕). 鉤芒(구망)은 동방의 신. 驂은 3마리의 말이 끌다. 蓐收(욕수)는 서방의 신. ○玄冥(현명) - 북방의 신. ○祝融(축융) - 남방의 신. ○敦衆神使式道兮 - 敦은 애쓰게 하다. 式道는 길에 표시를 하다. ○奮《六經》以攄頌 - 攄頌(터송)은 칭송하는 말도 널리 퍼트리다. 攄는 펼 터. 말을 늘어놓다. ○隃於穆之緝熙兮 - 隃는 넘을 유(過也). 於穆(어목)은 《詩經 周頌 靑苗》의 구절. 緝熙(집희)는 《詩經 周頌 昊天有成命》의 구절. 두 시는 모두 周의 공덕을 칭송한 시이다. 漢의 덕은 그보다 더 낫다는 뜻. ○過〈淸廟〉之雝雝 - 雝雝(옹옹)은 온화 화락한 모습(雍雍). ○軼五帝之遐跡兮 - 軼은 앞지를 일. 번갈아 들 질. 遐은 멀 하. ○躡三皇之高蹤 - 躡은 밟을 섭. 蹤은 자취 종. ○旣發軔於平盈兮 - 發軔(발인)은 바퀴를 고였던 나무를 치우다. 軔 쐐기나무 인. 정지시키다. 平盈(평영)은 평탄한 길.

〖 國譯 〗

「갔던 길을 따라 돌아와 諸夏의 大漢을 포용하니, 이전의 공적을 어찌 이에 비교하겠는가?

乾과 坤卦의 길조로써 모든 용을 거느릴 것이로다.

동, 서방 신에게 수레를 끌게 하고 북, 남방의 신도 복종했도다.

여러 신을 시켜 길을 닦게 하고 《六經》을 널리 펴 칭송케 하도다.

周의 공덕보다 더 훌륭하고 〈淸廟〉보다 더 온화하시니, 五帝의 먼 행적을 넘어서 三皇의 높은 종적을 이었도다.

수레를 타고 평지를 달리니 누가 길이 멀어 못 간다고 하겠는가?」

原文

其十二月羽獵, 雄從. 以爲昔在二帝三王宮館臺榭沼池苑囿林麓藪澤, 財足以奉郊廟, 御賓客, 充庖廚而已, 不奪百姓膏腴穀土桑柘之地. 女有餘布, 男有餘粟, 國家殷富, 上下交足, 故甘露零其庭, 醴泉流其唐, 鳳皇巢其樹, 黃龍游其沼, 麒麟臻其囿, 神爵棲其林. 昔者禹任益虞而上下和, 山木茂, 成湯好田而天下用足, 文王囿百里, 民以爲尙小, 齊宣王囿四十里, 民以爲大, 裕民之與奪民也. 武帝廣開上林, 南至宜春, 鼎胡, 御宿, 昆吾, 旁南山而西, 至長楊, 五柞, 北繞黃山, 瀕渭而東, 周袤數百里. 穿昆明池象滇河, 營建章, 鳳闕, 神明, 馺娑, 漸臺, 泰液象海水周流方丈, 瀛洲, 蓬萊. 遊觀侈靡, 窮妙極麗. 雖頗割其三垂以贍齊民, 然至羽獵田車戎馬器械儲偫禁御所營, 尙泰奢麗誇詡, 非堯, 舜, 成湯, 文王三驅之意也. 又恐後世復修前好, 不折中以泉臺, 故聊因〈校

獵賦〉以風, 其辭曰,

| 註釋 | ○羽獵 - 제왕의 사냥. 사졸은 羽箭(우전)을 메고 참여하기에 우
렵이라 불렀다. ○二帝三王 - 堯, 舜과 夏禹, 商湯, 周文王. ○臺榭(대사) -
누대와 정자. 榭는 정자 사. ○林麓藪澤 - 산림과 늪과 호수. 麓 산기슭 녹.
藪 늪 수. ○桑柘 - 뽕나무. 柘는 산뽕나무 자. ○醴泉流其唐 - 감미로운 泉
水. 唐은 종묘의 길. ○神爵(신작) - 神雀(신작). ○禹任益虞而上下和 - 益
은 伯益, 山澤의 관리를 맡겼다. 夏의 禹王을 도와 치수에 공이 컸던 신하.
虞 헤아릴 우. 上下는 산과 澤. ○囿 - 동산 유. 사냥터.《孟子》에는 문왕의
동산이 사방 70리이고, 齊 宣王은 사방 40리라고 했다. ○上林 - 苑의 이름.
秦의 舊苑. 황폐했던 것을 武帝가 중수했다. 지금의 陝西省 西安市와 周至
縣, 戶縣의 접경에 위치했었다. 사냥터이면서 여러 동물도 사육했으며 水衡
都尉는 鑄錢을 담당했었다. ○長楊,五柞 - 모두 宮名. 柞은 떡갈나무 작.
○瀕渭而東 - 瀕 물가 빈. 渭는 渭水. ○周袤 - 주위의 길이. 袤는 길이 무.
○穿昆明池象滇河 - 西南夷에 昆明國이 있고 그곳에 滇河(전하)가 있었는데
상림원에 그를 본 떠 곤명지를 파고 수군을 조련했다. ○方丈,瀛洲,蓬萊 -
태액지 안의 三神山. 동해의 三神山을 모방했다. ○侈靡 - 侈는 사치할 치.
靡 쓰러질 미. 지나치다. ○雖頗割其三垂以瞻齊民 - 頗은 약간. 三垂는 3邊.
瞻은 나눠주다. 넉넉할 섬. 돕다. 齊民은 평민. ○儲偫禁御所營 - 여러 가지
준비와 관리하고 수비하는 관청. 儲 쌓을 저. 偫 기다릴 치. ○奢麗誇詡 - 誇
詡는 자랑하다. 으스대다. 誇는 자랑할 과. 詡는 자랑할 후. ○三驅之意 - 사
냥의 목적이 祭需를 마련하거나 빈객 접대용, 또는 제왕의 부식조달이라는
뜻과 3면을 포위하되 한 쪽으로 도주할 길을 터놓고 사냥한다는 뜻이 있다.
○不折中以泉臺 - 泉臺을 짓고 헐어버린 뜻에 맞지 않다. 折中은 양쪽 극단
을 피하고 中正을 택하여 치우침이 없는 것. 泉臺(천대)는 魯 莊公이 건축한
泉臺를 뒤에 文公이 헐어버렸다. 이에 대하여《春秋》에서는 사용하거나 수

리를 하지 않으면 되지 조상의 뜻을 헐어버리는 것은 옳지 않다고 하였다. 양웅은 成帝가 上林園을 넓히고 짓지는 않았지만 이를 사용하지 않는 것이 옳다고 생각하였다. ○〈校獵賦(교렵부)〉 - 校獵은 짐승을 포위하여 몰아잡는 대규모의 사냥.

[國譯]

　그해 12월, 成帝의 사냥에 揚雄도 시종했다. 양웅은 옛날 二帝와 三王의 宮館과 누각과 정자, 연못과 동산, 산림과 늪의 郊祭(교제)와 종묘의 제사를 받들고 빈객을 접대하며, 주방의 필요를 공급할 정도면 족하며, 백성의 기름진 농사터나 뽕밭을 빼앗지는 않았다고 생각하고 있었다. 그러해야만 여인에게는 옷감이 남았고 남자에게 여분의 곡식이 있으며, 나라도 부유하여 국가와 백성이 모두 넉넉하였기에 甘露가 王庭에 맺히고 醴泉의 샘물이 종묘의 길에 흐르고 봉황이 나무에 깃들고, 黃龍이 소택지에 놀고 麒麟(기린)이 동산에 모여들며 神爵(신작)이 숲에서 살 수 있다고 생각하였다.

　옛날에 夏의 禹王이 伯益(백익)에게 山澤의 관리를 맡기자 산과 水澤이 조화를 이루어 초목이 무성하였고, 商의 湯王은 사냥을 좋아했지만 천하는 풍족하였으며, 周 文王의 사냥터는 백리에 달했으나 백성들은 오히려 좁다 생각했는데, (전국시대) 齊 宣王의 사냥터는 주위 40리였는데도 백성들이 크다고 생각했던 것은 백성을 풍족하게 해야 하는데 백성에게 빼앗았기 때문이었다. 武帝는 上林苑(상림원)을 크게 확장하였는데 남쪽으로는 宜春苑(의춘원), 鼎胡宮(정호궁), 御宿苑(어숙원), 昆吾亭(곤오정)에 이르렀고, 南山(終南山)을 끼고 서쪽으로는 長楊과 五柞宮(오작궁)에 이르렀으며, 북으로는 黃山宮

을 에워싸고, 동쪽으로는 渭水의 가에 이르러 주위가 수백 리에 달했다. 또 (상림원 안에) 昆明池(곤명지)를 파서 滇河(전하)를 본떴으며 建章宮, 鳳闕宮, 神明臺, 馺娑宮(삽사궁)을 지었고, 漸臺(점대)와 泰液池에 바다를 본뜨고 물이 흐르게 하고 方丈(방장), 瀛洲(영주), 蓬萊山(봉래산)을 만들었다. 遊觀은 지나치게 사치했고 기묘하면서도 극도로 화려하였다. 비록 그 3변을 베어 백성들에게 나누어 주었으나 사냥을 위한 田車와 戎馬(융마)와 여러 장치 및 준비와 관리 시설에 있어서는 오히려 크게 사치 화려하고 자랑할 만한 것이 堯舜이나 湯王과 文王의 사냥 목적이나 방법이 아니었다. 거기다가 전 세대에서 좋아했다 하여 후세 사람이 다시 따라 할 것이 걱정되고 泉臺의 짓거나 헐어버리는 것보다 中正의 뜻에 어긋날까 걱정하여 이를 염두에 두고 〈校獵賦(교렵부)〉를 지어 諷諭(풍유)하였다. 그 글은 아래와 같다.

原文

〈校獵賦〉

「或稱戲, 農, 豈或帝王之彌文哉? 論者云否, 各亦並時而得宜, 奚必同條而共貫? 則泰山之封, 烏得七十而有二儀? 是以創業垂統者俱不見其爽, 遐邇五三孰知其是非? 遂作頌曰, '麗哉神聖, 處於玄宮, 富旣與地乎侔訾, 貴正與天乎比崇'. 齊桓曾不足使扶轂, 楚嚴未足以爲驂乘, 陋三王之陋薛, 嶠高擧而大興, 歷五帝之寥廓, 涉三皇之登閎, 建道德以爲師, 友仁義與爲朋.」

| 註釋 | ○或 - 혹자. 어떤 사람이(有人). 질문자를 가설한 말. ○稱 - 말하다. ○戲,農 - 伏羲氏(복희씨)와 神農氏. ○豈或帝王之彌文哉 - 或은 혹시. 彌文(미문)은 조금씩 꾸며놓은 말. 보태진 말. ○論者 - 揚雄 자신. 답변자. ○並時而得宜 - 시대에 따라 적당함을 얻은 것이다. ○奚必同條而共貫 - 奚必은 何必. 同條은 같은 법. 共貫은 공통 습관, 제도. ○泰山之封 - 태산에서의 封禪. ○烏得七十而有二儀 - 烏得은 어찌 능히. 七十而有二儀는 72가지 법도. 표준. ○不見其爽 - 爽은 착오. 過失. 어긋나다. ○遐邇五三孰知其是非 - 遐邇는 遠近. 遐 멀 하. 邇 가까울 이. 五三은 五帝와 三王. ○遂作頌曰 - 頌은 칭송하는 길. 賦와 비슷한 형식으로 서술. ○麗哉神聖, 處於玄宮 - 麗는 壯麗. 玄宮은 청정한 곳. ○侔訾(모자) - 재물이 비슷하다. 侔 가지런할 모. 訾는 財. 資와 通. 헐뜯을 자. ○比崇 - 같은 모양. ○齊桓曾不足使扶轂 - 齊 桓公. 춘추5패의 한 사람. 扶轂(부곡)은 보좌하다. ○楚嚴未足以爲驂乘 - 楚嚴은 楚 莊王, 춘추5패의 한 사람. 驂乘(참승)은 수레를 같이 타고 시중드는 사람. 陪乘(배승). ○陿三王之阨薛 - 陿은 陝(좁을 협)과 同字. 阨薛(액벽)은 치우치고 편벽되다. ○嶠高擧而大輿 - 머리를 높이 들고 뽐내다. 嶠는 높을 교. 大輿은 大作. ○歷五帝之寥廓 - 歷은 초과하다. 넘어서다. 寥廓(요확)은 텅 비고 넓은 모양. 廓은 클 확. 둘레 곽. ○涉三皇之登閎 - 涉은 도달하다. 登閎(등굉)은 高遠也. ○友仁義與爲朋 - 與爲는 以爲.

〖 國譯 〗
〈校獵賦〉*

「어떤 사람이 "복희씨와 신농씨의 검소함은 혹시 후세 제왕이 꾸민 말이 아니겠는가?"라고 말했다. 그러자 論者가 말했다. "그렇지 않습니다. 각각 시대에 따라 적절한 것을 택한 것이지, 어찌 같은 전통과 제도를 가질 수 있겠습니까? 태산에서의 封禪(봉선)이 어찌 72가지의 법도(표준)가 있어야 하겠습니까? 이처럼 創業하여 모범을 보이는 자는 그 잘못을 다 알 수 없는 것이니 먼 예로부터 가까이까지 五帝와 三王인들 누가 그 시비를 다 알겠습니까? 그리하여 頌을 지어 읊기를 '장하도다. 神聖이시여. 청정한 곳에 계시고 대지와 비슷하게 부자이시며 하늘처럼 높고 바르다.' 라고 하였습니다. 齊의 桓公은 보좌할 신하가 부족했고, 楚 莊王은 같이 참승할 만한 사람이 없었으며, 三王도 식견이 좁고 치우침이 있었고, 머리를 높이 들고 뽐내며 과장도 했으며, 5帝의 모자란 부분을 넘어서 3皇의 뛰어난 곳에 도달하였으며, 도덕을 확립하여 사람들의 스승이 되었고 仁義를 벗으로 하였기에 보통 사람의 朋友가 될 수 있었습니다.」

原文

「於是玄冬季月, 天地隆烈, 萬物權輿於內, 徂落於外, 帝將惟田於靈之囿, 開北垠, 受不周之制, 以終始顓頊,玄冥之統. 乃詔虞人典澤, 東延昆鄰, 西馳閭閻. 儲積共偫, 戍卒夾道, 斬叢棘, 夷野草, 御自汧,渭, 經營酆,鎬, 章皇周流, 出入日月, 天與地杳. 爾乃虎路三嵏以爲司馬, 圍經百里而爲殿門. 外則正南極海, 邪界虞淵, 鴻濛沆茫, 碣以崇山. 營合圍會, 然後先置乎白楊之南, 昆明靈沼之東. 賁,育之倫, 蒙盾負羽, 杖鏌邪而羅者以萬計, 其餘荷垂天之畢, 張竟野之罘,靡日月之朱竿, 曳彗星之飛旗. 青雲爲紛, 紅蜺爲繯, 屬之乎崑崙之虛, 煥若天星之羅, 浩如濤水之波, 淫淫與與, 前後要遮. 欃槍爲闉, 明月爲候, 熒惑司命, 天弧發射, 鮮扁陸離, 駢衍佖路. 徽車輕武, 鴻絧緁獵, 殷殷軫軫, 被陵緣阪, 窮冥極遠者, 相與迾乎高原之上, 羽騎營營, 昈分殊事, 繽紛往來, 輼輬不絶, 若光若滅者, 布乎靑林之下.」

|註釋| ○玄冬季月 – 嚴冬 12월. ○隆烈(융열) – 음기가 성하다. ○權輿於內 – 權輿는 시작하다. ○徂落(조락) – 죽다. 徂는 갈 조. 죽다. ○帝將惟田於靈之囿 – 帝는 成帝. 惟는 생각하다. 田은 畋(사양할 전). 靈之囿는 靈德이 있는 苑囿(원유). 사냥터. ○北垠 – 北邊. 不周은 살생을 주관하는 北風의 이름. 制는 제도. 법칙. ○顓頊,玄冥之統 – 顓頊(전욱), 玄冥(현명)은 모두 살육을 주관하는 북방의 신. ○虞人典澤 – 산택을 주관하는 관리. 典은 담당하다. ○東延昆鄰 – 곤명지 주변까지 나아가다. ○西馳閶闔 – 閶闔(창합)은 門名. ○儲積共偫 – 儲積은 여러 장치. 준비. 共偫는 갖추다. 共은 供. 偫는 기다릴 치. ○御自汧,渭 – 御는 막다. 汧水(견수)와 渭水(위수). ○經營酆,鎬 – 經營은 왕래하다. 酆水(풍수)와 鎬池(호지). ○章皇周流 – 章皇은 방황하다. 돌아다니다. 周流는 에워싸고 달리다. ○爾乃 – 於是에. ○虎路三嵏 – 호랑이 우리(虎路). 三嵏(삼종)은 三重의 뜻. 嵏은 산 이름 종. 司馬는 司馬門. 북쪽의 출입문. ○圍經百里而爲殿門 – 經은 徑. 殿門은 울타리 안쪽의 문. ○極海 – 極은 至. ○邪界虞淵 – 邪는 좌측. 虞淵(우연)은 전설에서 해가 지는 곳. ○鴻濛沆茫 – 鴻濛(홍몽)은 광대한 모양. 沆茫(항망)은 수면이 광대한 모양. 沆 넓을 항. 茫 아득할 망. ○碣以崇山 – 높은 산을 표시로 삼았다. 碣 산이 우뚝한 모양. 표시로 삼다. ○營合圍會 – 포위망이 만들어지다. ○賁,育之倫 – 孟賁(맹분)과 夏育(하육)은 고대의 용사. ○杖鏌邪

- 鏌邪(막야)의 큰 창을 들고. ○荷垂天之畢 - 하늘에서 내려온 것 같은 큰 그물을 들다. 畢(마칠 필, 그물 필)은 야수를 생포할 큰 그물. ○張竟野之罘 - 들판 끝까지 그물을 설치하다. 罘는 그물 부. 畢보다 작은 것. ○靑雲爲紛, 紅蜺爲繯 - 紛은 그물을 당기는 끈. 繯(엷은 비단 환)도 그물 끈. ○屬之乎~ - 屬은 이어지다. ○渙若天星之羅 - 渙은 빛나다. 煥과 통. 天星之羅는 天星의 分布. ○浩如濤水之波 - 浩는 廣大. 濤水之波는 조수의 파도. ○淫淫 與與 - 왔다 갔다 하는 모양. ○前後要遮 - 앞뒤로 가로 막다(攔截). 遮는 막을 차. 막히다. ○欃槍爲闉 - 欃槍(참창)은 혜성. 闉은 성곽 문 인. 외성의 성문. 明月爲候의 候는 감시 초소. ○熒惑司命 - 熒惑(형혹)은 火星. 司命은 傳令. ○天弧 - 星名. ○鮮扁陸離 - 鮮扁(선편)은 아주 빠른 모양. 陸離는 이리저리 섞이는 모양. ○駢衍佖路 - 駢衍(변연)은 서로 이어져 끊어지지 않는 모양. 佖路(필로)는 길에 이어져 가득하다. 佖(나란할 필)은 하나하나가 이어지다. ○徽車輕武 - 標旗(표기)를 단 수레와 빠르고 용맹한 용사. 徽는 아름다울 휘, 標旗. ○鴻絧緁獵 - 鴻絧(홍동)은 곧게 내닫다. 絧은 옷감 이름 동. 곧게 갈리다. 緁獵(첩렵)은 순차적으로 나아가다. 緁 이를 첩, 꿰맬 첩. ○殷殷軫軫(은은진진) - 수레가 많은 모양. 軫 수레 진. 수레에 대한 통칭. ○被陵緣阪 - 언덕과 비탈을 달리다. ○羽騎營營 - 營營은 분주히 왕래하는 모습. ○旰分殊事 - 旰는 분명할 호. 繽紛(빈분) - 어지럽게. 繽 어지러울 빈. ○轠轤(뇌로) - 끊어지지 않고 연속되다. 轠는 잇닿을 뢰. 轤 도르래 노(로).

【 國譯 】

　「이에 엄동인 12월에 천지에 음기가 성하여 만물은 안에서 싹트려 하고 잎은 죽어갈 때 성제는 靈囿(영유)에서 사냥하면서 북쪽 땅 끝을 열어 북풍의 제도를 받아들이고 북방의 神인 顓頊(전욱)과 玄

冥(현명)의 통할을 끝내겠다고 생각하였다(겨울을 보내려 하다). 이
에 산택을 담당하는 관리에게 명하여 동쪽으로는 곤명지 주변까지
서쪽으로는 閶闔門(당합문)까지 나아갔다. 모든 준비가 다 갖춰지고
사졸이 길을 지키고 가시나무를 자르고 풀을 베었으며, 汧水(견수)
와 渭水(위수)로부터 酆水(풍수)와 鎬池(호지)까지 왕래하였으며 곳곳
을 내달리고 에워쌌으며 해와 달이 뜨고 지며 천지가 어두워졌다 밝
았도다. 이에 세 겹의 호랑이 우리 북쪽 출입문을 만들고 백 리를 포
위하고 울타리 내부의 출입문을 만들었다. 밖으로는 정남쪽으로 큰
물에 이르렀고, 좌측은 해가 지는 연못인데 한없이 넓었고 높은 산
을 표시로 삼았다. 포위망이 이루어지자 여러 가지 장치를 白楊門의
남쪽 昆明池 靈沼의 동쪽에 설치하였다. 맹분과 하육과 같은 용사들
이 방패를 들고 羽箭을 메었으며 鏌邪(막야)의 큰 창을 잡고 그물을
잡은 자는 萬 단위로 세어야 했으며, 그 나머지는 하늘에 닿을 큰 그
물과 들판 끝까지 덮을 다른 그물을 펴놓고 해와 달이 그려진 붉은
장대 깃발을 휘두르며 혜성이 그려진 깃발을 잡고 다녔다. 靑雲과
紅蜺(홍예, 무지개)를 그물을 당기는 끈으로 삼아 곤륜산의 기슭까지
이어졌고 하늘의 별처럼 빛이 나고 조수의 파도처럼 광대하며 끝없
이 왔다 가며 앞뒤로 잘리기도 한다. 欃槍(참창, 혜성)으로 외곽 성문
을 明月을 망루로, 熒惑(형혹, 화성)을 전령으로 삼았고, 天弧星(천호
성)에서 발사하여 아주 빨리 뒤섞이며 계속해서 이어졌다. 표기를
단 수레에 재빠르고 용맹한 병사들이 곧게 내달리고 순차적으로 나
아가고, 수많은 수레들이 언덕과 비탈을 덮고 달리며 높은 언덕 위
에 아주 멀리 있는 자들도 한 줄로 이어졌고, 활을 멘 기병이 분주히
오가고 복식이 뚜렷하게 다르고 맡은 일이 달리하며 어지러이 왕래

하고 끊어지지 않게 연속되는데 빛났다가 사라지는 별처럼 푸른 숲 속에 곳곳에 널려 있었다.」

「於是天子乃以陽翟始出虖玄宮, 撞鴻鐘, 建九旒, 六白虎, 載靈輿, 蚩尤並轂, 蒙公先驅. 立歷天之旗, 曳捎星之旃, 辟歷列缺, 吐火施鞭. 萃從允溶, 淋離廓落, 戲八鎭而開關, 飛廉,雲師, 吸嚊潚率, 鱗羅布列, 攢以龍翰. 秋秋蹌蹌, 入西園, 切神光, 望平樂, 逡竹林, 蹂蕙圃, 踐蘭唐. 擧烝烈火, 轡者施披, 方馳千駟, 校騎萬師. 虓虎之陳, 從橫膠輖, 猋立雷厲, 驪駓騄磕, 洶洶旭旭, 天動地㘝. 羨漫半散, 蕭條數千萬里外.」

| 註釋 | ○陽翟 − 陽朝. 일출 후. 玄宮은 북방의 궁궐. ○建九旒 − 旒는 깃발 류. ○六白虎 − 6마리의 흰말. 천자의 수레는 말 여섯 마리를 맨다. ○蚩尤(치우) 蒙公(몽공) − 星 이름. 치우는 彗星(혜성), 몽공은 昴星(묘성, 28수의 하나). 蒙恬(몽념)으로 풀이한 주석도 있다. ○立歷天之旗 − 歷은 지나가다. 旗(기)는 날아오르는 용과 날아 내려오는 용을 그린 기. ○曳 − 끌다. ○捎 − 없애다. 쓸어내다. 하늘에 높이 올랐다는 표현, ○旃(전) − 깃대가 구부정하고 그림이 없는 붉은 깃발. ○辟歷列缺 − 辟歷(벽력)은 雷, 천둥. 列缺(열결)은 번개. 하늘을 가르듯 치는 번개. ○吐火施鞭 − 鞭은 채찍 편. 채찍으로 말을 치는 모습. ○萃從允溶 − 萃從(췌종)은 모여들다. 萃는 모일 췌, 從 종종걸음칠 종. 允溶(윤용)은 사람이 많은 모양(盛多之貌也). ○淋離廓落

- 淋離(임리)는 번성하는 모양. 廓落(확락)은 광대한 모양. ○戱八鎭而開關 - 戱는 麾와 통. 지휘하다. 八鎭은 四方과 四隅(사우). 八方. ○飛廉, 雲師 - 飛廉(비렴)은 風神. ○吸嚊瀟率 - 吸嚊는 헐떡거리다. 嚊는 헐떡거릴 비. 瀟率(숙솔)은 숨소리. ○鱗羅布列 - 고기비늘처럼 많은 사람이 줄을 서다. ○攢以龍翰 - 攢은 모일 찬. 龍翰은 용의 긴 털. 翰은 長毛. 날개 한. ○秋秋蹌蹌 - 秋秋는 수없이 많은 소리. 蹌蹌(창창)은 당당하게 걷는 모양. 蹌은 종종걸음으로 달릴 창. ○切神光, 望平樂 - 神光과 平樂은 모두 宮名. ○逕竹林 - 逕은 좁은 길 경. ○蹂蕙圃 - 蹂는 밟을 유. 蕙圃(혜포)는 혜초를 심은 밭. ○踐蘭唐 - 蘭唐는 난초가 자라는 길. ○擧烽烈火 - 烝은 烽. 횃불. 烈火는 횃불이 줄을 짓다. 烈은 列. ○轡者施披 - 轡는 고삐 비. 施披(시피)는 施技, 수레로 운전 기술을 시범 보이다. ○校騎萬師 - 校騎는 기병 장교. 기병을 지휘하는 교위. ○虓虎之陳 - 虓는 울부짖을 효. 陳은 陣. 軍陣. ○從橫膠輵 - 膠輵(교갈)은 뒤섞인 모양. 膠는 아교 교. 輵 수레 소리 갈. ○飍泣雷厲 - 飍는 회오리바람 표. 泣은 바람이 빠르게 부는 모양. ○驙駍聆磕 - 수많은 수레, 말 병사들이 내는 소리. 驙은 떠들썩한 빈. 駍은 수레 소리 평. 聆 수리 모는 소리 영(령). 磕은 돌 부딪치는 소리 개. ○洶洶旭旭 - 고동치는 모양. ○天動地岋 - 岋은 흔들릴 압. ○羨漫半散 - 羨漫(선만)은 넘쳐 흩어지는 모양. 半散은 분산, 半은 泮으로 分離되다. ○蕭條數千萬里外 - 蕭條는 초목이 시든 모양. 이 구절은 衍文이라는 주석도 있다. 이 문단은 천자가 사냥터에 도착한 모습을 서술한 것이다.

[國譯]

「이에 천자는 해가 뜬 뒤에 북쪽 궁궐에서 나와 종을 크게 울리며 9개의 깃발을 매달고 여섯 마리 말이 끄는 천자의 수레에 올라 타니 蚩尤星(치우성)이 나란히 수레를 끌고 蒙公星(봉공성)이 앞장을 섰다.

하늘에 올라 기를 세우고 높이 올라 붉은 기를 날리면 천둥과 번개가 치며 불을 토하듯 채찍을 휘두른다.

많은 사람이 모여 크게 웅성대고 팔방을 지휘하여 관문을 열게
하였으며, 바람과 구름의 신처럼 숨을 헐떡거리며 나란히 줄을 서서
용의 날개깃처럼 모여든다.

여럿이 떠들며 당당히 걸어 西園을 거쳐 神光宮을 가로질러 平樂
觀을 보며, 竹林을 지나고 蕙圃(혜포)를 거쳐 난초가 자란 길을 걸었
다.

줄을 지어 횃불을 들고 수레 모는 시범을 보이고 四馬의 수레가
떼지어 달리고 기병 장교가 대군을 지휘한다.

포효하는 짐승 같은 병졸의 군진에 종횡으로 내닫는 수레, 회오
리바람 소리와 천둥소리, 한꺼번에 들리는 여러 소리가 고동치듯 울
려오고 하늘과 땅이 흔들렸다.

그리고 이리저리 흩어지는데 수천만 리에 겨울이 깊었다.」

原文

「若夫壯士慷慨, 殊鄉別趣, 東西南北, 騁耆奔欲. 拖蒼豨,
跋犀犛, 蹴浮麇. 斮巨狿, 捕玄蝯, 騰空虛, 距連卷. 踔夭蟜,
娭澗門, 莫莫紛紛, 山谷爲之風猋, 林叢爲之生塵. 及至獲
夷之徒, 蹶松柏, 掌疾梨, 獵蒙蘢, 轔輕飛, 履般首, 帶修蛇,
鉤赤豹, 摼象犀, 跐蠻坑, 超唐陂. 車騎雲會, 登降暗藹, 泰
華爲旄, 熊耳爲綴. 木仆山還, 漫若天外, 儲與乎大溥, 聊浪
乎宇內.」

| 註釋 | ○殊鄕別趣 − 鄕은 向, 趣는 趨, 빨리 달리다. ○騁耆奔欲 − 騁은 馳騁(치빙), 달리다. 耆는 嗜와 통. 좋아하는 대로. 가고 싶은 대로. ○拖蒼豨 − 拖는 끌 타. 蒼豨(창희)는 검은 멧돼지. 蒼은 짙은 푸른색. ○跋犀犛 − 跋은 밟을 발. 넘어뜨리다. 犀는 무소 서. 犛는 야크 리. ○蹶浮麋 − 蹶 넘어질 궐. 麋은 큰 사슴 미. ○斮巨狿 − 斮(벨 착)은 斬也. 狿은 너구리 계통의 짐승. ○捕玄蝯 − 蝯은 긴팔원숭이 원. ○騰空虛 − 騰은 오를 등. 도약하다. 달리다. ○距連卷 − 距는 距. 뛰어넘다. 連卷은 구부러진 나무. ○踔夭蟜 − 踔 뛰어넘을 탁. 夭蟜(요교)는 나무가 웅크린 모양. 蟜 꿈틀거릴 교. ○娭澗門 − 娭는 장난칠 애. 嬉와 通. 澗門은 澗間의 착오. 시냇물. ○莫莫紛紛 − 莫莫은 먼지가 일어나는 모양. ○獲夷之徒 − 짐승을 생포하는 사람. ○蹂松柏 − 蹂은 밟고 가다. ○掌疾梨 − 掌은 손으로 치다. 疾梨는 蒺藜(질려)는 납가새(풀이름). ○獵蒙蘢 − 蒙蘢(몽롱)은 초목이 빽빽한 곳. ○轔輕飛 − 轔(수레 소리 인)은 轢(력). 바퀴로 깔아뭉개다. 輕飛는 작은 새. 작은 산 짐승. ○履般首 − 般首는 호랑이 계통의 맹수. ○帶修蛇 − 修蛇는 長蛇. 한 겨울에 뱀을 잡았다고 했다. ○鉤赤豹 − 鉤는 갈고랑이 구. 끌어내다. ○摼象犀 − 摼(끌 경)은 끌어내다(牽). ○踦彎坑 − 踦는 넘을 예. 타고 넘다. 彎坑(만갱)은 산등성이(山岡). 彎는 뫼 만. ○超唐陂 − 唐陂은 연못. ○登降暗藹 − 暗藹(암애)는 희뿌연한 모습(不分明樣子). ○泰華爲旒 − 泰華와 熊耳는 山名. 旒(깃발 류)와 綴(꿰맬 철)은 旗幟(기치)의 장식. ○仆 − 엎드릴 부. 還은 돌 선(旋과 같은 뜻). ○儲與乎大溥 − 儲與는 마음대로 돌아다니다. 徜徉(상양). 溥는 물가. 호수나 강가. ○聊浪乎宇內 − 聊浪(요랑)은 마음대로 놀다. 실컷 놀다. 放蕩. 宇內는 천하.

〔國譯〕

「그리고 장사는 분에 받쳐 각자 서둘러 동서남북으로 마음껏 치달았다.

검은 멧돼지를 잡고 무소와 야크가 넘어지며 뛰는 사슴을 넘어뜨렸다.

큰 너구리를 죽이고 검은 원숭이를 생포하였으며 허공을 건너뛰고 길게 굽은 나무를 뛰어넘었다.

뒤틀린 나무를 뛰어넘고 시내를 건너 먼지가 어지러이 날고 골짜기에 회오리바람이 일어나며 수풀에서도 먼지가 피어났다.

짐승 생포하는 사람들이 도착하여 소나무를 타고 넘으며 잡풀을 움켜쥐고 덤불을 뒤지며, 작은 짐승을 깔아뭉개고 호랑이를 밟아대며 큰 뱀을 끌어내고 붉은 표범을 찍어 당기며 큰 무소를 당기고 산등성이를 타고 넘으며 연못을 지나갔다.

수레와 기병이 구름처럼 모여들어 오르락내리락 뿌연한데 泰華山과 熊耳山은 모두 깃발 장식 같았다.

나무를 쓰러뜨리며 산을 돌아 하늘 끝 멀리까지 큰 강가에까지 마음껏 온 천하를 돌아다녔다.」

原文

「於是天淸日晏. 逢蒙列眥, 羿氏控弦, 皇車幽輵, 光純天地, 望舒彌轡, 翼乎徐至於上蘭. 移圍徙陳, 浸淫蹵部, 曲隊堅重, 各按行伍. 壁壘天旋, 神抶電擊, 逢之則碎, 近之則破, 鳥不及飛, 獸不得過, 軍驚師駭, 刮野掃地. 乃至罕車飛揚, 武騎聿皇, 蹈飛豹, 絹鳴陽, 追天寶, 出一方, 應駍聲, 擊流光. 野盡山窮, 囊括其雌雄, 沈沈容容, 遙噱虖紞中. 三軍芒然, 窮尤閼與, 亶觀夫票禽之縱隃, 犀兕之抵觸, 熊羆之拏攫, 虎豹之凌遽, 徙角搶題注, 蹴竦躅怖, 魂亡魄失, 觸輻關脰. 妄發期中, 進退履獲, 創淫輪夷, 丘累陵聚.」

|註釋| ○逢蒙列眥 – 逢蒙(봉몽)은 고대의 명사수. 列眥(열자)는 눈꼬리가 찢어지려 하다. 조준하다. 列은 裂. 眥 눈초리 제. 흘길 자. ○羿氏控弦 – 羿(예)는 人名. 고대의 제후. 控弦(공현)은 활을 당기다. ○皇車幽輵, 光純天地 – 幽輵(유알)은 수레 소리. 光純은 환해지다. 純은 焞(밝을 순). ○望舒彌轡 – 望舒는 달을 몰고 가는 神人(月御), 곧 달.(참고 : 해를 끌고 가는 神人은 羲和). 彌轡(미비)는 고삐를 거두다. ○翼乎徐至於上蘭 – 翼乎는 한가한 모양. 上蘭은 상림원 내의 건물. 上蘭觀(상란관). ○徙陳 – 徙陣. ○浸淫蹙部 – 浸淫은 漸進. 蹙(찰 축, 蹴)은 蹙(쪼그라들 축)과 通. 좁히다. 部는 부대. 군사. ○曲隊堅重 – 曲隊는 군사. 部隊. 堅重은 굳세고 위엄 있다. ○壁壘天旋 – 壁壘는 짐승을 몰아가는 울타리 같은 목책(柵欄). 天旋은 하늘이 선회하다. ○神抶電擊 – 抶은 매질할 질(鞭笞). ○乃至罕車飛揚 – 罕車(한거)는 그물을 실은 수레. 罕은 罕과 同. ○武騎聿皇 – 聿皇(율황)은 가볍고 빠르게 질주하다. 聿은 빠르다. 붓(秦代 이후는 筆). ○蹈飛豹 – 蹈는 밟을 도. ○絹嗚陽 – 絹(명주 견)은 그물로 잡다. 嗚陽(규양)은 狒狒(비비). 원숭이의 한 종류. 嗚 부르짖을 규. ○追天寶 – 天寶는 전설 속의 신령한 짐승. 陳寶라고도 한다. ○應軿聲 – 軿은 수레 소리 평. ○囊括其雌雄 – 天寶의 雌雄(자웅)을 주머니에 넣어 묶다(囊括). ○沈沈容容 – 잡힌 짐승이 아주 많은 모양. ○遙噱虖紘中 – 噱은 입 벌릴 갹. 虖는 울부짖을 호. 紘은 그물 횡. ○三軍芒然 – 성대한 모양〔茫然(망연)〕. ○窮尤閼與 – 窮은 쫓아가다. 尤 달아날 유(奔跑). 머뭇거리다(猶와 同). 閼 가로막을 알. 與는 豫, 猶豫(유예). ○亶觀夫票禽之縱隃 – 亶은 但. 票禽(표금)은 날쌘 날짐승. 縱隃(예유)는 뛰어넘다.

紲는 뛰어넘을 예. 고삐 설. 묶어 매다. 踰 넘을 유. ○犀兕之抵觸 – 犀는 무소 서. 兕는 외뿔 들소 시. 抵觸(저촉)은 들이받다. ○熊羆之挐攫 – 熊羆는 곰. 羆는 큰곰 비. 挐攫(나확)은 후려치다. 때려잡다. ○虎豹之淩遽 – 淩遽(능거)는 갑자기 덤벼들다. ○徒角搶題注 – 徒는 다만. 搶은 찌르다(刺也). 題는 이마. ○蹶竦讋怖 – 蹶竦(축송)은 두려워 떠는 모양. 蹶은 줄어들 축. 절박하다. 讋怖(섭포)는 놀라 두려워하는 모양. 讋은 두려워할 섭. ○觸輻關脰 – 輻은 수레 바퀴살 복(폭). 脰는 목 두. ○妄發期中 – 妄發은 마구 쏘다. 期中은 명중하는 것이 꼭 있다. 期는 必定. ○進退履獲 – 나가고 물러서면서 짐승을 죽이거나 잡다. ○創淫輪夷 – 병기에 다치고 수레 때문에 다치다. 淫과 夷는 모두 상처를 입다. 傷害의 뜻. ○丘累陵聚 – 잡거나 죽인 짐승이 산처럼 쌓이다.

〖國譯〗

「그러자 하늘은 푸르고 구름도 없는데 명사수 逢蒙(봉몽)이 겨누고 羿氏(예씨)가 당기고, 황제의 수레가 움직이자 천지가 환해지며 달은 천천히 上蘭觀(상란관) 위로 떠올랐다.

포위를 옮겨 陣을 바꾸며 점차 군사들을 모으면서 부대는 굳건히 줄을 지어 행군했다.

하늘이 돌아가듯 목책이 움직이며 귀신이 매질하고 번개가 치듯 부딪치면 부수고, 가까이 오면 죽여 버리니 새는 날지 못하고 짐승은 도망치지 못하며, 군사는 놀라게 소리를 지르며 들판을 싹 쓸어 갔다.

이어 그물을 실은 수레가 그물을 던지고 무장한 기병이 빠르게 달려 나르듯 도망가는 표범을 잡고, 비비도 그물로 잡았으며, 신비한 짐승 天寶를 쫓아 각각 나서니 수레 소리가 시끄럽고 부딪치며 불똥이 튀었다.

들과 산이 끝나는 곳에서 天寶의 자웅을 자루 속에 잡았으며, 잡힌 많은 짐승이 그물 속에서 입 벌리고 그게 울부짖었다.

달아나고 머뭇거리는 짐승을 맹렬하게 三軍이 쫓아가는데 날쌘 날짐승은 날아가 버리고, 무소나 들소에게 들이받히고, 곰은 후려치며 덤비고 공격해오는 호랑이를 보면 창에 이마를 부딪치거나 놀라 두려워 떨며 넋이 나간 듯 수레에 부딪쳐 목이 부러졌다.

마구 쏘아도 명중하는 것이 있어 진퇴하면서 짐승을 잡았고, 兵器나 수레에 다쳐도 잡은 짐승이 산처럼 쌓였다.」

原文

「於是禽殫中衰, 相與集於靖冥之館, 以臨珍池. 灌以岐梁, 溢以江河, 東瞰目盡, 西暢亡崖, 隨珠和氏, 焯爍其陂. 玉石嶜崟, 炫耀青熒, 漢女水潛, 怪物暗冥, 不可殫形. 玄鸞孔雀, 翡翠垂榮, 王睢關關, 鴻雁嚶嚶, 群娭虖其中, 噍噍昆鳴, 鳧鷖振鷺, 上下砰磕, 聲若雷霆. 乃使文身之技, 水格鱗蟲, 淩堅冰, 犯嚴淵, 探巖排碕, 薄索蛟螭, 蹈獱獺, 據黿鼉, 抾靈蠵. 入洞穴, 出蒼梧, 乘巨鱗, 騎京魚. 浮彭蠡, 目有虞, 方椎夜光之流離, 剖明月之珠胎, 鞭洛水之虙妃, 餉屈原與彭,胥.」

| **註釋** | ○禽殫中衰 – 殫은 다할 탄(盡也). 中衰는 맞힐 것이 점점 없어지

다. ○靖冥之館 − 조용하고 한적한 건물. 아주 높은 전각이라고 풀이한 주석도 있다. ○以臨珍池 − 잘 꾸민 연못가에 있다. ○灌以岐梁 − 岐山과 梁山의 물을 끌어오다. ○江河 − 長江과 河水. ○目盡 − 시선에 막힌 것이 없다. 亡崖는 無邊無際. 끝이 없다. ○隨珠和氏 − 隨珠와 和氏璧. 최고의 寶玉. ○焯爍其陂 − 焯爍(작삭)은 광채가 눈부시다. 焯은 밝을 작. 爍은 빛날 삭. 陂는 비탈 피. 보(洑). 못. ○礜嵏 − 玉石이 크고 뾰족한 모양. 礜은 가파를 침. 嵏은 험준할 음. 炫耀는 빛나다. 青燊은 청색의 螢光(형광), 燊은 등불 형. ○漢女水潛 − 전설 속 漢水의 여신. 漢水는 陝西省 남부에서 시작하는 長江의 최대 지류이다. ○玄鸞孔雀 − 玄鸞(현란)은 새 이름. 翡翠(비취)는 물새 이름. 垂榮은 광채를 발하는 모양. 翡 물총새 비. 翠는 물총새 취. ○王雎關關 − 王雎는 물새, 곧 雎鳩(물수리). 關關(관관), 嚶嚶(앵앵), 噍噍(초초)는 모두 새의 울음소리. ○群娭(군애) − 무리 지어 놀다. 장난치다. ○昆鳴 − 함께 울다. 같이 울다. ○鳬鷖振鷺 − 鳬는 오리 부. 鷖 갈매기 예. 振은 날개를 펴다. 鷺는 백로. ○砰磕 − 큰소리를 내다. 砰은 물결소리 팽. 磕는 깨지는 소리 개. ○文身之技 − 文身은 越人. 그들은 문신의 습속이 있었다. ○水格鱗蟲 − 물속에서 물고기나 수중동물을 잡다. ○凌堅冰 − 얼음 같은 찬물 속에서 놀다. ○探巖排碕 − 물속 바위틈이나 꾸불꾸불한 물길을 더듬다. 碕은 굽은 물가 기. ○薄索蛟螭 − 蛟螭(교룡)을 따라가서 잡아내다. 薄은 추격하다. 따라잡다. ○蹈獱獺 − 獱獺(편달, 수달)을 잡다(蹈 밟을 도). ○據黿鼉 − 黿은 자라 원. 鼉는 악어 타. ○抾靈蠵 − 抾 가져갈 겁. 잡아오다. 蠵는 바다거북 휴. ○入洞穴, 出蒼梧 − 洞穴(동혈)은 洞庭湖로 연결되는 지하수로가 있어 서로 연결된다고 생각하였다. 蒼梧(창오)는, 今 湖南省의 동정호 안에 있는 舜임금이 묻혔다는 산 이름. 일명 九疑(嶷)山(구의산). ○乘巨鱗, 騎京魚 − 巨鱗은 큰 물고기, 京魚는 鯨(고래 경). 이때 京은 大. ○浮彭蠡, 目有虞 − 彭蠡湖(팽려호, 鄱陽湖)에서 놀고(浮), 有虞(舜)의 묘를 보고 오다. ○方椎夜光之流離 − 椎는 망치. 망치로 때려 떼어오다. 夜光, 流離(琉璃, 유리)는 보석. ㅇ剖明月之珠胎 - 剖는 갈라오다. 明月珠는 진주. 胎는 진주조개의 모체. ㅇ鞭洛水之虙妃 - 鞭은 채찍으로 때리다. 洛水(낙수)에 빠져 죽은 伏羲氏(복희씨)의 딸 虙妃(복비)는 낙수의 여신이지만 邪神이다. ㅇ餉屈原與彭,胥 - 餉은 음식을 올리다. 제사를 지내다. 屈原과 彭胥〔彭咸(팽함)과 伍子胥(오자서)〕는 모두 원한을 품고 물에 빠져 죽었다. 이상은 越人 광대의 물속 재주와 연기를 묘사하였다.

〔 國譯 〕

「이에 새들도 날아가고 쏠 것도 다하자 모두 잘 꾸민 연못가에 있는 조용하고 한적한 전각에 모였다.

岐山과 梁山의 물을 끌어들였는데 넘치는 물은 長江과 河水로 흘렀고 동쪽으로 막힌 데가 없고, 서쪽도 트여 끝이 없는데 隨珠와 和氏璧 같은 별빛이 그 물 위에 반짝였다.

玉石이 크고 높은데 푸른 등불처럼 반짝이고 漢水의 여신이 물에 담긴 듯 어슴푸레 기이한 모양은 말로 다할 수 없고, 玄鸞(현란)과 孔雀(공작) 그리고 翡翠(비취) 새들이 광채를 발하고, 큰 물수리와 큰 고니가 소리 내며 그 안에서 무리 지어 놀며 함께 울고, 오리와 갈매기, 백로가 날개를 펴고 오르내리며 큰 소리로 우는데 마치 천둥소리와 같았다.

곧 문신을 한 越人 광대를 시켜 물에서 물고기나 생물을 잡고 얼음 물속에서 견디며 바위가 많은 물속에서 바위틈을 뒤져서 교룡을 쫓아가 잡아내고 수달과 큰 거북과 악어 큰 바다거북 등을 잡게 시켰다.

그들은 동정호로 통하는 물길로 들어가 (동정호의) 蒼梧山(창오

산)으로 나올 수 있고 큰 물고기나 고래를 타고 다녔다.

　(越人을 시켜) 彭蠡湖(팽려호)에 가서 놀고 舜의 묘를 보고 오게
하였고 夜光珠와 琉璃(유리)를 따오고 明月珠의 모태를 갈라오게 하
였으며 洛水의 處妃(복비)를 매질하고 굴원과 팽함과 오자서에게 제
사를 올리게 하였다.」

原文

　「於茲乎鴻生巨儒, 俄軒冕, 雜衣裳, 修唐典, 匡〈雅〉,〈頌〉,
揖讓於前. 昭光振耀, 蠁曶如神, 仁聲惠於北狄, 武義動於
南鄰. 是以旃裘之王, 胡貉之長, 移珍來享, 抗手稱臣. 前入
圍口, 後陳盧山. 群公常伯楊朱,墨翟之徒喟然稱曰, "崇哉
乎德, 雖有唐,虞,大廈,成周之隆, 何以侈茲! 太古之觀東嶽,
禪梁基, 舍此世也, 其誰與哉?"」

| 註釋 |　○於茲乎鴻生巨儒 － 於茲乎는 於是乎, 그리하여, 그래서. 鴻生巨
儒은 鴻儒, 大儒生. ○俄軒冕, 雜衣裳 － 俄는 높은(峨 높을 아). 軒冕(헌면) 높
은 관. 雜衣裳은 잡색의 衣와 裳. ○修唐典, 匡〈雅〉,〈頌〉 － 唐典은 堯典, 匡
은 바르게 보좌하다(匡輔). 〈雅〉와 〈頌〉은 《詩經》의 〈大雅〉와 〈小雅〉. 〈頌〉.
모두 성덕을 칭송하는 시. ○昭光振耀, 蠁曶如神 － 振耀(진요)는 빛을 내다.
蠁曶(향홀)은 빠른 모양. 蠁은 嚮. 曶은 忽(갑자기 홀)과 同. ○仁聲惠於北狄
－ 北狄(북적)은 북방 이민족. 南鄰(남린)은 아주 먼 남방에 있다는 金鄰國.
○旃裘之王, 胡貉之長 － 旃裘(전구)는 毛氈(모전)으로 만든 옷을 입은 북방
민족의 우두머리. 旃은 氈(전, 털로 짠 직물). 裘은 갖옷 구. 胡貉之長은 胡貉

(호맥)은 북방 소수 민족에 대한 범칭. ㅇ移珍來享 - 진기한 물건을 바치다. 移는 가져오다. 享은 바치다. 貢獻(공헌). ㅇ後陳盧山 - 뒤로는 盧山까지 이어지다. 盧山은 흉노 單于의 남쪽 궁전. 이런 표현에 대한 과장 여부를 논할 필요는 없다. ㅇ常伯楊朱,墨翟之徒 - 常伯은 侍中. 楊朱와 墨翟(묵적)의 무리. 楊朱는 극단적 이기주의자. 묵적은 겸애주의자. 正統儒家가 아닌 이단 학설의 신봉자를 지칭. ㅇ何以侈兹 - 어찌 이 시대보다 더 좋을 수 있겠는가! 侈는 더 낫다. 더 좋다. 兹는 成帝 재위 중. ㅇ覲東嶽, 禪梁基 - 覲은 알현하다. 東嶽은 泰山의 별칭. 天神들의 본거지. 禪梁基는 梁父山에서의 封禪.

〔國譯〕

「이에 높은 관에 잡색 의상을 입고 舜典을 연구하고 〈雅〉와 〈頌〉으로 정사를 보좌하는 大儒가 앞으로 나와 揖(읍)을 하였다.

밝은 빛이 빠르게 번쩍이고 인자한 음성이 북쪽 이민족에까지 들리고 大義의 武威가 아주 먼 남방까지 움직였다.

그리고 북방 종족의 왕과 동북 소수민의 족장이 그들의 진기한 물건을 바치면서 손을 높이 올려 臣下의 예를 표했다.

앞쪽은 우리 입구에 있고, 뒤쪽은 여산까지 닿았다.

모든 시중과 楊朱(양주)나 墨翟(묵적)의 무리도 감탄하며 칭송하였다.

"훌륭하신 德이시니, 비록 堯와 舜, 大禹와 周 文王이라도 어찌 이보다 잘하겠습니까! 太古에 東嶽의 천신을 뵙고 양보에서 봉선을 했더라도 지금을 제외한다면 그 누가 이와 같겠습니까?」

「上猶謙讓而未兪也, 方將上獵三靈之流, 下決醴泉之滋, 發黃龍之穴, 窺鳳皇之巢, 臨麒麟之囿, 幸神雀之林. 奢雲夢, 侈孟諸, 非章華, 是靈臺, 罕徂離宮而輟觀游, 土事不飾, 木功不雕, 承民乎農桑, 勸之以弗迨, 儕男女使莫違. 恐貧窮者不遍被洋溢之饒, 開禁苑, 散公儲, 創道德之囿, 弘仁惠之虞, 馳弋乎神明之囿, 覽觀乎群臣之有亡. 放雉菟, 收罝罘, 麋鹿芻蕘與百姓共之, 蓋所以臻茲也. 於是醇洪鬯之德, 豐茂世之規, 加勞三皇, 勗勤五帝, 不亦至乎! 乃祇莊雍穆之徒, 立君臣之節, 崇賢聖之業, 未皇苑囿之麗, 遊獵之靡也, 因回軫還衡, 背阿房, 反未央.」

| 註釋 | ○未兪也 – 兪는 그러할 유. 贊同. ○方將上獵三靈之流 – 獵은 취하다. 三靈은 日, 月, 星의 垂象과 영험. 流는 福澤을 받다(和液下流). ○下決醴泉之滋 – 決는 열다. 물을 터주다. 滋는 水. ○發黃龍之穴 – 黃龍, 다음의 鳳凰, 麒麟, 神雀(신작)은 모두 瑞獸로 祥瑞를 뜻함. 幸은 천자가 親臨하다. ○奢雲夢 – 雲夢은 楚나라의 大湖, 孟諸(맹제)는 宋의 큰 호수로, 今 河南省 동부의 省 직할의 商丘市 동북. ○章華, 靈臺 – 章華臺는 楚 靈王이 건축한 樓閣. 靈臺는 西周 文王이 이룩한 누각. ○罕徂離宮而輟觀游 – 罕은 드물 한. 徂(갈 조)는 往也. 輟 그칠 철. ○土事不飾 – 土事는 누각을 짓는 공사. ○承民乎農桑 – 承은 丞(도울 승)의 뜻. ○勸之以弗迨 – 弗迨(불태)는 게을리하지 않다. 迨는 미칠 태. 따라가다. 怠와 通. ○儕男女使莫違 – 儕(또래 제)는 짝. 짝이 되다. 莫違는 혼기를 넘기지 않다. ○恐貧窮者不遍被洋溢之饒 – 洋溢(양일)은 충만하다. 饒(넉넉할 요)는 은혜. ○開禁苑 – 禁苑은 줄

입을 금지하는 苑囿(원유). ○公儲 - 나라의 비축. 儲는 쌓을 저. ○仁惠之
虞 - 虞는 땅. 大地. ○馳弋乎神明之囿 - 馳弋(치익)은 巡行하다. ○雉菟(치
토) - 꿩과 토끼. ○罝罦 - 짐승 잡는 그물. 罝는 짐승 그물 저. 罦 그물 부.
○麋鹿芻蕘 - 麋鹿(미록)은 사슴. 芻蕘(추요)는 건초와 땔나무. 芻는 꼴 추.
짐승의 사료. 蕘는 풋나무. 땔감. ○蓋所以臻茲也 - 蓋는 어찌 아니할 합. 어
찌 개, 대개 개, 뚜껑 개. 茲는 무성하다. 풍요롭다. ○醇洪鬯之德 - 醇(진한
술 순)은 순수하다. 여기서는 고양하다. 숭상하다의 뜻. 洪鬯(홍창)은 洪大하
고 暢通(창통)한 仁德. 鬯(울창주 창)은 暢(통달할 창). ○豐茂世之規 - 豐은
확충하다. 茂世는 盛世. ○勗勤五帝 - 勗勤(욱근)은 힘쓰다. 勗은 힘쓸 욱.
○祗莊雍穆之徒 - 祗莊은 받들다. 雍穆(옹목)은 화락하다. 徒는 事也. ○未
皇苑囿之麗 - 未皇은 未遑. 겨를이 없다. ○因回軫還衡 - 回軫還衡은 수레
를 돌리다. 軫 수레 진. 衡 수레 앞에 대는 가로 막대. 수레의 뜻. ○背阿房,
反未央 - 背와 反은 떠나가다. 이상은 도덕으로 복귀할 것을 풍유하는 내용.

〔國譯〕

「성제는 겸양의 뜻이 있어 그렇지 아니하다고 하였지만 그때는
日, 月, 星 三靈의 복택을 받아 그 은택의 샘물을 아래 백성들에게
베풀어주고자 黃龍의 住穴이나 鳳皇의 둥지를 찾아보고 麒麟이나
神雀의 수풀에 직접 찾아가고자 하였다.

춘추시대 雲夢(운몽)과 孟諸(맹제)의 누각은 사치했고, 楚의 章華
臺는 잘못이었지만 周의 靈台는 바른 것이었으며, 이궁에는 자주
가지 않았고 유람도 그만 두었으며, 건축 공사에 꾸밈이 많지 않고
목조 건축에 무늬를 새기지 않았으며, 백성들의 농사와 길쌈을 돕
고 게으르지 않도록 권장하면서 남녀가 혼기를 넘기지 않고 짝을 찾
았었다.

혹 貧窮者가 풍요가 넘치는 자에게 빼앗기지 않을까 걱정하여 禁苑(금원)을 개방하고 국가 비축을 내어 베풀고 도덕심이 있는 동산을 만들어 은혜의 혜택을 줄 땅을 넓히며 신령한 동산을 순행하고 群臣의 유무를 보아 은혜를 베풀었다.

꿩과 토끼도 방사하고 짐승 그물을 걷어버리며 산짐승이나 건초와 땔감을 백성과 공유한다면 아마 풍요로울 것이다.

그리고 널리 크게 통달할 덕을 숭상하고 盛世의 법규를 확충하고 삼황과 오제의 업적을 본받으려 힘쓴다면 그 상태에 이르지 않겠는가!

곧 화락한 일에 힘쓰고 君臣의 지조를 세우고 성현 업적을 숭상한다면 사냥이나 놀이에 마음 쓸 겨를이 없어 아방궁과 미앙궁을 멀리하고 배척하며 수레를 돌리게 될 것이다.」

87-2. 揚雄傳(下)

原文

明年, 上將大誇胡人以多禽獸, 秋, 命右扶風發民入南山, 西自褒,斜, 東至弘農, 南驅漢中, 張羅罔罷罘,捕熊羆,豪豬, 虎豹,狖玃,狐菟,麋鹿, 載以檻車, 輸長楊射熊館. 以罔爲周阹, 縱禽獸其中, 令胡人手搏之, 自取其獲, 上親臨觀焉. 是

時, 農民不得收斂. <u>雄從至射熊館</u>, 還, 上〈長楊賦〉, 聊因筆
墨之成文章, 故藉翰林以爲主人, 子墨爲客卿以風. 其辭曰,

| 註釋 | ㅇ明年 -〈校獵賦〉를 지은 다음 해. 成帝 元延 2년(前 11). 교렵
부의 연도에 대한 여러 주장이 있다. ㅇ南山 - 즉 秦嶺산맥. 秋는 겨울 사냥
을 위해 가을부터 준비케 했다. 右扶風은 三輔의 하나, 관직명이면서 행정단
위. 今 西安市 서쪽의 近畿를 관할. ㅇ西自褒,斜 - 褒(포), 斜(사)는 南山의
계곡 이름. 弘農, 漢中은 모두 郡名. ㅇ豪豬 - 큰 멧돼지. ㅇ狖玃(유확) - 긴
꼬리원숭이(狖)와 검은 큰 원숭이(玃). ㅇ長楊射熊館 - 長楊宮 射熊館. 사
육하며 사냥하는 곳. ㅇ以罔爲周阹 - 罔은 網. 周阹(주거)는 빙 둘러 그물을
치다. 阹는 우리 거. ㅇ胡人 - 흉노족. ㅇ翰林 - 文翰之林. 학자, 문인. 翰은
날개 한. 붓(筆), 문서. ㅇ子墨爲客卿以風 - 子는 남자의 통칭. 墨은 가상의
인물 이름. 客卿은 손님. 風은 諷.

〔 國譯 〕
　　다음 해에 고위 장군인 胡人이 짐승을 잘 잡는다고 크게 자랑을
하자, 그 가을에 右扶風에게 백성을 동원하여 南山의 서쪽 褒谷(포
곡)과 斜谷(사곡)으로부터 동쪽으로 弘農郡까지, 남쪽으로는 漢中郡
까지 큰 곰을 잡을 수 있는 그물을 치게 했고 큰 곰과 큰 멧돼지, 호
랑이나 표범, 긴팔원숭이와 큰 원숭이, 여우나 토끼, 사슴들을 산채
로 잡아 檻車(함거)에 실어 長楊宮(장양궁)의 射熊館(사웅관)으로 수송
하게 하였다. 그물로 주위를 둘러치고 짐승을 풀어 놓고 호인으로
하여금 손으로 때려 그 짐승을 잡게 하였는데 성제가 친히 나아가
관람하였다. 이때 농민들은 흉년으로 수확이 좋지 못했다. 揚雄(양
웅)은 사웅관에 갔다가 돌아와 〈長楊賦(장양부)〉를 올렸는데, 단지

붓으로만 문장을 짓는 翰林(한림)을 주인으로 설정하고 墨(묵)이란 남자를 손님으로 하여 풍간하였다. 〈장양부〉는 아래와 같다.

原文

〈長楊賦〉

「子墨客卿問於翰林主人曰, "蓋聞聖主之養民也, 仁霑而恩洽, 動不爲身. 今年獵長楊, 先命右扶風, 左太華而右褒斜, 椓截嶭而爲弋, 紆南山以爲罝, 羅千乘於林莽, 列萬騎於山隅, 帥軍踤阹, 錫戎獲胡. 扼熊羆, 拖豪豬, 木雍槍纍, 以爲儲胥, 此天下之窮覽極觀也. 雖然, 亦頗擾於農民. 三旬有餘, 其麋至矣, 而功不圖, 恐不識者, 外之則以爲娛樂之遊, 內之則不以爲乾豆之事, 豈爲民乎哉! 且人君以玄默爲神, 澹泊爲德, 今樂遠出以露威靈, 數搖動以罷車甲, 本非人主之急務也, 蒙竊惑焉."」

| 註釋 | ◦仁霑而恩洽, 動不爲身 – 仁과 恩을 백성에게 베풀어 주다. 霑은 적실 점. 洽 윤택하게 할 흡. 動不爲身은 자신을 위한 행동을 하지 않다. 매사에 백성을 생각한다. ◦太華 – 西嶽 華山. ◦椓截嶭而爲弋 – 椓은 칠 탁. 截嶭(절알)은 산 이름. 弋(주살 익)은 杙(말뚝 익), 말뚝을 박다. ◦紆南山以爲罝 – 紆는 구부러질 우. 罝는 짐승 그물 저. ◦林莽(임망) – 풀과 나무가 무성한 곳. 莽은 우거질 망. ◦帥軍踤阹 – 군사를 세워 짐승 우리를 만들다. 踤은 찰 졸. 채우다. 阹는 짐승 우리 거. ◦錫戎獲胡 – (짐승을) 융적에게 풀

어주고 흉노를 시켜 생포하게 하다. ○扼熊羆 - 扼은 누를 액. 눌러 잡다. ○拖豪豬 - 큰 멧돼지를 잡아끌다. ○木雍槍纍 - 나무를 창처럼 뾰족하게 깎아 세우다. ○以爲儲胥 - 儲胥(저서)는 軍中의 울타리. 저축. ○其廑至矣, 而功不圖 - 노고는 많으나 성과가 없다. 廑은 겨우 근. 고생하다. ○乾豆之 事 - 제물을 준비하는 일. ○玄默爲神 - 청정무위로 맑은 정신을 유지하다. ○澹泊爲德 - 澹泊(담박)은 淡白. 安靜. ○以露威靈 - 露는 노출하다. 드러 내다. 威靈은 神氣. ○以罷車甲 - 罷는 피곤하다. 지치다(疲). ○蒙竊或焉 - 蒙은 어리석다. 어리석은 사람. 자신에 대한 겸사. 蒙蔽(몽폐). 或은 惑也.

[『國譯』]

〈長楊賦〉*

「손님인 子墨이 翰林主人에게 물었다.

"대체로 聖主가 백성을 돌보는데 仁愛와 恩澤을 베풀어 주되 자신만을 생각하지 않는다고 하였습니다. 금년에 長楊宮에서 사냥하려고 먼저 右扶風에게 명하여 좌측 太華(華山)에서 우측 褒谷(포곡)과 斜谷까지 截嶭山(절알산)을 말뚝으로 여겼고, 終南山을 돌아 그물을 치고 천승의 수레를 수풀에 배치하였으며, 만 명의 기병을 산에 세워놓아 짐승우리를 만들었고 짐승을 戎狄(융적)이나 흉노인이 포획하게 시켰습니다. 그리하여 곰을 눌러 잡고 큰 멧돼지를 끌고 갔으며 나무를 창처럼 깎아 세워서 울타리를 만들어 준비시켰으니 이는 천하에 둘도 없는 구경거리였습니다. 그러면서 농민을 힘들게 하였습니다. 석 달 남짓한 기간에 고생만 많았지 성과는 거의 없었으니 잘 모르는 사람들은 겉으로는 즐기려는 놀이였다 생각하고 안으로도 제사를 위한 제물 준비도 아니었으니 이 일이 어찌 백성을 위한 일이겠습니까! 그리고 군주란 청정으로 정신을 맑게 하고 담백을 덕으로 삼아야 하는데 이번에 멀리까지 즐기려 행차하면서 神氣를 노출시켰고 여러 번 군사를 출동시켜 지치게 하였으니, 이는 본래 주군의 급선무가 아닐 것이니 어리석은 저는 정말 모르겠습니다.”」

原文

「翰林主人曰, “吁, 謂之茲邪! 若客, 所謂知其一未睹其二, 見其外不識其內者也. 僕嘗倦談, 不能一二其詳, 請略舉凡, 而客自覽其切焉.”」

| 註釋 | ○吁 – 탄식할 우. 의아하며 괴이하다는 뜻. ○知其一未睹其二 – 知其一不知二. 睹는 볼 도. ○倦談 – 이야기를 하기 싫다. 倦은 게으를 권. ○擧凡 – 凡은 大要. 切은 切要, 요점.

〚國譯〛

「翰林主人이 말했다. “허어! 왜 그렇게 말하십니까? 손님 말씀은 하나만 알고 둘을 모르는 것이며 겉만 보고 그 속을 알지 못하는 것입니다. 나는 이야기를 잘 하지 못해 하나하나 상세히는 말하지 못하기에 대략을 말씀드릴 것이니 손님 자신이 요점을 생각해 보시기 바랍니다.”」

「客曰, "唯, 唯." 主人曰, "昔有强秦, 封豕其士, 窫窳其
民, 鑿齒之徒相與摩牙而爭之, 豪俊麋沸雲擾, 群黎爲之不
康. 於是上帝眷顧高祖, 高祖奉命, 順斗極, 運天關, 橫巨海,
票崑崙, 提劍而叱之, 所麾城撕邑, 下將降旗, 一日之戰, 不
可殫記. 當此之勤, 頭蓬不暇疏, 饑不及餐, 鞮鍪生蟣蝨, 介
胄被露汗, 以爲萬姓請命虖皇天. 乃展民之所詘, 振民之所
乏, 規億載, 恢帝業, 七年之間而天下密如也.」

| 註釋 | ○封豕(봉시) – 큰 돼지. 堯임금 때 출현하여 백성을 해쳤다는 전
설이 있다. 封은 大也. ○窫窳(알유) – 호랑이의 발톱을 가지고 사람을 잡아
먹었다는 전설 속 괴물 맹수. 窫窳(알유)와 同. 학대하다. 窫은 학대할 알, 큰
굴 알. 窳은 비뚤 유. ○鑿齒(착치) – 치아가 5치나 되고 사람을 잡아먹는 전
설상의 맹수. ○麋沸雲擾 – 죽 끓듯 하고 수시로 변하다. 麋沸(미비)는 소란
하다. 麋는 큰 사슴 미. 짓무르다. 麋(죽 미)의 착오일 것임. 沸 끓을 비. 擾는
어지러울 요. 秦末의 혼란을 설명한 말. ○眷顧高祖 – 眷顧(권고)는 돌아보
다. 돌봐주다. ○順斗極 – 斗極은 北斗와 北極星. ○運天關 – 天關은 북두
칠성의 다른 표현. ○頭蓬不暇疏 – 頭蓬은 蓬頭. 蓬은 쑥 봉. 흐트러지다. 疏
는 梳. 빗질하다. ○鞮鍪生蟣蝨 – 鞮鍪(제무)는 가죽 투구. 蟣蝨(기슬)은 서
캐와 이. 鞮 가죽신 제. 鍪는 투구 무. 蟣 서캐 기. 蝨 이 슬(虱). ○規億載, 恢
帝業 – 規는 계획하다. 億載는 億年. 恢는 넓히다. 이룩하다. ○密如也 – 密
은 安靜.

「빈객은 “예, 예” 하고 대답했다. 이에 주인이 말했다.

“옛날 한참 강한 秦나라는 封豕(봉시) 같은 관리가 백성들을 학대하였고, 맹수인 鑿齒(착치) 같은 무리들이 서로 이빨을 갈며 다투었고, 호걸이 들고 일어나며 수시로 바뀌어 백성은 편안할 수가 없었습니다. 이에 하늘의 上帝가 高祖를 지켜주었고 고조는 천명을 받고 순응하며 천운의 뜻대로 천하를 횡행하여 곤륜산을 흔들며 칼로 악인을 꾸짖고 성읍을 공격 탈취하고 적의 깃발을 꺾었는데 그 많은 전투는 다 기록할 수도 없습니다. 이렇게 고생을 하다 보니 흐트러진 머리를 빗지도 못했고 배고파도 먹을 겨를이 없었으며, 투구에 이가 생겼고 갑옷은 땀으로 젖었는데 이 모두 것이 백성이 하늘에 천명을 내려달라 부탁한 것이었습니다. 이에 백성의 원통함을 풀어주고 백성의 궁핍을 구제하며 만만 년을 계획하여 제업을 달성하기 7년에 천하는 안정되었습니다.」

「逮至聖文, 隨風乘流, 方垂意於至寧, 躬服節儉, 絺衣不敝, 革鞜不穿, 大夏不居, 木器無文. 於是後宮賤玳瑁而疏珠璣, 卻翡翠之飾, 除彫瑑之巧, 惡麗靡而不近, 斥芬芳而不御, 抑止絲竹晏衍之樂, 憎聞鄭,衛幼眇之聲, 是以玉衡正而太階平也.」

| 註釋 | ○隨風乘流 – 舊制에 따르다. ○綈衣不敝 – 거친 옷을 닳을 때까지 입다. 綈는 깁 제. 두터운 비단. 不敝는 헤지지 않으면 괜찮았다. 끝까지 입었다는 뜻. 敝는 부서지다. ○革鞜不穿 – 가죽신은 구멍이 나지 않았으면 괜찮았다. 앞의 不敝와 짝이 된다. 鞜은 가죽신 탑. 귀인들은 가죽신이 아닌 비단 천 신발을 착용했다. 穿(천)은 구멍 나다. ○木器無文 – 문은 무늬를 넣다. 紋(무늬 문). ○玳瑁 – 바다거북으로 만든 장식. 玳는 대모 대. 瑁는 바다거북 모. 珠璣는 구슬. 璣는 구슬 기. ○除彫瑑之巧 – 彫는 새길 조. 瑑 홈에 아로 새길 전. ○斥芬芳而不御 – 斥은 물리칠 척. 芬芳은 좋은 향기. ○絲竹晏衍之樂 – 絲竹은 악기의 총칭. 晏衍은 邪曲한 樂聲. ○鄭,衛幼眇之聲 – 鄭, 衛의 음악은 亡國之音. 幼眇는 微妙하고 曲折한 聲音. ○玉衡正而太階平 – 정치가 청명하고 사회가 안정되다. 玉衡은 북두칠성의 5번째 별. 正而太階(태계)는 성좌 이름.

〖國譯〗

「聖明하신 文帝에 이르러서 전례에 따라 바로 나라의 안녕에만 뜻을 두고 절검을 실천하시어 거친 비단옷을 해질 때까지 입으셨고 가죽 신발은 구멍 나지 않으면 괜찮았으며, 큰 궁궐에 거처하지 않았고 木器에는 무늬를 새기지 않았습니다. 이에 후궁에서도 대모를 천시하고 구슬을 멀리했으며 비취 장식을 하지 않고 공들여 새기지 않았으며, 화려한 사치를 미워하며 가까이 하지 않았고, 향기를 멀리하며 즐기지 않았고, 음악과 邪聲의 宴樂(연락)을 삼가고 鄭과 衛의 기묘한 음악을 싫어하였기에 정치가 깨끗하고 사회가 안정되었습니다.」

「其後熏鬻作虐, 東夷橫畔, 羌戎睚眦, 閩越相亂, 遐萌爲之不安, 中國蒙被其難. 於是聖武勃怒, 爰整其旅, 乃命驃, 衛, 汾沄沸渭, 雲合電發, 猋騰波流, 機駭蜂軼, 疾如奔星, 擊如震霆, 砰轒輼, 破穹廬, 腦沙幕, 髓余吾. 遂獵乎王廷. 驅橐它, 燒乾蠆, 分梨單于, 磔裂屬國, 夷阬谷, 拔鹵莽, 刊山石, 蹂屍輿厮, 係累老弱, 兗鋋瘢, 奢金鏃, 淫夷者數十萬人, 皆稽顙樹頜, 扶服蛾伏, 二十餘年矣, 尙不敢惕息. 夫天兵四臨, 幽都先加, 回戈邪指, 南越相夷, 靡節西征, 羌僰東馳. 是以遐方疏俗殊鄰絶黨之域, 自上仁所不化, 茂德所不綏, 莫不蹻足抗手, 請獻厥珍, 使海內澹然, 永亡邊城之災, 金革之患.」

| 註釋 | ○熏鬻作虐 - 熏鬻(훈육)은 북방의 흉노족. ○橫畔(횡반) - 방자하여 모반하다. ○羌戎睚眦 - 羌戎(강융)은 강족. 睚眦(애자)는 화난 눈초리로 노려보다. 睚는 눈초리 애. 眦 눈 흘길 자. 눈초리 제. ○閩越相亂 - 閩越(민월)은 지금의 福建省 일대의 소수민족[閩(민)]과 廣東, 廣西省 일대의 남방민족(越人). ○遐萌爲之不安 - 遐萌(하맹)은 먼 변방의 백성. 遐는 멀 하. 萌은 氓(백성 맹)과 同. ○聖武勃怒 - 武帝. 勃은 갑자기 발. ○票, 衛 - 驃騎將軍 霍去病(곽거병)과 대장군 衛靑(위청). ○汾沄沸渭 - 출정 군사의 사기가 왕성하다. 汾은 클 분. 성한 모양. 沄은 소용돌이칠 운. 沸는 끓을 비. 渭는 강 이름 위. ○雲合電發 - 구름이 모이고 번개가 치듯, 신속하게 군사가 모이고 출동하다. ○猋騰波流 - 폭풍이 불고 파도가 치다. 猋騰(표등)은 회오리바람이 크게 일어나다. ○機駭蜂軼 - 쇠뇌에서 화살이 나가고 벌이 교대

로 공격하다. 병졸의 공격이 신속함. 機는 기계. 장치. 駭 놀랄 해. 軼 번갈아
들 질. ○奔星 - 流星. 별똥. ○震霆(진정) - 벼락과 천둥. ○砰轒輼 - 砰
(팽)은 돌 구르는 소리. 부딪치다. 轒輼(분온)은 병거. 흉노의 攻城 기구.
○破穹廬 - 穹廬(궁려)는 휘장. 텐트. 穹은 하늘 궁. 천장. 廬 오두막 려. 임시
거처. ○腦沙幕 - 腦髓(뇌수)를 사막에 바르다. 싸워 죽다. 沙幕은 沙漠.
○髓余吾 - 髓는 골수 수. 余吾(여오)는 강 이름. ○獵乎王廷 - 獵은 躐(밟을
렵)과 通. 踐踏(천답). 王廷은 흉노의 王廷(왕정). ○驅橐它 - 驅는 몰아갈
구. 橐它(탁타)는 駱駝(낙타). ○燒乾酪 - 乾酪(건려)는 말린 젖. 乾酪(건락).
치즈 같은 음식. ○分梨單于 - 선우를 분리시키다. 分梨는 分化, 分割. 梨는
剺(칼로 벨 리). ○磔裂屬國 - 磔裂(책렬)은 分裂. 磔은 가를 책. ○夷阬谷
- 산골짜기를 메우다. 阬은 구덩이 갱(坑). ○拔鹵莽(발노망) - 숲을 없애버
리다. ○刊山石 - 山石을 쪼개다. 도로를 새로 내는 과정. ○蹂屍輿廝 -
(적의) 시신을 내버리고 다친 자를 수레에 싣다. 蹂는 밟을 유. 廝 하인 시.
廝卒, 또는 상처를 입은 자. ○係累 - 밧줄로 묶다. ○尪撻瘢, 耆金鏃 - 尪은
묶어 매다. 바를 연, 땅이름 연. 撻 작은 창 연. 瘢 흉터 반. 耆는 늙은이 기.
이를 지(致). 鏃 살촉 족. ○淫夷者 - 중상을 입은 자. ○稽顙樹頷 - 稽顙(계
상)은 이마를 숙이다. 樹頷(수함)은 턱을 땅에 대다. 머리를 땅에 박으며 항
복하다. ○扶服蛾伏 - 扶服은 匍匐(포복). 기어가다. 蛾伏(아복)은 개미처럼
엎드리다. 蛾는 개미 의. 나방 아. ○尙不敢惕息 - 惕息(척식)은 두려워 숨을
죽이다. 惕은 두려울 척. ○幽都 - 흉노의 본거지. ○羌僰東馳 - 羌族(강족)
과 僰人(북인)은 동쪽으로 도망쳐 들어왔다. ○蹺足抗手 - 蹺는 발돋움할
교. 抗手는 손을 들다.

〖 國譯 〗

「그 뒤로 흉노족이 잔인한 짓을 하고 동이족도 멋대로 모반하며,
강족도 노려보고 남방 민월인들은 서로 싸워 먼 곳 백성들이 불안해

지자 중국도 그 피해를 입었습니다. 이에 武帝께서는 크게 화를 내시어 군사를 정비하시고 표기장군(곽거병)과 대장군(위청)에게 명령하시어 출동하게 하니 장병의 사기도 왕성하여 신속하게 모아 급히 공격하여 폭풍이 불고 파도가 치듯 재빨리 공략하며 유성처럼 빨리 습격하고 번개와 천둥처럼 적의 수레를 부수었으며, 지휘소를 격파하고 사막에서 적군을 죽여 그들을 余吾(여오) 강에서 무찔러 마침내 그 王廷(왕정, 근거지)을 갈아엎었습니다.

낙타 떼를 몰아버리고 말린 젖을 태워버렸으며 선우를 분리키고 그 속국을 없애 버렸으며, 골짜기를 메우고 숲을 없애면서 산의 돌을 갈라 길을 내었으며, 시체는 버리고 다친 자는 수레에 태워 보냈고 노약자를 묶었으며, 창과 화살에 다친 상처를 치료해 주었고 중상자 수십만 명이 머리를 땅에 대고 엎드려 개미처럼 기어 다니기 20여 년에 그들은 아직도 두려워 숨을 죽이고 있습니다. 天兵을 사방에 보내어 북쪽 흉노를 먼저 치고 사악한 자들에게 창끝을 돌리자 南越人은 서로를 죽였으며, 무력으로 서쪽을 정복하자 강족과 僰人(북인)은 동쪽으로 도망쳐 왔습니다. 이로써 먼 곳에서 습속을 달리하며 동떨어진 땅에 살던 종족들은 예로부터 폐하의 어진 교화를 받아들이지 않고 덕치에도 편안하지 않던 그런 사람들이 손발을 들고 환영하지 않은 자들이 없었으며 그들의 진기한 물건을 바치려 하니 이로써 해내가 평안해졌으며 변경에서의 재난이나 전쟁 걱정은 영원히 없어졌습니다.」

「今朝廷純仁, 遵道顯義, 並包書林, 聖風雲靡, 英華沉浮, 洋溢八區, 普天所覆, 莫不沾濡, 士有不談王道者則樵夫笑之. 故意者以爲事罔隆而不殺, 物靡盛而不虧, 故平不肆險, 安不忘危. 乃時以有年出兵, 整輿竦戎, 振師五柞, 習馬長楊, 簡力狡獸, 校武票禽. 乃萃然登南山, 瞰烏弋, 西厭月窟, 東震日域. 又恐後世迷於一時之事, 常以此取國家之大務, 淫荒田獵, 陵夷而不禦也. 是以車不安軔, 日未靡旃, 從者彷彿, 尻屬而還, 亦所以奉太宗之烈, 遵文,武之度, 復三王之田, 反五帝之虞. 使農不輟穮, 工不下機, 婚姻以時, 男女莫違, 出愷弟, 行簡易, 矜劬勞, 休力役, 見百年, 存孤弱, 帥與之同苦樂. 然後陳鐘鼓之樂, 鳴韶磬之和, 建碣磍之廣, 桔隔鳴球, 掉八列之舞, 酌允鑠, 肴樂胥, 聽廟中之雍雍, 受神人之福祜, 歌投頌, 吹合雅. 其勤苦此, 故眞神之所勞也. 方將俟元符, 以禪梁甫之基, 增泰山之高, 延光於將來, 比榮乎往號, 豈徒欲淫覽浮觀. 馳聘粳稻之地, 周流梨栗之林, 蹂踐芻蕘, 誇詡衆庶, 盛狄獲之收, 多麋鹿之獲哉! 且盲不見咫尺, 而離婁燭千里之隅, 客徒愛胡人之獲我禽獸, 曾不知我亦已獲其王侯.」

言未卒, 墨客降席再拜稽首曰, 大哉體乎! 允非小子知所能及也. 乃今日發矇, 廓然已昭矣!」

| 註釋 | ○並包書林 − 書林은 文人學者. ○英華沉浮 − 英華가 매우 많다. 沉浮(침부)는 衆多. ○洋溢八區 − 洋溢(양일)은 가득 차서 넘치다. 八區는 四面八方. ○隆而不殺 − 殺(덜 쇄)는 쇠퇴하다. ○平不肆險 − 肆는 잊다. 忘, 棄의 뜻. ○有年出兵 − 有年은 풍년. ○整輿涑戎 − 涑은 勸勉하다. ○五莋(오작), 長楊(장양) − 모두 궁궐 이름. ○簡力狡獸 − 力士와 맹수를 골라. 狡獸는 猛獸(맹수). ○校武票禽 − 校는 考校. 재량해 보다. 가늠해보다. 票禽(표금)은 날쌘 짐승. 輕疾之禽也. ○乃萃然 − 萃然(췌연)은 모이다. 이르다. ○瞰烏弋 − 瞰은 볼 감. 멀리보다. 烏弋(오익)은 서역 36국 중 가장 서쪽에 있는 나라. ○厭月窟 − 厭은 누를 엽, 싫을 염. 月窟(월굴)은 달이 다시 커지는 곳. ○陵夷而不御也 − 陵夷(능이)는 쇠퇴하다. 御는 그치다. 止也. ○車不安軔 − 軔은 쐐기나무 인. 停車하다. ○日未麾旄 − 낮에 깃발 그림자조차 움직이지 않다(不移景也). 조금도 시간을 어기지 않는다는 주석이 있다. ○彷佛 − 멍하니 분명하지 않은 모양. ○虒屬而還 − 虒屬(위속)은 버리다(放下). 虒은 뼈가 굽을 위. 委의 古字. 還은 돌아올 선. 에워싸다. ○太宗之烈 − 여기서는 高祖의 遺業. 太宗은 高祖. 文帝의 묘호가 아님. ○遵文,武之度 − 文帝와 武帝의 법도를 준수하다. ○復三王之田 − 復은 회복하다. 부흥하다. 三王은 夏殷周의 開國之祖. 田은 田獵의 목적으로 제사의 제물 준비, 빈객 접대, 주방의 음식재료 준비. ○五帝之虞 − 虞는 虞人. 산림과 沼澤, 짐승을 사육하는 苑囿(원유)에 관한 업무를 주관하는 관리. ○出愷弟 − 화락한 모습. 愷는 즐거울 개. 弟는 悌(공경할 제)와 同. ○行簡易 − 簡易(간이)는 성품이 온후 담백함. ○矜劬勞 − 矜은 불쌍히 여기다. 劬勞는 고생하다. 劬 수고로울 구. ○休力役, 見百年 − 力役은 장기간 노역. 見百年은 노인을 예우하다. ○鳴鞀磬之和 − 鳴은 울릴 명. 鞀는 소고 고, 자루가 달린 작은 북. 磬은 경쇠 경. ○建碣磋之虡 − 맹수가 화낸 모양의 鐘을 매다는 틀을 세우다. 碣磋(갈할)은 맹수의 화낸 모양. 虡 쇠북을 매다는 틀 거. ○拮隔鳴球 − 玉磬을 치다. 拮隔은 때리다(擊也). 치다. 拮 도라지 길. 두레박 틀. 鳴球(명구)는 玉

磬(옥경). ○掉八列之舞 - 掉는 몸을 흔들며 춤을 추다. 八列之舞는 八佾舞(팔일무), 天子 앞에서 추는 춤의 대형. 8인×8열. ○酌允鑠, 肴樂胥 - 信義를 술이라 하고 예악으로 안주를 삼다. 允은 信也. 鑠(녹일 삭)은 아름답다. 肴는 안주 효. ○聽廟中之雍雍 - 雍雍(옹옹)은 음악이 조화를 이루는 모양. ○方將俟元符 - 俟는 기다릴 사. 元符는 아주 상서로운 조짐. 元은 善也, 符는 祥瑞의 조짐. ○以禪梁甫之基 - 泰山 아래 梁甫(양보)의 제터에서 봉선하다. ○比榮乎往號 - 往號는 지난날의 尊號. ○淫覽浮觀 - 재미있는 구경거리. ○馳騁粳稻之地 - 馳騁(치빙)은 달리다. 粳稻(갱도)는 메 벼. 밭에 심는 벼. ○梨栗之林 - 果樹林. ○蹂踐芻蕘 - 蹂踐(유천)은 밟아 뭉개다. 芻蕘(추요)는 건초와 나무(땔감). ○誇詡衆庶 - 誇詡(과후)는 자랑하다. ○狄玃(유확) - 긴꼬리원숭이와 큰 원숭이. ○離婁(이루) - 黃帝 때 千里眼을 가진 사람. 離朱(이주)라고도 한다. ○發矇(발몽) - 어리석음을 깨우치다. ○廓然(확연) - 분명하고 확실한 모양.

〔 國譯 〕

「지금 조정에서는 오직 仁政을 펴시며, 도의를 따르고 높이며, 문인 학자를 모두 아우르니 聖風이 구름처럼 일어나고 영화가 매우 많아 사면팔방에 넘쳐나며 하늘 아래에 혜택을 입지 않은 것이 없었으니 출사한 사람으로 王道를 말하지 않는 자라면 나무꾼이라도 비웃었을 것입니다. 그래서 뜻이 있는 사람은 융성했다가 쇠퇴하지 않는 것이 없으며, 번성했으면 이지러지지 않는 것이 없다고 말하면서 평안할 때 위험을 생각하지 않을 수 없으며 평안할 때 위기를 잊을 수 없다고 하였습니다. 그리하여 풍년드는 해에 맞춰 출병하며 戰車와 무기를 만들며 五柞宮(오작궁)에서 군사를 일으키고, 長楊宮(장양궁)에서 군마를 조련하며 力士와 맹수를 골라 날쌘 짐승과 무예를 비교

해 보는 것입니다. 그리하여 군사를 모아서 남산에 올라 멀리 鳥弋國(오익국)을 바라보고, 서쪽으로 달이 자라는 동굴까지 진압하며, 동쪽으로는 해가 뜨는 곳까지 위엄을 떨치려는 것입니다. 그리고 후세에 이를 단순한 사냥으로 생각할까 걱정되기에 이를 국가의 큰 업무로서 생각하였지만 거친 땅에서 사냥이 점차 쇠퇴하는 것을 막지는 못하였습니다. 이 때문에 수레를 멈추지 않고 낮에는 시간을 조금도 어기지 않으며, 從者들은 어정쩡하게 버려두고 돌아오지만 그래도 고조의 유업을 잇고 문제와 무제의 법도를 준수한 것이며, 三王 전렵의 목적을 다시 부흥코자 한 것이며 五帝 때 虞人(우인)의 전통을 지키려는 것입니다. 그리하여 백성은 농사를 멈추지 않으며 匠人은 공구를 놓지 않고 남녀가 혼기를 놓치지 않으며, 화락 공경하면서 온후 담백하고 고생하는 사람을 불쌍히 여기며, 장기간의 노역자를 쉬게 하고 노인을 예우하며, 고아나 약자를 지켜주고 군사와 함께 고락을 같이 하려는 것입니다. 그런 뒤에 각종 악기의 음악을 연주케 하고 작은 북과 경쇠를 어울리게 울리며 성낸 맹수 모양의 종 걸이 틀을 세우고 옥경을 연주하면서 몸을 흔들며 八佾舞(팔일무)를 추고 종묘 제악의 훌륭한 음악을 들으며 神人이 주시는 복을 받고 칭송하는 노래와 大, 小雅의 음악을 연주하게 합니다. 그 수고가 이와 같으니, 이는 진실로 신이 애쓰는 것과 같습니다. 이제 하늘이 주시는 상서로움을 기대하며 梁甫山의 제터에서 봉선을 행하여 태산의 존엄을 높일 것이며 앞으로의 光榮을 받을 것이니, 이는 지난날의 어느 존호보다도 더 영광된 것이니 어찌 한낱 재미있는 구경거리라고 할 수 있겠는가? 백성의 경작지에 말을 달리고 과수원을 훑고 지나가며 건초와 나무를 짓밟는 것이 어찌 원숭이나 사슴을 많이 잡은 것을 백성들에게 자랑하기 위한 일이겠는가! 또 지척을 보지 못하는 맹인이 離婁(이루)가 천리 밖까지 밝게 볼 수 있는 줄을 어찌 알겠으며 빈객은 다만 胡人이 우리에게 짐승이나 잡아준다고만 생각하였지 우리가 그들 王侯를 잡았던 일을 모르는 것과 같습니다."

　말이 다 끝나기도 전에 墨客은 자리에서 물러앉아 재배하고 머리를 수그리며 말했다.

　"정말 훌륭한 일입니다. 소인이 정말 이해할 수 없는 일이었습니다. 오늘 어리석음을 깨쳐 명백하게 알았습니다!」

　哀帝時, 丁,傅,董賢用事, 諸附離之者或起家至二千石. 時, 雄方草《太玄》, 有以自守, 泊如也. 或嘲雄以玄尙白, 而雄解之, 號曰〈解嘲〉. 其辭曰,

| 註釋 | ○哀帝時 − 재위 前 6 − 前 1년. ○丁,傅,董賢用事 − 哀帝의 외가인 大司馬 丁明. 애제 조모 傅太后의 일족인 孔鄕侯 傅晏. 董賢은 애제의 동성애 파트너. ○附離 − 의부하다. 이때 離는 依의 뜻. 附麗(부려), 附隷(부예). ○起家至二千石 − 起家는 관리가 되다. 二千石은 군의 태수. 중앙 조정의 고관급. ○《太玄》 −《太玄經》. 揚雄이 《易》과 老子의 철학을 융합하여 저술한 철학서. 지금 10권이 전한다. ○泊如也 − 泊如는 安靜. ○以玄尙白 − 玄은 黑色. 白은 無官, 無祿의 뜻. ○〈解嘲〉 − 조롱을 해명한다는 뜻. 자신의 깊은 뜻을 피력함.

哀帝 때는 丁氏, 傅氏, 董賢(동현) 등이 권력을 쥐었는데 그들에게
붙어 출세하여 2천석 관리가 된 자도 있었다. 그때 양웅은 막《太
玄》의 초고를 마치고 自守하며 조용히 살았다. 어떤 사람이 玄의 뜻
으로 無官을 自負한다고 양웅을 비웃자, 양웅은 자신을 해명하는 글
을 지어 〈解嘲〉라 하였다. 그 글은 아래와 같다.

原文

〈解嘲〉

「客嘲揚子曰, "吾聞上世之士, 人綱人紀, 不生則已, 生則
上尊人君, 下榮父母, 析人之圭, 儋人之爵, 懷人之符, 分人
之祿, 紆靑拖紫, 朱丹其轂. 今子幸得遭明盛之世, 處不諱
之朝, 與群賢同行, 歷金門上玉堂有日矣, 曾不能畫一奇, 出
一策, 上說人主, 下談公卿. 目如耀星, 舌如電光, 壹從壹衡,
論者莫當, 顧而作《太玄》五千文, 支葉扶疏, 獨說十餘萬言,
深者入黃泉, 高者出蒼天, 大者含元氣, 纖者入無倫, 然而位
不過侍郎, 擢纔給事黃門. 意者玄得毋尙白乎? 何爲官之拓
落也?"」

| 註釋 | ○客嘲揚子 - 客은 가상 인물. 揚子는 揚雄 자신. ○上世之士 -
先代의 士人. ○人綱人紀 - 衆人의 綱紀가 되다. 立身處世의 모범이 되다.
○析人之圭 - 人君의 제후가 되다. 析은 나눠 갖다. 圭는 제후가 천자를 알

현할 때 손에 드는 홀. ㅇ僭人之爵 - 僭은 분담하다. 멜 담. ㅇ懷人之符 - 부절을 쥐다. 공무를 수행하다. ㅇ紆靑拖紫 - 紆(굽을 우)는 돌려 감다. 拖(끌 타)는 옷에 매달다. 靑色(9卿)과 紫色(公侯)의 印綬(인수). 고관을 의미. ㅇ朱丹其轂 - 붉은 바퀴의 수레를 타다. 고관에 오르다. 轂은 바퀴 곡. ㅇ處不諱之朝 - 不諱는 꺼릴 것이 없다. ㅇ歷金門上玉堂~ - 金門은 미앙궁의 북문인 金馬門, 황제에게 상서하거나 부름을 받은 자가 대기하는 곳. 출세를 시작하는 곳. 玉堂은 문신의 근무처, 또는 후세의 한림원. ㅇ畫一奇 - 畫은 획. 계획하다. 奇는 奇策. ㅇ壹從壹衡 - 합종과 연형. 이런 저런 주제로 논쟁하다. ㅇ顧而作《太玄》五千文 - 顧는 도리어. 《太玄》은 《周易》을 모방한 점을 치기 위한 책. 《老子道德經》은 5千자 정도이다. 현존 《太玄》은 5천여 자이며 양웅의 《法言》도 13편에 1만 자가 안 되는데, 아래에서 10여만 자라고 한 것은 객인이 잘 몰라서 과장한 것이라 할 수 있다. ㅇ支葉扶疏 - 支葉的인 설명을 보태다. 扶疏(부소)는 原典에 대한 보충 설명. ㅇ深者入黃泉~ - 《太玄》의 深(深奧), 高(高遠), 大(博大), 纖(섬, 細密)을 요약한 말이다. ㅇ纖者入無倫 - 纖은 섬세. 세밀한 내용. 無倫은 빈틈이 없다. 논리적 결함이 없다는 뜻. ㅇ擢纔給事黃門 - 擢은 발탁. 纔는 겨우(才와 同). 給事黃門은 궁중의 서무 담당. 비교적 낮은 관리. ㅇ意者玄得毋尙白乎 - 意者는 생각해 보면, 得毋는 ~이 아닌가? 尙白은 白(無 官位)을 높이다. '玄尙白'이란 말도 있는데, 이는 '심오한 경지(玄)에 이르지 못해 아직(尙) 白이 남아 있다'는 뜻으로 쓰인다. ㅇ拓落 - 落魄(낙백)과 같음. 뜻을 펴지 못하다.

〖 國譯 〗

〈解嘲〉*

「빈객이 揚子를 비웃으며 말했다.

"내가 알기로, 선대의 士人들은 보통 사람의 모범이었으니 태어나지 않았다면 모르지만 태어났다면 위로는 人君을 받드는 제후가 되고, 아래로는 부모를 영광되게 한다고 하였습니다. 人君으로부터 홀을 나눠받고 다른 사람과 같이 작위에 올라 공무를 수행하며, 인군의 녹을 받고 청색이나 자색의 인수에 붉은 칠을 한 수레를 타는 고관이 되었습니다. 지금 당신은 명철하신 천자의 盛代를 만나 꺼릴 것도 없는 조정에서 여러 현인들과 같은 반열에 섰다지만 金馬門을 거쳐 玉堂에 오른 지가 오래 되었는데도 그간 특별한 정책이나 책략을 올리거나 주군을 기쁘게 하거나 아래 공경과 辨說을 한 적도 없습니다. 밝은 안광과 뛰어난 변설로 종횡을 누비며 감히 맞설 자가 없는 토론을 해야 하는데 도리어 《太玄》 5천 문장을 짓고 지엽적인 설명을 보태어 오로지 10여만 자를 논하면서 깊게는 黃泉에 이르고, 高遠하기로는 蒼天(창천)에 닿고 博大하게 元氣를 논하면서 섬세한 결함도 없다지만, 지위는 侍郎에 불과하여 겨우 給事黃門이 되었을 뿐입니다. 생각해보면, 이는 玄(심오한 뜻)으로 白(無官位)을 높이려는 뜻이 아닙니까? 관직에서 어찌 그리 뜻을 얻지 못했습니까?」

「揚子笑而應之曰, "客徒欲朱丹吾轂, 不知一跌將赤吾之族也! 往者周罔解結, 群鹿爭逸, 離爲十二, 合爲六七, 四分五剖, 並爲戰國. 士無常君, 國亡定臣, 得士者富, 失士者貧, 矯翼厲翮, 恣意所存, 故士或自盛以橐, 或鑿壞以遁. 是故騶衍以頡亢而取世資, 孟軻雖連蹇, 猶爲萬乘師.」

| 註釋 | ㅇ轂 – 바퀴 곡. 수레. ㅇ一跌 – 한 번 넘어지다. 실패하다. 跌은
넘어갈 질. ㅇ周罔解結 – 周罔은 周朝. 解結은 나라가 쇠약해지다. ㅇ群鹿
爭逸 – 제후가 紛爭하다. 패권을 다투다. ㅇ離爲十二, 合爲六七 – 전국시대
12國(魯, 衛, 宋, 鄭, 中山의 소국에 齊, 楚, 韓, 魏, 趙, 燕, 秦)과 통합이 진행되어
6國에 秦을 합한 7國(七雄). ㅇ矯翼厲翮 – 矯는 높이 들어 올리다. 厲는 勵.
힘쓰다. 翮은 깃촉 핵. 날개. ㅇ恣意所存 – 마음대로 쉬다. ㅇ自盛以橐 – 스
스로 자루 속에 들어가다. 魏人 范雎(범저)는 자루 속에 들어가 秦에 가서 벼
슬을 구했다. 이는 치욕을 무릅쓰고 벼슬을 얻으려는 사례이다.《史記》에는
范睢(범수)로 기록되었다. ㅇ鑿壞以遁 – 魯의 顔闔(안합)은 魯君이 사람으
로 보내 재상으로 초빙하려 하자 뒷담을 뚫고 도망쳤다. 이는 굳은 의지로
不仕한 예이다. ㅇ驥衍以頡亢而取世資 – 鄒衍(추연)은 전국시대 齊의 陰陽
家. 頡亢(힐항)은 새가 오르락내리락하다. 부침하다. 取世資는 등용되다.
ㅇ孟軻雖連蹇, 猶爲萬乘師 – 孟軻(맹가)는 孟子. 連蹇(연건)은 힘든 세상을
만나다. 萬乘師는 대국 군주의 스승.

〖 國譯 〗

「揚子가 웃으며 그에게 대답하였다.

"빈객께서는 내가 붉은 칠을 한 수레를 타는 것을 원하지만 한 번
넘어가면 내 일족이 모두 피를 볼지도 모르는 일입니다. 옛날 周가
약해지면서 여러 제후가 패권을 다투었는데 12국으로 분열되었다
가 합해져서 6국이나 7국이었고 사분오열하는 전국시대가 되었습
니다. 이때 士人은 일정한 주군이 없었고 나라에는 고정된 신하가
없었기에 관직을 얻으면 부유했고, 잃으면 가난하였으며 각자 힘대
로 날아가거나 아니면 마음대로 그만두었으니 그래서 士人 중에서
는 자루 속에 들어가 벼슬을 구한 사람도 있었으며 담을 뚫고 도망

한 사람도 있었습니다. 그래도 騶衍(추연)은 부침을 겪으면서도 등용되었고, 孟軻(맹가)는 어려운 세상을 만났지만 만승 대국의 스승이 되었습니다.」

「今大漢左東海, 右渠搜, 前番禺, 後陶塗. 東南一尉, 西北一候. 徽以糾墨, 制以質鈇, 散以《禮》《樂》, 風以《詩》《書》, 曠以歲月, 結以倚廬. 天下之士, 雷動雲合, 魚鱗雜襲, 咸營於八區, 家家自以爲稷,契, 人人自以爲咎繇, 戴縰垂纓而談者皆擬於阿衡, 五尺童子羞比晏嬰與夷吾, 當塗者入靑雲, 失路者委溝渠, 旦握權則爲卿相, 夕失勢則爲匹夫, 譬若江湖之雀, 勃解之鳥, 乘雁集不爲之多, 雙鳧飛不爲之少. 昔三仁去而殷虛, 二老歸而周熾, 子胥死而吳亡, 種,蠡存而粵伯, 五羖入而秦喜, 樂毅出而燕懼, 范雎以折摺而危穰侯, 蔡澤雖噤吟而笑唐擧. 故當其有事也, 非蕭,曹,子房,平,勃,樊,霍則不能安, 當其亡事也, 章句之徒相與坐而守之, 亦亡所患. 故世亂, 則聖哲馳騖而不足, 世治, 則庸夫高枕而有餘.」

| 註釋 | ○大漢左東海 - 漢의 영역 중 극점을 설명한 구절. 동해는 會稽郡(회계군), 今 浙江省 동부. ○渠搜(거수) - 서쪽 西戎의 국명. 今 新疆省 북부에 해당. ○番禺(반우) - 前 111년 까지 존속했던 南越國의 도읍이었던 番禺縣(반우현, 今 廣東省 廣州市). 나라 이름으로 쓰였다. ○陶塗(도도) - 북방

의 소국, 今 北京市 동쪽 일대. ○東南一尉 - 당시 會稽郡의 東部都尉, 西北
一候는 敦煌郡 玉門關의 關候. ○徽以糾墨 - 徽는 묶다. 아름다울 휘. 糾墨
(규묵)은 밧줄. ○制以質鈇 - 質鈇는 도끼로 처형하다. ○散以《禮》《樂》 -
散은 도야하다. ○曠以歲月 - 曠은 허송하다. 황야. 밝을 광. ○結以倚廬 -
倚廬(의려)는 임시 거처. ○魚鱗雜襲 - 雜襲은 얽히다. 갈라지다. 八區는 八
方. ○稷,契 - 周의 시조인 后稷(후직)과 殷(商)의 시조인 契(설). 禹의 신
하. ○咎繇(고요) - 舜의 신하인 皐陶(고요). ○戴維垂纓(대쇄수영) - 戴는
머리에 쓰다. 維는 머리를 묶는 끈. 纓은 갓 끈. ○阿衡(아형) - 商의 관직명.
伊尹(이윤)의 직함. 이윤을 지칭하는 말로 통한다. ○晏嬰與夷吾 - 晏嬰(안
영)은 齊 景公(재위, 전 548 - 490)의 재상. 夷吾(이오)는 齊 桓公(재위, 前 685
- 643)의 재상인 管夷吾(管仲). 안영은 그 주군을 고귀한 존재로 높였고 관
중은 주군을 霸者로 만들었다. 신하로 재상. ○當塗 - 宦路(환로). 벼슬길.
○江湖之雀 - 江湖는 全國, 三江五湖의 약칭. 世間. ○勃解 - 渤海. 바닷가
를 渤이라 하고 水流가 끊긴 것을 澥(해)라고 함. ○乘雁 - 4마리 기러기.
○雙鳧 - 한 쌍의 오리(鳧 오리 부). ○三仁去而殷虛 - 三仁은 殷의 仁者 3인.
微子去之, 箕子爲之奴, 比干諫而死. 孔子曰, "殷有三仁焉."《論語 微子》. 虛는
공허하다. 망해서 廢墟(폐허)가 되다. ○二老歸而周熾 - 二老는 伯夷와 姜
太公. 熾은 성할 치. ○種,蠡存而粤伯 - 춘추시대 越國의 大夫 文種과 范蠡
(범려). 粤은 越. 伯(패)는 霸. ○五羖入而秦喜 - 五羖대부 百里奚(백리해).
秦의 穆公이 노예 신분의 백리해를 양 가죽 5장을 주고 사서 국정을 맡겼었
다. ○樂毅出而燕懼 - 齊人의 반간계에 말려 燕王의 樂毅(악의)의 병권을
박탈하자 악의는 趙로 망명했고 燕王은 두려워했다. ○范雎以折摺而危穰侯
- 范雎(범저)는 전국시대 魏人.《史記》에는 范睢(범수)로 기록되었다. 折摺
(절접)은 절단하다. 고문으로 갈비뼈와 이가 부러졌다. 穰侯(양후)는 秦의 승
상.《史記 范雎蔡澤列傳》참고. ○蔡澤雖噤吟而笑唐擧 - 蔡澤(채택)은 전국
시대 燕人. 噤吟(금음)은 주걱턱. 턱을 끄덕이다. 噤은 입 다물 금. 吟은 읊을

음. 唐擧(당거)는 趙의 관상가. 《史記 范雎蔡澤列傳》참고. ○非蕭,曹,子房, 平,勃,樊,霍則不能安 - 蕭何(소하), 曹參(조참), 張子房(장량), 陳平(진평), 周 勃(주발), 樊噲(번쾌), 霍光(곽광). 모두 漢代의 인물. ○章句之徒 - 그저 글 만 읽는 사람. ○馳騖(치무) - 힘쓰다. 노력하다. 騖는 달릴 무. 애쓰다. ○庸 夫(용부) - 凡人. 匹夫.

〔國譯〕

「지금 大漢은 좌측으로 東海에, 우측으로는 渠搜國(거수국), 남쪽 으로는 番禺縣(반우현), 북쪽으로는 陶塗國(도도국)이 이릅니다. 동남 에는 東海都尉가, 서쪽은 關候가 지키면 됩니다. 죄를 지으면 밧줄 에 묶어두고 악한 자는 도끼로 처형하면서 《禮》,《樂》으로 도야하고 《詩》와 《書》로 교화하기에 세월을 허송하며 오두막을 짓고 살 수도 있습니다. 천하의 士人들은 언제나 이합집산하고 물고기 비늘처럼 수없이 얽혀 천하 팔방에 제각각 살면서 家家마다 스스로 后稷과 契 (설)이라 생각하고 人人마다 咎繇(고요)와 같이 현명하다며 관을 쓰 고 관끈을 맨 사람들이 이야기를 하면 모두 伊尹을 생각하면서 오척 동자일지라도 晏嬰(안영)과 管仲(관중)과의 비교를 부끄럽게 생각하 고 있습니다.

벼슬길에 들어서면 靑雲에 오른 것이지만 벼슬을 잃으면 구덩이 에 처박힌 것이며, 아침에 권세를 잡으면 卿相이지만 저녁에 실세하 면 필부이니, 비유하자면 江湖의 참새나 바닷가의 새가 4마리라도 많은 것이 아니며 쌍으로 나는 오리를 적다고 생각하지 않습니다. 옛날 仁者 3인이 殷을 떠나가자 은나라는 망했고, 백이와 太公이 周 에 들어가자 주나라가 번성했으며, 오자서가 죽자 吳가 망했고, 文

種과 范蠡(범려)가 있어 越나라는 패권을 잡았으며, 오고대부 百里奚(백리해)가 秦에 가자 秦人이 기뻐하였고, 樂毅(악의)가 떠나가자 燕王은 두려워했으며, 范雎(범저)는 갈비뼈가 부러졌으나 穰侯(양후)를 위태롭게 하였고, 蔡澤(채택)은 주걱턱이라서 관상을 보는 唐擧(당거)에게 비웃음을 받았습니다.

이처럼 때에 따라 그 시대의 일이 있는 것이니 蕭何(소하), 曹參(조참), 張子房(張良), 陳平(진평), 周勃(주발), 樊噲(번쾌), 霍光(곽광) 등이 아니었다면 나라가 안정될 수도 없었으며 그만한 업적도 당연히 없었을 것이니 한낱 글이나 읽는 무리들은 같이 앉아서 옛 법도나 따를 뿐이지 걱정도 모를 것입니다. 그러하기에 난세에 성인이나 현인은 세상을 위해 애써도 만족할 수 없지만 치세에는 보통 필부도 편안하고 여유가 있는 것입니다.」

原文

「夫上世之士, 或解縛而相, 或釋褐而傅, 或倚夷門而笑, 或橫江潭而漁, 或七十說而不遇, 或立談間而封侯, 或枉千乘於陋巷, 或擁帚彗而先驅. 是以士頗得信其舌而奮其筆, 窒隙蹈瑕而無所詘也. 當今縣令不請士, 郡守不迎師, 群卿不揖客, 將相不俛眉. 言奇者見疑, 行殊者得辟, 是以欲談者宛舌而固聲, 欲行者擬足而投迹. 鄕使上世之士處虖今, 策非甲科, 行非孝廉, 擧非方正, 獨可抗疏, 時道是非, 高得待詔, 下觸聞罷, 又安得靑紫?」

| 註釋 | ○或解縛而相 - 縛은 묶을 박. 相은 재상으로 삼다. 동사로 쓰였다. 이는 관중의 경우이다. ○或釋褐而傅 - 褐은 삼베 옷. 賤人의 옷. 殷 武丁 때의 傅說(부열). ○或倚夷門而笑 - 夷門은 전국시대 魏 수도 大梁의 城門, 魏의 은자였던 侯嬴(후영)의 고사.《史記 魏公子列傳》참고. ○或橫江潭而漁 - 楚 屈原의 이야기이다. ○或七十說而不遇 - 孔子를 두고 한 말이다. ○或立談間而封侯 - 立談은 서서 이야기 하다. 짧은 만남. 趙의 薛公은 趙의 成王과 단 두 번째 만남에서 상경에 임명되었다. ○或枉千乘於陋巷 - 체면을 접고 아랫사람을 예우한다는 뜻. 齊 桓公은 稷(직)을 3번이나 찾아갔었다. ○或擁帚彗而先驅 - 燕 昭王이 鄒衍(추연)을 초빙하면서 빗자루를 들고 앞에서 청소하며 존경을 표시하였다. ○信其舌 - 信은 伸也. 奮其筆의 奮은 發奮(발분)하다. ○窒隙蹈瑕而無所詘也 - 窒隙蹈瑕(질극도하)는 승기를 잡다. 窒은 막다(窒塞, 질색). 隙은 주군과 신하의 間隙(간극), 蹈는 밟을 도. 瑕는 티 하. 詘은 굽힐 굴. ○俛眉(부미) - 고개를 숙이다. 俛 구부릴 부. 힘쓸 면. ○行殊者得辟 - 殊는 다를 수, 죽일 수. 辟은 罪也. ○宛舌而固聲 - 宛舌(완설)은 말을 하지 않다. 宛은 굽을 완. 아껴두다. 따르다. 固聲은 남들과 같은 말을 하다. ○擬足而投迹 - 다른 사람의 발자국을 따라 가다. 남들이 하는 대로 하다. ○鄕使~ - 만약, 만일(假如). ○策非甲科 - 策問에서는 甲科에 들지 못하다. 甲科에 들어야만 낭중에 임명될 수 있다. ○獨可抗疏 - 抗疏(항소)는 상서하여 諫諍(간쟁)하다. ○時道是非 - 時政에 대하여 是非(得失)를 말하다.

〖國譯〗

「대저, 옛날의 士人 중에서 어떤 이는 밧줄에서 풀리면서 재상이 되었고, 혹자는 갈옷을 벗으면서 사부가 되었으며, 혹자는 夷門(이문)에 기대서서 웃었고, 혹자는 강가를 떠돌다가 漁父를 만났으며,

또 어떤 이는 나이 70에 각국을 유세했어도 明主를 만나지 못했고, 어떤 사람은 서서 잠깐 이야기를 나눈 뒤에 제후가 되었으며, 어떤 사람은 千乘의 왕이 陋巷(누항)으로 찾아갔고, 어떤 왕은 현자를 맞이하며 빗자루를 들고 청소를 하였습니다. 이러하니 많은 士人들은 혀를 놀리고 붓을 잡는데 결점을 보고 승기를 잡아 굽히지도 않습니다. 지금은 縣令이라도 士人을 청하지 않고 군수는 스승을 맞이하지도 않으며, 많은 공경들이 손님을 예로 대하지도 않으며, 將相은 고개를 수그릴 줄도 모릅니다. 특별한 방책을 말하면 오히려 의심을 받고, 남들과 다른 행동을 하면 처벌을 받기에 담론을 하려는 사람은 말을 아끼고, 남들과 같이 말하고 무엇인가를 하려면 남들 하는 그대로 따라 하게 됩니다. 만일 예전의 士人이 지금 시대에 산다면 책문에서는 甲科에 들지 못하고 행실로는 효렴이나 방정으로 천거도 받지 못할 것이니, 다만 상서하여 勸諫(권간)이나 하고 가끔 시정의 득실이나 따지다가 잘하면 待詔(대조)가 되거나 안 되면 알고 있는 것을 아뢴다고 내치게 될 것이니 어떻게 청색이나 자색 인수를 받겠습니까?」

原文

「且吾聞之, 炎炎者滅, 隆隆者絶, 觀雷觀火, 爲盈爲實, 天收其聲, 地藏其熱. 高明之家, 鬼瞰其室. 攫挐者亡, 默默者存, 位極者宗危, 自守者身全. 是故知玄知默, 守道之極, 爰淸爰靜, 游神之廷, 惟寂惟莫, 守德之宅. 世異事變, 人道

不殊, 彼我易時, 未知何如. 今子乃以鴟梟而笑鳳皇, 執蝘
蜓而嘲龜龍, 不亦病乎! 子徒笑我玄之尙白, 吾亦笑子之病
甚, 不遭<u>俞跗</u>,扁鵲, 悲夫!」

| 註釋 | ○炎炎 – 맹렬한 불꽃. ○隆隆(융륭) – 아주 큰 천둥소리. ○高
明之家 – 貴寵之家. 瞰은 엿보다. 볼 감. ○攫挐 – 빼앗다. 쟁탈하다. 攫은
붙잡을 확. 挐 붙잡을 나(拏와 통). ○位極者宗危 – 宗은 宗族. ○爰淸爰靜
– 爰는 이에, 곧. ○鴟梟 – 부엉이(猫頭鷹). 대표적인 惡鳥. 鴟는 솔개 치.
梟는 올빼미 효. ○蝘蜓 – 도마뱀. 蝘은 도마뱀 언. 蜓은 도마뱀 전. 龜, 龍,
鳳凰, 麒麟(기린)을 四靈이라고 하였다. ○俞跗,扁鵲 – 俞跗(유부)는 전설상
黃帝시대 名醫, 扁鵲(편작)은 戰國時代 명의.

〔國譯〕

「또 내가 알기로는, 아주 맹렬히 타는 불도 꺼지며, 아주 큰 천둥
소리도 없어지나니 이를 명확히 알고 내실을 이룬다면 하늘이라도
그 소리를 거두고 땅도 그 열기를 보존해 줄 것입니다. 아주 잘 나가
는 집안은 귀신도 엿보게 됩니다. 빼앗아 가지려는 자는 망하고, 묵
묵히 지키는 자는 살아남으며, 아주 높은 자리에 오르면 종족이 위
험하며, 분수를 지키면 몸은 편안합니다. 그러하니 玄道와 守默은
최고의 守道이며, 淸靜은 곧 정신의 거처이며, 寂寞(적막)은 守德의
집일 것입니다. 세상이 바뀌고 人事가 같지 않아도 人道는 다르지
않기에 옛사람과 내가 시대를 바꿔 살아도 그 결과가 어떨지는 모
릅니다. 지금 당신은 부엉이를 가지고 봉황을 비웃고 도마뱀을 들고
서 거북이나 용을 조롱하니 어찌 병이 아니겠습니까? 당신은 내가

玄道로 無官을 높이려 한다지만 나 역시 당신은 병이 심한데도 명의인 臾跗(유부)나 扁鵲(편작)을 만나려 하지 않으니 슬플 뿐입니다!」

原文

「客曰, "然則靡《玄》無所成名乎? 范,蔡以下何必《玄》哉?"

揚子曰, "范雎, 魏之亡命也, 折脅拉骼, 免於微索, 翕肩蹜背, 扶服入橐, 激卬萬乘之主, 界涇陽抵穰侯而代之, 當也. 蔡澤, 山東之匹夫也, 鎭頤折頞, 涕唾流沫, 西揖彊秦之相, 搤其咽, 炕其氣, 附其背而奪其位, 時也. 天下已定, 金革已平, 都於雒陽, 婁敬委輅脫挽, 掉三寸之舌, 建不拔之策, 舉中國徙之長安, 適也. 五帝垂典, 三王傳禮, 百世不易, 叔孫通起於枹鼓之間, 解甲投戈, 遂作君臣之儀, 得也. 〈甫刑〉靡敝, 秦法酷烈, 聖漢權制, 而蕭何造律, 宜也. 故有造蕭何律於唐,虞之世, 則詩矣, 有作叔孫通儀於夏,殷之時, 則惑矣, 有建婁敬之策於成周之世, 則繆矣, 有談范,蔡之說於金,張,許,史之間, 則狂矣. 夫蕭規曹隨, 留侯畫策, 陳平出奇, 功若泰山, 嚮若阺隤, 唯其人之贍知哉, 亦會其時之可爲也. 故爲可爲於可爲之時, 則從, 爲不可爲於不可爲之時, 則凶. 夫藺先生收功於章臺, 四皓采榮於南山, 公孫創業於金馬, 驃騎發跡於祁連, 司馬長卿竊訾於卓氏, 東方朔割炙於細君. 僕誠不能與此數公者並, 故默然獨守吾《太玄》.」

ㅣ註釋ㅣ ㅇ靡《玄》 - 靡는 無. 成名은 이름을 날리다. ㅇ范,蔡 - 范雎(범저)와 蔡澤(채택).《史記 范雎(범수)蔡澤列傳》참고. ㅇ折脅拉髂 - 脅 옆구리협. 갈비뼈. 拉는 꺾일 랍(납). 髂는 허리뼈 가. 腰骨. ㅇ翕肩蹈背(흡견도배) - 어깨를 움츠리고 등을 구부리다. ㅇ扶服入槖 - 扶服은 匍匐(포복). 기어가다. 入槖(입탁)은 자루 속에 들어가다. 범저가 魏에서 秦에 몰래 입국할 때의 이야기이다. ㅇ激卬萬乘之主 - 激卬(격앙)은 激怒(격노). ㅇ界涇陽抵穰侯而代之 - 界는 이간시키다. 涇陽(경양)은 秦 昭王의 동생 경양군. 抵는 거스를 저. 공격하다. 穰侯(양후)는 秦의 승상 魏冉(위염). ㅇ蔡澤(채택) - 燕출신의 遊說家. 秦에 들어가 유세한 뒤에 客卿으로 승상의 자리에 올랐다. ㅇ鎭頤折頞(금이절알) - 주걱턱에 주저앉은 코. 鎭 주걱턱 금. 頤은 턱 이. 頞 콧마루 알. ㅇ西揖彊秦之相 - 彊秦之相은 范雎(범저). ㅇ搤其咽 - 목을 조르다. 搤 잡을 액. 咽은 목구멍 인. ㅇ炕其氣 - 그 숨을 끊다. 炕은 불에 말릴항. 끊다. ㅇ附其背 - 등을 치다. 배후를 공격하다. ㅇ金革 - 전쟁. 싸움. ㅇ都於雒陽(낙양) - 高祖는 처음에 낙양을 도읍으로 정했었다. ㅇ婁敬委輅脫挽 - 婁敬은 劉敬. 齊人. 43권,〈酈陸朱劉叔孫傳〉에 입전. 委輅脫挽은 수레 끌던 일을 면제시켜주다. 輅는 수레 노(로). 수레를 끄는 멍에. 挽 당길만. 면제시키다. ㅇ中國 - 都邑. ㅇ叔孫通 - 본래 秦의 유생. 박사. 43권,〈酈陸朱劉叔孫傳〉에 입전. 枹鼓之間은 전쟁 기간. 枹는 북채 포. ㅇ〈甫刑〉靡敝 - 〈甫刑〉은 周代의 형법. 지금《書經》의 편명으로는 〈呂刑〉인데 漢代에는 〈甫刑〉으로 통용되었다. 《禮記》의 편명으로는 〈甫刑〉이다. 靡敝(미폐)는 파괴되다. 못쓰게 되다(敗壞). ㅇ權制 - 법제를 알맞게 정하다. 새 법을만들어 적용하다. ㅇ誖矣 - 맞지 않다. 誖는 어그러질 패(乖也). ㅇ繆矣 - 틀리다. 잘못되다. 繆는 잘못할 무(謬와 通). ㅇ金,張,許,史之間 - 金日磾(김일제), 張安世 이상은 宣帝의 신하. 宣帝의 외척인 許光漢과 史高. ㅇ蕭規曹

隨 - 蕭何(소하)가 제정한 규정을 曹參(조참)이 따라하다. ○蠁若阺隤 - 蠁은 響(울릴 향)과 通, 명성. 阺隤(저퇴)는 산이 무너지다. 阺는 비탈 저. 隤는 무너질 퇴. ○贍知 - 지식, 지혜의 풍부함. 贍은 넉넉할 섬. ○則從 - 從은 順利. ○藺先生收功於章臺 - 藺先生은 전국시대 趙의 藺相如(인상여). 章臺는 秦의 궁전 이름. 인상여의 '完璧歸趙'를 말한 것임. ○四皓采榮於南山 - 商山의 은자 4명. 장량의 계책에 따라 태자(惠帝)의 지위를 지키는데 일조했다. 皓는 흴 호. 백발. 采榮은 영예를 누리다. ○公孫創業於金馬 - 公孫弘. 創業은 對策을 올려 발탁되다. 金馬는 金馬門. ○票騎發跡於祁連 - 票騎는 驃騎將軍 霍去病(곽거병). 發跡은 출세하기 시작하다. 祁連은 기련산, 여기서 흉노에게 대승을 거두었다. ○司馬長卿竊訾於卓氏 - 司馬長卿은 司馬相如. 訾는 資와 通. 卓氏는 卓文君. ○東方朔割炙於細君 - 細君은 小君의 뜻. 제후의 아내. 여기서는 東方朔(동방삭) 아내의 이름. 동방삭은 伏날에 武帝가 하사한 고기를 먼저 잘라다가 아내에게 주었다. 이는 분배하라는 어명이 있기 전에 취한 무례였지만 동방삭은 재치있는 口辯으로 화를 면하고 오히려 상을 더 받았다. 65권,〈東方朔傳〉참고. ○僕 - 나. 揚雄 자칭.

〖 國譯 〗

「빈객이 물었다. "그러하다면 《玄》이 아니면 이름을 남길 수 없습니까? 范雎(범저)와 蔡澤 이후로는 왜 꼭 《玄》을 숭상했습니까?"

이에 양웅이 말했다. "范雎(범저)는 魏에서 망명한 사람인데, 갈비뼈와 허리뼈가 부러지고 소홀한 검색을 틈타 도망쳐 어깨를 움츠리고 등을 구부리며 기어 자루 속에 들어가서 (秦으로 망명) 萬乘의 군주를 격노케 만들어 涇陽君(경양군)을 이간시키고 穰侯(양후)를 공격하여 (승상을) 대신 차지한 것은 당연한 일이었습니다. 蔡澤(채택)은 효산 동쪽의 필부였는데 주걱턱에 주저앉은 콧등이었는데 눈물, 콧

물을 흘리면서 서쪽으로 들어가 강력한 秦國의 승상에게 揖(읍)을 한 뒤에 그의 목을 조르고 숨을 끊으며 뒤에서 치고 그 자리를 차지 한 것은 시류를 탄 것이었습니다. 천하가 안정되고 전쟁이 끝난 뒤 에 낙양에 도읍하였으나 婁敬(누경)은 짐수레를 끌던 일을 그만두고 세치 혀로 고조를 설득하여 도읍을 들어 장안으로 옮기게 하였는데 이는 시의를 맞춘 것이었습니다. 五帝가 제도를 만들고 三王이 여러 가지 禮를 제정하였는데, 百世에 바뀌지 않았는데 叔孫通(숙손통)이 전쟁 기간 중에 起身하여 갑옷을 벗기고 무기를 버린 뒤에 君臣의 의례를 제정한 것은 그 뜻을 실천한 것이었습니다. 周代의 형법인 〈甫刑(보형)〉을 적용할 수 없고, 秦法은 너무 가혹하여 漢에서 새로 운 법제를 제정하였으니 蕭何(소하)가 제정한 율법은 적의하였습니 다. 그렇지만 소하의 법률은 堯舜 시대에는 맞지 않을 것이고, 叔孫 通(숙손통)의 의례도 夏와 殷代에는 혼란만 불러올 것이며, 婁敬(누 경)의 정책을 周代에 적용한다면 오류이고, 범저와 채택의 주장을 金日磾(김일제), 張安世, 許光漢, 史高에게 유세한다면 미쳤다고 할 것입니다. 소하의 규정을 曹參이 따라했고, 留侯(張良)가 방책을 꾸 미고, 陳平이 奇計를 실행한 그 공적은 태산과 같고 그 명성이 산이 무너지듯 천하에 알려져 그의 풍부한 지혜를 알 수 있을지라도 오로 지 때를 만나야만 성공할 수 있는 것입니다. 그래서 가히 이룰 수 있 는 때에 이루려 하는 것은 순리이기 때문이며 해서는 안 될 시기에 하지 않는 것은 흉하기 때문입니다. 옛날에 藺相如(인상여)는 秦의 章臺宮에서 공을 세웠으며, 商山 四皓(사호)는 南山에서 영광을 누 렸고, 公孫弘은 金馬門에서 대책을 올려 출세했으며, 표기장군 곽거 병은 祁連山(기련산)에서 대승하였고, 司馬相如는 아내 탁문군으로

부터 재물을 얻었으며, 東方朔은 고기를 잘라다가 아내에게 주었습니다. 나는 정말로 이런 사람들과 같을 수가 없기에 말없이 홀로 《太玄》의 도를 지킬 것입니다.」

原文

雄以爲賦者, 將以風之也, 必推類而言, 極麗靡之辭, 閎侈鉅衍, 競於使人不能加也, 旣乃歸之於正, 然覽者已過矣. 往時武帝好神仙, 相如上〈大人賦〉, 欲以風, 帝反縹縹有陵雲之志. 由是言之, 賦勸而不止, 明矣. 又頗似俳優淳於髡, 優孟之徒, 非法度所存, 賢人君子詩賦之正也, 於是輟不復爲. 而大潭思渾天, 參摹而四分之, 極於八十一. 旁則三摹九据, 極之七百二十九贊, 亦自然之道也. 故觀《易》者, 見其卦而名之, 觀《玄》者, 數其畫而定之. 《玄》首四重者, 非卦也, 數也. 其用自天元推一晝一夜陰陽數度律歷之紀, 九九大運, 與天終始. 故《玄》三方, 九州, 二十七部, 八十一家, 二百四十三表, 七百二十九贊, 分爲三卷, 曰一二三, 與〈泰初歷〉相應, 亦有顓頊之歷焉. 筮之以三策, 關之以休咎, 絣之以象類, 播之以人事, 文之以五行, 擬之以道德仁義禮知. 無主無名, 要合《五經》, 苟非其事, 文不虛生. 爲其泰曼漶而不可知, 故有〈首〉,〈沖〉,〈錯〉,〈測〉,〈摛〉,〈瑩〉,〈數〉,〈文〉,〈捝〉,〈圖〉,〈告〉十一篇, 皆以解剝《玄》體, 離散其

文, 章句尙不存焉.《玄》文多, 故不著, 觀之者難知, 學之者
難成. 客有難《玄》大深, 衆人之不好也, 雄解之, 號曰〈解難〉.
其辭曰,

| 註釋 | ㅇ麗靡 – 곱고 화사하다. 華美. ㅇ閎侈鉅衍 – 수식이 많고 문사
가 아주 번화하다. 鉅 클 거. 巨와 通. 衍은 넘칠 연. ㅇ〈大人賦〉 – 57권, 〈司
馬相如傳〉참고. ㅇ縹縹有陵雲之志 – 縹縹(표표)는 飄飄(표표), 가볍게 바람
에 날리는 모양. ㅇ淳于髡,優孟之徒 – 淳于髡(순우곤)과 優孟(우맹)은 先秦
의 광대.《史記 滑稽(골계) 列傳》참고. ㅇ輟不復爲 – 輟은 그만두다. 그치
다. ㅇ潭思渾天 – 潭思는 깊이 생각하다. 渾天은 우주. 天體. ㅇ參摹而四分
之 – 하늘을 3方으로 방을 4단계로 구분하다. 摹는 본뜰 모. 베끼다. ㅇ極於
八十一 – 양웅은 一玄을 三方으로 나누고 매 方을 3州로(총 9주) 매 州를 3部
로(27부) 매 部를 3家(총 81가)로 나누었다. ㅇ三摹九据(삼모구거) – '玄을
一摹하여 天으로 하고, 二摹하여 地를 얻고, 三摹하여 人을 얻는다.'는 주석
이 있으니, 이는《太玄》의 서술체계에 대한 설명이다. ㅇ極之七百二十九贊
– 81家에 매 家마다 9개의 贊을 붙였기에 총 729개의 찬이 있다. 贊은 주역
의 爻辭(효사)와 같다고 하였다. ㅇ《玄》首四重者 – 易의 괘는 – –(음)과 ━
(양) 6개가 모여 1괘를 이루는데《玄》의 首(卦와 同)는 四重이다. ㅇ〈泰初歷〉
– 武帝 때 채택한 〈太初曆〉. 이때부터 正月을 歲首로 하였다. ㅇ關之以休咎
– 關은 들어가다. 開로 된 판본도 있다. 休咎(휴구)는 길흉. ㅇ絣之以象類 –
絣은 幷. 아우르다. ㅇ播之以人事 – 播는 확대시키다(布也). ㅇ泰曼漶 – 너
무 분명하지 않다. 漶은 흐릴 환. 분간하지 못하다.

〖國譯〗
　　揚雄(양웅)이 賦를 창작하는 것은 이를 통해 풍자하려는 뜻이었으

니 필히 유추에 의하여 표현이 극도로 화려하고 아주 번화하며 文辭에 수식이 많아 다른 사람으로 하여금 보텔 말이 없을 정도였으며 결과적으로 正에 귀결시키려 하였지만 읽는 사람은 너무 지나치다고 생각하였다. 옛날에 武帝가 神仙을 좋아하자 司馬相如가 〈大人賦〉를 지어 올려 풍간하려 하였으나 무제는 오히려 표연히 구름을 타고 노니는 뜻을 품었다. 이를 본다면, 賦는 권면하는 것에서 그치지 않는 것이 명백하다. 그래도 또 배우인 淳於髡(순우곤)이나 優孟(우맹) 같은 무리들은 법도에 의거 궁에 출입한 것은 아니었으며 賢人君子들이 詩賦로 주군을 바로 잡으려는 뜻도 이때는 없어지고 다시 시도하지도 않았다.

그리고 양웅은 天體에 대하여 깊이 생각하여 〈玄, 하늘〉을 3方으로 나누고, 方을 4단계로 나누었고, 다시 81家로 세분하였다. 넓게는 三摹九据(삼모구거)로 하여 다하면 729개의 贊(찬)이 있는데 이는 자연의 도를 본뜬 것이라고 하였다. 그리하여 《易》을 보는 사람은 그 卦(괘)를 보아 이름을 붙이고, 양웅의 《玄》을 읽는 자는 그 획을 세어서 점괘를 판정하였다. 《玄》의 首에 四重이 있는데, 이는 卦가 아니고 숫자이다. 그 용법은 天元에서부터 一晝一夜와 陰陽의 數로 律曆을 계산하는 법칙으로 삼으며, 九九의 大運은 하늘과 함께 시작하고 끝이 난다. 그리고 《玄》에 3方, 9州, 27部, 81家, 243表, 729贊이 있는데, 이를 3卷으로 나누어 이를 一二三이라 하였고 〈泰初歷〉과 相應하였는데, 이는 역시 顓頊(전욱)의 曆法이라 할 수 있다. 三策(삼책)으로 점을 치는데 吉凶으로 시작하고 나타난 현상으로 아우르고 人事에 관하여 확대시키며, 五行을 가지고 꾸며 말하되 도덕과 인의와 예지를 모방하였다. 주관이나 명분을 내세우지 않고 《五經》

에 합치시키려 하였으니 사실적이 아니라면 꾸며 쓰지 않았다. 그 뜻이 너무 막연하고 알 수 없는 것이 있기에, 그래서 〈首〉, 〈沖(충)〉, 〈錯(착)〉, 〈測〉, 〈攡(리)〉, 〈瑩(영)〉, 〈數〉, 〈文〉, 〈掜(예), 견주다〉, 〈圖〉, 〈告〉의 11편으로 나누어 각각 《玄》의 실체를 해설하였지만 그 문장이 산만하고 章句는 위 11편에 들어있지 않다. 《玄》의 문장이 길어 여기에 수록하지 않았으나 이를 읽는 사람도 이해가 어렵고 이를 배우는 사람도 성취하지 못하였다. 객인이 《太玄》이 너무 심오하여 衆人이 좋아하지 않는다고 말하였기에 양웅이 이를 해설하여 이름을 〈解難〉이라 하였다. 그 글은 아래와 같다.

原文

〈解難〉

「客難揚子曰, "凡著書者, 爲衆人之所好也, 美味期乎合口, 工聲調於比耳. 今吾子乃抗辭幽說, 閎意眇指, 獨馳騁於有亡之際, 而陶冶大金鑪, 旁薄群生, 歷覽者茲年矣, 而殊不寤. 亶費精神於此, 而煩學者於彼, 譬畫者畫於無形, 弦者放於無聲, 殆不可乎?"」

| 註釋 | ○工聲調於比耳 - 工聲은 교묘한 가락. 比는 和也. ○吾子乃抗辭幽說 - 吾子는 당신. 吾는 나 오. 그대(친하게 부르는 뜻). 抗辭는 고매한 논설. 幽說은 정미한 설명. ○閎意眇指 - 閎意은 크고 넓은 뜻, 眇指(묘지)는 정묘한 뜻. ○陶冶大金鑪 - 陶冶(도야)하다. 金鑪(금로)는 煉丹하는 화로. ○旁薄群生 - 旁薄은 廣博. ○茲年 - 여러 해. ○亶 - 다만. 但也.

〈解難〉*

「빈객이 양웅을 비난하며 말했다.

"무릇 책을 저술한 사람은 여러 사람이 좋아하게 되고, 그 좋은 맛이 입에 맞고 멋진 가락에 귀가 즐거운 것과 같아야 합니다. 지금 당신은 고매하면서도 精微(정미)한 논설과 크고 정밀한 이론으로 오로지 有無의 경계를 넘나들며 심오한 이론으로 도야하였기에 아주 많은 사람들이 여러 해에 걸쳐 당신 저술을 읽었지만 뜻을 깨우친 자가 거의 없습니다. 단지 이리도 정신을 허비하고 학자를 저리도 괴롭혔으니, 비유하자면 그림을 그렸어도 형체가 없고, 연주를 했어도 소리가 없는 것과 같으니 이래서야 되겠습니까?"」

原文

「揚子曰, "俞. 若夫閎言崇議, 幽微之塗, 蓋難與覽者同也. 昔人有觀象於天, 視度於地, 察法於人者, 天麗且彌, 地普而深, 昔人之辭, 乃玉乃金. 彼豈好爲艱難哉? 勢不得已也. 獨不見夫翠虯絳螭之將登虖天, 必耸身於倉梧之淵, 不階浮雲, 翼疾風, 虛擧而上升, 則不能撠膠葛, 騰九閎. 日月之經不千里, 則不能燭六合, 耀八紘, 泰山之高不嶕嶢, 則不能浡滃雲而散歊烝. 是以宓犧氏之作《易》也, 綿絡天地, 經以八卦, 文王附六爻, 孔子錯其象而象其辭, 然後發天地之臧, 定萬物之基. 〈典〉〈謨〉之篇, 〈雅〉〈頌〉之聲, 不溫純

深潤, 則不足以揚鴻烈而章緝熙. 蓋胥靡爲宰, 寂寞爲尸,
大味必淡, 大音必希, 大語叫叫, 大道低回. 是以聲之眇者
不可同於衆人之耳, 形之美者不可棍於世俗之目, 辭之衍者
不可齊於庸人之聽. 今夫弦者, 高張急徽, 追趨逐耆, 則坐
者不期而附矣. 試爲之施〈咸池〉, 揄〈六莖〉, 發〈簫韶〉, 詠
〈九成〉, 則莫有和也. 是故鐘期死, 百牙絶弦破琴而不肯與
衆鼓, 玃人亡, 則匠石輟斤而不敢妄斫. 師曠之調鐘, 俟知
音者之在後也, 孔子作《春秋》, 幾君子之前睹也. 老聃有遺
言, 貴知我者希, 此非其操與!」

| **註釋** | ○兪 - 그렇다(然也). 맞다(是也). ○幽微之塗 - 塗는 途. 道也.
○天麗且彌 - 麗는 日月星辰의 아름다움과 광대함. ○翠虯絳螭 - 푸른 虯龍
(규룡)이나 붉은 교룡(螭). ○倉梧之淵 - 倉梧는 동정호에 있는 蒼梧山. 舜
임금이 묻혔다는 산. ○撠膠葛 - 撠은 칠 극. 접촉하다. 膠葛(교갈)은 上淸의
기운. ○騰九閎 - 騰은 오를 등. 九閎(구굉)은 九天의 門. ○六合 - 天地와
四方. ○耀八紘 - 耀는 빛을 대다. 八紘(팔굉)은 팔방의 끝을 매어 놓은 큰
밧줄. 紘은 밧줄 굉. 갓끈. ○嶕嶢(초요) - 산이 아주 높음. ○浡潏雲而散歊
烝 - 浡潏(발율)은 구름이 크게 피어나는 모양. 歊烝(효증)은 기운이 위로 솟
구치다. ○宓犧氏 - 복희(伏羲)씨. ○彖其辭 - 彖辭(단사). 彖은 판단하다.
○〈典〉〈謨〉之篇 - 〈堯典〉, 〈舜典〉과 〈大禹謨〉와 〈皐陶謨〉. 《書經》의 篇名.
○〈雅〉〈頌〉 - 〈小雅〉〈大雅〉와 〈周頌〉〈魯頌〉 등 《詩經》의 편명. ○蓋胥靡
爲宰 - 蓋는 아마도. 胥는 돕다. 宰는 주재자. ○寂寞爲尸 - 尸는 主. 主管하
다. ○大語叫叫 - 叫叫(규규)는 멀리서 들리는 소리(遠聲). ○大道低回 -
低回는 우회하고 구부러지다. ○不可棍於~ - 棍(몽둥이 곤)은 同也. ○辭之

衍者 - 衍(넘칠 연)은 넓고 아름답다. 널리 묘사하다(推衍). ○高張急徽 - 힘껏 당겨 쏘기 전에. 徽는 아름다울 휘. 琴徽(금휘, 기러기 발). 琴絃을 눌렀다 놓는 곳. ○追趣逐耆 - 추세를 좇아가거나 嗜好(기호)를 따라가는 것. ○〈咸池〉, 〈六莖〉, 〈簫韶〉, 〈九成〉 - 〈咸池(함지)〉는 黃帝의 음악. 〈六莖(육경)〉은 顓頊(전욱)의 음악. 〈簫韶(소소)〉는 舜의 음악. 〈九成〉은 夏의 음악. 또는 곡을 9번 바꿔 연주하다. 揄는 끌 유. 길게 연주하다. ○鐘期死, 百牙 - 鐘子期死. 百牙는 伯牙. 伯牙絶絃. ○㺜人 - 㺜人(요인)은 고대에 벽에 칠을 잘하는 사람 이름. 소매가 아주 큰 옷을 입고 벽을 칠하게 했는데, 소매에 흙이 묻지 않고 다만 콧등에 작은 점 하나가 묻었다. 그래서 匠石이 도끼질을 잘한다는 말을 듣고 도끼로 그 흙을 떼어 내게 했다는 이야기가 있다. 㺜는 원숭이 뇨. ○匠石輟斤 - 匠石은 돌을 잘 다루는 석공 이름. 輟斤(철근)은 도끼질을 그만두다. ○師曠之調鐘 - 師曠은 춘추시대 晉의 樂師. 晉 平公이 종을 주조했는데, 사광은 그 종의 음률이 맞지 않는다고 했는데 과연 그 말이 맞았다고 한다. ○幾君子之前睹也 - 幾는 바라다(期). 前睹(전도)는 옛일을 알다. ○老聃有遺言 - 老聃(노담)은 노자. 노자는 내 말을 알아듣는 사람이 많지 않을 것이라고 했다. ○此非其操與 - 操는 操行. 老子 스스로 貴한 것이 아니고 세상 사람이 그렇게 알아준 것이라는 뜻.

〖 國譯 〗

「이에 양웅이 말했다.

"그렇습니다. 큰 소리로 義를 숭상하거나 隱微(은미)한 道는 보는 사람마다 같을 수 없습니다. 예전에 天象을 살피고 地道를 헤아리거나 인간의 법을 살피는 자에게 하늘은 아름답고도 넓으며, 땅은 넓고 깊으며 옛사람의 문사는 금옥과도 같았습니다. 그런 것들이 왜 난삽해졌겠습니까? 부득이 그렇게 된 것입니다.

저 푸른 蚪龍(규룡)이나 붉은 교룡(螭)은 하늘에 오르려 할 때는 언제나 倉梧(창오)의 호수에서 몸을 솟구쳐 뜬구름을 딛지 않고 질풍을 날개로 삼아 허공으로 올라가는데 上淸의 기운에 묶이지 않고 하늘 끝에 오르는 것을 어찌 못 보겠습니까? 日月이 천 리 길을 가지 않는다면 六合과 八方의 끝을 다 밝힐 수 없고, 泰山이 아주 높지 않다면 구름이 크게 피어오르거나 기운이 위로 솟구칠 수 없을 것입니다. 이를 바탕으로 宓犧氏(복희씨)는 《易》을 지어 천지를 연결하고 八卦로 經을 삼았는데, 여기에 文王께서는 그것을 겹쳐서 六爻(육효)를 지었고 공자께서는 그 형상을 교차하여 彖辭(단사)를 지었는데 그런 뒤에야 능히 天地의 善을 드러내고 만물의 기초를 다졌습니다. 〈典〉과 〈謨〉의 여러 篇章과 〈雅〉와 〈頌〉의 聲韻이 溫純하고 깊은 뜻이 있지 않다면 鴻烈(大業)을 드러내고 緝熙(光明)을 밝히는데 부족할 것입니다. 아마 만물의 造化를 도와 주재하거나 보이지 않게 이루어지는 조화를 주관하지도 못할 것입니다. 아주 뛰어난 맛은 맛이 없는 것 같고 아주 좋은 음악은 희미하게 들리며, 아주 바른 말은 무슨 말인지 이해하기 어렵고 大道는 크게 돌아가는 것처럼 보일 것입니다. 이러하기 때문에 작은 소리는 여러 사람의 귀에 똑같이 들리지 못하고, 아름다운 형상은 세속인들의 눈에 또렷하게 보이지 않으며, 충분히 아름다운 文辭는 보통 사람에게 확실하게 들리지 않습니다. 지금 줄을 팽팽히 당겼다가 놓으면 추세를 따라 좋아하는 것만 쫓는 사람은 앉아서는 따라갈 수가 없을 것입니다. 그런 사람을 위해 〈咸池〉를 연주하거나 〈六莖〉, 〈簫韶(소소)〉, 〈九成〉을 연주하여도 같이 호응하지도 못할 것입니다. 그래서 鐘子期가 죽자 伯牙(백아)는 絶弦하고 破琴하며 다른 사람에게 연주하지 않았으며, 獿

人(요인)이 죽자 匠石(장석)은 도끼를 놓고 다시는 도끼질을 하지 않았습니다. 晉의 악사 師曠(사광)은 종을 조율하면서 知音者가 자신의 뒤를 이어주길 기다렸으며, 孔子는 《春秋》를 지으면서 君子가 옛일을 바로 보기를 기대했었습니다. 老子는 내 말을 알아듣는 자가 많지 않기에 貴하다고 하였지만, 이는 노자가 그렇게 한 것이 아닙니다!"」

原文

　雄見諸子各以其知舛馳, 大氐詆訾聖人, 卽爲怪迂, 析辯詭辭, 以撓世事, 雖小辯, 終破大道而或衆, 使溺於所聞而不自知其非也. 及太史公記六國, 歷楚,漢, 記麟止, 不與聖人同, 是非頗謬於經. 故人時有問雄者, 常用法應之, 撰以爲十三卷, 象《論語》, 號曰《法言》.《法言》文多不著, 獨著其目.

| 註釋 | ○舛馳－다른 길을 달려가다 舛은 어그러질 천. 馳은 달릴 치. ○大氐詆訾聖人－大氐(대저)는 대체로. 대개가. 詆訾는 훼손하다(毁也). 詆는 비난할 저. 訾는 헐뜯을 자. ○卽爲怪迂－卽은 혹. 혹자는. 怪迂(괴우)는 괴이하고 迂闊(우활)하다. 본뜻에서 멀어지다. ○析辯詭辭－巧言과 邪說. 이는 諸子書가 성인의 본뜻과 크게 다르다는 뜻. ○以撓世事－撓는 어지럽힐 뇨. 흔들다. ○記麟止－記는 訖(마칠 흘)이어야 한다는 주석에 따른다. ○象《論語》－象은 본받다(效法). ○獨著其目－目은 序目.

〔國譯〕

揚雄(양웅)이 볼 때 많은 학자들이 자신이 아는 것만 가지고 각자 다른 길을 가면서 성인의 뜻을 헐뜯거나 혹자는 성인의 본뜻과 크게 멀어졌으며, 巧言과 邪說로 세상을 뒤흔들고 미세한 변설로 大道를 부수고 衆人을 미혹시키며, 자신이 아는 것만 고집하며 자신이 틀렸다는 것조차 모르고 있었다. 太史公(司馬遷)이 六國을 기록하며 楚와 漢을 거쳐 무제 때 기린을 잡은 곳에서 《史記》를 끝낸 것은 聖人의 뜻과 같지 않으며 시비가 경전과 많이 다르다고 생각하였다. 아는 사람들이 때때로 양웅에게 물으면 언제나 정법으로 대답해 주었는데 좋은 내용을 골라 13권으로 엮어 《論語》를 본떴기에 《法言》이라고 이름을 붙였다. 《法言》의 문장이 많아 싣지 못하고 서목만을 기록하였다.

原文

天降生民, 倥侗顓蒙, 恣於情性, 聰明不開, 訓諸理. 譔〈學行〉第一.

降周迄孔, 成於王道, 終後誕章乖離, 諸子圖微. 譔〈吾子〉第二.

事有本眞, 陳施於億, 動不克咸, 本諸身. 譔〈修身〉第三.

芒芒天道, 在昔聖考, 過則失中, 不及則不至, 不可奸罔. 譔〈問道〉第四.

神心忽恍, 經緯萬方, 事繫諸道德仁誼禮. 譔〈問神〉第五.

明哲煌煌, 旁燭亡疆, 遜於不虞, 以保天命. 譔〈問明〉第六.

假言周於天地, 贊於神明, 幽弘橫廣, 絶於邇言. 譔〈寡見〉第七.

| 註釋 | ○倥侗顓蒙 − 倥侗(공동)은 無知한 모양. 顓蒙(전몽)은 완고하고 어리석은 모양. ○訓諸理 − 訓은 알려주다. 가르치다. ○譔〈學行〉 − 譔은 찬술하다(撰), 서술하다. 기릴 찬. 가르칠 선. ○〈吾子〉 − 序目 다음의 첫 시작이 '吾子~'로 시작되기에 첫 2글자로 편명으로 삼았다. ○陳施於億 − 본성이 모든 일에서 드러나게 된다는 뜻. ○動不克咸 − 어떤 일을 시도하여 (動) 모두(咸) 성취하지 못하다(不克). ○芒芒天道 − 芒芒은 아주 크고 넓음. ○不可奸罔 − (성인의 道를) 속일 수 없다. ○智恍 − 분명하지 않은 모양〔恍惚(황홀)〕과 通. 智 문득 홀(忽)과 같음. 숨 내쉴 홀. 恍 황홀할 황. ○經緯萬方 − 經緯는 경영하다. 다스리다. ○仁誼 − 仁義. ○明哲煌煌 − 煌煌(황황)은 아주 성한 모양. ○遜於不虞 − 遜은 피하다. 不虞(불우)는 예상하지 못한. 뜻밖의 일. ○假言周於天地 − 假言은 遠大한 말. 周는 두루, 널리. ○幽弘橫廣 − 幽弘은 깊고도 넓다. 橫廣은 충만하다.

〔國譯〕

《法言》의 〈序目〉*

하늘이 인간을 내었으나 무지 몽매하고 性情 그대로 방자하며 총명하지 않기에 여러 이치를 알려주려고 첫 번째로 〈學行〉을 엮었다.

周에서 孔子에 이르는 동안 왕도가 성립되었지만 그 이후에 훼손

되었고 諸子가 왕도를 약화시키려 하기에 두 번째로 〈吾子〉를 엮었다.

　사물에 본질이 있어 만물에 나타나며 發動하여 동화하지 못한다면 자신에서 원인을 찾아야 하기에 3번째로 〈修身〉을 엮었다.

　芒芒(망망)한 天道는 옛 성인에서 찾아볼 수 있고 지나치면 中正을 잃고, 모자라면 성취할 수 없으며 속일 수 없기에 4번째로 〈問道〉를 엮었다.

　神心은 황홀하나 萬方을 경영하고 만사는 모두 道德과 仁義와 禮에 달려 있기에 5번째로 〈問神〉을 엮었다.

　明哲한 사람은 아주 밝아 널리 무한히 비추고 불의의 사고를 피하여 천명을 보존하기에 6번째로 〈問明〉을 엮었다.

　멀리 내다 본 말은 천지에 고루 닿아 神明과 같이 모든 곳에 충만하여 요즘 사람의 나쁜 말을 단절하기에 7번째로 〈寡見〉을 엮었다.

原文

　聖人恩明淵懿, 繼天測靈, 冠於群倫, 經諸范. 譔〈五百〉第八.

　立政鼓衆, 動化天下, 莫上於中和, 中和之發, 在於哲民情. 譔〈先知〉第九.

　仲尼以來, 國君將相卿士名臣參差不齊, 壹槪諸聖. 譔〈重黎〉第十.

　仲尼之後, 訖於漢道, 德行顏,閔, 股肱蕭,曹, 爰及名將尊卑之條, 稱述品藻. 讚〈淵騫〉第十一.

君子純終領聞, 蠢迪檢押, 旁開聖則. 讚〈君子〉第十二.

孝莫大於寧親, 寧親莫大於寧神, 寧神莫大於四表之歡心. 讚〈孝至〉第十三.

| 註釋 | ○恩明淵懿 − 恩明은 聰明(총명). 淵懿(연의)은 깊고 아름답다. ○經諸范 − 經은 늘, 언제나. 范은 模範. ○〈五百〉 − '五百歲聖人一出~'의 〈五百〉을 따온 것임. ○哲民情 − 哲은 知也. ○參差不齊 − 參差(참치)는 차이가 나다. 不齊는 같지 않다. 뜻과 공적이 같지 않다. ○壹槪諸聖 − 성인의 道를 판단기준으로 하다. ○品藻 − 人品과 文雅함. 藻는 문장, 꾸밈. 품평하다의 뜻. 藻는 바닷말 조(식물 이름). ○純終領聞 − 군자의 도는 선종할 수 있고 좋은 명성을 얻을 수 있다는 뜻. 純은 善. 領聞은 令名. 聞은 名聲. ○蠢迪檢押 − 蠢迪檢押 蠢(꿈틀거릴 준)은 움직이다(動也). 迪(나아갈 적)은 道也. 檢押(검압)은 바로 잡다(隱括(은괄)). ○寧親 − 양친을 편히 모시다. ○四表 − 四方.

〖 國譯 〗

聖人은 총명하며 깊이 있고 아름다우니 하늘 뜻을 잇고 그 신령함을 헤아리어 모든 사람 중에 으뜸이며 언제나 모범이 되기에 8번째로 〈五百〉을 엮었다.

정치로 백성을 이끌고 천하를 순화하기로는 中和보다 나은 것이 없고 中和의 시작은 백성을 잘 알아야 하기에 9번째로 〈先知〉를 엮었다.

공자 이후로 國君과 將相, 卿과 士, 名臣들의 능력은 차이가 있어 고르지 않으나 성인의 도가 그 기준이 되기에 10번째로 〈重黎(중려)〉를 엮었다.

공자 이후로 漢에 이르도록 德行은 顔回와 閔子騫(민자건), 심복으로는 蕭何와 曹參이니, 여러 名將과 신하의 인품이나 文雅를 서술하여 11번째로 〈淵騫(연건)〉을 엮었다.

君子는 善終하며 명성을 누리고 행동이 바르며 성인의 법도를 넓히는 사람이기에 12번째로 〈君子〉를 엮었다.

孝는 부모를 편히 모시는 것보다 더한 것이 없고, 편히 모시기는 마음을 편케 해드리는 것보다 더 나은 것이 없으며, 마음을 편케 해드리는 것은 사방에서 좋아하는 것보다 더 나은 것이 없어 13번째로 〈孝至〉를 엮었다.

原文

贊曰, 雄之自序云爾. 初, 雄年四十餘, 自蜀來至游京師, 大司馬車騎將軍王音奇其文雅, 召以爲門下史, 薦雄待詔, 歲餘, 奏〈羽獵賦〉, 除爲郞, 給事黃門, 與王莽, 劉歆並. 哀帝之初, 又與董賢同官. 當成,哀,平間, 莽, 賢皆爲三公, 權傾人主, 所薦莫不拔擢, 而雄三世不徙官. 及莽簒位, 談說之士用符命稱功德獲封爵者甚衆, (唯)雄復不侯, 以耆老久次轉爲大夫, 恬於勢利乃如是. 實好古而樂道, 其意欲求文章成名於後世, 以爲經莫大於《易》, 故作《太玄》, 傳莫大於

《論語》, 作《法言》, 史篇莫善於《倉頡》, 作《訓纂》, 箴莫善於
〈虞箴〉, 作〈州箴〉, 賦莫深於〈離騷〉, 反而廣之, 辭莫麗於
相如, 作四賦, 皆斟酌其本, 相與放依而馳騁云. 用心於內,
不求於外, 於時人皆忽之, 唯劉歆及范逡敬焉, 而桓譚以爲
絶倫.

| 註釋 | ○雄之自序云爾 − 《法言》의 序目 이전에 실린 글이 양웅의 自序
이다. 이하의 문장은 양웅에 대한 傳이지 論贊은 아니라는 주석이 있다. 班
固는 〈司馬遷傳〉에서 〈太史公自序〉를 인용한 뒤에 반고의 논찬을 붙였다.
양웅에 대해서도 그런 형식을 취했지만 내용적으로는 반고의 논찬이라 할
수 없는 셈이다. 世人의 評과 유생 桓譚(환담)의 말로 양웅에 대한 褒貶(포
폄)을 대신하였기에 반고 자신의 논찬이 필요 없었을 것이며 '贊曰'은 후인
이 멋대로 붙였을 것이라는 주석이 있다. ○雄年四十餘 − 양웅은 甘露 원년
(前 53)에 출생하여 天鳳(서기 18)에 죽었다. 王音은 永始 2년(前 15)에 죽었
으니 왕음이 양웅을 천거할 때는 40세가 안 되었다는 주석이 있다. ○耆老
久次 − 노인으로 오래 근무하여. ○恬於勢利~ − 恬은 현안하다. 安分하다.
勢利는 권세와 財利. ○《倉頡》《訓纂》 − 倉頡은 黃帝의 史官. 문자를 처음 만
든 사람. 《倉頡(창힐)》은 李斯가 편찬한 것으로 알려진 약 3,300자를 수록한
字書. 《訓纂(훈찬)》은 양웅이 《倉頡》 이후의 文字書를 모아 편찬한 자서. 14
편에 약 5,340자를 수록하였다. ○作〈州箴〉 − '9州의 箴言(잠언)'의 뜻. 箴
은 文體의 일종. ○放依 − ~에 의거하여. ○范逡(범준) − 인명. 《後漢書 儒
林傳》에 입전. ○桓譚(환담. 前 23 − 서기 56) − 人名. 《新論》의 저자.

〖國譯〗
班固의 論贊 : 揚雄이 자서에서 말했다.

처음에 양웅은 나이 40여 세에 蜀에서 京師에 왔는데 大司馬 車
騎將軍 王音(왕음)은 그의 文雅를 특별하게 생각하여 門下의 속관으
로 임명했다가 양웅을 待詔에 천거하였고, 1년 뒤쯤 〈羽獵賦〉를 상
서하자 낭관으로 給事黃門이 되어 王莽(왕망)이나 劉歆(유흠)과 같은
지위에 있었다. 哀帝 즉위 초에는 董賢(동현)과 同官이었다. 成帝, 哀
帝, 平帝 연간에 왕망과 동현은 모두 三公의 지위에 올라 그 권세가
황제를 능가할 정도라서 천거된 사람으로 발탁되지 않은 사람이 없
었지만 양웅은 3세에 걸쳐 관직이 승진하질 못했다. 왕망이 篡位(찬
위)한 뒤에 符命으로 왕망의 功德을 칭송하여 작위를 받은 자가 수
없이 많았지만 오직 양웅만은 제후가 되지 못하고 근속 연도가 많은
노인으로 대부 반열에 머물렀으니 그가 勢利를 초월하여 안분한 것
이 이와 같았다. 양웅은 진실로 好古하고 樂道하며 문장으로 후세에
이름을 남기려 하였는데 經으로는《易經》보다 더 중요한 것이 없다
고 생각하여《太玄》을 저술하였고, 성인의 말씀을 전한 것으로는
《論語》보다 더한 것이 없기에《法言》을 저술하였으며, 字書로는
《倉頡(창힐)》보다 나은 것이 없다 하여《訓纂(훈찬)》을 지었고, 잠언
으로는 〈虞箴(우잠)〉보다 나은 것이 없다 하여 〈州箴〉을 지었으며,
賦는 〈離騷(이소)〉보다 나은 것이 없기에 그 反意로 뜻을 넓혔고, 문
학으로는 司馬相如보다 더 좋은 것이 없다고 생각하여 4편의 부를
지었으니 모두가 그 근본을 짐작할 수 있고 그 근본을 바탕으로 크
게 넓혔다고 볼 수 있다. 양웅은 내적세계에만 마음을 쓰고 외형을
추구하지 않았기에 그 당시 사람들이 경시하였지만 오직 劉歆(유흠)
과 范逡(범준)은 양웅을 공경하였으며 桓潭(환담)은 양웅을 다른 사
람과 비교할 수 없다고 생각하였다.

王莽時, 劉歆,甄豐皆爲上公, 莽旣以符命自立, 卽位之後, 欲絶其原以神前事, 而豐子尋, 歆子棻復獻之. 莽誅豐父子, 投棻四裔, 辭所連及, 便收不請. 時, 雄校書天祿閣上, 治獄使者來, 欲收雄, 雄恐不能自免, 乃從閣上自投下, 幾死. 莽聞之曰, "雄素不與事, 何故在此?" 間請問其故, 乃劉棻嘗從雄學作奇字, 雄不知情. 有詔勿問. 然京師爲之語曰, "惟寂寞, 自投閣, 爰淸靜, 作符命."

| 註釋 | ○王莽時 − 王莽 始建國 2년(서기 10). ○符命 − 하늘이 내리는 상서로운 징조, 또는 임금의 덕을 칭송하는 글. ○投棻四裔 − 棻 나무 이름 분. 人名. 四裔는 四海. 아주 먼 지방. ○奇字 − 古文의 특이한 글자.

〖國譯〗

王莽 때에, 劉歆(유흠)과 甄豐(견풍)은 上公이었는데, 왕명은 이미 符命을 받았다 하여 황제로 즉위하였고 즉위 이후 부명을 받기 전의 일을 없애 버리고자 견풍의 아들 甄尋(견심)과 유흠의 아들 劉棻(유분)을 시켜 다시 올리게 하였다. 왕망은 견풍 부자를 주살하였고 유분을 아주 먼 곳에 추방하고 관련되는 글을 회수하고 청원조차 넣지 못하게 하였다. 그때 양웅은 天祿閣에서 校書를 담당하고 있었는데 치옥사자가 와서 양웅을 체포하려 하자 양웅은 빠져 나갈 길이 없다고 생각하여 누각에서 아래로 몸을 던졌고 거의 죽을 지경이 되었다. 왕망이 이를 듣고서 말했다. "양웅은 평소에 일을 만들지 않았

는데 왜 그랬는가?"라면서 사람을 보내 그 연고를 조사하게 하였더니 그전에 유분이 양웅을 따라 古文의 특이한 글자를 배웠던 일이 있었는데 양웅은 유분에 대한 실정도 모르고 있었다. 왕망은 조서를 내려 조사하지 않게 하였다. 그러나 경사의 사람들은 이를 두고 말했다.

"적막을 생각하며 누각에서 몸을 던졌으나 淸靜이 바로 목숨을 살렸네."

原文

雄以病免, 復召爲大夫. 家素貧, 耆酒, 人希至其門. 時有好事者載酒餚從游學, 而鉅鹿侯芭常從雄居, 受其《太玄》,《法言》焉. 劉歆亦嘗觀之, 謂雄曰, "空自苦! 今學者有祿利, 然尙不能明《易》, 又如《玄》何? 吾恐後人用覆醬瓿也." 雄笑而不應. 年七十一, 天鳳五年卒, 侯芭爲起墳, 喪之三年.

│註釋│ ○酒餚 − 술과 안주. ○鉅鹿(거록) − 郡名, 縣名. 治所는 거록현, 今 河北省 邢台市 관할의 鉅鹿縣. ○覆醬瓿 − 간장을 담은 항아리 뚜껑. 覆는 덮을 복. 뒤집힐 부. 瓿는 단지 부. 작은 항아리. 당시는 종이 발명 전이며 책은 목간에 썼다. 그 저작이 아무런 가치도 없어 후인의 주목을 받지 못한다는 뜻으로 쓰였다.

　양웅은 병으로 면직되었다가 다시 부름을 받아 대부가 되었다. 집은 가난하고 술을 즐겼으나 찾아오는 사람은 드물었다. 때로 호사가들이 술과 안주를 가지고 와서 배웠는데 鉅鹿郡의 侯芭(후파)는 늘 양웅과 함께 기거하며 《太玄》과 《法言》을 전수받았다. 유흠도 와서 이를 읽어보고 양웅에게 말했다. "공연히 고생을 하였소! 지금 학문하는 사람들은 아직 《易》에도 밝지 못하거늘, 어찌 《玄》을 공부하겠습니까? 내 생각으로는 후인들이 항아리 뚜껑으로 쓸 것 같아 걱정입니다." 양웅은 웃으며 대답하지 않았다. 나이 71세인 天鳳(천봉) 5년에 죽었는데, 侯芭(후파)는 무덤을 쓰고 3년 상을 치렀다.

　時, 大司空王邑, 納言嚴尤聞雄死, 謂桓譚曰, "子常稱揚雄書, 豈能傳於後世乎?" 譚曰, "必傳. 顧君與譚不及見也. 凡人賤近而貴遠, 親見揚子雲祿位容貌不能動人, 故輕其書. 昔老聃著虛無之言兩篇, 薄仁義, 非禮學, 然後世好之者尙以爲過於《五經》, 自漢文,景之君及司馬遷皆有是言. 今揚子之書文義至深, 而論不詭於聖人, 若使遭遇時君, 更閱賢知, 爲所稱善, 則必度越諸子矣."

　諸儒或譏以爲雄非聖人而作經, 猶春秋吳楚之君僭號, 稱王, 蓋誅絕之罪也. 自雄之沒至今四十餘年, 其〈法言〉大行, 而《玄》終不顯, 然篇籍具存.

| 註釋 | ○納言 - 관직명. 왕망 때는 大司農을 納言이라고 칭했다. ○虛無之言兩篇 -《老子道德經》, 곧 《道經》과 《德經》. ○不詭於聖人 - 詭(속일 궤)는 어긋나다. 聖人은 孔子. 文·武王, 周公.

〖 國譯 〗

그때, 大司空 王邑(왕읍)은 納言 嚴尤(엄우)로부터 양웅이 죽었다는 소식을 듣고 桓譚(환담)에게 물었다. "당신은 늘 양웅의 저서를 칭송했으니 후세에 전수할 수 있겠는가?" 이에 환담이 말했다.

"필히 전할 것입니다. 생각해 보면 당신과 나는 그분을 따라갈 수가 없습니다. 凡人들은 가까운 것을 천하게 생각하고 먼 것을 귀하게 여기는데 揚子雲(揚雄)을 직접 만나보면 祿位나 용모가 다른 사람에게 감동을 주지 못하기에 그 저작도 경시하였습니다. 옛날에 노자가 虛無를 중심으로 양편을 저술하여 仁義를 천시하고 禮學을 비난하였는데도 그 이후에 세상에서 그 책을 《五經》보다도 더 좋아하였으며 漢의 文帝와 景帝는 물론 司馬遷도 같은 말을 하였습니다. 지금 揚子(양자, 양웅)의 저서는 文義가 아주 심오하고 그 논리가 성인의 뜻에 어긋나지 않으니 만약 때와 주군을 만나고 현인이나 知者들이 다시 읽는다면 틀림없이 諸子書를 뛰어넘을 것입니다."

여러 유생 중 어떤 자는 양웅이 성인도 아니면서 經을 지은 것은 춘추시대에 吳와 楚의 군주가 참람한 호칭을 쓴 것과 같으며 稱王은 아마 처형을 받아야 할 죄라고 비난하였다. 양웅이 죽은 뒤 40여 년이 된 지금 양웅의 《法言》이 크게 유행하였으나 《太玄》은 끝내 유행하지 못했지만 그 저서는 모두 남아 있다.

88 儒林傳
〔유림전〕

原文

古之儒者, 博學虖《六藝》之文.《六學》者, 王敎之典籍, 先聖所以明天道, 正人倫, 致至治之成法也. 周道旣衰, 壞於幽, 厲, 禮樂征伐自諸侯出, 陵夷二百餘年而孔子興, 以聖德遭季世, 知言之不用而道不行, 乃歎曰, '鳳鳥不至, 河不出圖, 吾已矣夫!' '文王旣沒, 文不在茲乎?' 於是應聘諸侯, 以答禮行誼. 西入周, 南至楚, 畏匡厄陳, 奸七十餘君. 適齊聞〈韶〉, 三月不知肉味, 自衛反魯, 然後《樂》正, 〈雅〉〈頌〉各得其所. 究觀古今篇籍, 乃稱曰, '大哉, 堯之爲君也! 唯天爲大, 唯堯則之. 巍巍乎其有成功也, 煥乎其有文章!' 又曰, '周監於二代, 鬱鬱乎文哉! 吾從周.' 於是敍《書》則斷〈堯典〉, 稱樂則法〈韶舞〉, 論《詩》則首〈周南〉. 綴周之禮, 因魯

《春秋》, 擧十二公行事, 繩之以<u>文</u>,<u>武</u>之道, 成一王法, 至獲麟而止. 蓋晩而好《易》, 讀之韋編三絶, 而爲之傳. 皆因近聖之事, 以立先王之敎, 故曰, '述而不作, 信而好古', '下學而上達, 知我者其天乎!'

| 註釋 | ◦〈儒林傳〉-《史記》에도〈儒林列傳〉이 있다. ◦博學虖《六藝》-虖는 乎의 古字.《六藝》는 詩, 書, 易, 禮, 春秋, 樂. 다음 句之의 六學은 '六藝'이어야 한다는 註에 따른다. ◦孔子興-孔子(前 551-479). 名은 丘, 字는 仲尼. ◦遭季世-遭는 만나다. 당하다. 季世는 末世. ◦知言-이치에 맞는 말. 지혜로운 성인의 말. ◦'鳳鳥不至~'-《論語 子罕(자한)》. 圖는 八卦. 성인의 출현과 태평성대를 기대할 수 없다는 실망. ◦'文王旣沒~' -文化를 펼 책임을 통감한다는 뜻으로 해석할 수 있다. ◦西入周-孔子가 34세 때 南宮敬叔과 함께 周 왕실을 방문하고 老子를 만나 禮를 물었다는 기록에 대해서는 의문점이 많다. ◦畏匡厄陳-孔子는 弟子를 거느리고 前 497년부터 484년까지 14년간 衛, 曹, 宋, 鄭, 陳, 蔡, 葉, 楚 등을 주유했다. 匡(광)에서는 공자의 생김새가 陽貨(양화, 陽虎)란 사람과 비슷하여 양화에 악감정을 가진 匡人들이 공자 일행을 포위하고 위협하였다. 孔子는 陳(今 河南省 周口市 관할의 淮陽縣)에서 포위되어 양식이 떨어져 큰 어려움을 겪었다. ◦奸七十餘君-奸은 干, 幹의 뜻. 배알하다. 君은 고급 관료나 제후의 뜻. 좀 과장된 표현이다. ◦適齊聞〈韶〉-適은 가다. 齊의 국도는 臨淄(임치).〈韶〉는 舜의 음악. 고기 맛을 잊을 정도로 심취했다. 당시에 공자는 36세였고 齊景公도 만났다. ◦自衛反魯-공자 68세로 魯 哀公 11년(前 484)이었다. ◦'大哉, ~'-《論語 八佾(팔일)》. 巍巍(외외)는 산이 높고 큰 모양. ◦'周監於二代~'-《論語 八佾》. 監는 빌려오다. 二世는 夏와 殷. 鬱鬱(울울)은 문장이 아주 훌륭한 모양. ◦斷〈堯典〉-斷은 시작하게 하다. ◦綴周之禮-

綴은 連綴. 이어오다. ○擧十二公行事 - 隱公, 桓, 莊, 湣, 僖, 文, 宣, 成, 襄, 昭, 定, 哀公까지 12君. ○繩之~ - 먹줄을 긋다. 반듯하게 바로 잡다. 繩은 줄 승. 먹줄. 동사로 쓰였다. ○至獲麟而止 - 哀公 14년 '西狩獲麟.' 麟은 聖王의 출현을 상징하는 동물. 공자는 그런 기린을 잡아 죽인 것을 보고 王道는 완전히 끝났다고 절망하였다. ○蓋晚~ - 蓋는 발어사. ○韋編三絶 - 韋는 가죽 위. 三絶의 三은 대략적인 숫자이다. 여러 번. ○而爲之傳 - 傳은 《易》의 보충설명이라 할 수 있는 彖傳(단전, 상하), 象傳(상하), 繫辭傳(상하), 文言傳(상하), 說卦傳, 雜卦傳. 이를 十翼(십익)이라고 한다. ○'述而不作~' - 述은 祖述하다. 본받아 서술하여 밝힘. 《論語 述而》. ○'下學而上達, ~' - 《論語 憲問》.

〔國譯〕

옛날의 儒者는 《六藝》의 학문을 폭넓게 공부하였다. 《六藝》란 王者의 敎化를 위한 典籍이고 옛 성인이 天道를 밝히고 인륜을 바로 잡아서 모범적 통치를 실현하려는 본보기이다. 周의 정치가 나빠져 幽王과 厲王(여왕) 때 몰락하면서 禮樂과 전쟁이 제후에 의해 이루어졌고 2백여 년간 계속 나빠지다가 공자가 출현하였으나 聖德으로 말세를 만나 知言이 받아들여지지 않고 王道가 실천되지 않자 '봉황은 오지 않고 黃河에서 八卦도 나오지 않으니 나는 끝이로다.' 또 '文王이 이미 죽었으니 文化의 책임은 나에게 있지 아니한가?'라고 탄식하였다. 그리고 제후의 부름에 응하며 禮와 義로 대답하였다. 서쪽으로 周를 방문하였고, 남으로는 楚에 갔었고, 匡(광)에서 협박을 당했고 陳(진)에서도 큰 고생을 하였으며 70여 제후나 고관을 만났었다. 齊에 가서 舜의 음악인 〈韶〉를 듣고 3달간 고기 맛을 잊을 정도였으며 열국을 주유하고 衛에서 魯로 돌아온 뒤에 《樂》을 바로 잡았고, 〈雅〉와 〈頌〉이 각각 제자리를 찾았다. 공자는 古今의 여러 전적을 연구하였는데 '위대하도다. 堯의 통치여! 오직 하늘만이 위대하거늘 요는 하늘을 본받았도다. 그 공덕은 높고도 높으며 그 문장은 아주 환하게 빛이 나도다!' 또 '周는 夏와 殷 二代를 본받았으니 아주 훌륭하도다. 문채여! 나는 周를 따르겠노라.' 라고 칭송하였다. 이에 《書經》의 차례를 정하면서 〈堯典〉에서 시작했고, 악을 즐겼는데 〈韶舞〉를 본받게 하였으며, 《詩經》을 刪述(산술)하면서 〈周南〉을 첫머리에 두었다. 周의 禮法을 이어 따랐고 魯를 바탕으로 《春秋》를 지어 12公의 사적을 열거하되 周 文王, 武王의 왕도로 바르게 잡아 王法을 이룩하였고 獲麟(획린)에서 끝냈다. 그리고 만년에는 《易》을 좋아하여 읽다보니 가죽 끈이 여러 번 끊어졌고 여기에 傳(十翼)을 지었다. 이 모두가 성인의 업적에 가까이 하려는 노력으로 선왕의 교화를 확립하려는 뜻이었기에 '祖述하되 새로 짓지 않았고 성실히 옛 것을 좋아하였으며' '인간사를 배워 천도를 깨치려 하였으니 아마 하늘은 나를 알아줄 것이다.' 라고 말했다.

原文

　仲尼旣沒, 七十子之徒散游諸侯, 大者爲卿相師傅, 小者友敎士大夫, 或隱而不見. 故子張居陳, 澹臺子羽居楚, 子夏居西河, 子貢終於齊. 如田子方, 段干木, 吳起, 禽滑氂之屬, 皆受業於子夏之倫, 爲王者師. 是時, 獨魏文侯好學. 天下並爭於戰國, 儒術旣黜焉, 然齊魯之間學者猶弗廢, 至於

威,宣之際, 孟子,孫卿之列咸遵夫子之業而潤色之, 以學顯
於當世.

| 註釋 | ○仲尼旣沒 − 공자는 魯 애공 16년(傳 479)에 73세에 죽었다. 당
시는 상당히 장수한 셈이다. 참고로 맹자는 84세에 죽었는데 '七十三, 八十
四, 閻王爺不叫自己去(73세나 84세에는 염라대왕이 부르지 않아도 스스로 가야
한다.)는 속담도 있다. ○七十子之徒 − 공자의 제자로 육예에 통한 자가 77
인이라 하였다. 七十은 그 개략적인 숫자이다. ○友敎士大夫 − 友는 동사로
쓰였다. ○子張居陳 − 顓孫師(전손사), 字 子張. ○子夏居西河 − 子夏는 孔
門十哲의 한 사람. 德行에 顔淵, 閔子騫, 冉伯牛, 仲弓. 言語에 宰我, 子貢. 政
事에 冉有, 季路(子路). 文學에 子游, 子夏. ○子貢 − 공문십철의 한 사람.
공자의 제자 중 外交와 理財에 매우 유능했던 사람. 공자 사후에 제자들은
心喪 3년을 마치고 흩어졌지만 자공은 3년을 더 服喪하였다. ○吳起(오기)
− 전국시대 초기의 유명한 병법가, 정치가. ○魏 文侯 − 前 424년에 魏의 제
후가 되었다가 前 403년에 韓, 趙와 함께 周 威烈王의 책봉을 받아 공식적으
로 魏를 건국하였다. ○威,宣之際 − 齊(田齊)의 威王(? − 전 320), 宣王(? − 전
301). 田齊의 왕. ○孟子,孫卿 − 맹자(? − 前 305) 이름은 軻(가), 亞聖. 孫卿
(? − 前 238)은 荀子(순자). 孫과 荀은 통용되었다. ○夫子 − 孔夫子.

〔國譯〕

　　仲尼(중니, 공자)가 죽자 70제자들은 흩어져 제후에게 유세하였는
데 크게 된 자는 공경이나 사부가 되었고, 작게 성취한 자는 사대부
의 벗이나 스승이 되었고, 혹자는 은거하며 세상에 나오지 않았다.
그래서 子張은 陳에 살았고 澹檯子羽(담대자우, 澹檯滅明)는 楚에, 子
夏는 西河에 기거했고 子貢은 齊에서 죽었다. 田子方, 段干木(단간

목), 吳起(오기), 禽滑釐(금활리)같은 사람들은 모두 子夏 같은 무리에게 배웠다. 이때 오직 魏 文侯만이 好學하였다. 전국시대에 천하가 다툴 때 유학은 배척되었지만 그래도 齊와 魯에서는 학자들이 유학을 폐하지 않았으니 齊 威王과 宣王 무렵에는 孟子와 孫卿(손경) 같은 사람들이 모두 夫子(孔子)의 학술을 받들고 더욱 발전시켜 당세에 학문으로 유명하였다.

原文

及至秦始皇兼天下, 燔《詩》,《書》, 殺術士,《六學》從此缺矣. 陳涉之王也, 魯諸儒持孔氏禮器往歸之, 於是孔甲爲涉博士, 卒與俱死. 陳涉起匹夫, 驅適戍以立號, 不滿歲而滅亡, 其事至微淺, 然而搢紳先生負禮器往委質爲臣者何也? 以秦禁其業, 積怨而發憤於陳王也.

| 註釋 | ○及至秦始皇兼天下 - 진시황은 前 221년 중국을 통일했다. ○陳涉 - 陳勝. 31권, 〈陳勝項籍傳〉에 입전. 秦 二世 원년(前 209)에 처음 봉기하였다. ○孔甲爲涉博士 - 81권, 〈匡張孔馬傳〉의 孔光傳에는 孔鮒(공부)가 陳涉의 博士가 되었다가 陳이 멸망할 때 죽었다고 했다. 甲은 공부의 字. ○立號 - 稱王하다. ○搢紳先生 - 사대부. 搢은 꽂을 진. 紳은 큰 띠 신. ○禮器 - 제사 의식에 쓰이는 그릇. 고대의 청동기. ○委質(위지) - 委贄(위지). 委摯(위지). 質은 폐백 지. 예물. 군주에게 獻身하는 징표로 바치는 물건.

진시황은 천하를 다 차지하고서는 《詩經》과 《書經》 등 경서를 불태우고 經學을 하는 문사들을 죽였기에 六藝의 학문은 이때 크게 쇠퇴하였다. 陳涉(陳勝)이 왕이 되면서 魯의 유생들은 孔氏 집안의 禮器를 가지고 귀부하였는데, 이에 孔甲(공갑)은 진섭의 박사가 되었다가 결국 진섭과 함께 죽었다. 진섭은 匹夫로서 起義하여 防戍(방수)하는 인부를 인솔하다가 王을 자칭했고 1년도 안 되어 멸망하여 그 업적도 미천했는데도 搢紳(진신) 선생들이 禮器를 가지고 예물을 바치며 신하가 된 이유는 무엇이겠는가? 秦이 학문을 금지했기에 그 원한이 쌓여 陳王이 풀어주기를 바랬기 때문이었다.

及高皇帝誅項籍, 引兵圍魯, 魯中諸儒尙講誦習禮, 弦歌之音不絶, 豈非聖人遺化好學之國哉? 於是諸儒始得修其經學, 講習大射鄕飮之禮. 叔孫通作漢禮儀, 因爲奉常, 諸弟子共定者, 咸爲選首, 然後喟然興於學. 然尙有干戈, 平定四海, 亦未皇庠序之事也. 孝惠, 高后時, 公卿皆武力功臣. 孝文時頗登用, 然孝文本好刑名之言. 及至孝景, 不任儒, 竇太后又好黃老術, 故諸博士具官待問, 未有進者.

| 註釋 | ○項籍(前 232 – 202) – 字는 羽, 項羽라 통칭. 前 207년 鉅鹿(거록)의 싸움에서 秦軍을 대파하고 西楚霸王으로 등극했다. 楚漢戰爭 중 垓下

(해하)의 전투에서 漢王 劉邦에게 패하자 長江의 북쪽 지류인 烏江(오강)에
서 자결. 그의 용기와 무예는 千古에 최고였다(羽之神勇 千古無二).《史記
項羽本紀》참고. 31권,〈陳勝項籍傳〉에 입전. ○弦歌之音－弦은 絃(악기 줄
현). 絃樂에 맞추어 노래하는 소리. ○大射鄕飮之禮－고대 천자나 제후들
이 큰 제사를 올리기 전에 助祭者를 선발하기 위한 활쏘기 행사. 활쏘기를
통해 德行과 素質을 평가하였다. 鄕飮禮는 敬老尊賢의 禮敎를 위한 행사. 長
幼之序를 교육하는 행사. ○叔孫通－秦의 박사 출신. 43권,〈酈陸朱劉叔孫
傳〉에 입전. ○奉常－太常. 九卿의 하나. 종묘제사와 교육, 박사의 선발과
관리를 담당. 질록 中二千石. ○咸爲選首－咸은 모두. 다 함. 選首는 선발된
인재. ○尙有干戈－干戈(간과)는 무기. 전쟁. 고조 재위 중에 陳豨(진희), 盧
綰(노관), 韓信, 黥布(경포) 등의 반란이 계속되었다. ○未皇庠序之事－未皇
은 未遑(미황). 皇은 餘暇, 틈. 庠序는 학교. 교육. 庠은 학교 상. 庠은 周代,
序는 殷代의 지방 교육기관. ○刑名之言－法家의 학설. ○黃老術－黃帝
와 老子의 학술. 道家 사상.

〔國譯〕

　　高皇帝가 項籍(항적)을 주살하고서 군사를 이끌고 魯를 포위했는
데 魯의 여러 유생들은 경전 강송과 禮의 연습을 숭상하고 弦歌 소
리가 그치질 않았으니, 어찌 聖人의 유풍이 남아있는 교화와 호학의
땅이 아니겠는가? 이로부터 여러 유생들은 그 경학을 연구하였고
大射禮와 鄕飮禮를 강습하였다. 叔孫通(숙손통)이 漢의 국가 禮儀를
제정하여 奉常(太常)에 임명되었고 함께 제정에 참여한 여러 제자
들은 모두 인재로 선발되었는데 고조는 유학의 쇠퇴를 탄식하며 학
문을 일으키려 하였다. 그러나 아직도 전쟁이 계속되었고 천하가 완
전 평정된 뒤에도 학교나 교육을 행할 겨를이 없었다. 孝惠帝나 高

后 시절에 公卿은 모두 武力의 功臣이었다. 孝文帝 때 제법 文學之士를 등용했다지만 문제는 본래 法家의 학설을 좋아하였다. 孝景帝 때에도 유생을 등용하지 않았고 竇太后(두태후) 또한 黃老術을 좋아했기에 여러 박사는 자리나 채우고 下問이나 기다렸으며 높이 등용된 자도 없었다.

原文

漢興, 言《易》自淄川田生, 言《書》自濟南伏生, 言《詩》, 於魯則申培公, 於齊則轅固生, 燕則韓太傅, 言《禮》, 則魯高堂生, 言《春秋》, 於齊則胡毋生, 於趙則董仲舒. 及竇太后崩, 武安君田蚡爲丞相, 黜黃老,刑名百家之言, 延文學儒者以百數, 而公孫弘以治《春秋》爲丞相,封侯, 天下學士靡然鄕風矣.

| 註釋 | ○自淄川田生 - 自는 ~로 부터. 淄川(치천)은 郡國名. 치소는 劇縣(今 山東省 濰坊市 관할의 昌樂縣). 田生는 유생 田氏. ○濟南伏生 - 濟南은 군명. 治所는 東平陵縣(今 山東省 濟南市 관할의 章丘市). ○申培公 - 公은 호칭. ○轅固生 - 轅은 姓, 固는 名. ○韓太傅 - 太傅는 관명. 德義로 君王을 傅相한다는 뜻. ○高堂生 - 生은 호칭. ○胡毋生 - 胡毋(호무)는 複姓. ○董仲舒(동중서) - 武帝 때 대유학자. 56권, 〈董仲舒傳〉 입전. ○武安君 田蚡(전분) - 52권, 〈竇田灌韓傳〉 입전. ○公孫弘 - 58권, 〈公孫弘卜式兒寬傳〉 입전. ○靡然鄕風矣 - 靡然(미연)은 초목이 바람에 쓸리는 모양. 鄕風은 嚮風.

漢이 건국된 뒤로 《易》을 논한 사람으로는 淄川(치천)의 田生이
있고, 《書》를 논한 사람으로는 濟南의 伏生, 《詩》를 논한 사람으로
魯에는 申培公, 齊에는 轅固生(원고생), 燕에는 韓 太傅(태부)가 있었
으며, 《禮》를 논한 사람으로는 魯의 高堂生, 《春秋》를 논한 사람으
로는 齊에는 胡毋生(호무생), 趙에는 董仲舒(동중서)가 있었다. 竇太
后(두태후)가 죽자, 武安君 田蚡(전분)은 승상이 되어 黃老와 刑名 등
百家의 학술을 모두 배격하고 文學과 儒者들을 수백 명씩 초빙하였
는데 公孫弘은 《春秋》를 전공하여 승상이 되고 제후에 봉해졌으며
천하의 學士들은 바람에 쏠리듯 유학을 연마하였다.

原文

弘爲學官, 悼道之鬱滯, 乃請曰, "丞相, 御史言, 制曰 '蓋
聞導民以禮, 風之以樂. 婚姻者, 居室之大倫也. 今禮廢樂
崩, 朕甚愍焉, 故詳延天下方聞之士, 咸登諸朝. 其令禮官
勸學, 講議洽聞, 擧遺興禮, 以爲天下先. 太常議, 予博士弟
子, 崇鄕里之化, 以厲賢材焉.' 謹與太常臧, 博士平等議,
曰, 聞三代之道, 鄕里有敎, 夏曰校, 殷曰庠, 周曰序. 其勸
善也, 顯之朝廷, 其懲惡也, 加之刑罰. 故敎化之行也, 建首
善自京師始, 繇內及外. 今陛下昭至德, 開大明, 配天地, 本
人倫, 勸學興禮, 崇化厲賢, 以風四方, 太平之原也. 古者政
敎未洽, 不備其禮, 請因舊官而興焉. 爲博士官置弟子五十

人, 復其身. 太常擇民年十八以上, 儀狀端正者, 補博士弟子. 郡國縣官有好文學, 敬長上, 肅政教, 順鄉里, 出入不悖, 所聞, 令相長丞上屬所二千石. 二千石謹察可者, 常與計偕, 詣太常, 得受業如弟子. 一歲皆輒課, 能通一藝以上, 補文學掌故缺, 其高第可以爲郎中, 太常籍奏. 即有秀才異等, 輒以名聞. 其不事學若下材, 及不能通一藝, 輒罷之, 而請諸能稱者. 臣謹案詔書律令下者, 明天人分際, 通古今之誼, 文章爾雅, 訓辭深厚, 恩施甚美. 小吏淺聞, 弗能究宣, 亡以明布諭下. 以治禮掌故以文學禮義爲官, 遷留滯. 請選擇其秩比二百石以上及吏百石通一藝以上補左右內史, 大行卒史, 比百石以下補郡太守卒史, 皆各二人, 邊郡一人. 先用誦多者, 不足, 擇掌故以補中二千石屬, 文學掌故補郡屬, 備員. 請著功令. 它如律令."

| 註釋 | ○學官 — 학교 교육을 관장하는 직책. 중앙의 博士, 博士祭酒. 무제 때 郡國에도 學官(校官)을 두었으니 文學掾史, 經師 등이 學政을 담당하며 諸生을 교육했다. ○悼道之鬱滯 — 悼는 심히 걱정하다. 道는 儒道. 鬱滯(울체)는 꽉 막히다. 鬱는 막힐 울. ○御史 — 國君의 좌우에서 백관의 언행을 기록하다가 점차 내외의 관리를 감찰하는 임무를 수행하였다. 여기서는 어사대부를 지칭. 어사대부의 속관은 侍御史나 治書侍御史, 御史中丞 등. ○制曰 — 이 制書는 武帝 元朔 5년(前 124)에 내려졌다. ○方聞之士 — 聞道之士. 博聞한 士人. ○擧遺 — 아직 알려지지 않은 典籍을 찾아내다. ○博士弟子 — 박사로부터 교육을 받는 太學生. 박사 1인은 제자를 50인까지 둘 수 있었

다. 제자는 18세 이상자 각 군국에서 추천받은 자 중에서 太常이 선발. 박사 제자에게는 각종 부세나 身役을 면제했다. 박사 제자 중 적임자를 건발하여 文學掌故의 결원을 충원했고 우수자는 郎中에 임명되었다. 무제 때 公孫弘의 건의에 의하여 박사를 두고 제자를 선발 교육시켰는데 계속 인원이 증가하여 최대 3천 명에 달했다. ○以厲賢材焉 - 厲는 勸勉하다. ○太常臧 - 太常은 奉常. 공자의 후손인 孔臧(공장). ○鄕里有敎 - 敎는 본받다(效也). ○殷曰庠, 周曰序 - 《史記 儒林列傳》에는 '殷曰序, 周曰庠'로 되어 있고 《孟子 滕文公 上》에도 마찬가지이다. ○郡國縣官 - 군과 제후국이나 현령. ○令相長丞上屬所二千石 - 縣令, 제후국의 相. 縣長, 縣丞은 소속 군의 태수에 올리다. 縣長은 1만 호가 안 되는 縣의 행정 책임자. 縣丞은 현령의 보좌관. 二千石은 郡의 태수. ○常與計偕 - 計吏와 함께 보내다. 常은 當이어야 한다는 주석에 따른다. ○皆輒課 - 輒(첩)은 매 번, 늘. 課는 평가하다. 시험을 치르다. ○文學 - 관직명. 郡의 교육 담당. ○掌故(장고) - 옛 예악의 제도나 典章에 대한 자문을 담당하는 직책. 업무에 따라 太常掌故, 太史掌故, 治禮掌故, 文學掌故 등으로 구분한다. 질록 6백석. ○籍奏 - 名簿를 만들어 상주하다. ○請諸能稱者 - 직분에 합당한 자를 임명토록 주청하게 하다. 《史記 儒林列傳》에는 '而請諸不稱者罰'로 되어 있다. ○爾雅(이아) - 正에 가깝다. 近正. 爾는 邇(가까울 이). 雅는 正. ○遷留滯 - 遷은 승진. 留滯(유체)는 막히다. ○左右內史 - 內史는 京師의 행정관. 무제 때 좌내사는 左馮翊(좌풍익), 우내사는 京兆尹으로 개명하였다. ○大行 - 접객을 담당하는 직분. 大行의 책임자는 大行令. 무제 太初 원년(前 104년)에 大行令을 大鴻臚(대홍려, 외교, 사신 접대 담당)로 명칭 변경. 무제 때 大行을 大行令으로 명칭 변경. ○卒史 - 각 관부에 속한 하급 관리. 百石卒史라고 호칭. 三輔의 卒史는 질록이 二百石이라서 二百石卒史로 불렸다. ○功令 - 관리 시험과 선발에 관한 법령.

공손홍은 學官이 되어 儒道가 꽉 막힌 것을 크게 걱정하여 주청하였다.

"丞相과 御史의 말에 의하면 폐하께서 制書를 내려 '내가 알기로, 백성을 예로써 이끌고 樂으로 교화한다고 하였다. 혼인이란 가정의 가장 큰 윤리입니다. 지금 예악이 폐하거나 붕괴되어 짐은 이를 심히 걱정하면서 천하의 博聞한 士人을 모두 다 초빙하여 각 부서에 등용케 하였습니다. 禮官에게 勸學하라고 명한 것은 강론과 의론으로 박식을 보급하고, 알려지지 않은 전적을 구하며, 예를 진흥시켜 천하의 모범이 되기를 바라기 때문입니다. 太常은 박사나 제자들과 함께 의논하여 향리에서의 교화를 숭상케 하고 현명한 인재를 장려토록 하라.'고 하셨습니다. 이에 삼가 太常인 孔臧(공장)과 博士平(평) 등과 의논하기를 '三代의 道를 향리에도 본받게 하였으니 夏에서는 校, 殷에서는 庠(상), 周에서는 序(서)라 하였습니다. 거기서 勸善을 하면 조정에서 그를 표창하였고 그 악한 자를 징계하며 형벌도 가했습니다. 그리하여 敎化를 실행하는데 먼저 도읍지인 京師에서부터 시작하여 중앙에서 지방으로 확산시켰다.' 라고 하였습니다. 지금 폐하께서는 큰 덕을 밝게 베푸시고 크게 명철하시어 天地와 함께 하시며, 인류의 근본으로서 권학하시고 예도를 부흥케 하시며, 교화를 숭상하시고 현인을 장려하시며 사방을 교화하시어 태평성대의 근원이 되셨습니다. 지난날에는 政敎가 미흡하였고 예도가 갖춰지지 않았지만 고대의 교관을 다시 부흥하시길 주청합니다. 그리하여 博士의 관직에 弟子 50명을 두고 그 身役을 면제토록 하십시오. 太常은 백성 중에서 나이 18세 이상으로 의표가 단정한 자를 골라 박사의 제자로 임명케 하십시오. 郡國이나 縣에서는 文學을 좋아하고 어른을 공경하고 政敎에 엄숙히 따르고 향리에 순응하며 행실이 나쁘지 않은 자를 골라서 현령이나 侯相, 縣長, 縣丞이 소속된 태수에게 올려 보고하게 하십시오. 二千石(太守)은 쓸 만한 자를 엄밀히 살펴 골라서 計吏와 함께 太常에게 보내어 제자와 함께 수업을 받게 합니다. 그리하여 모두를 1년마다 그 과업을 평가하여 一藝 이상 능통한 자는 文學掌故의 결원에 보충하고 그중 우수자는 郞中에 임용케 하되 太常이 석차 명부를 상주케 합니다. 만일 秀才나 특별한 자가 있다면 즉시 명단을 올리게 합니다. 그중 배움에 힘쓰지 않아 하등급에 속하거나 六藝 중 하나도 능통하지 못한 자는 바로 그만두게 하고 직분에 합당한 자는 임명을 주청하게 합니다. 臣이 지금까지 하달된 詔書나 律令를 살펴보면 天道와 人道의 구분을 분명히 하셨고 고금의 대의에 통달하였으며 문장은 바르고 뜻은 매우 심오하며 베푸신 은택은 매우 훌륭하셨습니다. 그렇지만 小吏들은 학식이 얕아서 그 뜻을 다 알지 못하기에 폐하의 뜻을 널리 알려 아래 백성을 깨우치지 못합니다. 治禮掌故와 文學禮義의 관리들은 그 승진이 막혀 있습니다. 질록이 比 二百石 이상이거나 백석 이상의 관리로서 한 가지 학문 이상 능통한 자를 선임하여 左右內史나 大行令의 卒史에 임명하고, 比百石 이하는 郡 太守의 卒史로 각각 2인을 임명하며, 변방의 군에는 1인을 임명할 것을 주청합니다. 독서를 많이 한 자를 먼저 등용하되 부족하면 掌故 중에서 선별하여 中二千石의 속리로 보임하고 文學掌故는 郡의 속리로 임명하되 예비 관원을 선발할 것을 주청합니다. 이를 공령에 기록할 것을 주청합니다. 기타는 율령에 의거할 것입니다."

制曰, "可." 自此以來, 公卿大夫士吏彬彬多文學之士矣.

昭帝時舉賢良文學, 增博士弟子員滿百人, 宣帝末增倍之. 元帝好儒, 能通一經者皆復. 數年, 以用度不足, 更爲設員千人, 郡國置《五經》百石卒史. 成帝末, 或言孔子布衣養徒三千人, 今天子太學弟子少, 於是增弟子員三千人. 歲餘, 復如故. 平帝時王莽秉政, 增元士之子得受業如弟子, 勿以爲員, 歲課甲科四十人爲郎中, 乙科二十人爲太子舍人, 丙科四十人補文學掌故云.

| 註釋 | ○彬彬多文學之士矣 – 彬彬(빈빈)은 글의 내용과 수식이 어우러져 아름다운 모양. 文學은 學問의 뜻이며, 학문은 곧 儒學이며 經學. ○賢良文學 – 현량 방정한 인재와 학문이 깊은 인재. 인재 천거의 대표적 영역. 漢代 인재 천거의 영역으로는 孝廉, 茂才, 賢良方正, 文學, 明經, 明法, 治劇, 兵法, 陰陽災異 등이었다. 賢良方正은 인재 등용 방법 중 特科에 속했고 孝廉과 茂材는 常科였다. 현량은 재덕이 고루 출중하다는 뜻. 일단 추천을 받으면 對策에 응하고 거기서 高第에 속하면 바로 관리에 임용되었다. 漢代 選官에서는 賢良을 가장 우대, 중시했다. ○《五經》百石卒史 – 郡國의 향학에서 경전 교수를 담당하는 사람. ○元士 – 善士, 上士. ○勿以爲員 – 員은 常員, 정원. 정원으로 정하지 않다. ○太子舍人 – 질 2백석. 태자태부나 태자소부의 속관.

〖國譯〗

制書를 내려 "可하다."고 하였다. 이후로 공경대부와 관리에 학문으로 문채가 나는 士人들이 많아졌다.

昭帝 때는 賢良文學을 천거 받아 博士의 弟子 정원은 백 명으로 증원하였고 宣帝 때에는 두 배로 늘리지는 않았다. 元帝는 유학을 좋아하여 一經 이상에 능통한 자는 모두 요역과 부세를 면제시켰다. 몇 년 뒤에 인원이 부족하자 다시 인원을 천명으로 늘렸고 군국에서는 《五經》에 밝은 질록 1백석의 卒史를 두었다. 成帝 말년에 어떤 자가 공자는 布衣로 제자 3천 명을 양성했었는데 지금 천자의 太學에 弟子 인원이 적다고 건의하여 제자 인원을 3천 명으로 늘렸다. 일 년 뒤에는 전처럼 신역과 부세를 면제하였다. 平帝 시 왕망이 권력을 잡고 元士의 자제로 박사의 제자처럼 수업을 받는 자의 정원을 정하지 않았고 매년 평가를 하여 甲科 40인을 郎中에, 乙科 20인을 太子舍人에, 丙科 40인을 文學掌故에 보임했다고 하였다.

原文

自魯商瞿子木受《易》孔子, 以授魯橋庇子庸. 子庸授江東馯臂子弓. 子弓授燕周醜子家. 子家授東武孫虞子乘. 子乘授齊田何子裝. 及秦禁學, 《易》爲筮卜之書, 獨不禁, 故傳受者不絶也. 漢興, 田何以齊田徙杜陵, 號杜田生, 授東武王同子中, 雒陽周王孫, 丁寬, 齊服生, 皆著《易傳》數篇. 同授淄川楊何, 字叔元, 元光中徵爲太中大夫. 齊卽墨城, 至城陽相. 廣川孟但, 爲太子門大夫. 魯周霸, 莒衡胡, 臨淄主父偃, 皆以《易》至大官. 要言《易》者本之田何.

| 註釋 | ○魯商瞿子木 − 魯는 거주지. 商瞿(상구)는 성명, 子木은 字. 이후 인명에 대한 언급은 대개 이런 식이다. ○魯橋庇子庸 − 橋庇(교비)는 성명. 子庸은 字. ○江東馯臂子弓 − 江東 馯臂(간비)의 馯(성씨 간)이 성. ○燕周醜子家 − 周醜가 성명. ○東武孫虞子乘 − 東武는 현명. 今 山東省 濰坊市 관할의 諸城市. ○齊田何子裝 − 《史記》에는 子莊. 班固가 明帝의 이름자를 피휘하였다. ○田何以齊田 − 齊의 田씨. 전국시대 齊 王室은 田氏이었다. ○杜陵(두릉) − 宣帝의 능. 陵縣 이름. 今 陝西省 西安市 長安縣 서북. ○淄川楊何 − 淄川(치천)은 郡國 名. ○元光 − 무제의 연호, 前 134 − 129년. ○太中大夫 − 낭중령(光祿勳)의 속관. 국정 전반에 관한 議論을 담당. 질 比一千石. ○卽墨城 − 卽墨(즉묵)이 姓. 이름이 城. ○至城陽相 − 城陽은 제후국. 相은 제후국의 승상. 나중에는 행정을 담당. 군 태수와 동급. ○廣川孟但 − 廣川은 군국명. 광천국의 治所는 信都縣(今 河北省 衡水市 관할의 冀州市). 信都國, 信都郡 등으로 명칭이 수시로 바뀌었다. ○太子門大夫 − 태자태부의 속관. ○周霸(주패) − 인명. ○莒衡胡 − 莒(거)는 현명. 今 山東省 日照市 관할 莒縣. ○臨淄主父偃 − 臨淄(임치)는 전국시대 齊 도읍. 今 山東省 淄博市. 主父偃(주보언)의 主父는 복성. 64권, 〈嚴朱吾丘主父徐嚴終王賈傳〉(上)에 입전.

〖 國譯 〗

魯의 商瞿(상구, 字 子木)는 공자에게 《易》을 배운 이후, 魯의 橋庇(교비, 字 子庸)에게 전수하였다. 子庸(자용)은 이를 江東의 馯臂(간비, 字 子弓)에게 전수했고. 子弓(자궁)은 燕의 周醜(주추, 字 子家)에게 전수하였다. 子家(자가)는 東武縣의 孫虞(손우, 字 子乘)에게 전수했다.

子乘(자승)은 齊의 田何(전하, 字 子裝)에게 전수하였다. 秦代에 이르러 학문이 금지되었지만 《易》은 점치는 책(筮卜之書)이라서 금지되지 않았기에 전수자가 단절되지 않았다. 漢이 건국된 뒤에 田何는 齊의 田氏로 杜陵(두릉)으로 이사하여 杜田生이라 불리었는데,《易》을 東武縣 王同(왕동, 字 子中)과 雒陽(낙양)의 周王孫(주왕손), 丁寬(정관), 齊의 服生(복생)에게 전수했고 이들은 모두《易傳》여러 편을 저술하였다. 동시에 淄川(치천)의 楊何(양하)는 字가 叔元인데 元光 연중에 부름을 받아 太中大夫가 되었다. 齊의 即墨城(즉묵성)은 관직이 城陽國 승상에 올랐다. 廣川郡의 孟但(맹단)은 太子門大夫가 되었다. 魯의 周霸(주패), 莒縣(거현)의 衡胡(형호), 臨淄(임치)의 主父偃(주보언) 등은 모두《易》을 전공하여 고관이 되었다. 요약하면《易》의 전승은 田何(전하)에서 시작되었다.

88-1. 丁寬

原文

丁寬字子襄, 梁人也. 初, 梁項生從田何受《易》, 時寬爲項生從者, 讀《易》精敏, 才過項生, 遂事何. 學成, 何謝寬. 寬東歸, 何謂門人曰, "《易》以東矣." 寬至雒陽, 復從周王孫受

古義, 號《周氏傳》. 景帝時, 寬爲梁孝王將軍距吳, 楚, 號丁
將軍, 作《易說》三萬言, 訓故擧大誼而已, 今《小章句》是也.
寬授同郡碭田王孫. 王孫授施讎, 孟喜, 梁丘賀. 繇是《易》有
施, 孟, 梁丘之學.

| 註釋 | ○梁 – 국명. 치소는 睢陽(수양, 今 河南省 商丘市). ○何謝寬 – 謝
는 歸去하라고 명하다. ○《易》以東矣 – 東은 동쪽으로 가다. 동사로 쓰였
음. ○距吳, 楚 – 距는 대항하다. 吳, 楚는 오초7국의 난. ○訓故擧大誼而已
– 訓故는 訓詁(훈고), 字意를 해석하다. 大誼는 大義. ○碭田王孫 – 碭(탕)은
梁國의 縣名. 今 河南省 商丘市 관할의 夏邑縣.

〔國譯〕

　丁寬(정관)의 字는 子襄(자양)으로 梁國 사람이다. 그전에 梁의 項
生(항생)은 田何(전하)로부터 《易》을 전수받는데 그때 항생의 從者
인 정관은 《易》을 공부하여 정통하였고 그 재능이 항생보다 뛰어나
나중에 전하로부터 배웠다. 학문이 완성되자 전하는 정관에게 돌아
가라고 명했다. 정관이 떠나갈 때 전하가 門人들에게 말했다.

　"《易》이 동쪽으로 갔다."

　정관은 낙양에 와서 다시 周王孫으로부터 古義를 전수받았는데
이를 《周氏傳》이라 하였다. 景帝 때 정관은 梁 孝王의 장군이 되어
吳와 楚에 맞서 싸워 丁將軍이라고 불렸는데 《易說》 3만여 자를 저
술하였고 訓詁(훈고)에서는 그 대의만을 강조하였으니 지금 《小章
句》라 하는 것이 이것이다. 정관은 같은 郡 碭縣(탕현)의 田王孫(전왕
손)에게 전수하였다. 전왕손은 施讎(시수), 孟喜(맹희), 梁丘賀(양구하)

에게 전수하였다 이로부터 《易》에는 시수, 맹희, 양구하의 學問(學派)이 생겼다.

88-2. 施讎

原文

施讎字長卿, 沛人也. 沛與碭相近, 讎爲童子, 從田王孫受《易》. 後讎徙長陵, 田王孫爲博士, 復從卒業, 與孟喜,梁丘賀並爲門人. 謙讓, 常稱學廢, 不敎授. 及梁丘賀爲少府, 事多, 乃遣子臨分將門人張禹等從讎問. 讎自匿不肯見, 賀固請, 不得已乃授臨等. 於是賀薦讎, "結髮事師數十年, 賀不能及." 詔拜讎爲博士. 甘露中與《五經》諸儒雜論同異於石渠閣. 讎授張禹,琅邪魯伯. 伯爲會稽太守, 禹至丞相. 禹授淮陽彭宣, 沛戴崇子平. 崇爲九卿, 宣大司空. 禹,宣皆有傳. 魯伯授太山毛莫如少路,琅邪邴丹曼容, 著淸名. 莫如至常山太守. 此其知名者也. 由是施家有張,彭之學.

| 註釋 | ○沛 - 군명. 치소는 相縣〔今 安徽省 淮北市 관할 濉溪縣(수계현)〕. ○少府 - 九卿의 하나. 질록 중이천석. 황실의 재산 및 재정 관리. ○張禹 -

81권, 〈匡張孔馬傳〉에 입전. ○結髮 – 童子 지절. ○甘露(감로) – 宣帝 연호. 前 53 – 50년. ○石渠閣 – 미앙궁 내 북쪽에 있는 장서각. ○會稽 – 郡名. 치소는 吳縣(今 江蘇省 蘇州市). ○宣大司空 – 彭宣(팽선, ? – 서기 4)은 71권, 〈雋疏于薛平彭傳〉에 입전. 대사공은 어사대부. 성제 말년에 대사공으로 명칭이 바뀌었다. ○太山毛莫如少路 – 太山은 泰山. 군명. 치소는 博縣, 今 山東省 泰安市. 毛는 姓, 屯이어야 한다는 주석이 있다. 莫如는 이름. 少路는 字. ○邴丹曼容 – 邴丹(병단)은 성명. 邴漢(병한)의 아들. 曼容은 字. 72권, 〈王貢兩龔鮑傳〉의 龔勝, 龔舍의 입전 내용 참고. ○常山 – 군국명. 치소는 元氏縣(今 河北省 石家莊市 元氏縣).

〖 國譯 〗

　施讎(시수)의 字는 長卿(장경)으로 沛郡 사람이다. 沛郡과 碭縣(탕현)은 서로 가까워 시수는 동자 시절부터 田王孫을 모시고 《易》을 전수받았다. 뒤에 시수는 長陵縣으로 이사했지만 田王孫이 박사가 되어 장안에 있었기에 다시 모시고 공부하여 학업을 마쳤는데 孟喜(맹희), 梁丘賀(양구하)와 같은 문인이었다. 시수는 겸양하여 늘 학문이 모자란다며 남을 가르치지 않았다. 양구하는 少府가 되었는데 업무가 많아 아들 梁丘臨(양구임)과 문인 張禹(장우) 등을 함께 보내어 시수에게 배우도록 시켰다. 시수는 스스로 은거하면서 만나려 하지 않았지만 양구하가 간청하자 부득이 양구임 등을 가르쳤다. 이에 양구하는 시수를 천거하였는데 "어린 동자 시절부터 스승을 모시고 학문하기 수십 년에 양구하가 따라갈 수 없습니다."라고 하였다. 조서를 내려 시수를 博士에 임명하였다. 宣帝 甘露 연간에 여러 유생과 함께 石渠閣(석거각)에서 《五經》의 同異에 관하여 자유토론을 하였다. 시수는 張禹(장우)와 琅邪縣(낭야현)의 魯伯(노백)에게 전수하였다. 노백이 뒷날 會稽(회계) 태수가 되었고 장우는 승상이 되었다. 장우는 淮陽郡의 彭宣(팽선)과 패군의 戴崇(대숭, 字 子平)에 게 전수했다. 대숭은 九卿에 올랐고 팽선은 大司空이 되었다. 장우와 팽선 모두 입전했다. 魯伯은 太山郡의 毛莫如(모막여, 字 少路)와 琅邪縣의 邴丹(병단, 字 曼容)에게 전수했고 모두 청렴하다고 이름이 났었다. 모막여는 常山郡 太守를 역임했다. 이처럼 모두가 유명하였다. 이로부터 시수의 가문에서 장우와 팽선의 학문이 형성되었다.

88-3. 孟喜

原文

孟喜字長卿, 東海蘭陵人也. 父號孟卿, 善爲《禮》,《春秋》, 授后蒼,疏廣. 世所傳《后氏禮》,《疏氏春秋》, 皆出孟卿. 孟卿以《禮經》多,《春秋》煩雜, 及使喜從田王孫受《易》. 喜好自稱譽, 得《易》家候陰陽災變書, 詐言師田生且死時枕喜膝, 獨傳喜, 諸儒以此耀之. 同門梁丘賀疏通證明之, 曰, "田生絶於施讎手中, 時喜歸東海, 安得此事?" 又蜀人趙賓好小數書, 後爲《易》, 飾《易》文, 以爲'箕子明夷, 陰陽氣亡箕子, 箕子者, 萬物方荄茲也.'賓持論巧慧,《易》家不能難, 皆曰'非古法也.'云受孟喜, 喜爲名之. 後賓死, 莫能持其 說. 喜因不肯仞, 以此不見信. 喜擧孝廉爲郞, 曲臺署長, 病 免, 爲丞相掾. 博士缺, 衆人薦喜. 上聞喜改師法, 遂不用 喜. 喜授同郡白光少子, 沛翟牧子兄, 皆爲博士. 由是有翟, 孟,白之學.

|註釋| ○東海蘭陵 − 東海 郡名. 蘭陵(난릉)은 현명. 今 山東省 臨沂市 (임기시) 蒼山縣. ○孟卿 − 卿은 公의 뜻. 존칭. ○疏廣(소광) − 71권, 〈雋疏 于薛平彭傳〉에 입전. ○諸儒以此耀之 − 諸儒들에게 그것을 자랑하다. 큰 자 랑으로 여기다. ○疏通證明之 − 疏通은 분별하다. 證明은 거짓임을 밝히다. ○小數書 − 小數는 下等의 점치는 방법을 적은 책. ○箕子明夷 − 箕子의 明 夷(명이)이다. 明夷는 주역 64괘의 하나. ☷(地) 아래에 ☲(火)가 있는 형태 로 太陽이 산 아래에 잠긴 모양. 역경에 처했으나 그럴수록 마음을 곧고 바 르게 가져야 한다고 풀이한다. 이는 明夷 괘의 六五 효사인데, 이 箕子를 인 명이 아닌 다른 뜻으로 풀이했다. ○萬物方茲荄也 − 茲荄(해자)는 무성한 뿌 리. 茲는 뿌리 해. 荄는 무성할 자. ○不肯仞 − 仞(여덟 자 인, 잴 인)은 認의 古字. ○曲臺署長 − 曲台殿의 관리자. ○師法 − 스승의 학설. ○沛翟牧子 兄 − 沛郡 翟牧(적목. 字는 子兄(자황)). 兄은 클 황. 형님 형.

〖國譯〗

孟喜(맹희)의 字는 長卿(장경)으로, 東海郡 蘭陵縣 사람이다. 부친 은 孟卿(맹경)이라 불렸는데《禮》와《春秋》에 밝았고 그 학문을 后蒼 (후창)과 疏廣(소광)에게 전수했다. 세간에 전하는《后氏禮》와《疏氏

春秋》는 모두 맹경에서 시작되었다. 《禮經》은 多大하고 《春秋》는 번잡하다고 생각한 맹경은 아들 맹희로 하여금 田王孫(전왕손)에게서 《易》을 배우게 하였다. 맹희는 스스로 자랑하기를 좋아하였고 《易》을 하는 사람으로서 음양과 재이를 알아내는 책을 터득했다면서 거짓으로 스승인 전왕손이 죽기 직전 자신의 무릎을 베고 자신에게만 비법을 전해주었다고 여러 유생들에게 자랑하였다. 同門인 梁丘賀(양구하)는 증거를 대며 증명하기를 "田生께서는 施讎(시수)의 품에서 돌아가셨으며 그때 맹희는 동해군에 가 있었는데 어찌 그럴 수 있겠는가?"라고 말했다. 또 蜀郡 사람 趙賓(조빈)은 하등의 점술서를 좋아하였는데 뒷날 《易》을 배워 《易》으로 꾸미는 글을 지어 말하곤 했는데 '箕子之明夷'에서 음양의 기운이 기자를 멸망시켰다는 말에 대하여 箕子란 '萬物이 바야흐로 뿌리가 번성한다.'는 뜻이라고 생각하였다. 조빈의 지론은 정교하면서도 지혜로워 《易》을 하는 사람들도 비판하지 못하고 다만 '옛 해석이 아니다.'라고 말했다. 조빈은 孟喜로부터 전수받았다고 말했고, 맹희도 조빈을 가르쳤다고 자랑하였다. 뒷날 조빈이 죽어 맹희의 말을 지지할 수가 없었다. 맹희는 결국 그 사실을 인정할 수가 없었고 맹희는 그 때문에 불신을 당하였다. 맹희가 효렴으로 천거되어 낭관으로 曲臺殿의 署長이었는데 병으로 사직했다가 다시 승상부의 속관이 되었다. 박사에 결원이 나자 여러 사람이 맹희를 천거하였다. 황제는 맹희가 스승의 학설을 바꾸어 말했다는 말을 들었기에 결국 맹희를 등용하지 않았다. 맹희는 같은 군의 白光(백광, 字 少子)과 沛郡의 翟牧〔적목, 字 子兄(자황)〕에게 전수하였고 모두 박사가 되었다. 이로부터 적목, 맹희, 백광의 學이 시작되었다.

88-4. 梁丘賀

梁丘賀字長翁, 琅邪諸人也. 以能心計, 爲武騎. 從太中大夫京房受《易》. 房者, 淄川楊何弟子也. 房出爲齊郡太守, 賀更事田王孫. 宣帝時, 聞京房爲《易》明, 求其門人, 得賀. 賀時爲都司空令. 坐事, 論免爲庶人. 待詔黃門數入說敎侍中, 以召賀. 賀入說, 上善之, 以賀爲郎. 會八月飲酎, 行祠孝昭廟, 先驅旄頭劍挺墮墜, 首垂泥中, 刃鄉乘輿車, 馬驚. 於是召賀筮之, 有兵謀, 不吉. 上還, 使有司侍祠. 是時, 霍氏外孫代郡太守任宣坐謀反誅, 宣子章爲公車丞, 亡在渭城界中, 夜玄服入廟, 居郎間, 執戟立廟門, 待上至, 欲爲逆. 發覺, 伏誅. 故事, 上常夜入廟, 其後待明而入, 自此始也. 賀以筮有應, 由是近幸, 爲太中大夫, 給事中, 至少府. 爲人小心周密, 上信重之. 年老終官. 傳子臨, 亦入說, 爲黃門郎. 甘露中, 奉使問諸儒於石渠. 臨學精孰, 專行京房法. 琅邪王吉通《五經》, 聞臨說, 善之. 時, 宣帝選高材郎十人從臨講, 吉乃使其子郎中駿上疏從臨受《易》. 臨代五鹿充宗君孟爲少府, 駿御史大夫, 自有傳. 充宗授平陵士孫張仲方, 沛鄧彭祖子夏, 齊衡咸長賓. 張爲博士, 至揚州牧, 光祿大夫給事中, 家世傳業. 彭祖, 眞定太傅. 咸, 王莽講學大夫.

由是梁丘有士孫,鄧,衡之學.

ㅣ註釋ㅣ ○諸 - 현명. 今 山東省 諸城市. ○齊郡 - 치소는 臨淄縣(今 山東省 淄博市). ○都司空令 - 宗正(九卿의 하나)의 속관, 토목 공정 및 건축 관련 업무 담당. ○坐事 - 犯法. 論은 판결하다. ○待詔黃門 - 관직명. 待詔는 특별한 전문지식이 있어 필요에 따라 명을 받아 업무 처리. ○八月飲酎 - 飲酎(음주)는 醇酒(순주)를 마시다. 종묘에서 순주를 시음하는 행사에 제후 왕이나 열후는 제사비용을 헌금하였다. ○旄頭劍挺墮墜 - 旄頭(모두)는 깃대로 장식하다. 挺은 뺄 정. 빠지다. 墮는 떨어질 타. 墜는 땅 지(地의 古字). ○代郡 - 치소는 代縣〔今 河北省 張家口市 관할의 蔚縣(울현)〕. ○公車丞 - 公車司馬丞의 약칭. 公車司馬令의 보좌관으로 衛尉(위위, 궁궐 수비 책임자, 九卿의 하나)의 속관. ○渭城 - 현명. 今 陝西省 咸陽市 동북. ○玄服 - 종묘제사 참여자는 검은 祭服을 입었다. ○故事 - 前例. ○給事中 - 加官의 칭호. 궁중의 일을 담당하거나 황제의 고문에 응대하고 尙書의 일을 분담하는 中朝의 요직. ○黃門郎 - 黃門侍郎의 약칭. 황제의 측근에서 시중을 들며 고문에 응대하거나 외출 시 陪乘(배승)하는 등 황제와 긴밀한 요직. 重臣이나 외척의 자제나 부마가 주로 담당. ○甘露 - 선제의 연호. 前 53 - 50년. ○琅邪王吉 - 낭야군의 王吉(왕길)은 72권, 〈王貢兩龔鮑傳〉에 입전. ○五鹿充宗君孟 - 五鹿은 복성. 充宗은 이름. 字는 君孟. ○自有傳 - 王駿은 王吉 뒤에 附傳. ○平陵 - 소제의 능. 西漢 5개 陵縣의 하나. ○揚州牧 - 揚州 刺史. 13部 자사는 질록이 6백석에 불과했으나 成帝 말년에 자사를 牧으로 개칭하면서 질록 2천석으로 크게 높였다. ○眞定 - 常山郡의 일부를 분리한 제후국.

〔國譯〕

　梁丘賀(양구하)의 字는 長翁(장옹)으로, 琅邪郡(낭야군) 諸縣(제현)
사람이다. 책략에 능했으며 무장 기병이 되었다. 太中大夫인 京房
으로부터 《易》을 배웠다. 경방은 淄川(치천) 楊何(양하)의 제자이다.
경방이 齊郡太守로 나가자 양구하는 다시 田王孫(전왕손)에게 배웠
다. 선제 때 京房이 《易》에 밝다 하여 그 제자를 찾아 양구하를 발탁
하였다. 양구하는 그때 都司空令이 되었다. 나중에 법에 걸려 죄가
인정되어 면직당해 서인이 되었다. 待詔黃門(대조황문)이 여러 차례
입궁하여 시중에게 경전을 강론하면서 양구하를 徵召(징소)하게 하
였다. 양구하가 입궁하여 강술하자 宣帝가 인정하면서 양구하를 낭
관에 임명하였다. 그때 8월 종묘에서 음주 행사를 하고 孝昭帝의 묘
당에 행차하여 제사할 때였는데 행렬에 앞서 가던 깃발 끝에 꽂힌
칼이 떨어져 땅에 떨어지면서 그 끝이 진흙 속에 처박히며 칼날이
수레 쪽으로 떨어지자 말이 놀랬다. 이에 양구하를 불러 점을 치게
하였는데 兵器를 가진 모의가 있어 불길하다고 말했다. 선제는 되돌
아왔고 담당자를 보내 제사하게 하였다. 이때 霍光(곽광)의 사위인
代郡太守 任宣(임선)은 모반에 연루되어 주살되었는데 임선의 아들
이며 곽광의 외손자인 任章은 公車丞(공거승)이었으나 도주하여 渭
城縣(위성현)에 숨어 있다가 밤에 검은 옷을 입고 묘당의 낭하 사이
에서 창을 들고 묘당 문을 지키다가 선제가 도착하기를 기다려 시해
하려고 했다. 이것이 발각되고 처형되었다. 전례에는 황제가 어두
울 때 묘당에 들어갔었는데 이때부터 날이 밝기를 기다려 들어가게
되었다.

　양구하가 점을 친 것이 효험이 있었기에 이때부터 측근으로 총애

를 받아 太中大夫 給事中이 되었다가 少府까지 승진하였다. 양구하는 사람됨이 신중하고 치밀하여 선제의 신임을 받았다. 나이가 많아 관직을 마쳤다. 학문을 아들 梁丘臨(양구림)에게 전했고 양구림도 입궁하여 학술을 강론하여 黃門郎이 되었다. 甘露 연간에 사명을 받아 石渠閣에서 여러 유생과 토론하였다. 양구림은 학문이 정밀하고 원숙하며 京房(경방)의 학통을 이었다. 낭야군의 王吉(왕길)은 《五經》에 두루 밝았는데 양구림의 강술을 듣고 칭찬하였다. 그 무렵 선제는 재주가 뛰어난 낭관 10명을 골라 황제에게 강연하게 하였는데 왕길은 자신의 아들인 郞中 王駿(왕준)으로 하여금 상소하여 양구림으로부터 《易》을 배우게 시켰다. 양구림은 五鹿充宗(오록충종, 자 君孟)의 후임으로 少府가 되었고, 왕준은 어사대부가 되었는데 모두 본서에 입전하였다. 오록충종은 평릉현 士孫張(사손장, 字 仲方)과 沛郡(패군) 鄧彭祖(등팽조, 字 子夏), 齊郡 衡咸(형함, 字 長賓)에게 전수하였다. 사손장은 博士가 되었다가 揚州牧(前 刺史)을 거쳐 光祿大夫 給事中이 되어 집안의 학문을 계승하였다. 등팽조는 眞定國의 太傅가 되었다. 형함은 왕망의 講學大夫였었다. 이로써 양구하의 《易》에는 사손장, 등팽조, 형함의 학파가 있었다.

88-5. 京房

原文

京房受《易》梁人焦延壽. 延壽云嘗從孟喜問《易》. 會喜死, 房以爲延壽《易》卽孟氏學, 翟牧,白生不肯, 皆曰"非也." 至成帝時, 劉向校書, 考《易》說, 以爲諸《易》家說皆祖田何, 楊叔,丁將軍, 大誼略同, 唯京氏爲異, 黨焦延壽獨得隱士之說, 托之孟氏, 不相與同. 房以明災異得幸, 爲石顯所譖誅, 自有傳. 房授東海殷嘉,河東姚平,河南乘弘, 皆爲郞,博士. 由是《易》有京氏之學.

| 註釋 | ○京房(경방, 前 77 - 37) - 字는 君明. 75권, 〈眭兩夏侯京翼李傳〉에 입전. ○焦延壽(초연수) - 焦는 성, 名은 贛(공). 延壽는 字. ○翟牧,白生 - 翟牧(적목)의 字는 子兄(자황), 白生의 名은 光, 字는 少子. 모두 孟喜의 제자. ○劉向校書 - 劉向은 36권, 〈楚元王傳〉에 附傳. ○楊叔 - 楊叔元. 丁將軍은 위의 丁寬(정관). ○大誼 - 大義. 誼는 義. ○黨焦延壽~ - 黨은 혹시(儻也). 아마도. 거의. ○石顯 - 원제 때는 환관인 중서령 石顯(석현)이 정사를 독점했었다. 93권, 〈佞幸傳〉에 立傳. ○東海殷嘉 - 東海郡. 殷嘉는 段嘉(단가)이어야 한다는 주석에 따른다.

〖國譯〗

京房(경방)은 《易》을 梁人 焦延壽(초연수)로부터 전수받았다. 초연수는 일찍이 孟喜(맹희)에게서 《易》을 배웠다. 맹희가 죽으면서 경

방은 초연수의 《易》이 곧 맹희의 學統이라고 말했지만 翟牧(적목)과
白光(백광) 등은 부정하면서 모두 "그렇지 않다."고 하였다. 成帝 때,
劉向(유향)이 校書하면서 《易》의 학통을 상고하여 《易》의 학파는 모
두 田何(전하), 楊叔元(양숙원), 丁將軍(丁寬)을 이어온 것으로 그 大義
는 대략 동일하나 오직 京房만 차이가 나는데, 이는 아마도 초연수
가 홀로 隱士의 학설을 받아들이면서 맹희에게 가탁하였기에 서로
같지 않다고 말하였다. 경방은 재이에 대하여 잘 알았기에 신임을
받았으나 환관 石顯(석현)에게 주살당했는데 본서에 입전하였다. 경
방은 東海郡 段嘉(단가), 河東郡 姚平(요평), 河南郡 乘弘(승홍)에게
전수하였고 모두 낭관이나 박사가 되었다. 이때부터 《易》에 京房의
學統이 생겼다.

88-6. 費直

原文

費直字長翁, 東萊人也. 治《易》爲郞, 至單父令. 長於卦
筮, 亡章句, 徒以〈彖〉〈象〉,〈繫辭〉十篇文言解說上下經.
琅邪王璜,平中能傳之. 璜又傳古文《尙書》.

| 註釋 | ○爲郞 – 郞官이 되다. 郞官은 郞吏. 郞中令의 속관. 황궁, 조정

의 각종 門戶 수비. 황제 호위 임무. 議郞, 中郞, 侍郞 郞中의 직분이 있고 질록 比 3백석부터 6백석까지 여러 층. 무 정원, 1천 명일 때도 있었다. 任子令(2천석 이상 관리의 자제를 낭관에 특채)에 의한 임용, 貲選(재물을 바치고 임용), 軍功에 의거 임용 등 임용방법이 다양. 武帝 때부터는 孝廉이나 明經으로 추천된 자 중에서도 임용. 일정 기간이 지나면 승진할 수 있기에 관직에 들어가는 첫 계단이었다. ○東萊(동래) – 郡名. 치소는 掖縣(액현, 今 山東省 萊州市). ○單父(선보) – 현명. 今 山東省 菏澤市 관할의 單縣. ○十篇文言 –《易經》의 十翼(십익)을 뜻함. 文言은 '之言'의 착오라는 주석에 따른다. 十翼에는 〈文言傳〉이 들어간다. ○王璜(왕황) – 〈溝洫志(구혁지)〉에는 王橫으로 기록되었다.

〖國譯〗

費直(비직)의 字는 長翁(장옹)으로 東萊郡 사람이다. 《易》을 전공하여 郞官으로 單父(선보) 현령이 되었다. 점치기에 능했고 저서는 없이 다만 《易經》의 〈彖(단)〉〈象(상)〉과 〈繫辭(계사)〉 등 10편의 글을 가지고 上下經(《易經》)을 해설하였다.

琅邪郡의 王璜(왕황), 平中(평중)에게 이를 전수하였다.

왕황은 또 古文 《尙書》를 전수받았다.

88-7. 高相

原文

高相, 沛人也. 治《易》與費公同時, 其學亦亡章句, 專說陰
陽災異, 自言出於丁將軍. 傳至相, 相授子康及蘭陵毋將永.
康以明《易》爲郎, 永至豫章都尉. 及王莽居攝, 東郡太守翟
誼謀擧兵誅莽, 事未發, 康候知東郡有兵, 私語門人, 門人上
書言之. 後數月, 翟誼兵起, 莽召問, 對受師高康. 莽惡之,
以爲惑衆, 斬康. 由是《易》有高氏學. 高,費皆未嘗立於學
官.

| 註釋 | ○毋將永(무장영) ─ 毋(무)는 성씨. ○豫章 ─ 군명. 치소는 南昌
縣, 今 江西省 省都(省會)인 南昌市. ○王莽居攝 ─ 居攝은 攝位(섭위). (儒子
嬰. 서기 6 ─ 8년). ○東郡太守翟誼 ─ 東郡의 치소는 濮陽縣(今 河南省 동북
부 濮陽市). 翟誼(적의, 翟義)는 승상을 역임했던 翟方進의 아들. 84권, 〈翟方
進傳〉에 附傳. ○候知 ─ 엿보아 알아내다. 관찰하다.

〔國譯〕

高相(고상)은 沛郡 사람이다. 費直(비직)과 함께《易》을 전공하였
는데 그 역시 저술은 없고 오직 음양과 재이에 대해서만 강설하였었
는데 대개가 丁將軍(丁寬)에게 배운 것이었다. 고상은 전수받은 것
을 아들 高康(고강)과 난릉현의 毋將永(무장영)에게 전수하였다. 고

강은 《易》에 밝다 하여 낭관이 되었고 무장영은 豫章郡 都尉가 되었다. 왕망이 섭위할 때 東郡太守인 翟誼(적의)가 왕망을 치려는 거병을 모의했는데 사건이 발생하기 전에 고강은 앞으로 동군에서 병란이 일어날 것을 미리 알고 제자에게 슬쩍 말해주자 제자는 이를 상서하였다. 그 몇 달 뒤 적의의 군사가 봉기하자 왕망이 불러 묻자 스승 고강한테 들었다고 말했다. 이에 왕망은 증오하면서 민중을 현혹시킨다고 고강을 참수하였다. 이로써 《易》에 高氏의 學問이 있었으나 高相과 費直 모두 학통이 이어지지 못했다.

88-8. 伏生

原文

伏生, 濟南人也, 故爲秦博士. 孝文時, 求能治《尙書》者, 天下亡有, 聞伏生治之, 欲召. 時伏生年九十餘, 老不能行, 於是詔太常, 使掌故朝錯往受之. 秦時禁《書》, 伏生壁藏之, 其後大兵起, 流亡. 漢定, 伏生求其《書》, 亡數十篇, 獨得二十九篇, 卽以敎於齊,魯之間. 齊學者由此頗能言《尙書》, 山東大師亡不涉《尙書》以敎. 伏生敎濟南張生及歐陽生. 張生爲博士, 而伏生孫以治《尙書》徵, 弗能明定. 是後魯周霸,雒陽賈嘉頗能言《尙書》云.

| 註釋 |　○伏生 - 이름은 勝.　○濟南 - 군명. 치소는 平陵縣(今 山東省 濟
南市 관할 章丘市).　○掌故(장고) - 옛 예악이나 제도의 典章에 대한 자문을
담당하는 직책. 업무에 따라 太常掌故, 太史掌故, 治禮掌故, 文學掌故 등으
로 구분. 질록 6백석.　○朝錯 - 인명. 鼂錯(조조. 前 200 - 154). '晁錯', '朝
錯'으로도 표기. 鼂(晁)는 朝의 古字.《史記》와《漢書》에는 鼂錯(조조)로 기
록되었다. 조조는 法家의 학문을 공부하였고 태자의 家事 담당하는 太子家
令으로 근무하였기에 경제의 신임이 두터웠다. 〈削藩策〉을 주장하여 吳楚七
國의 亂의 원인을 제공. 49권,〈爰盎鼂錯傳〉에 입전.　○雒陽賈嘉 - 낙양현은
하남군의 치소. 今 河南省 洛陽市. 賈嘉(가가)는 賈誼(가의)의 손자.

〔國譯〕

　　伏生(복생)은 濟南郡 사람으로, 예전에 秦의 博士이었다. 孝文帝
때《尙書》에 능통한 사람을 찾았으나 살아 있는 사람이 없는 줄 알
았다가 복생이 전공했다는 말을 듣고 징소하려 했다. 그때 복생은
나이 90여 세로 늙어 올 수가 없자 효문제는 太常에게 조서를 내려
掌故인 朝錯(조조, 鼂錯)를 보내 전수받게 하였다. 秦에서《尙書》를
금지시킬 때 복생은 그것을 벽속에 감추었는데 그 뒤에 병란이 계속
되는 동안 흩어졌었다. 漢이 안정되며 복생이《尙書》를 찾았을 때
수십 편이 없어졌고 겨우 29편을 가지고 齊와 魯에서 교육했다. 齊
와 魯의 學者들은 이로 인해 많은 사람들이《尙書》를 논했고, 山東
의 大師들은 모두《尙書》를 가르쳤다. 伏生은 濟南郡의 張生과 歐陽
生(구양생)에게 전수했다. 張生은 박사가 되었는데 복생의 손자도
《尙書》를 전공했다 하여 부름을 받았지만 명확하게 상정하지 못했

다. 이후로는 魯의 周霸(주패)와 雒陽(낙양)의 賈嘉(가가)가 《尙書》를 논할 수 있었다고 하였다.

88-9. 歐陽生

原文

歐陽生字和伯, 千乘人也. 事伏生, 授倪寬. 寬又受業孔安國, 至御史大夫, 自有傳. 寬有俊材, 初見武帝, 語經學. 上曰, "吾始以《尙書》爲樸學, 弗好, 及聞寬說, 可觀." 乃從寬問一篇. 大小夏侯氏學皆出於寬. 寬授歐陽生子, 世世相傳, 至曾孫高子陽, 爲博士. 高孫地餘長賓以太子中庶子授太子, 後爲博士, 論石渠. 元帝卽位, 地餘侍中, 貴幸, 至少府. 戒其子曰, "我死, 官屬卽送汝財物, 愼毋受. 汝九卿儒者子孫, 以廉潔著, 可以自成." 及地餘死, 少府官屬共送數百萬, 其子不受. 天子聞而嘉之, 賜錢百萬. 地餘少子政爲王莽講學大夫. 由是《尙書》世有歐陽氏學.

| 註釋 | ○千乘 − 郡縣名. 今 山東省 淄博市(치박시) 관할의 高靑縣. ○倪寬(예관. ? − 前 103) − 兒(성 예)와 通. 元封 원년(前 110) 司馬遷과 함께 太初

曆을 제정했다. 저서로 《兒寬》 9편이 있다. 58권, 〈公孫弘卜式兒寬傳〉 입전.
○孔安國 － 孔子 11세손. 《詩經》을 申培公에게, 《尙書》를 伏生에게 배웠고
武帝 때 五經博士로 董仲舒와 나란한 명성.   ○樸學(박학) － 名利을 목적으
로 하지 않는 학문. ○太子中庶子 － 태자의 시종.

[國譯]

　　歐陽生(구양생)의 字는 和伯(화백)으로 千乘縣(천승현) 사람이다.
복생에게서 배워 倪寬(예관)에게 전수하였다. 예관은 또 孔安國한테
도 배웠는데 관직은 御史大夫에 올랐으며 본서에 입전하였다. 예관
은 뛰어난 재주가 있어 武帝를 처음 알현하고 경학을 말하였다. 이
에 무제가 말했다. "나는 그전에 《尙書》가 지금은 통하지 않는 학문
이라 생각하여 좋아하지 않았는데 예관의 설명을 들으니 읽어야 하
겠다." 그리고 예관에게 1편의 설명을 들었다. 이후 구양생과 大小
의 夏侯氏(하후씨) 학문은 모두 예관으로부터 시작되었다. 예관은 구
양생의 아들에게 전수하여 이후 世世에 이어져 증손인 歐陽高(구양
고, 字 子陽)는 박사가 되었다. 구양고의 손자인 歐陽地餘(구양지여, 字
長賓)는 太子의 中庶子로 太子를 가르쳤고 나중에 박사가 되었으며
石渠閣에 참여했었다. 元帝가 즉위하고서 구양지여는 시중이 되어
신임을 얻고 少府가 되었다. 구양지여가 아들에게 일러 말했다. "내
가 죽으면 다른 관속들이 너에게 재물을 보태주겠지만 사양하며 받
지 말라. 너는 九卿이면서 유생의 자손이니 청렴해야만 스스로 성공
할 수 있다." 구양지여가 죽자 少府의 官屬들이 함께 수백만 전을
보내 왔으나 그 아들은 받지 않았다. 天子가 알고서는 가상히 여겨
백만 전을 하사하였다. 구양지여의 막내아들 歐陽政(구양정)은 왕망

의 강학대부가 되었다. 이로써 《尙書》에 歐陽氏學이 성립되었다.

88-10. 林尊

林尊字長賓, 濟南人也. 事歐陽高, 爲博士, 論石渠. 後至
少府,太子太傅, 授平陵平當, 梁陳翁生. 當至丞相, 自有傳.
翁生信都太傅, 家世傳業. 由是歐陽有平,陳之學. 翁生授琅
邪殷崇, 楚國龔勝. 崇爲博士, 勝右扶風, 自有傳. 而平當授
九江朱普公文, 上黨鮑宣. 普爲博士, 宣司隷校尉, 自有傳.
徒衆尤盛, 知名者也.

| 註釋 | ○平陵平當 − 平陵縣의 平當. 平當은 71권,〈雋疏于薛平彭傳〉입
전. ○信都太傅 − 信都國. 치소는 信都縣(今 河北省 衡水市 관할의 冀州市). 廣
川國, 신도군 등으로 자주 바뀌었다. ○自有傳 − 龔勝은 72권,〈王貢兩龔鮑
傳〉에 立傳. 殷崇(은숭)은 不立傳. ○九江朱普公文 − 九江郡의 朱普(주보, 字
公文). 九江은 군명. 구강군의 영역은 매우 넓었는데, 당시 치소는 壽春縣(今
安徽省 六安市 관할의 壽縣). ○上黨鮑宣 − 上黨은 군명(치소는 長子縣, 今 山
西省 長治市 長子縣). 鮑宣(포선)은 72권,〈王貢兩龔鮑傳〉立傳. ○司隷校尉
− 京師의 백관을 규찰하고 三輔와 三河, 弘農郡 등 7개 郡 범법자를 색출하

는 무관직.

〖國譯〗

　　林尊(임존)의 字는 長賓(장빈)으로 濟南郡 사람이다. 歐陽高(구양
고)에게 배워 박사가 되었고 石渠閣 토론에 참여했다. 뒤에 少府와
太子太傅를 지냈고 平陵縣의 平當(평당)과 梁의 陳翁生에게 학문을
전수했다. 평당은 丞相에 올랐고 본서에 입전하였다. 진옹생은 信
都國 太傅이었는데 가학으로 학문을 전승하였다. 이로부터 歐陽高
의 학파에 平當과 진옹생의 학파가 생겼다. 진옹생은 낭야군의 殷崇
(은숭)과 楚國의 龔勝(공승)에게 전수했다. 은숭은 박사가 되었고 공
승은 右扶風이 되었는데 본서에 입전했다. 그리고 平當은 九江郡의
朱普(주보, 字 公文)와 上黨郡의 鮑宣(포선)에 전수하였다. 주보는 박
사가 되었고, 포선은 司隸校尉가 되었는데 본서에 입전했다. 특히
제자가 아주 많아 이름이 알려졌다.

88-11. 夏侯勝

原文

　　夏侯勝, 其先夏侯都尉, 從濟南張生受《尚書》以傳族子始
昌. 始昌傳勝, 勝又事同郡簡卿. 簡卿者, 倪寬門人. 勝傳從

兄子建, 建又事,高. 勝至長信少府, 建太子太傅, 自有傳. 由是《尙書》有大小夏侯之學.

| 註釋 | ○夏侯勝 – 夏侯는 복성. 夏侯始昌(하후시창)과 함께 75권,〈眭兩夏侯京翼李傳〉에 입전. 선제 옹립에 적극 참여. 夏侯都尉는 이름은 미상. 관직은 도위.

〖 國譯 〗

　夏侯勝(하후승)의 선대는 都尉이었는데, 濟南郡의 張生으로부터《尙書》를 전수받아 族子인 夏侯始昌(하후시창)에게 전수했다. 하후시창은 하후승에게 전수했고, 하후승은 또 같은 군의 簡卿(간경)에게 배웠다. 간경이란 사람은 倪寬(예관)의 門人이었다.

　하후승은 從姪(종질)인 夏侯建(하후건)에게 전수했고, 하후건은 또 歐陽高(구양고)에게 배웠다. 하후승은 長信少府가 되었고, 하후건은 太子太傅이었는데 본서에 입전했다. 이로써《尙書》에는 大 小夏侯의 학파가 있게 되었다.

88-12. 周堪

周堪字少卿, 齊人也. 與孔霸俱事大夏侯勝. 霸爲博士. 堪譯官令, 論於石渠, 經爲最高, 後爲太子少傅, 而孔霸以太中大夫授太子. 及元帝卽位, 堪爲光祿大夫, 與蕭望之並領尚書事, 爲石顯等所譖, 皆免官. 望之自殺, 上愍之, 乃擢堪爲光祿勳, 語在〈劉向傳〉. 堪授牟卿及長安許商長伯. 牟卿爲博士. 霸以帝師賜爵號褒成君, 傳子光, 亦事牟卿, 至丞相, 自有傳. 由是大夏侯有孔,許之學. 商善爲算, 著《五行論曆》, 四至九卿, 號其門人沛唐林子高爲德行, 平陵吳章偉君爲言語, 重泉王吉少音爲政事, 齊炔欽幼卿爲文學. 王莽時, 林,吉爲九卿, 自表上師塚, 大夫博士郎吏爲許氏學者, 各從門人, 會車數百輛, 儒者榮之. 欽,章皆爲博士, 徒衆尤盛. 章爲王莽所誅.

| 註釋 | ○譯官令 – 大鴻臚의 속관. 소수민족의 언어 담당. 서역 諸國에는 漢의 관리 통역을 돕는 譯長이 있었다. ○太子少傅 – 太子太傅를 도와 태자를 護衛하고 교육하며 보필하는 관리. 秩 二千石. ○蕭望之(소망지) – 78권, 〈蕭望之傳〉에 입전. ○領尙書事 – 본직을 갖고 있으면서 尙書의 업무를 겸임함. ○光祿勳 – 九卿의 하나. 궁궐 호위 총책. 소속 관원 衆多. 매우 중요한 직위. ○〈劉向傳〉 – 유향은 황족이기에 36권, 〈楚元王傳〉에 입전.

○孔光(前 65 - 서기 5년) - 어사대부, 승상 역임. 孔子 14세孫. 81권, 〈匡張孔馬傳〉에 입전. ○重泉 - 현명. 今 陝西省 渭南市 관할의 蒲城縣(포성현). ○德行, 言語, 政事, 文學 - 孔門四科를 본떠서 특장을 언급. ○榮之 - 영광으로 여기다. 榮은 動詞.

[國譯]

周堪(주감)의 字는 少卿(소경)으로 齊나라 사람이다. 孔霸(공패)와 함께 大 夏侯勝(하후승)에게 배웠다. 공패는 박사가 되었다. 주감은 譯官令(역관령)이었고 石渠閣(석거각)의 토론에도 참여하였는데 경학에서 최고였기에 뒷날 太子少傅가 되었고, 공패는 太中大夫로 태자를 가르쳤다. 태자가 元帝로 즉위하자 주감은 光祿大夫로 蕭望之(소망지)와 함께 尙書事를 겸임하였으나 石顯(석현) 등에게 참소를 당해 모두 면관되었다. 소망지가 자살하자 원제는 그를 불쌍히 여겨 곧 주감을 발탁하여 광록훈에 임명하였는데, 이는 〈劉向傳〉에 실려 있다. 주감은 牟卿(모경) 및 長安縣의 許商(허상, 字 長伯)에게 전수하였다. 모경은 박사가 되었다. 공패는 원제의 사부로 褒成君(포성군)의 작호를 받았고, 학문을 아들 孔光(공광)에게 전수하였고, 공광은 마찬가지로 모경에게 배웠으며 승상이 되었는데 본서에 입전하였다. 이로써 大 夏侯(夏侯勝)에게 孔光과 許商의 학파가 성립되었다.

許商(허상)은 산술에도 밝아《五行論曆(오행논역)》을 저술하였고 4 번이나 九卿의 반열에 올랐으며 그 제자 중에서 沛郡의 唐林(당림. 字 子高)은 德行이 우수하고, 平陵縣 吳章(오장, 字 偉君)은 언어에, 重泉縣 王吉(왕길, 字, 少音)은 정사에, 齊國의 炔欽(결흠, 字 幼卿)은 문학에 뛰어나다는 칭송을 들었다. 왕망 때, 당림과 왕길은 九卿의 반열에 올랐는데 스스로 사부의 무덤에 표문을 올릴 때 大夫와 博士, 郎吏들로 허상에게 배운 자들이 각자 제자들을 거느리고 모였는데 모여든 수레가 수백 량으로 유생들을 그것을 영광으로 여겼다. 결흠과 오장은 모두 박사가 되었는데 제자들이 아주 많았다. 오장은 왕망에게 피살되었다.

88-13. 張山拊

原文

張山拊字長賓, 平陵人也. 事小夏侯建, 爲博士, 論石渠, 至少府. 授同縣李尋, 鄭寬中少君, 山陽張無故子儒, 信都秦恭延君, 陳留假倉子驕. 無故善修章句, 爲廣陵太傅, 守小夏侯說文. 恭增師法至百萬言, 爲城陽內史. 倉以謁者論石渠, 至膠東相. 尋善說災異, 爲騎都尉, 自有傳. 寬中有俊材, 以博士授太子, 成帝卽位, 賜爵關內侯, 食邑八百戶, 遷光祿大夫, 領尙書事, 甚尊重. 會疾卒, 谷永上疏曰, "臣聞聖王尊師傅, 褒賢儁, 顯有功, 生則致其爵祿, 死則異其禮諡. 昔周公薨, 成王葬以變禮, 而當天心. 公叔文子卒, 衛侯加以美諡, 著爲後法. 近事, 大司空朱邑, 右扶風翁歸德茂天年, 孝宣皇帝愍册厚賜, 贊命之臣靡不激揚. 關內侯鄭寬中有顔子之美質, 包商,偃之文學, 嚴然總《五經》之眇論, 立師傅之顯位, 入則鄉唐,虞之閎道, 王法納乎聖聽, 出則參冢宰之重職, 功列施乎政事. 退食自公, 私門不開, 散賜九族, 田畝不益, 德配周,召, 忠合〈羔羊〉, 未得登司徒, 有家臣, 卒然早終, 尤可悼痛! 臣愚以爲宜加其葬禮, 賜之令諡, 以章尊師褒賢顯功之德." 上吊贈寬中甚厚. 由是小夏侯有鄭,張,秦,假,李氏之學. 寬中授東郡趙玄, 無故授沛唐尊, 恭授魯馮賓. 賓爲博士, 尊王莽太傅, 玄哀帝御史大夫, 至大官, 知名者也.

| 註釋 | ○張山拊(장산부) − 拊는 어루만질 부. 가볍게 두드리다. ○李尋(이심) − 75권, 〈眭兩夏侯京翼李傳〉에 입전. ○山陽 − 군명. 치소는 昌邑縣(今 山東省 菏澤市 관할의 鉅野縣). ○陳留 − 현명. 今 河南省 開封市 남쪽. 假倉(가창)은 인명. ○廣陵太傅 − 廣陵國(치소는 廣陵縣, 今 江蘇省 揚州市). ○城陽內史 − 城陽國의 內史. 內史는 제후국의 민정을 담당. 城陽國은 今 山東省 日照市 관할 莒縣(거현) 일대. ○謁者 − 궁궐, 태자궁, 제후국 왕궁에서 빈객 접대를 담당하는 관리. ○膠東(교동) − 교동국. 치소는 卽墨縣, 今 山東省 靑島市 관할의 平度市. ○李尋 − 75권, 〈眭兩夏侯京翼李傳〉 입전. ○谷永(곡영, ? − 前 8년) − 85권, 〈谷永杜鄴傳〉에 입전. ○襃縣儁 − 儁(준걸 준)은 俊, 俊才. ○公叔文子 − 衛 大夫 公叔發. 공숙발의 아들이 시호를 청하자 衛君은 그 업적을 생각하여 가장 뜻이 깊은 貞惠文子라는 시호를 내렸다. ○大司空朱邑 − 朱邑은 89권, 〈循吏傳〉에 입전. 大司空이 아니라 大司農이라는 주석에 따른다. ○右扶風翁歸 − 右扶風인 尹翁歸(윤옹귀)는 宣帝 元康 4년(前 62년)에 병사하였는데 집안에는 남은 재산이 없었다. 76권, 〈趙尹韓張兩

王傳)에 입전. ○包商,偃之文學 − 商은 子夏의 이름. 偃(언)은 子游의 이름.
두 사람은 孔門十哲 중에서 文學에 뛰어난 제자이다. '文學子游子夏.' ○冢
宰之重職 − 冢宰(총재)는 국정을 총체적으로 이끄는 중신. 재상. 여기서는
조정의 중신이라는 뜻. ○退食自公 − 퇴식은 퇴근하다. 또는 음식 가짓수를
줄이다. 검소하게 살다. 自公은 公所(관청)에서. 《詩經 召南 羔羊》의 구절.
○未得登司徒, 有家臣 − 司徒는 禮敎를 담당하는 관리. 정관중의 학행이 사
도가 될 수 있다는 뜻. 사도를 승상(大司徒)으로 풀이한다면 승상의 자리에
오르면 제후에 봉해지고 제후는 가신을 거느렸다. 정관중은 승상이 아니었
기에 가신을 두지 못했다는 뜻. ○卒然 − 猝然(졸연). 갑자기.

〔國譯〕

　張山拊(장산부)의 字는 長賓(장빈)으로 평릉현 사람이다. 小 夏侯
建(하후건)을 모시고 배워 박사가 되었고 石渠閣에서 경전 토론에 참
여했으며 벼슬은 少府에 이르렀다. (장산부는) 같은 현의 李尋(이심)
과 鄭寬中(정관중, 字 少君), 그리고 山陽縣의 張無故(장무고, 字 子儒),
信都縣의 秦恭(진공, 字, 延君), 陳留縣의 假倉(가창, 字, 子驕)에게 전수
하였다. 장무고는 글을 잘 지었는데 廣陵國 太傅로 小 하후건의 학
설을 지켜 따랐다. 진공은 사부의 학설을 보완하여 백만 자를 저술
하였으며 城陽國 內史가 되었다. 가창은 謁者(알자)로 석거각에서
경전 토론에 참가하였으며 교동국의 相이 되었다. 이심은 災異에 대
한 풀이를 잘하여 騎都尉가 되었는데 각자 立傳하였다. 정관중은 뛰
어난 능력으로 박사가 되어 태자를 교수하였는데 태자가 成帝로 즉
위하여 關內侯의 작위와 식읍 8백 호를 내렸으며 光祿大夫로 승진
하여 尙書事를 겸임시키는 등 매우 존중하였다.
　정관중이 마침 병으로 죽자 谷永(곡영)이 상소하였다.

"臣이 알기로, 聖王이 師傅를 존중하고 현인준재를 기리고 유공자를 표창하는데 생존 시에는 작록을 내리고 죽어서는 특별한 시호로 예우하였습니다. 옛날 周公이 죽자 成王은 예를 높여서 장례하여 천심에 순응하였습니다. 衛의 公叔文子가 죽자, 衛侯(위후)는 좋은 시호를 내려 후세의 본보기가 되었습니다. 근래에 大司農 朱邑과 右扶風인 尹翁歸(윤옹귀)가 盛德에도 젊은 나이에 죽자, 孝宣皇帝께서 조문하는 책서를 내리고 후사하였는데 어명을 작성하며 감격하지 않는 신하가 없었습니다. 관내후 정관중은 顏子(안자)와 같은 훌륭한 바탕에 子夏(자하)와 子游(자유)처럼 문학에 뛰어나며 확실하게 《五經》의 깊은 뜻을 총체적으로 파악하여 사부로서 뛰어난 업적을 쌓았고 조정에서는 堯舜의 大道를 추구하였으며, 王法으로 폐하께 진언을 하였고 外朝에서는 조정의 중신으로 정사에 큰 업적을 남겼습니다. 관리로서 검소한 생활을 하였고 사익을 추구하지 않았으며, 재물을 일족 모두에게 나눠주었으며 토지를 늘리지도 않았으니 그 인품은 周公(旦), 召公(奭)과도 같으며 충성심은 〈羔羊(고양)〉의 구절과 같은데, 비록 사도(승상)에 오르지 못하여 가신은 없었지만 갑자기 죽었으니 더욱 애통할 뿐입니다. 신의 우견으로는 관직을 올려 장례를 치르게 하고 좋은 시호를 내리시어 사부를 받들고 현인을 포상하는 크신 은덕을 보여주시기 바랍니다."

성제는 아주 후한 재물을 내려 정관중을 조문하였다. 이로서 小夏侯建의 제자로 정관중, 장무고, 진공, 가창, 이심의 학파가 생겼다. 정관중은 東郡의 趙玄(조현)에게, 張無故(장무고)는 沛郡의 唐尊(당준)에게, 秦恭(진공)은 魯의 馮賓(풍빈)에게 전수하였다. 풍빈은 박사가 되었고, 당준은 왕망의 太傅이었으며, 조현은 애제 때 御史大

夫가 되어 고관으로 이름이 알려졌었다.

88-14. 孔安國

原文

孔氏有古文《尙書》, 孔安國以今文字讀之, 因以起其家逸《書》, 得十餘篇, 蓋《尙書》茲多於是矣. 遭巫蠱, 未立於學官. 安國爲諫大夫, 授都尉朝, 而司馬遷亦從安國問故. 遷書載〈堯典〉,〈禹貢〉,〈洪範〉,〈微子〉,〈金縢〉諸篇, 多古文說. 都尉朝授膠東庸生. 庸生授淸河胡常少子, 以明《穀梁春秋》爲博士, 部刺史, 又傳《左氏》. 常授虢徐敖. 敖爲右扶風掾, 又傳《毛詩》, 授王璜, 平陵塗惲子眞. 子眞授河南桑欽君長. 王莽時, 諸學皆立. 劉歆爲國師, 璜,惲等皆貴顯. 世所傳《百兩篇》者, 出東萊張霸, 分析合二十九篇以爲數十, 又采《左氏傳》,〈書敍〉爲作首尾, 凡百二篇. 篇或數簡, 文意淺陋. 成帝時求其古文者, 霸以能爲《百兩》徵, 以中書校之, 非是. 霸辭受父, 父有弟子尉氏樊並. 時, 太中大夫平當, 侍御史周敞勸上存之. 後樊並謀反, 乃黜其書.

| **註釋** | ○古文《尙書》 － 古文은 秦 이전의 서체〔蝌蚪文字(과두문자)〕로
쓰인 문자. 古文《尙書》는《尙書古文經》. 무제 때, 魯 恭王 劉餘(유여, 景帝의
아들)가 공자의 옛 집을 헐다가 발견한《尙書》. ○孔安國以今文字讀之 － 魯
恭王이 찾아낸《고문상서》를 공안국이 今文으로 교정하고 정리하였는데 伏
生이 전한 것보다 16편이 더 많았고, 사마천도 이를 읽었다. 참고로 淸代의
《十三經注疏》의《尙書》는 금문, 고문의 합편으로 총 58편이다. ○起其家逸
《書》 － 起其家는 家學을 일으키다. 이때 起는 '알게 하다(弄懂)'의 뜻으로
해석. 逸《書》는《상서》에 누락된 글. 逸은 잃다, 숨다. ○遭巫蠱, 未立於學官
－ 武帝 天漢 이후에 孔安國이《尙書古文經》을 조정에 바쳤으나 갑자기 巫蠱
(무고)의 禍(화)가 일어나(前 91년) 太學에 학관을 설치하지 못했다. ○安國
爲諫大夫 － 孔安國은 伏生으로부터 今文《尙書》를, 申培公에게《詩經》을 배
우고 武帝 때 五經博士가 되었다. 간대부는 광록훈의 속관. 정사에 관한 의
론을 담당. 질록 比 8백석. ○授都尉朝 － 都尉가 관직명이라는 주장과 성씨
라는 주장이 있다. 朝는 인명. ○問故 － 옛 학문을 배우다. ○淸河胡常少子
－ 淸河는 군국명. 치소는 淸陽縣(今 河北省 邢台市 淸河縣, 山東省 접경 지역).
少子는 胡常의 字. ○《穀梁春秋》 － 魯 穀梁赤의 저작. 春秋三傳의 하나. 微
言大義에 관한 추측이 많아《左氏傳》과 많이 다르다. ○虢徐敖 － 虢은 현
명. 今 陝西省 寶鷄市 서쪽. 나라 이름 괵. ○《毛詩》 － 魯國 毛亨 學派의《詩
經》.《詩經》은《齊詩》,《魯詩》,《韓詩》,《毛詩》의 四家로 구분되었는데 지금
은《毛詩》만 전해오고 있다.《詩經》은 곧《毛詩》이다. ○劉歆(유흠) － 劉向
의 아들. 經學家. 國師는 太傅, 太師와 같은 반열의 직명. 6권〈楚元王傳國師
〉에 父子 立傳. ○東萊張霸 － 東萊는 군명. 치소는 掖縣(액현, 今 山東省 煙臺
市 관할의 萊州市). 張霸(장패)는 인명. ○《百兩篇》 － 張霸(장패)가 위조한 것
으로 알려진《書經》. 총 102편을 지어 성제 때 나라에 바쳤으나 校勘(교감)
과정에서 위작임이 드러났다. ○〈書敍〉 － 공안국이 고문《尙書》를 校定하
면서 일편의 總序를 짓고 매 편의 머리에 提要와 같은 글을 삽입하였는데,

이를 보통 〈書敍〉(書序)라 하였다. ㅇ尉氏樊並 - 尉氏(위지, 今 河南省 開封市 관할 尉氏縣)는 현명. 樊並(번병, ? - 前 14)은 인명, 張霸(장패)의 부친으로부터 고문을 배웠다고 하였으나 성제 永始 3년(전 14)에 농민을 인솔, 陳留태수를 죽이고 장군이라 자칭. ㅇ存之 - 남겨두다. 책을 완전히 없애지는 않았다는 뜻.

〔國譯〕

　孔子 옛 집에서 나온 古文의 《尙書》를 孔安國은 今文字로 해석하였고, 이로써 그 家學인 《尙書》의 없던 부분 10여 편을 채웠는데 이때부터 《尙書》 내용은 더욱 많아졌다. 그러나 巫蠱(무고)의 禍를 당하여 學官에 들어가지는 못했다. 공안국은 諫大夫로 그 학문을 都尉朝(도위조)에게 전수하였는데 司馬遷도 마찬가지로 공안국으로부터 고문을 배웠다. 사마천은 그의 글에 〈堯典〉, 〈禹貢〉, 〈洪範〉, 〈微子〉, 〈金縢〉의 여러 편을 수록하면서 古文의 학설이 많이 채용하였다. 都尉朝는 그 학문을 膠東國(교동국)의 庸生(용생)에게 전수하였다. 용생은 淸河郡의 胡常(호상, 字 少子)에게 전수했는데, 호상은 《穀梁春秋》에 밝아 博士로 刺史(자사)가 되었으며, 또 《左氏傳》를 전수받았다. 호상은 虢縣(괵현)의 徐敖(서오)에게 전수하였다. 서오는 右扶風(우부풍) 관리로 《毛詩》를 전수받아 王璜(왕황)과 평릉현의 塗惲(도운, 字 子眞)에 전수해 주었다. 子眞은 河南郡 桑欽(상흠, 字 君長)에게 전수했다. 왕망 때에 모든 학파가 갖추어졌다. 劉歆(유흠)은 國師가 되었고 왕황과 도운 등은 모두 고관이 되었다. 세상에 알려진 《百兩篇》이란 책은 東萊郡의 張霸(장패)가 바친 것으로 《尙書》 29편을 수십 편으로 나누었고 거기에 《左氏傳》의 내용과 〈書敍〉를 첨가하여

首尾를 맞추는 등 총 102편을 지었다. 어떤 편은 그 목간이 몇 개 뿐이거나 文意가 비루, 천박하였다. 成帝 때 고문에 밝은 인재를 널리 구하자, 장패는 자신이 《百兩》에 밝다 하여 徵召를 기대하였으나 中書가 校勘(교감)하자 위작임이 밝혀졌다. 장패는 그 부친에게서 전수받았다고 말했고 부친에게 제자 尉氏縣(위지현)의 樊並(번병)이 있다고 말했다. 그때 太中大夫인 平當(평당)과 侍御史인 周敞(주창)이 성제에게 남겨둘 것을 건의하였다. 뒷날 번병이 모반을 주동하자 그 책을 없애버렸다.

88-15. 申公

原文

申公, 魯人也. 少與楚元王交俱事齊人浮丘伯受《詩》. 漢興, 高祖過魯, 申公以弟子從師入見於魯南宮. 呂太后時, 浮丘伯在長安, 楚元王遣子郢與申公俱卒學. 元王薨, 郢嗣立爲楚王, 令申公傅太子戊. 戊不好學, 病申公. 及戊立爲王, 胥靡申公. 申公愧之, 歸魯退居家教, 終身不出門. 復謝賓客, 獨王命召之乃往. 弟子自遠方至受業者千餘人, 申公獨以《詩經》爲訓故以教, 亡傳, 疑者則闕弗傳. 蘭陵王臧旣從受《詩》, 已通, 事景帝爲太子少傅, 免去. 武帝初卽位, 臧乃上書宿衛, 累遷, 一歲至郞中令. 及代趙綰亦嘗受《詩》申公, 爲御史大夫. 綰,臧請立明堂以朝諸侯, 不能就其事, 乃言師申公. 於是上使使束帛加璧, 安車以蒲裹輪, 駕駟迎申公, 弟子二人乘軺傳從. 至, 見上, 上問治亂之事. 申公時已八十餘, 老, 對曰, "爲治者不在多言, 顧力行何如耳." 是時, 上方好文辭, 見申公對, 默然. 然已招致, 卽以爲太中大夫, 舍魯邸, 議明堂事. 竇太后喜《老子》言, 不說儒術, 得綰,臧之過, 以讓上曰, "此欲復爲新垣平也!" 上因廢明堂事, 下綰,臧吏, 皆自殺. 申公亦病免歸, 數年卒. 弟子爲博士十餘人, 孔安國至臨淮太守, 周霸膠西內史, 夏寬城陽內史, 碭魯賜東海太守, 蘭陵繆生長沙內史, 徐偃膠西中尉, 鄒人闕門慶忌膠東內史, 其治官民皆有廉節稱. 其學官弟子行雖不備, 而至於大夫,郞,掌故以百數. 申公卒以《詩》,《春秋》授, 而瑕丘江公盡能傳之, 徒衆最盛. 及魯許生, 免中徐公, 皆守學敎授. 韋賢治《詩》, 事博士大江公及許生, 又治《禮》, 至丞相. 傳子玄成, 以淮陽中尉論石渠, 後亦至丞相. 玄成及兄子賞以《詩》授哀帝, 至大司馬車騎將軍, 自有傳. 由是《魯詩》有韋氏學.

| 註釋 | ○申公 - 이름은 培. 申培公. 申公이 지은 《詩經》의 傳(전)을 《魯詩》라 한다. ○楚元王交 - 楚 元王 劉交(? - 前 179)의 字는 游이며 高祖의

同父 少弟이다. 글을 좋아하고 材藝가 많았으며, 楚漢 전쟁 중에 漢王을 수행하였고 前 201년에 楚王에 봉해졌다. 젊어 魯의 穆生과 白生, 그리고 申公과 함께 浮丘伯으로부터 《詩》를 배웠다. ○浮丘伯(부구백) − 孫卿(荀卿, 荀子)의 門人이다. ○病申公 − 病은 싫어하다. ○劉戊(유무) − 楚王, 재위 前 174 − 153년, 뒷날 吳楚七國亂의 주요 세력, 兵敗하여 自殺. ○胥靡(서미) − 사역노예. 함께 묶어 가두고 일을 시키다. ○亡傳 − 傳을 짓지 않다. 말로 설명하고 해설을 책으로 저술하지 않다. 傳은 經에 대한 賢人의 해석이나 풀이, 설명의 뜻. 우리 선조가 배운 것은 《시경》에 대한 朱子의 해설서, 곧 《詩傳》이었다. 《左傳》은 《春秋左氏傳》으로 左丘明의 해설서이다. ○疑者則闕弗傳 − 闕은 闕疑. 의문되는 대로 비워두다. ○明堂 − 황제가 제후와 조회하고 選士, 養老, 敎學 등 주요행사를 거행하기 위한 건물. ○安車以蒲裹輪 − 安車는 앉아서 타는 수레. 蒲는 부들 포. 裹는 싸맬 과. ○軺傳(초전) − 使者가 타는 수레. ○舍魯邸 − 舍는 머물다. 동사로 쓰였다. 제후인 魯王의 장안에 있는 저택. ○新垣平(신원평) − 점술가. 신원평은 文帝에게 묘당을 건립하고 周代의 寶鼎을 맞이해야 한다는 주장. 文帝 後元 元年(前 163)에 詐欺(사기)와 모반죄로 멸족. ○臨淮 − 군명. 치소는 徐縣, 今 江蘇省 宿遷市 관할의 泗洪縣. ○膠西(교서) − 제후국. 치소는 高密縣(今 山東省 高密市). ○中尉 − 군사를 거느리고 京師의 치안 유지 책임자. 뒷날 執金吾로 개명, 秩 中二千石. 후국에도 중위를 두었다. ○韋賢(위현, 前 147 − 66) − 73권, 〈韋賢傳〉에 입전. 魯에 '遺子黃金滿籯, 不如一經'이라는 속언은 위현을 이른 말. 아들 韋玄成도 승상 역임.

〔國譯〕

申公(신공)은 魯나라 사람이다. 젊어 楚 元王 劉交(유교)와 함께 齊人 浮丘伯(부구백)으로부터 《詩》를 배웠다. 漢이 건국되고 高祖가 魯에 들어오자, 申公은 弟子와 함께 스승을 따라 魯王의 南宮에서 고조를 알현하였다. 呂太后 시절에, 부구백은 장안에 머물고 있었는데 楚 元王은 아들 劉郢(유영)을 申公과 함께 학문을 마치게 하였다. 초원왕이 죽고 아들 유영이 뒤를 이어 초왕이 되었는데, 申公으로 하여금 太子 劉戊(유무)를 교육하게 하였지만 유무는 학문을 좋아하지 않았고 申公을 싫어했다.

유무가 왕으로 즉위하고서는 신공에게 노역을 강요하였다. 申公은 부끄러워하며 魯로 돌아와 집에 머물면서 제자를 가르쳤고 죽을 때까지 집을 떠나지 않았다. 또 빈객도 사절하였으나 오직 魯王의 명으로 부르면 가서 알현하였다. 먼 곳에서 찾아와 수업을 받는 자가 천여 명이었는데 신공은 《詩經》을 뜻을 풀이하여 가르칠 뿐 그 傳을 짓지 않았고 의심나는 부분은 비워두고 특별히 풀이하지 않았다. 蘭陵縣(난릉현)의 王臧(왕장)은 신공에게 《詩》를 배워 박통한 뒤에 景帝를 섬겨 太子少傅가 되었다가 사직하였다. 武帝가 즉위하자 왕장은 宿衛(숙위)가 되었는데 여러 번 승진하여 1년 만에 郎中令이 되었다. 그리고 代國의 趙綰(조관) 역시 신공에게 《詩》를 배웠는데 어사대부가 되었다. 조관과 왕장은 明堂을 건립하고 제후의 조회를 받아야 한다고 주청하였으나 뜻대로 성취하지 못하자 스승인 신공을 천거하였다. 그러자 무제는 사자를 시켜 비단과 벽옥을 예물과 함께 바퀴를 부들로 싸고 네 마리 말이 끄는 안거를 보내 신공을 영접케 하였는데 제자 두 사람도 사자의 수레에 같이 타고 왔다. 장안에 와서 무제를 알현하자 무제는 治亂의 방법에 대하여 물었다. 신공은 그때 이미 80세로 늙었는데 "다스리는 자는 말을 많이 할 것이 아니라 무엇을 할 수 있는가를 생각해야 합니다."라고 대답하였다. 이때 무제는 한창 학문을 좋아하는 때였는데 신공의 대답을 듣고서

는 할 말이 없었다. 그렇지만 이미 초치하였기에 바로 太中大夫의
벼슬을 내리고 魯王의 사저에 머물게 하면서 明堂의 일을 논의하게
하였다.

그때 竇太后(文帝의 황후, 武帝의 조모)는 《老子》의 학설을 좋아하고
유학을 좋아하지 않았기에 조관과 왕장의 잘못을 알아내고서 무제
를 책망하였다. "이 자들은 또 다른 新垣平(신원평)입니다!" 무제는
이 때문에 명당 건립에 대한 논의를 그만 두었고 조관과 왕장을 옥
리에게 넘기자 두 사람은 모두 자살하였다. 申公도 병으로 사직하고
귀향하여 몇 년 뒤에 죽었다. 신공의 제자로 박사가 된 자가 10여 명
이었는데 孔安國은 臨淮太守를 역임했고, 周霸(주패)는 膠西國(교서
국) 內史를, 夏寬(하관)은 城陽國 내사를, 碭縣(탕현)의 魯賜(노사)는
동해군 태수를, 蘭陵縣의 繆生(목생)은 長沙國의 內史를, 徐偃(서언)
은 膠西國(교서국)의 中尉를, 鄒縣(추현) 사람 闕門慶忌(궐문경기)는
膠東國(교동국)의 內史를 지냈는데 백성과 아래 관리를 다스리는데
청렴하다는 칭송을 들었다. 그 學官의 제자들 중 행실이 혹 완전하
지 못한 이도 있었지만 대부나 낭관, 掌故(장고)에 이른 자가 백여 명
이었다.

신공이 죽고 《詩》와 《春秋》를 전수받은 자로 瑕丘縣(하구현) 江公
(강공)은 해석에 아주 능하여 제자가 아주 많았다. 魯의 許生(허생),
免中縣(면중현)의 徐公(서공)은 모두 학통을 지키며 교수하였다. 韋
賢(위현)은 《詩》를 전공하면서 博士인 大江公과 허생으로부터 배웠
고 또 《禮記》를 전공하여 丞相에 올랐다. 아들 韋玄成(위현성)에게
학문을 전했는데 위현성은 淮陽國 중위로 石渠閣에서 경학을 토론
하였으며 뒷날 마찬가지로 승상이 되었다. 위현성과 조카 韋賞(위

상)은 哀帝에게 《詩》를 가르쳤는데 大司馬 車騎將軍에 이르렀으며 본서에 입전하였다. 이후에 《魯詩》에 韋氏의 학파가 형성되었다.

88-16. 王式

原文

王式字翁思, 東平新桃人也. 事免中徐公及許生. 式爲昌邑王師. 昭帝崩, 昌邑王嗣立, 以行淫亂廢, 昌邑群臣皆下獄誅, 唯中尉王吉, 郎中令龔遂以數諫減死論. 式繫獄當死, 治事使者責問曰, "師何以無諫書?" 式對曰, "臣以《詩》三百五篇朝夕授王, 至於忠臣孝子之篇, 未嘗不爲王反覆誦之也, 至於危亡失道之君, 未嘗不流涕爲王深陳之也. 臣以三百五篇諫, 是以亡諫書." 使者以聞, 亦得減死論, 歸家不敎授. 山陽張長安幼君先事式, 後東平唐長賓, 沛褚少孫亦來事式, 問經數篇, 式謝曰, "聞之於師具是矣, 自潤色之." 不肯復授. 唐生,褚生應博士弟子選, 詣博士, 摳衣登堂, 頌禮甚嚴, 試誦說, 有法, 疑者丘蓋不言. 諸博士驚問, "何師?" 對曰, "事式." 皆素聞其賢, 共薦式. 詔除下爲博士. 式徵來, 衣博士衣而不冠, 曰, "刑餘之人, 何宜復充禮官?" 旣至, 止舍中, 會諸大夫, 博士, 共持酒肉勞式, 皆注意高仰之, 博士江公世爲《魯詩》宗, 至江公著〈孝經說〉, 心嫉式, 謂歌吹諸生曰, "歌〈驪駒〉." 式曰, "聞之於師, 客歌〈驪駒〉, 主人歌〈客毋庸歸〉. 今日諸君爲主人, 日尙早, 未可也." 江翁曰, "經何以言之?" 式曰, "在〈曲禮〉." 江翁曰, "何狗曲也!" 式恥之, 陽醉逷墜. 式客罷, 讓諸生曰, "我本不欲來, 諸生强勸我, 竟爲豎子所辱!" 遂謝病免歸, 終於家. 張生, 唐生, 褚生皆爲博士. 張生論石渠, 至淮陽中尉. 唐生楚太傅. 由是《魯詩》有張, 唐, 褚氏之學. 張生兄子游卿爲諫大夫, 以《詩》授元帝. 其門人琅邪王扶爲泗水中尉, 授陳留許晏爲博士. 由是張家有許氏學. 初, 薛廣德亦事王式, 以博士論石渠, 授龔舍. 廣德至御史大夫, 舍泰山太守, 皆有傳.

| 註釋 | ○東平新桃 - 東平國은 宣帝 甘露 二年(前 52년)에 皇子 劉宇를 봉한 나라. 大河郡을 동평국으로 개명. 치소는 無鹽縣(今 山東省 泰安市 東平縣). 新桃는 읍명. ○昌邑王 - 劉髆(유박)의 아들. 무제의 손자, 劉賀(유하, 前 92 - 59). 창읍국은 山陽郡을 개명한 것임. 치소는 昌邑縣(今 山東省 鉅澤市 관할의 鉅野縣). 劉賀는 5살에 창읍왕이 되었고, 19세인 前 74년, 霍光(곽광) 등에 의해 황제로 옹립되어 27일간 재위. 곽광 등에 의거 축출. 前 63년 宣帝에 의해 海昏侯에 피봉. 63권, 〈武五子傳〉에 입전. ○王吉(? - 前 48) - 유명한 琅邪(낭야) 王氏의 先祖. 72권, 〈王貢兩龔鮑傳〉에 입전. ○龔遂(공수) - 89권, 〈循吏傳〉에 입전. 창읍왕을 잘못 보필한 죄로 사형에서 감형 받아 변방에서 축성하는 노역에 종사했었다. ○沛褚少孫 - 沛郡의 褚少孫(저소손)이 《사기》 속편을 짓고 망실된 〈今上本紀〉를 〈封禪書〉에 의거 보완하여 〈孝武

本紀)로 개편하였다. ○潤色 – 글을 다듬어 문채를 더하다. ○摳衣登堂 – 摳衣(구의)는 상대방에 대한 공경의 표시로 옷의 앞자락을 걷어 올리다. ○疑者丘蓋不言 – 疑者는 唐長賓(당장빈)을 아직 잘 모르는 사람. 丘蓋不言은 여러 가지 해석이 있으나 여기서는 '무슨 말을 해야 할지 몰랐다'는 뜻. ○禮官 – 博士나 大夫를 예관이라 불렀다. ○歌〈驪駒〉–〈驪駒(여구)〉는 逸詩의 편명. 江公과 그 제자들은 주석에서 시를 노래하며 같이 즐겼다는 설명이 있다. ○〈客毌庸歸〉– 주인이 객을 만류하는 뜻의 시이다. 客은 衍字(연자)라는 설명이 있다. 庸은 用의 뜻. ○〈曲禮〉–《예기》의 편명. '曲禮三千'이란 말이 있을 정도로 일상생활의 예절을 기록하였다. ○"何狗曲也!" –〈曲禮上〉에 군자를 모시는 侍者의 예를 설명한 부분인데, 이에 대하여 강공은 경문을 왜곡했다는 뜻으로 말했겠지만 후세에 필사하면서 拘를 狗로 잘못 썼을 것이라는 주석도 있다. 손님이 주인 앞에서 '狗'란 말을 했다면 망발이라 할 수 있다. ○陽醉邊墜 – 陽醉는 취한 척하다. 邊은 거꾸러질 탕. 墜(지)는 地의 古字. ○泗水(사수) – 國名. 치소는 凌縣(今 江蘇省 宿遷市). ○皆有傳 – 薛廣德(설광덕)은 71권,〈雋疏于薛平彭傳〉. 龔舍(공사)는 72권,〈王貢兩龔鮑傳〉에 입전.

[國譯]

王式(왕식)의 字는 翁思(옹사)로 東平國 新桃邑 사람이다. 免中(면중)의 徐公과 許生으로부터 배웠다. 왕식은 昌邑王의 사부였다. 昭帝가 붕어하고 昌邑王이 후사로 등극하였으나 음행으로 폐위되었고 창읍왕의 여러 신하들이 모두 하옥되고 주살될 때 오직 中尉 王吉(왕길)과 郞中令 龔遂(공수)는 여러 번 간쟁을 하였다고 사형에서 감형되었다. 왕식이 옥에 갇혀 죽게 되자 일을 담당하는 使者가 "사부는 왜 간쟁하는 글을 올리지 않았습니까?"라고 물었다. 이에 왕식이 말했다. "나는 《詩》 305편을 조석으로 왕에게 교수하면서 충신이나 효자에 관한 내용은 왕에게 반복하여 암송시키지 않은 적이 없었고 나라를 위태롭게 하거나 道를 잃는 시편에서는 눈물을 흘리며 왕에게 간곡히 말하지 않은 적이 없었소. 나는 305편으로 바른 말을 올렸기에 다른 글을 올리지 않았소."

사자가 이를 알리자 역시 사형에서 감형으로 판결되어 귀가하였으나 제자를 가르치지는 않았다. 山陽郡의 張長安(장장안, 字 幼君)은 그전에 왕식에게 배웠고 뒷날 東平國의 唐長賓(당장빈)과 沛郡 褚少孫(저소손)도 왕식을 스승으로 모시면서 여러 편의 뜻을 물었으나 왕식은 사양하며 말했다.

"나도 사부에게 들은 것이 이것뿐이니 스스로 다듬어 보라." 하면서 더 가르치지 않았다.

당장빈과 저소손이 박사의 제자 선발에 응해서 박사 앞에 이르러 옷을 여미며 당에 올라와 예를 갖추고 암송하며 시를 설명하는데 법도가 있어 그를 잘 모르는 자는 무슨 말을 해야 할지 몰랐다. 여러 박사들이 놀라 "스승이 누구이신가?"라고 묻자 "왕식을 모시고 배웠습니다."라고 대답했다. 평소에 모두가 그의 현명함을 알고 있었기에 함께 왕식을 천거하였다. 조서를 내려 박사를 제수하였다. 왕식이 부름을 받아 도착하였는데 박사 옷을 입었지만 관을 쓰지 않고서는 "형벌을 받은 사람이 어찌 禮官이 될 수 있겠습니까?"라고 하였다. 장안에 도착하여 관사에 머물자 여러 대부와 박사들이 술과 안주를 가지고 와서 왕식을 위로하면서 모두가 집중하며 우러러 보았는데 博士 江公(강공)은 세상 사람들이 《魯詩》의 宗師라고 인정하였는데 강공이 〈孝經說〉을 저술한 이야기가 나오자 마음속으로 왕식을 질투하면서 여러 제자들에게 말했다. "〈驪駒(여구)〉의 시를 불러보라." 그러자 왕식이 말했다. "내가 사부에게 듣기로는 손님이 〈여구〉를 노래하면 주인은 〈客毋庸歸〉를 노래한다고 들었습니다. 오늘은 여러분이 主人을 위해주는 날이고 아직 시간이 이르니 노래할 수 없습니다." 그러자 江公(강옹)이 말했다. "경전 어디에 그런 말이 있습니까?" 왕식은 "〈曲禮〉에 있습니다." 이에 강공이 말했다. "무슨 개 같은 曲禮인가!"

왕식은 빈객의 무례를 부끄럽게 여기며 취한 척하며 땅에 넘어졌다. 왕식은 손님을 보내고 제자를 책망하며 '나는 본래 오고 싶지 않았는데 너희들이 나에게 강권하여 결국 어린애한테 욕을 당했다.'라고 말했다. 왕식은 병을 핑계로 사임하고 돌아가 집에서 생을 마쳤다. 張長安(장장안), 唐長賓(당장빈), 褚少孫(저소손)은 모두 박사가 되었다. 장장안은 석거각에서 경전을 토론했고 회양군 中尉가 되었다. 당장빈은 楚의 太傅가 되었다. 이로서 《魯詩》에 張, 唐, 褚氏(저씨)의 학파가 생겼다. 당장안의 조카 張游卿(장유경)은 諫大夫가 되어 《詩》를 元帝에게 교수했다. 그 제자로 琅邪郡의 王扶(왕부)는 泗水國 中尉로 陳留縣(진류현)의 許晏(허안)에게 전수하여 (허안)은 博士가 되었다. 이리하여 장유경의 학문에 許氏 學이 성립되었다. 그전에 薛廣德(설광덕) 역시 王式에게 배웠는데 박사로 석거각에서 경전을 토론하였고 龔舍(공사)에게 전수하였다. 설광덕은 어사대부가 되었고 공사는 泰山郡 태수였는데 모두 본서에 입전했다.

88-17. 轅固

原文

轅固, 齊人也. 以治《詩》孝景時爲博士, 與黃生爭論於上前. 黃生曰, "湯,武非受命, 乃殺也." 固曰, "不然. 夫桀,紂荒亂, 天下之心皆歸湯,武, 湯,武因天下之心而誅桀,紂, 桀,紂之民弗爲使而歸湯,武, 湯,武不得已而立. 非受命爲何?" 黃生曰, "'冠雖敝必加於首, 履雖新必貫於足.' 何者? 上下之分也. 今桀,紂雖失道, 然君上也, 湯,武雖聖, 臣下也. 夫主有失行, 臣不正言匡過以尊天子, 反因過而誅之, 代立南面, 非殺而何?" 固曰, "必若云, 是高皇帝代秦卽天子之位, 非邪?" 於是上曰, "食肉毋食馬肝, 未爲不知味也, 言學者毋言湯,武受命, 不爲愚." 遂罷.

竇太后好《老子》書, 召問固. 固曰, "此家人言矣." 太后怒曰, "安得司空城旦書乎!" 乃使固入圈擊彘. 上知太后怒, 而固直言無罪, 乃假固利兵. 下, 固刺彘正中其心, 彘應手而倒. 太后默然, 亡以復罪. 後上以固廉直, 拜爲淸河太傅, 疾免. 武帝初卽位, 復以賢良徵. 諸儒多嫉毀曰固老, 罷歸之. 時, 固已九十餘矣. 公孫弘亦徵, 仄目而事固. 固曰, "公孫子, 務正學以言, 無曲學以阿世!" 諸齊以《詩》顯貴, 皆固之弟子也. 昌邑太傅夏侯始昌最明, 自有傳.

| 註釋 | ○轅固 – 轅는 수레 끌 채 원. 이름 아래 生을 붙여 말한다. 生은
선생의 뜻. 齊國 菑水(이수, 今 山東省 淄博市 관할의 桓臺縣) 출신. ○食肉毋
食馬肝 – 馬肝은 독이 있어 먹지 않는다. ○此家人言矣 – 家人은 보통 백
성. 하인이나 노비의 뜻으로 해석한 주석도 있다. 老子의 책은 별거 아니라
는 뜻. ○安得司空城旦書乎 – 城에 노역하는 죄수 명단에 이름을 올리지 않
을 수 있겠는가? 安得은 어찌 ~하지 않겠는가? 城旦은 성 쌓기 노역. 司空
은 성읍 건설이나 궁궐 짓기 도로 건설 등 나라의 토목공사 담당관. 죄수들
을 동원하여 사역했기에 사공은 죄수 감독관의 뜻으로 통용. 죄수 명단은 이
름과 罪目으로 간단하며 두태후가 볼 때《詩》역시 죄수 명단과 같다는 뜻.
○乃假固利兵 – 假는 주다. 利兵은 날카로운 칼. 兵器. ○淸河 – 군 국명. 치
소는 淸陽縣(今 河北省 邢台市 淸河縣, 山東省 접경). ○夏侯始昌 – 45권, 〈眭
兩夏侯京翼李傳〉입전.

〖 國譯 〗

　轅固(원고)는 齊國 출신이다.《詩》를 전공하여 景帝 때 박사가 되
었는데 黃生(황생)과 어전에서 논쟁하였다. 黃生이 말했다. "湯王과
武王은 천명을 받지 않았으며 살인했습니다." 그러자 원고가 말했
다. "그렇지 않습니다. 桀王(걸왕)과 紂王(주왕)이 황음하였기에 천하
민심이 모두 탕과 무왕에게 쏠렸으며, 탕과 무왕은 천하의 민심으로
걸주를 주살하였고 걸주의 백성들은 다른 힘에 의해 탕왕과 무왕에
간 것이 아니며, 탕왕과 무왕은 부득이 즉위한 것입니다. 천명이 아
니면 무엇이겠습니까?" 이에 황생이 말했다. "冠이 비록 헤졌어도
반드시 머리에 써야 하고 신발이 아무리 새것이라도 발에 신는다는
말은 무슨 뜻이겠습니까? 上下의 명분입니다. 그때 걸주가 아무리
도를 잃었다고 하지만 주군이었고 탕무가 아무리 성인이라지만 신

하였습니다. 주군의 행실이 나쁘다면 신하는 正言으로 잘못을 바로 잡으며 천자를 받들었어야 하는데, 도리어 잘못했다며 주살하고 왕의 자리를 대신 차지하였으니 살인이 아니면 무엇이겠습니까?" 이에 원고가 말했다. "꼭 그러하다면 고조께서 秦을 대신하여 천자의 자리에 오르신 것도 잘못된 것입니까?" 이에 경제가 말했다. "고기를 먹으면서 말(馬)의 간을 먹지 않는다고 고기 맛을 모른다고 할 수 있는가? 학자가 탕왕과 무왕의 受命을 말하지 않는다고 어리석은 것이 아니다."

그리고는 논쟁을 끝내게 하였다.

竇太后는《老子》의 글을 좋아하여 이에 대해 원고를 불러 물었다. 원고는 "그 글은 보통 사람의 말입니다."라고 대답했다. 두태후가 화를 내며 말했다. "司空의 죄수 명단에 올리지 않을 수 있겠는가!" 그리고는 바로 원고를 돼지우리에 집어넣고 돼지를 잡으라고 하였다. 경제는 태후가 노했지만 실제로 직언이며 무죄라는 것을 알고 원고에게 날카로운 칼을 주었다. 우리에 내려간 원고는 돼지의 심장을 바로 찔렀고 돼지는 곧바로 쓰러졌다. 태후는 말이 없었고 죄를 더 이상 말하지 않았다. 그 뒤에 경제는 원고가 청렴 정직하다고 청하국의 태부에 임명하였으나 병으로 사임하였다.

무제가 즉위하면서 현량한 인재로 다시 불렀다. 많은 유생들이 원고를 질시하며 늙었기에 사직하고 귀향해야 한다고 말했다. 그때 원고는 나이 90여 세이었다. 공손홍도 그때 부름을 받았었는데 눈을 흘기면서 원고를 모셨다. 이에 원고가 말했다.

"젊은 公孫氏는 正學에 힘써야지 曲學으로 阿世하지 마시오!"

齊의 많은 사람들이《詩》로 벼슬에 올랐는데 모두가 원고의 제자들이었다. 그중에서도 昌邑王의 태부인 夏侯始昌이 가장 뛰어났는데 본서에 입전하였다.

88-18. 后蒼

原文

后蒼字近君, 東海郯人也. 事夏侯始昌. 始昌通《五經》, 蒼亦通《詩》,《禮》, 爲博士, 至少府, 授翼奉,蕭望之,匡衡. 奉爲諫大夫, 望之前將軍, 衡丞相, 皆有傳. 衡授琅邪師丹, 伏理斿君,潁川滿昌君都. 君都爲詹事, 理高密太傅, 家世傳業. 丹大司空, 自有傳. 由是《齊詩》有翼,匡,師,伏之學. 滿昌授九江張邯,琅邪皮容, 皆至大官, 徒衆尤盛.

│註釋│ ○東海郯人 – 東海郡 郯縣(담현, 今 山東省 臨沂市 관할의 郯城縣). ○翼奉,蕭望之,匡衡 – 翼奉(익봉)은 75권, 〈眭兩夏侯京翼李傳〉에, 蕭望之(소망지)는 78권, 〈蕭望之傳〉에, 匡衡(광형)은 81권, 〈匡張孔馬傳〉에 각각 입전. ○伏理斿君 – 伏은 성, 理는 이름. 斿君(유군)은 字. 斿는 깃발 유. ○潁川滿昌君都 – 潁川(영천)은 군명. 치소는 陽翟縣(양책현, 今 河南省 許昌市 관할의 禹州市). 滿昌은 성명, 君都는 字. ○琅邪師丹 – 琅邪(낭야)는 군명. 師丹(사단)은 86권, 〈何武王嘉師丹傳〉에 입전.

　后蒼(후창)의 字는 近君(근군)으로 東海郡 郯縣 사람이다. 夏侯始
昌에게 배웠다. 하후시창은 《五經》에 두루 통했는데, 후창 역시
《詩》와 《禮》에 박통하여 박사가 되었으며 少府까지 승진하였고 翼
奉(익봉), 蕭望之(소망지), 匡衡(광형)에게 전수하였다. 익봉은 간대부,
소망지는 전장군, 광형은 승상이 되었는데 모두 본서에 입전하였다.
광형은 낭야군 師丹(사단)과 伏理[복리, 字 斿君(유군)], 그리고 영천군
滿昌(만창, 字 君都)에게 전수하였다. 만창은 詹事(첨사), 복리는 高密
國 태부로 家學을 후세에 전하였다 사단은 大司空이 되었는데 본서
에 입전하였다. 이로써 《齊詩》에 翼奉, 匡衡, 師丹, 伏理의 학파가
생겼다. 滿昌은 九江郡 張邯(장한)과 낭야군의 皮容(피용)에게 전수
하였는데 모두 고관이 되었고 제자들이 매우 많았다.

88-19. 韓嬰

原文

　韓嬰, 燕人也. 孝文時爲博士, 景帝時至常山太傅. 嬰推
詩人之意, 而作內,外《傳》數萬言, 其語頗與齊,魯間殊, 然歸
一也. 淮南賁生受之. 燕,趙間言《詩》者由韓生. 韓生亦以
《易》授人, 推《易》意而爲之傳. 燕,趙間好《詩》, 故其《易》微,

唯韓氏自傳之. 武帝時, 嬰嘗與董仲舒論於上前, 其人精悍, 處事分明, 仲舒不能難也. 後其孫商爲博士. 孝宣時, 涿郡韓生其後也, 以《易》徵, 待詔殿中, 曰, "所受《易》卽先太傅所傳也. 嘗受《韓詩》, 不如韓氏《易》深, 太傅故專傳之." 司隸校尉蓋寬饒本受《易》於孟喜, 見涿韓生說《易》而好之, 卽更從受焉.

| 註釋 | ○燕人 − 전국시대 燕나라의 영역. 지금의 북경시 일대를 지칭. 제후국으로 최초의 燕國은 고조가 동향의 盧綰(노관)을 봉한 나라. 도읍은 薊縣(계현, 今 北京市 서남부). 군국이 수시로 변했다. ○然歸一也 − 歸는 宗旨. ○淮南賁生 − 淮南 군명. 賁는 성씨 비, 괘 이름 비. 클 분. ○涿郡韓生 − 涿郡(탁군)의 치소는 涿縣, 今 河北省 保定市 관할 涿州市. 北京과 접경. ○蓋寬饒(개관요) − 蓋가 성씨. 77권, 〈蓋諸葛劉鄭孫毋將何傳〉에 입전.

[國譯]

韓嬰(한영)은 燕(연) 사람이다. 孝文帝 때 박사가 되었고 景帝 때 常山國 太傅가 되었다. 한영은 詩에서 시인의 뜻을 추론하여 內, 外傳 수만 자를 저술하였는데 그 뜻이 齊나 魯와는 달랐지만 그 종지는 하나였다. 淮南郡의 賁生(비생)이 학통을 이어 받았다. 燕과 趙 일대에서 《詩》를 논하는 자는 한영에서 시작되었다. 그리고 한영은 《易》을 남에게 전수하였는데 《易》의 뜻을 추론하여 傳을 지었다. 燕과 趙 일대에서 《詩》를 좋아하였기에 《易》은 미약하였지만 오직 한영만이 《易》에 전을 저술하였다. 武帝 때 한영은 董仲舒(동중서)와 어전에서 논쟁을 하였는데 사람됨이 정확 예리하고 처사가 분명하여 동중서가 쉽게 꺾지 못하였다. 뒷날 그 후손 韓商은 박사가 되었다. 선제 때 涿郡(탁군)의 韓生은 그 후손으로《易》에 밝아 부름을 받아 待詔殿中이 되어 말했다.

"물려받은《易》은 태부이셨던 선조가 전한 것입니다. 일찍이《韓詩》를 전수받았지만 韓氏《易》만큼 심오하지 않았기에 태부께서 전을 지었습니다."

司隷校尉인 蓋寬饒(개관요)는 본래《易》을 孟喜(맹희)에게서 전수받았으나 涿郡 韓生의《易》논술을 보고 좋아하여 다시 한생으로부터 전수받았다.

88-20. 趙子

原文

趙子, 河內人也. 事燕韓生, 授同郡蔡誼. 誼至丞相, 自有傳. 誼授同郡食子公與王吉. 吉爲昌邑王中尉, 自有傳. 食生爲博士, 授泰山栗豐. 吉授淄川長孫順. 順爲博士, 豐部刺史. 由是《韓詩》有王, 食, 長孫之學. 豐授山陽張就, 順授東海發福, 皆至大官, 徒衆尤盛.

| 註釋 | ○河內 – 군명. 치소는 懷縣(今 河南省 焦作市 武陟縣). ○蔡誼 –

誼와 義는 통용. 66권, 〈公孫劉田王楊蔡陳鄭傳〉에 입전. ○食子公 - 食(식)
은 성씨.

〖國譯〗

　趙子는 河內郡 사람이다. 燕의 韓生에게 배워 같은 郡의 蔡誼(채
의)에게 전수하였다. 채의는 승상이 되었는데 본서에 입전하였다.
채의는 같은 군의 食子公(식자공)과 王吉(왕길)에게 전수하였다. 왕
길은 昌邑王의 中尉이었는데 본서에 입전하였다. 식자공은 박사가
되어 泰山郡의 栗豐(율풍)에게 전수하였다. 왕길은 淄川郡(치천군)의
長孫順(장손순)에게 전수하였다. 장손순은 박사가 되었고 율풍은 部
의 자사가 되었다. 이로써《韓詩》에 왕길, 식자공, 장손순의 학파가
생겼다. 율풍은 山陽郡의 張就(장취)에게 전수했고, 장손순은 동해
군의 發福(발복)에게 전수했는데 모두 고관이 되었고 문도들이 크게
번성하였다.

88-21. 毛公

原文

　毛公, 趙人也. 治《詩》, 爲河間獻王博士, 授同國貫長卿.
長卿授解延年. 延年爲阿武令, 授徐敖. 敖授九江陳俠, 爲王莽講學大夫. 由是言《毛詩》者, 本之徐敖.

| 註釋 | ○趙 - 국명. 치소는 邯鄲(한단, 今 河北省 남부의 邯鄲市). ○河間
獻王 - 景帝와 栗姬 소생의 劉德. 영역은 今 河北省 남부 石家庄市 일원, 국
도는 樂成縣(今 河北省 滄州市 관할의 獻縣의 서쪽). 53권,〈景十三王傳〉에 입
전. ○阿武令 - 阿武는 涿郡의 현명. 今 河北省 滄州市 관할의 獻縣(헌현).

〖 國譯 〗

　　毛公(모공)은 趙國 사람이다.《詩》를 전공하여 河間獻王(하간헌왕)
의 博士가 되었고, 같은 나라의 貫長卿(관장경)에게 전수하였다. 관
장경은 解延年(해연년)에게 전수하였다. 해연년은 阿武 현령이었는
데 徐敖(서오)에게 전수하였다. 서오는 九江郡의 陳俠(진협)에게 전
수하였고, 진협은 왕망의 講學大夫가 되었다. 이로써《毛詩》를 논하
는 자는 서오에 뿌리를 두고 있다.

88-22. 孟卿

原文

　　漢興, 魯高堂生傳《士禮》十七篇, 而魯徐生善爲頌. 孝文
時, 徐生以頌爲禮官大夫, 傳子至孫延, 襄. 襄, 其資性善爲

頌, 不能通經, 延頗能, 未善也. 襄亦以頌爲大夫, 至廣陵內
史. 延及徐氏弟子公戶滿意,柏生,單次皆爲禮官大夫. 而瑕
丘蕭奮以《禮》至淮陽太守. 諸言《禮》爲頌者由徐氏.

| 註釋 | ○高堂生 – 秦 말기 魯의 高堂伯. ○《士禮》十七篇 – 晋代에는
《儀禮》라고 통칭. 《禮》는 孔子 생존 시에도 하나의 경전으로 체계가 갖추어
지지 않았다는 주석이 있다. ○善爲頌 – 頌은 얼굴 용(容). 禮容. 기릴 송.
○禮官大夫 – 박사와 대부를 예관이라 통칭. ○廣陵 – 郡國名. 치소는 廣陵
縣. 今 江蘇省 揚州市 서북. ○公戶滿意 – 公戶가 姓. 滿意는 名. ○單次(선
차) – 單이 지명이나 성씨일 때는 선. ○瑕丘(하구) – 山陽郡의 현명. 今 山
東省 濟寧市 東北部의 兗州市(연주시).

〔國譯〕

漢이 건국되고서, 魯에 高堂生(고당생)이 《士禮》 17편을 전했고,
魯의 徐生(서생)의 의례를 잘 행하였다. 효문제 시에 서생은 의례로
禮官大夫가 되었는데, 그것을 子에서 손자인 徐延(서연)과 徐襄(서
양)에게 전수하였다. 서양은 그 천성이 의례에는 밝았으나 경전에는
능통하지 못했고 서연 역시 능숙했으나 뛰어나지는 못했다. 서양은
의례로 대부가 되어 廣陵國 內史가 되었다. 서연과 서씨의 제자인
公戶滿意(공호만의), 柏生(백생), 單次(선차)가 모두 禮官大夫가 되었
다. 瑕丘縣(하구현)의 蕭奮(소분)은 《禮》로 회양태수가 되었다. 《禮》
를 논하면서 의례를 행하는 자는 서생에서부터 시작되었다.

孟卿, 東海人也. 事蕭奮, 以授后倉,魯閭丘卿. 倉說《禮》
數萬言, 號曰《后氏曲臺記》, 授沛聞人通漢子方,梁戴德延
君,戴聖次君,沛慶普孝公. 孝公爲東平太傅. 德號大戴, 爲
信都太傅, 聖號小戴, 以博士論石渠, 至九江太守. 由是
《禮》有大戴,小戴,慶氏之學. 通漢以太子舍人論石渠, 至中
山中尉. 普授魯夏侯敬, 又傳族子咸, 爲豫章太守. 大戴授
琅邪徐良斿卿, 爲博士,州牧,郡守, 家世傳業. 小戴授梁人
橋仁季卿,楊榮子孫. 仁爲大鴻臚, 家世傳業, 榮琅邪太守.
由是大戴有徐氏, 小戴有橋,楊氏之學.

| 註釋 | ○魯閭丘卿 - 魯의 閭丘卿(여구경). ○聞人通漢子方 - 聞人은
성. 通漢은 이름. 子方은 字. ○《后氏曲臺記》- 曲臺는 미앙궁의 전각 이름.
○中山中尉 - 中山은 제후국명. 국도는 盧奴縣(今 河北省 직할지인 定州市. 保
定市와 石家庄市 중간).

〔國譯〕

孟卿(맹경)은 동해군 사람이다. 蕭奮(소분)을 모시고 배워, 后倉(후
창)과 魯의 閭丘卿(여구경)에게 전수하였다. 후창은 《禮》에 대한 해
설 수만 자를 저술하여 《后氏曲臺記》라 하였고 학문을 패군의 聞人
通漢(문인통한, 字 子方), 그리고 梁의 戴德(대덕, 字 延君)과 戴聖(대성,
字 次君), 또 패군의 慶普(경보, 字 孝公)에게 전수하였다. 경보는 東平
國의 太傅가 되었다. 대덕은 大戴(대대)라 불렸는데 신도국 태부가

되었고, 대성은 小戴(소대)라 불렀는데 박사로 석거각에서 경학을 토론하고 九江郡 태수가 되었다. 이로부터 《禮》에는 大戴(대대)와 小戴(소대), 慶普(경보)의 학파가 생겼다. 문인통한은 태자사인으로 석거각에서 경학을 토론하고 中山國 중위가 되었다. 경보는 魯의 夏侯敬(하후경)에게 전수하고, 또 집안 자제인 夏侯咸(하후함)에게 전했는데 (하후함은) 예장 태수가 되었다. 대대는 낭야군 徐良〔서량, 字 斿卿(유경)〕에게 전수하였는데 박사나 州의 牧과 군수가 되었고 가학으로 후세에 전했다. 소대는 梁나라 사람인 橋仁(교인, 字는 季卿)과 楊榮(양영, 字는 子孫)에게 전수하였다. 교인은 大鴻臚(대홍려)가 되어 가학으로 후세에 전했으며 양영은 낭야 태수가 되었다. 이로써 大戴에 徐氏, 小戴에 교인과 양영의 학파가 성립되었다.

88-23. 胡母生

原文

胡母生字子都, 齊人也. 治《公羊春秋》, 爲景帝博士. 與董仲舒同業, 仲舒著書稱其德. 年老, 歸教於齊, 齊之言《春秋》者宗事之, 公孫弘亦頗受焉. 而董生爲江都相, 自有傳. 弟子遂之者, 蘭陵褚大, 東平嬴公, 廣川段仲, 溫呂步舒. 大至梁相, 步舒丞相長史, 唯嬴公守學不失師法, 爲昭帝諫大夫,授東海孟卿,魯眭孟. 孟爲符節令, 坐說災異誅, 自有傳.

|註釋| ○《公羊春秋》－子夏의 제자인 齊人인 公羊高(공양고, 公羊은 복성)가 해석한 춘추. 사실은 공양고의 玄孫인 漢人 公羊壽의 저술로 인정되고 있다. ○董生爲江都相－董生은 동중서, 江都國의 치소는 江都縣(今 江蘇省 揚州市 서남). 56권, 〈董仲舒傳〉에 입전. ○弟子遂之者－遂는 명성과 지위를 누리는 사람. ○溫呂步舒－河內郡 溫縣(今, 河南省 焦作市 관할의 溫縣) 呂步舒(여보서). ○魯眭孟－魯人 眭孟(휴맹), 이름은 弘, 孟은 字. 75권, 〈眭兩夏侯京翼李傳〉에 입전. ○符節令－황제의 國璽(국새)와 虎符 및 각종 持節을 관리하는 少府의 속관. 대신이 조서를 받고 임무를 수행할 때 황제의 대행이라는 뜻으로 符節을 내주었는데, 이를 假節이라 하였다. 假는 빌리다. 빌려주다(借의 뜻).

〖 國譯 〗

胡母生(호모생)의 字는 子都(자도)로 齊人이다.《公羊春秋》를 전공하고, 景帝 때 박사가 되었다. 董仲舒와 일을 같이 하였는데 동중서도 저서에서 호모생의 덕을 칭송했다. 연로하여 齊에 돌아와 가르쳤는데 제에서《春秋》를 논하는 학자들이 종사로 받들었으며 公孫弘도 많이 전수받았다. 동중서는 江都國 相을 역임했는데 본서에 입전했다. 명성과 직위를 얻은 호모생의 제자는 蘭陵縣의 褚大(저대)와 東平國의 嬴公(영공), 廣川國의 段仲(단중), 溫縣의 呂步舒(여보서) 등이 있다. 저대는 梁의 相이었고, 여보서는 丞相의 長史이었는데 오직 영공은 학문만을 지속하며 師法을 지켰는데 소제 때 諫大夫를 지냈고, 동해군의 孟卿과 魯의 眭孟(휴맹, 眭弘)에게 전수하였는데 휴맹은 符節令이 되었다가 재이를 함부로 말한 죄로 주살되었으며 본서에 입전했다.

88-24. 嚴彭祖

原文

　嚴彭祖字公子, 東海下邳人也. 與顔安樂俱事眭孟. 孟弟
子百餘人, 唯彭祖,安樂爲明, 質問疑誼, 各持所見. 孟曰,
"《春秋》之意, 在二子矣!"孟死, 彭祖,安樂各顓門敎授. 由
是《公羊春秋》有顔,嚴之學. 彭祖爲宣帝博士, 至河南,東郡
太守. 以高第入爲左馮翊, 遷太子太傅, 廉直不事權貴. 或
說曰, "天時不勝人事, 君以不修小禮曲意, 亡貴人左右之
助, 經誼雖高, 不至宰相. 願少自勉强!"彭祖曰, "凡通經術,
固當修行先王之道, 何可委曲從俗, 苟求富貴乎!"彭祖竟以
太傅官終. 授琅邪王中, 爲元帝少府, 家世傳業. 中授同郡
公孫文,東門雲. 雲爲荊州刺史, 文東平太傅, 徒衆尤盛. 雲
坐爲江賊拜辱命, 下獄誅.

|註釋| ○嚴彭祖(엄팽조) − 본성 莊, 東漢 明帝 이름(莊)을 피휘하여 改
書. ○下邳(하비) − 현명. 今 江蘇省 北部 徐州市 관할의 邳州市(비주시).

○顓門 － 專門. 顓은 傳. ○經誼雖高 － 經義. 經行. ○雲坐爲江賊拜辱命 － 江은 長江. 辱命은 천자의 명을 받은 관리로서 품위 손상 행위.

[國譯]

嚴彭祖(엄팽조)의 字는 公子로, 동해군 下邳縣(하비현) 사람이다. 顔安樂(안안락)과 함께 眭孟(휴맹)에게 배웠다. 휴맹의 제자가 백여 명이었지만 오직 엄팽조와 안안락만이 명석하여 어려운 대의를 물었고 소신이 확실하였다. 그래서 휴맹도 "《春秋》의 대의가 두 사람에게 있도다!"라고 말했다. 휴맹이 죽자 엄팽조와 안안락은 각자 교수에 전념하였다. 이로써《公羊春秋》에 안안락과 엄팽조의 학파가 성립되었다.

엄팽조는 선제 때 박사가 되어 河南과 東郡의 태수를 역임하였다. 치적 등급이 우수하여 중앙에 들어가 左馮翊(좌풍익)이 되었다가 太子太傅로 승진하였는데 청렴 강직하며 權貴를 따르지 않았다. 그러자 어떤 사람이 말했다.

"天時도 人事를 이기지 못하거늘 당신은 작은 예를 갖추거나 뜻을 굽혀 귀인의 측근으로 돕지도 않아 아무리 經行이 높아도 재상에 오르기 어려울 것이니 조금 생각하여 힘써야 할 것이요!" 그러자 엄팽조가 말했다.

"대개 경학을 배우는 것은 선왕의 대도를 알고 실천하려는 뜻인데 왜 세속을 따라 뜻을 굽히면서 구차하게 부귀를 얻으려 하겠소!"

엄팽조는 결국 태자태부로 관직을 마쳤다. 낭야군의 王中(왕중)에게 전수하였는데 왕중은 元帝 때 少府가 되었고 가학으로 후손에 전했다. 왕중은 같은 군의 公孫文(공손문)과 東門雲(동문운)에게 전수하였다. 동문운은 형주자사가 되었고 공손문은 동평왕 태부가 되었는데 제자들이 아주 많았다. 동문운은 長江의 도적에게 잡혀 절을 하여 천자의 명을 욕보인 죄로 하옥되었다가 처형되었다.

88-25. 顔安樂

原文

顔安樂字公孫, 魯國薛人, 眭孟姊子也. 家貧, 爲學精力, 官至齊郡太守丞, 後爲仇家所殺. 安樂授淮陽泠豐次君, 淄川任公. 公爲少府, 豐淄川太守. 由是顔家有泠, 任之學. 始貢禹事嬴公, 成於眭孟, 至御史大夫, 疏廣事孟卿, 至太子太傅, 皆自有傳. 廣授琅邪筦路, 路爲御史中丞. 禹授潁川堂谿惠, 惠授泰山冥都, 都爲丞相史. 都與路又事顔安樂, 故顔氏復有筦, 冥之學. 路授孫寶, 爲大司農, 自有傳. 豐授馬宮, 琅邪左咸. 咸爲郡守九卿, 徒衆尤盛. 官(宮)至大司徒, 自有傳.

│註釋│ ◦魯國薛人 － 薛縣(설현), 今 山東省 남부 棗莊市(조장시) 관할 滕州市. ◦精力 － 積力. 힘쓰다. ◦太守丞 － 丞(승)은 부책임자. ◦貢禹(공우) － 72권, 〈王貢兩龔鮑傳〉에 입전. ◦疏廣(소광) － 71권, 〈雋疏于薛平彭傳〉

에 입전. ○筦路 - 管路(인명. 筦은 管). ○泰山冥都 - 泰山郡 冥都(명도). 人名. ○孫寶 - 77권, 〈蓋諸葛劉鄭孫毋將何傳〉에 입전. ○官(宮)至大司徒, 自有傳 - 문맥상 좌함의 벼슬을 말했으며 좌함은 立傳하지 않았다. 官이 '宮'이어야 한다는 주석에 따른다. 馬宮은 51권, 〈匡張孔馬傳〉에 입전.

〔國譯〕

顔安樂(안안락)의 字는 公孫으로, 魯國 薛縣(설현) 사람으로 眭孟(휴맹) 누이의 아들이다. 집이 가난하였지만 힘써 배웠고 齊郡 太守 丞이 되었으나 뒷날 원한을 가진 사람에게 피살되었다. 안안락은 회양군의 泠豐(냉풍, 字 次君)과 치천군의 任公(임공)에게 전수하였다. 임공은 少府에 올랐고 냉풍은 치천 태수를 지냈다. 이로써 안안락의 학문에 냉풍과 임공의 학파가 생겼다. 그전에 貢禹(공우)는 嬴公(영공)에게 배우고서 眭孟(휴맹)에 배워 학문을 완성하였고 관직은 御史大夫에 올랐으며, 疏廣(소광)은 孟卿(맹경)에게 배워 관직은 太子太傅가 되었는데 모두 본서에 입전하였다. 소광은 낭야군의 筦路(관로)에게 전수했고 관로는 어사중승이 되었다. 공우는 영천군의 堂谿惠(당계혜)에게 전수했고, 당계혜는 태산군의 冥都(명도)에게 전승했으며 명도는 丞相史가 되었다. 명도와 관로는 또 顔安樂에게 배웠는데 그래서 안안락에게 다시 관로와 명도의 학파가 성립되었다. 관로는 孫寶(손보)에게 전수했고 손보는 대사농이 되었고 본서에 입전했다. 냉풍은 馬宮(마궁)과 낭야군의 左咸(좌함)에게 전수했다. 좌함은 군수와 구경의 반열에 올랐고 제자들이 크게 융성하였다. 마궁은 大司徒가 되었고 본서에 입전했다.

88-26. 瑕丘江公

原文

瑕丘江公, 受《穀梁春秋》及《詩》於魯申公, 傳子至孫爲博士. 武帝時, 江公與董仲舒並. 仲舒通《五經》, 能持論, 善屬文. 江公吶於口, 上使與仲舒議, 不如仲舒. 而丞相公孫弘本爲《公羊》學, 比輯其議, 卒用董生. 於是上因尊《公羊》家, 詔太子受《公羊春秋》, 由是《公羊》大興. 太子旣通, 復私問《穀梁》而善之. 其後浸微, 唯魯榮廣王孫, 皓星公二人受焉. 廣盡能傳其《詩》《春秋》, 高材捷敏, 與《公羊》大師眭孟等論, 數困之, 故好學者頗復受《穀梁》. 沛蔡千秋少君, 梁周慶幼君, 丁姓子孫皆從廣受. 千秋又事皓星公, 爲學最篤. 宣帝卽位, 聞衛太子好《穀梁春秋》, 以問丞相韋賢, 長信少府夏侯勝及侍中樂陵侯史高皆魯人也, 言穀梁子本魯學, 公羊氏乃齊學也, 宜興《穀梁》. 時千秋爲郎, 召見, 與《公羊》家並說, 上善《穀梁》說, 擢千秋爲諫大夫給事中, 後有過, 左遷平陵令. 復求能爲《穀梁》者, 莫及千秋. 上愍其學且絶, 乃以千秋爲郎中戶將, 選郎十人從受. 汝南尹更始翁君本自事千秋, 能說矣, 會千秋病死, 徵江公孫爲博士. 劉向以故諫大夫通達待詔, 受《穀梁》, 欲令助之. 江博士復死, 乃徵周慶, 丁姓待詔保宮, 使卒授十人. 自元康中始講, 至甘露元年,積十餘歲, 皆明習. 乃召《五經》名儒太子太傅蕭望之等大議殿中, 平《公羊》,《穀梁》同異, 各以經處是非. 時,《公羊》博士嚴彭祖, 侍郎申輓, 伊推, 宋顯,《穀梁》議郎尹更始, 待詔劉向, 周慶, 丁姓並論.《公羊》家多不見從, 願請內侍郎許廣, 使者亦並內《穀梁》家中郎王亥, 各五人, 議三十餘事. 望之等十一人各以經誼對, 多從《穀梁》. 由是《穀梁》之學大盛. 慶, 姓皆爲博士. 姓至中山太傅, 授楚申章昌曼君, 爲博士; 至長沙太傅, 徒衆尤盛. 尹更始爲諫大夫, 長樂戶將, 又受《左氏傳》, 取其變理合者以爲章句, 傳子咸及翟方進, 琅邪房鳳. 咸至大司農, 方進丞相, 自有傳.

| 註釋 | ○瑕丘江公－瑕丘(하구)는 현명. 今 山東省 濟寧市 東北部의 兗州市(연주시). ○吶於口－말을 더듬다. 吶(말 더듬을 눌)은 訥(눌). ○比輯其議－그 논의한 것을 비교 편집하다. ○詔太子~－武帝의 衛太子(戾太子). ○榮廣王孫－榮廣은 성명, 王孫은 字. ○皓星公－皓星(호성)은 복성. ○數困之－자주 궁지에 몰리다. 막히다. 피동의 뜻. ○丁姓子孫－丁은 성씨, 姓은 이름. 子孫은 字. ○聞衛太子好－위태자는 宣帝의 할아버지이다. ○穀梁子(곡량자)－《穀梁春秋》의 저자인 穀梁赤(곡량적). ○郎中戶將－郎中令(광록훈)의 속관. 낭관을 車將, 戶將, 騎將이 나누어 지휘케 하였다. 戶將 등의 질록은 比一千石. ○汝南－군명. 치소는 今 河南省 남부 駐馬店市 관할의 平輿縣. 安徽省과 接境. ○待詔保宮－待詔는 특수 官名. 한 가지 특기가 있어 자문에 응대하는 직책. 그 대기하는 관청에 따라 待詔公車, 待詔黃門, 待詔殿中, 待詔金馬門, 待詔丞相府 등이 있다. 특수한 분야의 전문가인 경우에는 ○○待詔라고 불렸다. 保宮은 少府의 속관 명칭. ○元康－선제의 연

호. 前 65 - 62년. 甘露도 선제의 연호. 전 53 - 50년. ○顧請內~ - 內는 토론에 참여 시키다. 들일 납. 納과 同. ○嚴彭祖 - 엄팽조는 〈酷吏傳〉에 입전한 嚴延年의 동생. ○楚申章昌曼君 - 楚는 국명, 申章은 姓. 昌은 名, 曼君(만군)은 字.

〔國譯〕

　瑕丘縣(하구현)의 江公(강공)은 《穀梁春秋》와 《詩》를 魯의 申公(신공)으로부터 전수받아 아들과 손자에 전하여 박사가 되었다. 무제 때 강공과 董仲舒(동중서)는 같은 직급이었다. 동중서는 《五經》에 능통하고 주장이 확실하고 글을 잘 지었다. 江公은 말을 더듬었는데 무제가 동중서와 함께 토론하게 하면 동중서만 못했다. 승상인 公孫弘(공손홍)은 본래 《公羊春秋》를 배웠는데 두 사람의 논의를 비교 편집하여 올려 결국 동중서를 등용케 하였다. 이에 무제는 《公羊》학자들을 우대하면서 태자에게 《公羊春秋》를 배우라고 명했고 이에 따라 《公羊春秋》가 크게 흥성하였다. 태자는 공양춘추를 배운 뒤에 다시 《穀梁春秋》를 배우고 좋아했지만 그 뒤로는 점점 쇠퇴하였고 오직 魯의 榮廣(영광, 字 王孫)과 皓星公(호성공) 2인만이 전수받았다. 영광은 《詩》와 《春秋》를 다 전수받았으며 재주가 뛰어나고 민첩하여 《公羊春秋》의 大師인 眭孟(휴맹) 등과 토론하여 자주 궁지로 몰았기에 이후 많은 好學者들이 다시 《穀梁春秋》를 전수받았다. 沛郡(패군)의 蔡千秋(채천추, 字 少君)와 梁의 周慶(주경, 字 幼君), 丁姓(정성, 字 子孫)은 모두 영광으로부터 穀梁春秋를 전수받았다. 채천추는 또 호성공에게 배웠고 학문이 가장 돈독하였다.

　宣帝가 즉위한 뒤에 衛太子가 《穀梁春秋》를 좋아했다는 말을 들고, 丞相인 韋賢(위현)과 長信少府인 夏侯勝(하후승) 및 侍中인 樂陵侯 史高(사고) 등 모두 魯 출신에게 물었는데, 穀梁子(곡량자)는 魯學이 뿌리이고 公羊氏는 齊學이니 응당《穀梁春秋》를 진흥시켜야 한다고 말하였다. 그때 채천추는 낭관으로 부름을 받고 알현한 뒤《公羊》학자들과 토론을 하였는데 선제는《穀梁》의 학설이 낫다고 생각하여 채천추를 발탁하여 諫大夫 給事中에 임명하였으나 채천추는 뒷날 죄를 지어 평릉 현령으로 좌천되었다. 다시《穀梁春秋》에 밝은 사람을 찾았으나 아무도 채천추를 따라오지 못했다. 선제는 곡량학이 단절될 것을 걱정하여 다시 채천추를 郎中戶將에 임명하고 낭관 10명을 선발하여 채천추에게 전수받게 하였다. 汝南郡의 尹更始(윤경시, 字 翁君)은 본래 채천추로부터 배웠고 학설에 능통했는데 채천추가 병사하자 강공의 손자를 불러 박사에 임명하였다. 劉向(유향)은 이전에 諫大夫로 待詔에 통달하고《穀梁》을 전수받았기에 박사를 돕고자 하였다. 그러나 江博士도 곧 죽자 周慶(주경)과 丁姓(정성)을 불러 待詔保宮에 임명하여 10여 명에게 전수를 마치라고 명하였다. 그리하여 元康 연간에 강론을 시작하여 甘露 원년까지 10여년의 세월을 거쳐 모두 전수하였다. 이에《五經》의 名儒인 太子太傅 蕭望之(소망지) 등을 모두 어전에 불러 크게 토론하여《公羊》과《穀梁》의 同異와 경전의 시비를 가리게 하였다.

　　그때《公羊》의 博士는 嚴彭祖(엄팽조), 侍郎인 申輓(신만), 伊推(이추), 宋顯(송현) 등이었고,《穀梁》측으로는 議郎 尹更始(윤경시), 待詔인 劉向(유향), 周慶(주경), 丁姓(정성) 등이 같이 논쟁하였다.《公羊》학파 쪽에서는 자신의 의견 추종자가 많지 않은 것을 보고 侍郎 許廣(허광) 등을 포함할 것을 주청하자 사자는《穀梁》학파 중에서도 中

郎 王亥(왕해) 각 5명을 추가 합류시킨 뒤에 30여 주제를 논의하였다. 소망지 등 11인은 각각 경전의 뜻에 의거 대답하였는데 많은 사람들이 《穀梁》를 지지하였다. 이로부터 《穀梁》의 학문이 크게 융성하였다. 주경과 정성은 모두 박사가 되었다. 정성은 中山國 太傅가 되었고, 楚의 申章昌(신장창, 字, 曼君)에 전수했고 신장창은 박사가 되었다가 長沙王의 太傅가 되었는데 제자들이 특히 많았다. 尹更始는 諫大夫가 되었다가 長樂宮 戶將으로 《左氏傳》을 전수받아 그중에서 합리적인 내용을 골라 章句로 편집하였는데 아들 尹咸(윤함)과 翟方進(적방진), 낭야군의 房鳳(방봉)에게 전수하였다. 윤함은 대사농까지 승진하였고 적방진은 승상이 되었는데 이에 입전하였다.

88-27. 房鳳

房鳳字子元, 不其人也. 以射策乙科爲太史掌故. 太常擧方正, 爲縣令都尉, 失官. 大司馬驃騎將軍王根奏除補長史, 薦鳳明經通達, 擢爲光祿大夫, 遷五官中郎將. 時, 光祿勳王龔以外屬內卿, 與奉車都尉劉歆共校書, 三人皆侍中. 歆白《左氏春秋》可立, 哀帝納之, 以問諸儒, 皆不對. 歆於是數見丞相孔光, 爲言《左氏》以求助, 光卒不肯. 唯鳳, 龔許歆, 遂共移書責讓太常博士, 語在〈歆傳〉. 大司空師丹奏歆非毁先帝所立, 上於是出龔等補吏, 龔爲弘農, 歆河內, 鳳九江太守, 至靑州牧. 始, 江博士授胡常, 常授梁蕭秉君房, 王莽時爲講學大夫. 由是《穀梁春秋》有尹, 胡, 申章, 房氏之學.

| 註釋 | ○不其 − 琅邪郡의 현 이름. 今 山東省 靑島市 일대. ○太史掌故 − 太史令의 속관, 秩 二百石. ○太常 − 종묘 제사를 주관하는 9卿의 하나. ○王根 − 왕망의 숙부. 長史는 丞相, 太尉, 御史大夫, 大將軍, 車騎將軍, 前後左右將軍의 참모 겸 보좌관. 질록 1천석. ○五官中郎將 − 五官郎을 주관하는 직책. 郎官으로 연령이 50세가 넘어가면 五官에 속하게 하고 오관을 다시 中郎, 侍郎, 郎中으로 구별하였다. 오관중랑장은 9卿의 하나인 郎中令의 속관으로 질록은 比二千石이었다. ○外屬內卿 − 外屬은 외척. 內卿은 궁중 호위 책임자. ○奉車都尉 − 황제의 거마 관리, 황제 호위, 입시하는 요직. 질록은 比二千石. ○侍中 − 가관의 칭호. 황제의 侍臣. ○孔光 − 공자의 후손. 81권, 〈匡張孔馬傳〉에 입전.

〖 國譯 〗

房鳳(방봉)의 字는 子元으로 낭야군 不其縣 사람이다. 射策乙科에 뽑혀 太史掌故가 되었다. 太常이 方正한 인재로 천거하여 縣令과 都尉를 역임하였으나 관직을 잃었다. 大司馬 票騎將軍인 王根(왕근)이 상주하여 長史를 제수하였다가 방봉이 경학에 밝으며 통달하였다고 천거하자 발탁되어 광록대부가 되었다가 五官中郎將으로 승진하였다. 그때 光祿勳인 王龔(왕공)은 외척으로 궁중 호위책임자였는데 奉車都尉인 劉歆(유흠)과 함께 校書를 담당했는데 3인이 모두 시중이었다. 유흠이《左氏春秋》의 학관을 세워야 한다고 주청하여 애제가 받아들이려고 여러 유생에게 물었는데 아무도 대답하지 않았다. 유흠은 이에 승상 孔光(공광)을 여러 번 바라보면서《左氏春秋傳》을 언급하여 도와주기를 바랐으나 공광은 끝까지 도와주지 않았다. 오직 방봉과 왕공만이 유흠과 의견을 같이 하였으나 결국 공동으로 문서를 보내 太常博士의 책임을 물었는데 이는 유흠의 傳에 실려 있다. 大司空 師丹(사단)은 先帝가 확립한 학관 제도를 유흠이 훼손하려 했다고 비난하자 애제는 왕공 등을 지방관으로 전출시켜 왕공은 弘農郡, 유흠은 河內郡, 방봉은 九江郡 太守로 나갔다가 靑州牧이 되었다. 처음에 (瑕丘江公의 후손인) 江(강) 博士는 胡常에게 전수했고, 호상은 梁의 蕭秉(소병, 字 君房)에 전수했는데 (소병은) 王莽 때에 講學大夫가 되었다. 이에《穀梁春秋》에 尹更始(윤경시), 胡常(호상), 申章昌(신장창), 房鳳(방봉)의 학파가 성립되었다.

原文

漢興, 北平侯張蒼及梁太傅賈誼,京兆尹張敞,太中大夫劉公子皆修《春秋左氏傳》. 誼爲《左氏傳》訓故, 授趙人貫公, 爲河間獻王博士, 子長卿爲蕩陰令, 授淸河張禹長子. 禹與蕭望之同時爲御史, 數爲望之言《左氏》, 望之善之, 上書數以稱說. 後望之爲太子太傅, 薦禹於宣帝, 徵禹待詔, 未及問, 會疾死. 授尹更始, 更始傳子咸及翟方進,胡常. 常授黎陽賈護季君, 哀帝時待詔爲郎, 授蒼梧陳欽子佚, 以《左氏》

授王莽, 至將軍. 而劉歆從尹咸及翟方進受. 由是言《左氏》者本之賈護,劉歆.

| 註釋 | ○張蒼(장창) － 42권, 〈張周趙任申屠傳〉에 입전. ○賈誼(가의) － 48권, 〈賈誼傳〉에 입전. ○張敞(장창) － 〈趙尹韓張兩王傳〉에 입전. ○河間獻王 － 景帝의 子. 劉德(? － 前 130). 53권, 〈景十三王傳〉에 입전. 河間國은 今 河北省 남부 일대, 국도는 樂成縣(今 河北省 滄州市 관할의 獻縣). ○蕩陰(탕음) － 河內郡의 현명. ○蒼梧陳欽子佚 － 蒼梧(창오)는 군명. 지금의 廣西省 梧州市 일대, 廣東省과 접경. 陳欽은 이름. 字 子佚.

〔國譯〕

漢 건국 이후 北平侯 張蒼(장창)과 梁王의 태부인 賈誼(가의), 경조윤 張敞(장창), 太中大夫인 劉公子(유공자)는 모두《春秋左氏傳》를 수학하였다. 가의는《左氏傳》을 訓詁(훈고)하여 趙人 貫公(관공)에 전수하였고, 관공은 河間獻王의 博士였으며 아들 貫長卿(관장경)은 蕩陰(탕음) 현령으로 淸河郡 張禹(장우, 字 長子)에게 전수했고, 장우는 蕭望之와 같은 시절에 어사가 되어 여러 번 소망지에게《左氏傳》을 언급하였고 소망지는 좋아하면서 여러 차례 그 학설을 상서하였다. 뒷날 소망지는 太子太傅가 되어 장우를 선제에게 천거하여 장우를 待詔(대조)에 임명케 하였으나 실행하기 전에 장우는 병으로 죽었다. 장우는 尹更始(윤경시)에게 전수하였고, 윤경시는 아들 尹咸(윤함)과 翟方進(적방진), 그리고 胡常(호상)에게 전수하였다. 호상은 黎陽縣(여양현)의 賈護(가호, 字 季君)에게 전수하였는데, 哀帝때 待詔(대조)로 낭관이 되어 蒼梧郡(창오군)의 陳欽(진흠, 字 子佚)에게 전수하였

고 진흠은 《左氏傳》을 왕망에게 교수하여 장군이 되었다. 그리고 劉歆(유흠)은 윤함과 적방진으로부터 전수받았다. 이리하여 《左氏傳》을 논하는 자는 賈護(가호)와 유흠을 근본으로 하였다.

原文

　贊曰, 自武帝立《五經》博士, 開弟子員, 設科射策, 勸以官祿, 訖於元始, 百有餘年, 傳業者浸盛, 支葉蕃滋, 一經說至百餘萬言, 大師衆至千餘人, 蓋祿利之路然也. 初, 《書》唯有, 《禮》后, 《易》楊, 《春秋》公羊而已. 至孝宣世, 復立《大小夏侯尙書》, 《大小戴禮》, 《施》, 《孟》, 《梁丘易》, 《穀梁春秋》. 至元帝世, 復立《京氏易》, 平帝時, 又立《左氏春秋》, 《毛詩》,逸《禮》, 古文《尙書》, 所以罔羅遺失, 兼而存之, 是在其中矣.

| 註釋 |　○元始 – 평제의 연호(서기 1 – 5년).

〖國譯〗

　班固의 論贊 : 武帝 때 《五經》 박사를 설치하고 弟子員을 두었으며 영역별 射策으로 선발하면서 관록을 권장하였다. 元始 연간에 이르기까지 100여 년간에 학문을 전한 자가 점점 많아지고 지엽이 무성하여 경전 한 권을 해설하는데 백여만 자에 이르렀고 大師가 1천여 명이나 되었던 것은 아마 官祿의 길이 그러했기 때문이었다.

처음에 《書》에는 오직 歐陽生(구양생)이 있었고 《禮》에는 后蒼(후창), 《易》에는 楊何(양하), 《春秋》에는 公羊高뿐이었다. 宣帝 때에 이르러 다시 《大小夏侯戴書》와 《大小戴禮》, 《施讎易》, 《孟喜易》, 《梁丘易》, 《穀梁春秋》 등의 박사를 두었다. 元帝 때에 또 《京氏易》의 박사를 두었고, 平帝 때 다시 《左氏春秋》, 《毛詩》와 《逸禮》, 《古文尚書》의 박사를 두면서 유실된 학문을 망라하여 함께 보존코자 했던 것은 관록이 거기에 있기 때문이었다.

89 循吏傳
〔순리전〕

원문

漢興之初, 反秦之敝, 與民休息, 凡事簡易, 禁罔疏闊, 而
相國蕭,曹以寬厚清靜爲天下帥, 民作〈畫一〉之歌. 孝惠垂
拱, 高后女主, 不出房闥, 而天下晏然, 民務稼穡, 衣食滋殖.
至於文,景, 遂移風易俗. 是時, 循吏如河南守吳公, 蜀守文
翁之屬, 皆謹身帥先, 居以廉平, 不至於嚴, 而民從化.

| 註釋 | ○〈循吏傳〉－循(좇을 순)은 順. '上順公法 下順人情'의 뜻. ○禁
罔疏闊－법률은 엄격하지 않고 거의 형벌을 가하지 않다. 罔은 法網. ○蕭,
曹－소하와 조참. 39권,〈蕭何曹參傳〉에 입전. ○爲天下帥－帥는 거느릴
솔. 率과 通. ○民作〈畫一〉之歌－畫는 그을 획. 그림 화. '蕭何爲法 講若畫
一, 曹參代之 守而勿失.'이라고 노래했다. ○不出房闥－房闥은 궁궐. 闥 궁
궐 문 달. ○稼穡－농사. 稼는 심을 가. 穡은 거둘 색. ○滋殖(자식)－滋生

繁殖(자생번식). 넉넉해지다.

〖國譯〗

　漢의 건국 초기에는 秦의 학정에 반하여 백성과 함께 休養하려
했기에 모든 일이 간결하고 법망도 소략하였으며, 상국 蕭何(소하)
와 曹參(조참)은 관대 온후하고 청정한 정치로 천하에 모범을 보였
기에 백성은 '劃一'의 노래를 불렀다. 惠帝는 팔짱을 끼고 있었으며
高后는 女主라서 궁궐 밖을 나서지 않았지만 천하는 평안하였고 백
성들은 농사에 힘써 의식은 넉넉하였다. 문제와 경제에 이르러 마침
내 移風易俗(이풍역속)하였다. 이때 하남태수 吳公(오공), 촉의 태수
인 文翁(문옹) 같은 사람들은 모두 근신하며 솔선하였고 청렴 공정
하였으며 엄격하지도 않아 백성이 따랐다.

原文

　孝武之世, 外攘四夷, 內改法度, 民用凋敝, 姦軌不禁. 時
少能以化治稱者, 惟江都相董仲舒,內史公孫弘,兒寬, 居官
可紀. 三人皆儒者, 通於世務, 明習文法, 以經術潤飾吏事,
天子器之. 仲舒數謝病去, 弘,寬至三公.

　孝昭幼沖, 霍光秉政, 承奢侈師旅之後, 海內虛耗, 光因循
守職, 無所改作. 至於始元,元鳳之間, 匈奴鄉化, 百姓益富,
舉賢良文學, 問民所疾苦, 於是罷酒榷而議鹽鐵矣.

| 註釋 | ㅇ孝武之世 - 재위 전 140 - 87년. ㅇ凋敝 - 지치고 피폐해지다. ㅇ姦軌 - 不法. 법을 어기다. 軌(길 궤)는 法. ㅇ江都相 - 강도국의 相. 국초에는 제후국도 중앙정부와 똑같은 체제에 자체 행정권을 갖고 있었다. 다만 相은 중앙정부에서 임명하였다. 질록은 二千石. 江都國 치소는 光陵縣(今 江蘇省 揚州市 서북). ㅇ兒寬 - 兒는 倪. 성씨 예. ㅇ可紀 - 紀는 記. 기록. ㅇ文法 - 法制, 法規. ㅇ器之 - 器는 재능. 중히 여기다. 적재적소에 등용하다. ㅇ始元,元鳳 - 前 86 - 81년, 前 80 - 75년. 소제 즉위 이후. ㅇ罷酒榷 - 술에 대한 전매(酒榷)를 혁파하다. 榷(외나무다리 각)은 전매하다. 天漢 3년(前 98) 이후 국가 수입 증대를 위하여 술을 전매케 하여 백성의 원성이 높았는데 昭帝 始元 6년(前 81)에 폐지하였다. ㅇ而議鹽鐵 - 무제 때 桑弘羊(상홍양)이 상인들의 염철 판매권을 박탈하여 국가 재정수입을 늘렸지만 온갖 폐단이 많았다. 시원 6년에 현량 문학의 인재를 모아 공개 토론을 하였는데, 여기서 토론된 내용을 모아 선제 때 桓寬(환관)이 엮은 책이 《鹽鐵論》이다.

[國譯]

孝武帝 때에 밖으로는 四夷를 물리치고, 안으로는 법도를 고쳤지만 백성은 지치고 피폐했으며 불법을 막지는 못했다. 그 시기에 젊고 유능하여 교화와 치적에 칭송을 받은 자로는 다만 江都相인 董仲舒(동중서)와 內史 公孫弘(공손홍), 兒寬(예관)을 들 수 있는데 그 치적이 볼만하였다. 3인은 모두 유학자로 世務에 능통하고 법제에 밝은 데다가 경학으로 업무를 윤색하였기에 천자도 그 능력을 중히 여겼다. 동중서는 병으로 여러 번 사직했었지만 공손홍과 예관은 三公의 자리에 올랐다.

孝昭帝가 어려 즉위하고 霍光(곽광)이 정권을 장악했는데 사치와 원정의 뒤끝이라서 천하가 텅 비었기에 곽광은 전례에 따라 다스릴 뿐 다시 고치지는 않았다. 始元과 元鳳 연간에 흉노가 투항하였고 백성은 점차 부유해졌으며, 賢良文學을 등용하고 백성의 병폐를 물어 나중에는 술의 전매를 폐지하고 염철 전매의 폐단을 논의하였다.

原文

及至孝宣, 繇仄陋而登至尊, 興於閭閻, 知民事之艱難. 自霍光薨後始躬萬機, 厲精爲治, 五日一聽事, 自丞相已下各奉職而進. 及拜刺史守相, 輒親見問, 觀其所由, 退而考察所行以質其言, 有名實不相應, 必知其所以然. 常稱曰, "庶民所以安其田里而亡歎息愁恨之心者, 政平訟理也. 與我共此者, 其唯良二千石乎!"以爲太守, 吏民之本也. 數變易則下不安, 民知其將久, 不可欺罔, 乃服從其敎化. 故二千石有治理效, 輒以璽書勉厲, 增秩賜金, 或爵至關內侯, 公卿缺則選諸所表以次用之. 是故漢世良吏, 於是爲盛, 稱中興焉. 若趙廣漢, 韓延壽, 尹翁歸, 嚴延年, 張敞之屬, 皆稱其位, 然任刑罰, 或抵罪誅. 王成, 黃霸, 朱邑, 龔遂, 鄭弘, 召信臣等, 所居民富, 所去見思, 生有榮號, 死見奉祀, 此廩廩庶幾德讓君子之遺風矣.

| 註釋 | ○繇仄陋 - 繇는 말미암을 유(由). 부역 요. 仄陋(측루)는 側陋(측루). 정통이 아니거나 비천한 신분. 보잘 것 없는 지위. 仄은 돈 이름 측. ○興於閭閻 - 선제는 무제의 증손이었지만 무고의 화 이후 민가에서 성장하였

다. 閭閻은 서민이 사는 마을. 閭는 마을의 이문 여. 閻은 이문 염. ○厲精 −
勵精(여정). 정신을 가다듬어 부지런히 힘쓰다. ○觀其所由 − 경력을 살펴
보다. ○以質其言 − 質은 正也. ○政平訟理 − 정사가 공평하고 소송이 공
정하다. ○二千石 − 太守나 제후국의 相. ○有治理效 − 治理는 통치. 정치.
同義復詞이다. ○選諸所表 − 표창이나 장려금을 받은 여럿 중에서 선발하
다. ○於是爲盛 − 於是는 그때에, 곧 선제 재위 기간에. ○趙廣漢, 韓延壽,
尹翁歸, 張敞은 모두 76권, 〈趙尹韓張兩王傳〉에 입전했고, 嚴延年은 〈酷吏
傳〉에 입전했다. ○鄭弘 − 66권, 〈公孫劉田王楊蔡陳鄭傳〉에 입전. ○廩廩
(늠름) − 풍채가 당당한 모양, 또는 '점점 가까워지다(漸近)'의 뜻. 庶幾(서
기)는 거의 ~이다.

[國譯]

孝宣帝는 미천한 생활을 하다가 지존이 되었고 여염에서 바로 즉
위하였기에 백성의 고생을 알고 있었다. 곽광이 죽은 뒤로 萬機를
친람하면서 힘써 다스려 5일에 한번 정사를 보고받았는데 승상 이
하 모든 신하가 자기 업무를 수행하였다. 자사나 태수, 제후국의 相
을 임명할 때는 그때마다 친히 만나서 물어 경력을 살펴보고 퇴임에
그 실적을 언행과 함께 고찰하여 명분이나 실적이 상응하지 않으면
왜 그러했는가를 꼭 알아내었다. 선제는 늘 "서민이 편히 농사지으
며 슬퍼하거나 걱정하지 않는 것은 정사와 송사가 공정하기 때문이
다. 나와 함께 이를 이룰 자는 아마 오직 선량한 2천석일 것이다."라
고 늘 말했다. 이는 태수를 백성을 다스리는 근본으로 생각한 것이
다. 태수가 자주 바뀌면 백성이 불안하고 백성은 태수가 오래 재임
할 것을 알면 속일 수 없어 그 교화에 복종할 것이다. 그래서 2천석
을 통해 통치의 효과를 거두고자 여러 번 국서를 내려 격려하거나

질록을 늘려주고 금전이나 관내후 작위를 하사하였고, 공경이 결원이면 그간 표창을 받은 지방관에서 선발하여 순차적으로 등용하였다. 이 때문에 漢代 우량한 관리가 이때에 많았으며 중흥을 이루었다고 칭송하였다. 趙廣漢(조광한), 韓延壽(한연수), 尹翁歸(윤옹귀), 嚴延年(엄연년), 張敞(장창)이 모두 직무를 잘 수행했으나 형벌을 받거나 혹은 죄를 지어 처형되기도 하였다. 王成(왕성), 黃霸(황패), 朱邑(주읍), 龔遂(공수), 鄭弘(정홍), 召信臣(소신신) 등의 임지 백성은 부유해졌고 그들이 전근하면 백성이 그리워했으며 살아서는 칭송을 받았고 죽어 제사를 받았으니, 이는 덕을 베풀고 겸양한 군자의 유풍에 거의 가까이 다가간 것이라 할 수 있다.

89-1. 文翁

原文

文翁, 廬江舒人也. 少好學, 通《春秋》, 以郡縣吏察舉. 景帝末, 爲蜀郡守, 仁愛好敎化. 見蜀地辟陋有蠻夷風, 文翁欲誘進之, 乃選郡縣小吏開敏有材者張叔等十餘人親自飭厲, 遣詣京師, 受業博士, 或學律令. 減省少府用度, 買刀布蜀物, 繼計吏以遺博士. 數歲, 蜀生皆成就還歸, 文翁以爲右職, 用次察舉, 官有至郡守刺史者.

| 註釋 | ○文翁 - 이름은 黨, 자는 仲翁(중옹). ○廬江舒人 - 廬江(여강)
은 군명. 치소는 舒縣(今 安徽省 合肥市 관할의 廬江縣). ○辟陋 - 僻陋. 후미
질 벽. ○飭厲 - 힘써 노력하라고 격려하다. 飭은 신칙할 칙. 당부하다. ○少
府用度 - 군의 재정과 비용. ○計吏 - 上計吏, 군의 업무를 보고하러 長安에
파견하는 관리. ○右職 - 高職. 좋은 직위.

〖 國譯 〗

文翁(문옹)은 여강군 舒縣(서현) 사람이다. 젊어 호학하였고《春
秋》를 배워 현리로서 천거를 받았다. 경제 말기에 蜀의 郡守가 되었
는데 인자하였고 백성 교화에 힘썼다. 蜀(촉)은 지역이 궁벽하여 만
이의 풍속이 있는 것을 보고 문옹은 이들을 이끌기 위하여 군의 관
속 중에서 영민하고 재주가 있는 小吏 중에서 張叔 등 10여 명을 선
발하여 친히 힘써 노력할 것을 당부하고 장안에 보내 박사에게 수업
받도록 하였는데, 혹자는 율령을 배우기도 하였다. 郡 少府의 재정
을 절약하기 위하여 蜀에서 나오는 도검이나 직물을 사서 計吏를 통
해 박사에게 보내기도 하였다. 몇 년 뒤에 촉의 유생 중에서 학업을
마치고 돌아오는 자가 있으면 문옹은 그때마다 높은 직책으로 임용
하였고 순서대로 천거하였는데 관직이 군수나 자사에 이른 자도 있
었다.

原文

又修起學官於成都市中, 招下縣子弟以爲學官弟子, 爲除
更徭, 高者以補郡縣吏, 次爲孝弟力田. 常選學官僮子, 使

在便坐受事. 每出行縣, 益從學官諸生明經飭行者與俱, 使傳教令, 出入閨閣. 縣邑吏民見而榮之, 數年, 爭欲爲學官弟子, 富人至出錢以求之. 由是大化, <u>蜀地學於京師者比齊魯</u>焉. 至武帝時, 乃令天下郡國皆立學校官, 自<u>文翁</u>爲之始云.

<u>文翁</u>終於<u>蜀</u>, 吏民爲立祠堂, 歲時祭祀不絶. 至今<u>巴蜀</u>好文雅, <u>文翁</u>之化也.

| 註釋 | ○學官 − 學館, 學之官舍. ○下縣 − 郡治 이외의 縣. ○更徭 − 순차에 의해 부과하는 徭役(요역). ○孝弟力田 − 孝弟와 力田. 향관의 명칭. ○閨閣(규각) − 태수 관저의 작은 문. ○榮之 − 영광으로 여기다.

〖 國譯 〗

그리고 成都 시중에 학관을 지었고 관할 현의 자제들을 불러 學官의 제자로 삼고 그들에게는 순차에 의한 요역을 면제해 주었고, 우수자는 군이나 현의 관리에 임명하였으며 그 다음 등급은 孝弟나 力田으로 임명하였다. 그리고 언제나 학관의 동자를 선발하여 어디서든 업무를 처리할 수 있게 하였다. 매번 현을 순시할 때는 학관의 여러 유생 중에서 경전에 밝고 행실이 바른 사람을 골라 동행케 하여 교령을 전달케 하고 관사 안에도 출입할 수 있게 허용하였다. 현읍의 관리나 백성은 이들을 영광으로 여겼는데 몇 년이 지나자 다투어 학관의 자제가 되고자 했으며 부자는 돈을 내면서 뽑히려고 하였다. 이리하여 교화가 크게 성공하였고 蜀에서 京師에 들어가 학문을 하는 자가 齊나 魯와 대등하였다. 무제 때에 이르러 모든 군국에 학

교와 교관을 설치하게 하였는데, 이는 문옹에서부터 시작되었다고
한다.

문옹은 蜀에서 죽었는데 백성들이 사당을 세웠고 세시에 맞춰 제
사가 끊이지 않았다. 지금껏 巴郡이나 蜀郡에서 文雅를 숭배하는 것
은 문옹의 교화이다.

89-2. 王成

原文

　王成, 不知何郡人也. 爲膠東相, 治甚有聲. 宣帝最先褒
之, 地節三年下詔曰, "蓋聞有功不賞, 有罪不誅, 雖唐·虞不
能以化天下. 今膠東相成, 勞來不怠, 流民自占八萬餘口, 治
有異等之效. 其賜成爵關內侯, 秩中二千石." 未及徵用, 會
病卒官. 後詔使丞相·御史問郡國上計長吏守丞以政令得失,
或對言前膠東相成僞自增加, 以蒙顯賞, 是後俗吏多爲虛名
云.

|註釋| ○膠東相－교동국. 치소는 卽墨縣, 今 山東省 靑島市 관할 平度
市. ○地節三年－前 67년. ○蓋聞～－蓋는 발어사. ○勞來不怠－백성 보
호와 회유를 게을리하지 않다. ○自占－유민을 본 고을 백성으로 보고하

다. ○以蒙顯賞 – 蒙(입을 몽)은 받다. 顯賞은 큰 상. ○上計 – 지방관은 매년 임지의 호구나 부세, 도적과 송사 등 여러 항목에 걸쳐 실적 자료를 조정에 보고해야만 했다. 長吏守丞은 長史와 太守와 郡丞(군승, 副군수).

[國譯]

　王成(왕성)은 어느 군 출신인가는 모른다. 교동국의 相으로서 치적이 유명했다. 선제가 제일 먼저 그를 포상하여 地節 3년에 조서를 내렸다.

　"짐이 알기로는, 유공자에게 상을 내리지 않고 죄를 지은 자도 벌을 내리지 않는다면 비록 堯舜과 같을지라도 교화하지 못할 것이다. 지금 교동국 相인 王成은 백성 교화를 게을리하지 않았고 유민 8만여 명을 먹여 내부하게 하는 등 치적이 아주 우수하였다. 그에게 관내후의 작위를 내리고 질록을 中二千石으로 올려주기 바라노라." 그러나 징소하여 임명하기 전에 병으로 죽었다. 그 이후 승상이나 어사대부에게 조서를 내려 郡國에서 上計 長史나 태수, 郡丞의 정령과 치적의 득실을 보고토록 하자, 혹자는 전에 교동국상 王成이 거짓으로 늘려 보고하여 큰 상을 받았다고 말하는 자도 있었는데 이후로 속리들은 헛 명성만 추구하는 경향이 있었다.

89-3. 黃霸

黃霸字次公, 淮陽陽夏人也, 以豪傑役使徙雲陵. 霸少學
律令, 喜爲吏, 武帝末以待詔入錢賞官, 補侍郎謁者, 坐同產
有罪劾免. 後復入穀沈黎郡, 補左馮翊二百石卒史. 馮翊以
霸入財爲官, 不署右職, 使領郡錢穀計. 簿書正, 以廉稱, 察
補河東均輸長, 復察廉爲河南太守丞. 霸爲人明察內敏, 又
習文法, 然溫良有讓, 足知, 善御衆. 爲丞, 處議當於法, 合
人心, 太守甚任之, 吏民愛敬焉.

| 註釋 | ○淮陽陽夏 – 淮陽은 군명. 치소는 陳縣(今 河南省 淮揚縣). 陽夏
는 현명. 今 河南省 周口市 관할의 太康縣. ○雲陵 – 縣名. 今 陝西省 咸陽市
관할의 淳化縣. ○入錢賞官 – 돈을 바치고 관리가 되다. ○坐同產~ – 同
產은 형제. ○沈黎郡 – 군명. ○河東均輸長 – 河東은 군명. 치소 安邑縣(今
山西省 運城市 夏縣 서북). 均輸長은 물가조절관.

〔國譯〕

黃霸(황패)의 字는 次公(차공)으로, 淮陽郡 陽夏縣 사람으로 토착
호족이었는데 雲陵縣으로 이사하였다. 황패는 젊어 율령을 배웠고
관리 업무를 좋아하였는데 무제 말기에 待詔로 금전을 납부하고 관
리가 되어 侍郎謁者에 임명되었으나 형제의 죄에 연루되어 유죄 판

정이 나자 면직되었다. 뒤에 다시 沈黎郡(침려군)에 곡식을 납부하고 左馮翊(좌풍익)의 2백석 卒史가 되었다. 좌풍익은 황패가 재물을 바치고 관리가 되었다 하여 좋은 보직을 주지 않고 郡의 금전과 곡식의 출납을 맡겼다. 황패의 장부는 정확하였고 청렴하다는 명성을 얻어 천거를 받아 하동군 均輸長(균수장)이 되었고, 다시 청렴으로 천거되어 하남군 太守丞이 되었다. 황패는 눈치가 빠르고 머리가 잘 돌아갔으며, 법규를 잘 알면서도 온순하고 겸양하며 지혜가 많아 대중을 잘 이끌었다. 태수의 보좌관으로 업무처리가 합리적이었고 인심에 합당하여 태수가 크게 신임하였고 백성은 그를 경애하였다.

原文

自武帝末, 用法深. 昭帝立, 幼, 大將軍霍光秉政, 大臣爭權, 上官桀等與燕王謀作亂, 光旣誅之, 遂遵武帝法度, 以刑罰痛繩群下, 由是俗吏上嚴酷以爲能, 而霸獨用寬和爲名.

| 註釋 | ○用法深 - 법 적용을 가혹하게 하다. 深은 가혹하다. ○上官桀等與燕王~ - 상관걸은 곽광과 권력 경쟁을 했고 燕王 劉旦(유단, 前 117 - 80년 在任)은 무제와 李夫人 소생으로 昭帝의 異腹兄이었다. 38권, 〈霍光金日磾傳〉 참고. ○痛繩 - 痛은 엄하다. 繩(새끼 줄 승)은 꼭 묶다. 조이다. ○用寬和 - 用은 以.

〖國譯〗

武帝 말기부터 법 적용이 엄격하였다. 昭帝가 즉위하였으나 어렸

기에 大將軍 霍光(곽광)이 정권을 장악했는데 대신 간의 권력 다툼
이 있었고, 上官桀(상관걸) 등은 燕王(연왕)과 난을 음모하다가 곽광
에게 처형되었으며, 곽광은 정적을 제거하면서 무제의 법도에 따라
형벌로 신하들을 바짝 조였기에 속리들은 엄격 잔인한 집행을 유능
하다고 생각하였는데 황패만은 관용과 온화로 유명하였다.

　會宣帝卽位, 在民間時知百姓苦吏急也, 聞霸持法平, 召
以爲廷尉正, 數決疑獄, 庭中稱平. 守丞相長史, 坐公卿大
議廷中知長信少府夏侯勝非議詔書大不敬, 霸阿從不擧劾,
皆下廷尉, 繫獄當死. 霸因從勝受《尙書》獄中, 再踰冬, 積
三歲乃出, 語在〈勝傳〉. 勝出, 復爲諫大夫, 令左馮翊宋畸
擧霸賢良. 勝又口薦霸於上, 上擢霸爲揚州刺史. 三歲, 宣帝
下詔曰, "制詔御史, 其以賢良高第揚州刺史霸爲潁川太守,
秩比二千石居, 官賜車蓋, 特高一丈, 別駕主簿車, 緹油屛泥
於軾前, 以章有德."

| 註釋 | ○廷尉正 – 정위를 도와 중대 범죄의 조사와 판결에 참여하는 副
廷尉. 질록 1천석. ○疑獄(의옥) – 사안이 복잡하여 진상이 확실하지 않은
獄案. ○庭中稱平 – 廷尉府 안에서 공평하다고 칭송하다. ○守丞相長史 –
守는 직무대리. 長史는 참모, 주요 보좌관. ○大議廷中 – 조정의 대 회의.
○長信少府夏侯勝 – 長信少府는 태후의 거처인 장신궁의 재산과 관리를 담

당하는 소부, 상설 직책은 아니다. 질록은 중이천석. 당시 승상 蔡義와 어사
대부 田廣明은 하후승이 宣帝의 조서를 비난하여 武帝의 덕을 훼손하는 무
도한 짓을 하였다고 탄핵 상주하였으며, 丞相長史인 黃霸(황패)는 하후승의
편에 섰다 하여 탄핵은 받지 않았으나 같이 하옥하였다. 이는 75권,〈眭兩夏
侯京翼李傳〉에 상세히 기록되었다. 夏侯勝의 학통은〈儒林傳〉에 입전. ㅇ隃
冬 - (사형을 집행하는) 겨울을 넘기다. 隃(넘을 유)는 逾와 같음. ㅇ潁川(영
천) - 군명. 치소 陽翟縣(양책현, 今 河南省 許昌市 관할의 禹州市). ㅇ別駕主簿
(별가주부) - 別駕는 자사의 보좌관. 主簿는 문서 담당 관리. ㅇ緹油屛泥於
軾前 - 기름을 먹인 붉은 천. 緹는 붉은 비단 제. 屛泥(병니)는 진흙이 티는
것을 막는 것. 障泥(장니)와 같음. 軾(식)은 수레 앞의 손잡이 가로 막대.

〖 國譯 〗

　　마침 宣帝가 즉위하였는데 선제는 민간에 살면서 관리에게 심하
게 독촉당하는 백성의 고생을 잘 알고 있었으며, 황패가 공정하게
법을 집행한다는 것을 알고 불러 廷尉正에 임명하였다. 황패는 여러
번 의옥을 평결하면서 정위부에서도 공평하다는 칭송을 들었다. 丞
相長史 대리로 있을 때 공경들의 큰 회의에서 長信少府인 夏侯勝이
조서를 비난하는 대 불경죄에 해당하는 것을 알면서도 황패가 아부
하는 뜻으로 탄핵하지 않았다는 죄에 걸려 하후승과 함께 정위에게
넘겨졌고 옥중에서 사형이 확정되었다. 황패는 옥중에서 하후승으
로부터《尙書》를 전수받았고 두 번이나 겨울을 넘기고 3년째에 출
옥하였는데, 이는〈夏侯勝傳〉(眭兩夏侯京翼李傳)에 실려 있다. 하
후승은 출옥하여 다시 諫大夫가 되었고 좌풍익 宋畸(송기)는 황패를
賢良으로 천거하였다. 하후승도 역시 선제에게 황패를 천거하자 선

제는 황패를 양주자사로 발탁하였다. 3년 뒤에 선제가 조서를 내려 명령했다.

"어사대부에게 명령하노니 賢良으로 높은 등급을 받은 양주자사 황패를 영천군 태수에 임명하며, 질록은 比二千石으로 하되 나라에서 특별히 높이 1장의 수레 덮개를 하사하고 別駕와 主簿(주부)의 수레와 황패가 타는 수레 앞부분에 붉은 천의 장니를 함께 하사하여 그의 덕행을 표창하기 바란다."

原文

　時, 上垂意於治, 數下恩澤詔書, 吏不奉宣. 太守霸爲選擇良吏, 分部宣佈詔令, 令民咸知上意, 使郵亭鄕官皆畜雞豚, 以贍鰥寡貧窮者. 然後爲條敎, 置父老師帥伍長, 班行之於民間, 勸以爲善防奸之意, 及務耕桑, 節用殖財, 種樹畜養, 去食穀馬. 米鹽靡密, 初若煩碎, 然霸精力能推行之. 吏民見者, 語次尋繹, 問它陰伏, 以相參考. 嘗欲有所司察, 擇長年廉吏遣行, 屬令周密. 吏出, 不敢舍郵亭, 食於道旁, 烏攫其肉. 民有欲詣府口言事者適見之, 霸與語, 道此. 後日吏還謁霸, 霸見迎勞之, 曰, "甚苦! 食於道乃爲烏所盜肉." 吏大驚, 以霸具知其起居, 所問豪氂不敢有所隱. 鰥寡孤獨有死無以葬者, 鄕部書言, 霸具爲區處, 某所大木可以爲棺, 某亭豬子可以祭, 吏往皆如言. 其識事聰明如此, 吏民不知所出, 咸稱神明. 奸人去入它郡, 盜賊日少.

| 註釋 | ○垂意 – 留意하다. 關心. ○不奉宣 – 奉命한 것을 널리 알리지
않다. ○郵亭(우정) – 공문서 전달하는 곳. 驛館. 鄕官은 마을 회관. ○置父
老師帥伍長 – 父老師는 三老, 향촌의 원로. 帥(솔)은 거느리다. 伍長은 五家
一統의 우두머리. ○米鹽靡密 – 米鹽은 아주 자질구레하고 사소한 일. 細
雜. 靡는 糜(문드러질 미). ○語次尋繹 – 語次는 이야기를 나누다. 尋繹(심
역)은 찾아내다. 무엇인가를 알아내다. ○烏攫其肉 – 攫 붙잡을 확. 움켜쥐
다. 채가다. ○豪氂(호리) – 毫釐(호리). 아주 작은 것.

〔國譯〕

  그 무렵 선제는 治民에 관심을 갖고 자주 은택을 베풀라는 조서
를 내렸으나 관리들은 이를 널리 알리지도 않았다. 태수인 황패는
우량한 관리를 선발하고 부서를 만들어 詔令(조령)을 널리 알려 모
든 백성이 폐하의 뜻을 알게 하라고 분부하였고 郵亭(우정)이나 향
관에서는 닭이나 돼지를 키워 과부나 홀아비 등 빈자를 돕게 하였
다. 그리고 향촌의 규칙을 정하여 父老師를 두거나 伍長(오장)을 거
느리고 민가를 순행하면서 선행을 장려하고 나쁜 일을 저지르지 말
라고 타이르며 농사와 길쌈을 장려하고 검소한 생활로 재물을 늘리
며, 과일 나무를 심고 가축을 기르며 곡식을 말에게 먹이지 말라고
깨우쳤다. 이런 일이 사소하고 번거로웠지만 황패는 정성껏 공들여
추진하였다. 관리를 만난 사람들이 하는 이야기 중에서 백성이 걱정
하는 것을 알아내어 참고로 하였다. 한번은 무엇인가 사찰할 일이
있어 나이가 많으면서도 청렴한 관리를 보내며 비밀리에 조사하라

고 부탁을 하였다. 그 관리가 출장 가면서 郵亭에서 쉬지도 못하고 길에서 식사를 하다가 손에 쥔 고기를 까마귀가 낚아 채갔다. 마침 백성 한 사람이 태수에게 할 말이 있어 찾아 오다가 그것을 보고서 황패와 이야기 하는 도중에 그런 말을 하였다. 며칠 후 그 관리가 돌아오자 황패가 불러 위로하며 말했다. "고생이 많았도다! 길에서 식사를 하다가 까마귀한테 손에 쥔 고기도 빼앗겼다니!"라고 하였다. 관리는 크게 놀라며 황패가 출장 중의 일을 다 알고 있다고 생각하여 묻는 말에 조금도 숨기려 하지 않았다. 홀아비나 과부, 고아나 자식도 없는 노인이 죽어 장례를 치를 사람이 없다고 마을에서 글을 올리면 황패는 자세하게 어느 마을 어디에 관을 만들 수 있는 큰 나무가 있으며, 어느 郵亭(우정)에는 제사에 쓸만한 돼지가 있다고 말하였는데 관리가 가서 확인하면 꼭 그대로였다. 그가 일을 처리하되 총명하기가 이와 같았기에 관리는 감히 속일 수가 없어 모두 神明하다고 칭송하였다. 나쁜 사람들은 다른 군으로 이사를 갔기에 도둑은 날마다 줄어들었다.

原文

　霸力行教化而後誅罰, 務在成就全安長吏. 許丞老, 病聾, 督郵白欲逐之, 霸曰, "許丞廉吏, 雖老, 尙能拜起送迎, 正頗重聽, 何傷? 且善助之, 毋失賢者意." 或問其故, 霸曰, "數易長吏, 送故迎新之費及奸吏緣絶簿書盜財物, 公私費耗甚多, 皆當出於民, 所易新吏又未必賢, 或不如其故, 徒相益爲亂. 凡治道, 去其泰甚者耳."

〚 國譯 〛

黃霸(황패)는 부지런히 먼저 백성을 가르치고 나중에서야 형벌을
적용하였으며 나이 많은 관리를 온전히 지켜주는데 힘썼다. 許縣(허
현)의 현승은 늙고 귀가 먹었다고 독우가 축출하려고 하자 황패가
말했다. "허현의 현승은 청렴한 관리이니 비록 늙었다지만 일상에
불편이 없고 좀 듣지 못한다고 무엇이 나쁜가? 잘 도와주어서 현명
한 사람은 실망시키지 않도록 하라." 혹자가 그 까닭을 묻자 황패가
대답했다. "나이 많은 관리를 자주 바꾸면 옛사람 보내고 새사람 맞
이하는 비용이 나며 나쁜 관리가 장부를 조작하거나 재물을 도적질
하여 공사 간에 지출이 많이 날 수 있는데, 이는 모두 백성들이 부담
해야 하며 관리를 새로 임명하여도 꼭 똑똑하지도 않아 옛사람보다
못할 수도 있으니 공연히 혼란만 부추길 것이다. 무릇 백성을 다스
리는 길은 아주 심한 것만 없애면 될 것이다."

原文

霸以外寬內明得吏民心, 戶口歲增, 治爲天下第一. 徵守京兆尹, 秩二千石. 坐發民治馳道不先以聞, 又發騎士詣北軍馬不適士, 劾乏軍興, 連貶秩. 有詔歸潁川太守官, 以八百石居治如其前. 前後八年, 郡中愈治. 是時, 鳳皇神爵數集郡國, 潁川尤多. 天子以霸治行終長者, 下詔稱揚曰, "潁川太守霸, 宣佈詔令, 百姓向化, 孝子弟弟貞婦順孫日以衆多, 田者讓畔, 道不拾遺, 養視鰥寡, 瞻助貧窮, 獄或八年亡重罪囚, 吏民向於教化, 興於行誼, 可謂賢人君子矣. 《書》不云乎? '股肱良哉!' 其賜爵關內侯, 黃金百斤, 秩中二千石." 而潁川孝弟有行義民,三老,力田, 皆以差賜爵及帛. 後數月, 徵霸爲太子太傅, 遷御史大夫.

| 註釋 | ○詣北軍馬不適士 − 詣는 보내다. 도착하다. 北軍은 장안 북쪽을 방어하는 중앙 군단. 馬不適士는 말(馬)은 적고 기사는 많다는 뜻. ○劾乏軍興 − 乏軍興은 군수물자의 징발을 방해하거나 공급량이 부족하거나 품질이 불량한 경우. 이는 엄한 탄핵 대상이다. ○鳳皇神爵 − 鳳凰神雀. 神雀은 까마귀의 일종이라는 주석이 있다. ○股肱良哉 −《書經 虞書 益稷》. 股肱之臣(고굉지신)은 황제가 신임하는 신하.

〔國譯〕

황패는 밖으로 너그럽고 안으로는 吏民의 신임을 받았으며, 호구는 해마다 늘어 그 치적이 가장 우수하였다. 부름을 받아 임시 경조윤이 되었고 질록은 2천석이었다. 그러나 백성을 징발하여 馳道(치도)를 보수하면서 사전에 보고하지 않았고, 또 騎士를 선발하여 北

軍에 보냈으나 말과 기사의 숫자가 서로 맞지 않아 군수물자 부족을
초래했다고 탄핵을 받았고 질록까지 깎였다. 그리하여 조서에 의거
영천태수의 관직으로 복귀하였고 질록은 재직 중에 8백석으로 삭감
되었다. 전후 8년 간에 영천군은 더욱 잘 다스려졌다. 이 무렵 鳳皇
(봉황)이나 神爵(신작)이 여러 군국에 자주 출현하였는데 영천군에
특히 많았다. 천자는 황패가 치민을 잘하여 마침내 長者가 되었다고
생각하여 조서를 내려 황패를 칭찬하였다.

"영천군 태수 황패는 詔令(조령)을 백성에게 널리 알리고 교화에
힘써 효자와 공손한 젊은이와 정숙한 부인과 온순한 젊은 사람이 날
마다 많아졌으며, 농부는 밭두둑을 양보하고 백성은 길에 떨어진 물
건을 주워 갖지 않았으며, 홀아비나 과부를 보살피고 가난한 백성을
구휼하였으며, 감옥에는 8년 동안 중죄를 지은 죄수가 없고 관리들
은 교화에 힘쓰고 바른 행실을 권장하였으니 가히 현인군자라 할 수
있다. 《尙書》에서도 말하지 않았는가? '훌륭한 股肱之臣(고굉지신)
이로다!' 황패에게 관내후의 작위와 황금 백 근을 하사하고 질록은
中二千石으로 올려주도록 하라."

그리고 영천군의 孝弟한 백성과 義民, 三老와 力田에게 모두 차
등 있게 작위와 비단을 하사하였다. 몇 달 뒤, 황패를 불러들여 太子
太傅에 임명하였고 다시 어사대부로 승진시켰다.

原文

五鳳三年, 代邴吉爲丞相, 封建成侯, 食邑六百戶. 霸材
長於治民, 及爲丞相, 總綱紀號令, 風采不及丙,魏,于定國,

功名損於治郡. 時, 京兆尹張敞舍鶡雀飛集丞相府, 霸以爲神雀, 議欲以聞. 敞奏霸曰, "竊見, 丞相請與中二千石博士雜問郡國上計長吏守丞爲民興利除害, 成大化, 條其對, 有耕者讓畔, 男女異路, 道不拾遺, 及舉孝子貞婦者爲一輩, 先上殿, 舉而不知其人數者次之, 不爲條敎者在後叩頭謝. 丞相雖口不言, 而心欲其爲之也. 長吏守丞對時, 臣敞舍有鶡雀飛止丞相府屋上, 丞相以下見者數百人. 邊吏多知鶡雀者, 問之, 皆陽不知. 丞相圖議上奏曰, '臣問上計長吏守丞以興化條, 皇天報下神雀.' 後知從臣敞舍來, 乃止. 郡國吏竊笑丞相仁厚有知略, 微信奇怪也. 昔汲黯爲淮陽守, 辭去之官, 謂大行李息曰, '御史大夫張湯懷詐阿意, 以傾朝廷, 公不早白, 與俱受戮矣.' 息畏湯, 終不敢言. 後湯誅敗, 上聞黯與息語, 乃抵息罪而秩黯諸侯相, 取其思竭忠也. 臣敞非敢毀丞相也, 誠恐群臣莫白, 而長吏守丞畏丞相指, 歸舍法令, 各爲私敎, 務相增加, 澆淳散樸, 並行僞貌, 有名亡實, 傾搖解怠, 甚者爲妖. 假令京師先行讓畔異路, 道不拾遺, 其實亡益廉貪貞淫之行, 而以僞先天下, 固未可也. 卽諸侯先行之, 僞聲軼於京師, 非細事也. 漢家承敝通變, 造起律令, 所以勸善禁姦, 條貫詳備, 不可復加. 宜令貴臣明飭長吏守丞, 歸告二千石, 舉三老, 孝弟力田孝廉廉吏務得其人, 郡事皆以義法令撿式, 毋得擅爲條敎, 敢挾詐僞以奸名譽者, 必先受戮, 以正明好惡."

天子嘉納敞言, 召上計吏, 使侍中臨飭如敞指意. 霸甚慚.

│ 註釋 │ ○五鳳三年 − 선제의 연호. 前 57 − 54년. ○邴吉(병길) − 74권, 〈魏相丙吉傳〉에는 丙吉. 幼兒인 宣帝를 양육하고 생존할 수 있게 도운 장본인. 선제 옹립에 크게 기여. 선제를 도운 麒麟閣(기린각) 11명 공신의 한 사람. 前 59 − 55년 승상 역임. ○魏相(위상) − 前 67년에 승상. 기린각 11공신의 한 사람. ○于定國(우정국) − 선제 地節 원년(前 69)에 정위가 되어 18년간 근무하고 甘露 2년(前 52)에 어사대부가 되었다. 선제 甘露 3년에 승상으로 西平侯가 되었다. 元帝 永光 원년(前 43)에 致仕하였다. 71권, 〈雋疏于薛平彭傳〉에 입전. ○損於治郡 − 損은 不及. ○張敞(장창) − 아내를 위해 아내의 눈썹을 그려준 애처가. 76권, 〈趙尹韓張兩王傳〉에 입전. ○鶡雀(분작) − 파랑새. 鶡 파랑새 분. 산새 이름 할. 꿩과에 속하는 새. 羌族의 거주지에 사는 새인데 장안에서 보았기에 神鳥라고 생각하였다. ○雜問 − 공동으로 협의하다. ○長吏守丞 − 長史와 太守와 태수의 보좌역인 郡丞(군승, 太守의 副職). ○汲黯(급암) − 무제에게 직간을 잘했다. 50권, 〈張馮汲鄭傳〉에 입전. ○大行 李息(이식) − 大行은 大行令. 소수민족 관련 업무와 접객 담당. 大行은 접객을 담당하는 직분. 무제 太初 원년(前 104년)에 大行令을 大鴻臚(대홍려, 외교, 사신 접대 담당)로 명칭 변경. 大行을 大行令으로 명칭 변경. 李息(이식)은 55권, 〈衛靑霍去病傳〉에 附傳. ○張湯(장탕) − 무제 때 대표적인 酷吏. 한때 '天下事皆決湯'이란 말이 유행할 정도로 武帝의 신임을 받았다. 59권, 〈張湯傳〉에 입전. 《史記》에는 〈酷吏列傳〉에 실렸다. ○澆淳散樸 − 澆淳(요순)은 순박한 것을 없애다. 澆는 얇게 하다. 물댈 요. 淳은 淳朴(순박). 散樸(산박)은 순박한 기풍을 없애다. ○傾搖解怠 − 기강이 무너지고 관리들은 게을러지다. 解怠는 懈怠(해태). ○僞聲軼於京師 − 軼은 앞지를 일. 넘쳐나다. ○孝弟力田 − 孝弟는 효도하고 공경하는 사람. 力田은 모범적인 농민. ○以義法令撿式 − 義는 순응하다. 撿式(검식)은 법도나 준칙. ○以奸名

譽者 – 奸은 구하다. 얻으려 하다.

五鳳 3년, 並吉(병길)의 후임으로 승상이 되었고 建成侯에 봉해졌으며 식읍은 6백 호였다. 황패의 능력은 백성을 다스리는 데는 우수했으나 승상으로서 기강을 잡고 호령하거나 풍채 면에서는 병길과 魏相(위상), 于定國(우정국)에 미치지 못했으며 공적이나 명성은 군을 다스릴 때만 못했다. 그 무렵 경조윤인 張敞(장창)은 파랑새들이 승상부 지붕에 모여 있는 것을 황패가 神雀(신작)이라 생각하여 의논한 뒤에 보고하려는 것을 그만두게 하면서 황패에게 글을 올렸다.

"제 생각으로는, 승상께서 中二千石과 박사들에게 郡國에서 長史나 태수나 군승이 백성을 이롭게 하고 해악을 제거하며 교화를 이룩한 치적을 조목별로 작성하여 보고하는 방법을 공동으로 논의케 하였다고 들었습니다만 그 보고 항목에 농민이 밭의 경계를 서로 양보했거나 남녀가 길을 따로 걷거나, 길에 떨어진 물건은 주워 갖지 않거나, 孝子나 貞婦를 표창한 실적 등을 먼저 승상부에 보고하게 하고 천거를 하였으나 그 숫자를 알 수 없는 경우를 아래 등급으로 또 실적 보고가 없는 자를 하등급으로 하여 사죄하게 할 것이라고 들었습니다. 승상께서 비록 말은 하지 않았지만 마음으로는 그렇게 하고 싶은 것입니다. 長史나 태수와 郡丞의 보고 내용을 정하고, 臣 敞(창)이 파랑새가 승상부 옥상에 내려앉은 사실을 상신하려는 것을 그만두라고 했지만 승상 이하 그것을 본 자가 수백 명이었습니다. 변방 관리들은 파랑새를 다 알고 있지만 아느냐고 물어보면 모두가 모르는 척하며 거짓말을 하였습니다. 승상께서 상주하려는 의도를 알고 있었기에 '長史나 守丞이 교화 실적의 조목에 하늘에서 내려보낸 신작의 숫자'도 들어 있었는데, 臣이 폐하께 보고를 그만두게 하는 것을 알고 중지했다고 하였습니다. 아마 군국의 관리들은 승상이 인자 후덕하고 지략이 있지만 기괴한 것을 잘 믿는다고 웃게 될 것입니다. 옛날에 汲黯(급암)이 淮陽(회양) 태수가 되어 임지로 부임하면서 大行令인 李息(이식)에게 말했습니다. '어사대부 장탕은 나쁜 뜻을 품고 아부하며 조정에서 힘을 쓰고 있지만 公이 빨리 말을 해주지 않는다면 함께 죽을 수도 있습니다.' 이식은 장탕이 두려워 끝내 말을 하지 못했습니다. 뒷날 장탕이 처형된 뒤에 무제는 급암이 이식에게 한 말을 전해 듣고 이식의 죄를 묻지는 않았고 급암을 제후국 相으로 보냈는데 이는 그 충성심을 생각한 것입니다. 臣 장창은 승상을 감히 헐뜯으려는 것이 아니고 정말 걱정되는 것은 여러 신하들이 이런 말을 할 사람이 없다는 것과 長史나 守丞이 승상의 뜻을 두려워하여 법령을 따르지 않고 각자 사적 지시를 받아 업무를 늘려가거나 순박한 기풍을 점점 없애며 거짓 위선을 행하여 점차 유명무실해지고 기강이 무너지며 관리들은 게을러져 심한 경우 요상한 짓까지 저지를 것입니다. 가령 京師에서 먼저 밭 경계를 양보하고 남녀가 길을 달리 하며 길에 떨어진 물건을 주워갖지 않는다 하여 실제로 청렴과 탐욕, 정숙과 음란한 행실에 아무런 실익이 없을 것이며 천하에 앞장서서 위선을 실행하는 것이니 이는 정말로 해서는 안 될 일입니다. 만약 제후들이 먼저 그렇게 한다 하여도 거짓 명성이 장안에 넘칠 것이니 이는 결코 작은 일이 아닙니다. 漢朝에서는 병폐를 바로 잡으려 율령을 제정하였고 선행을 권장하며 악행을 금지시키기 위해 법조목이 상세히 갖추어져 있어 더 이상 보탤 것이 없습니다. 고관으로 하여금 長史나 守丞에 분명히 깨우치게 하고 지방 이천석에게 알리고 三老를 천거하고 효도하는 백성, 모범 농민, 효자와 청렴한 사람과 관리로 하여금 제대로 된 사람을 찾아낸다면 군의 업무는 법령이나 준칙 그대로 따라갈 것이니 일부러 어떤 조목으로 지시할 필요가 없을 것이며, 거짓 행위를 저지르면서 명예나 얻으려 하는 자가 있다면 필히 먼저 처형을 받게 하여 선악을 분명히 해야 할 것입니다."

선제는 장창의 건의를 받아들여 上計吏를 소집하였고 侍中으로 하여금 장창의 뜻을 분명하게 전달케 하였다. 황패는 매우 부끄러웠다.

原文

又樂陵侯史高以外屬舊恩侍中貴重, 霸薦高可太尉. 天子使尙書召問霸, "太尉官罷久矣, 丞相兼之, 所以優武興文也. 如國家不虞, 邊境有事, 左右之臣皆將率也. 夫宣明教化, 通達幽隱, 使獄無冤刑, 邑無盜賊, 君之職也. 將相之官, 朕之任焉. 侍中樂陵侯高帷幄近臣, 朕之所自親, 君何越職而擧之?" 尙書令受丞相對, 霸免冠謝罪, 數日乃決. 自是後不敢復有所請. 然自漢興, 言治民吏, 以霸爲首.

| 註釋 | ○樂陵侯史高 − 樂陵侯인 史高. 선제의 할머니인 史良娣(戾太子의 후궁)의 친정 조카. 곽광의 아들 霍顯(곽현)의 모반을 사전에 고발하여 제

후가 되었다.   ○外屬舊恩 - 外屬은 외척. 舊恩은 선제의 陳外家로 선제를
양육한 은공.   ○偃武興文 - 武治를 자제하고 文治를 진흥시키다. 偃 넘어질
언. 쓰러뜨리다.   ○乃決 - 용서가 결정되었다는 뜻.

〖 國譯 〗

그리고 樂陵侯 史高는 외척으로 舊恩이 있어 시중으로 높은 자리
에 올랐는데 황패는 史高를 太尉로 추천하였다. 그러자 선제는 尙書
를 시켜 황패를 불러 묻게 하였다.

"太尉 자리를 폐지한 지 오래며 승상이 겸하는데, 이는 정벌을 멈
추고 文教를 진흥시키려는 뜻이요. 만약 나라가 편치 못하고 변경에
전쟁이 있다면 좌우의 모든 신하가 군사를 지휘해야 할 것이요. 教
化를 밝게 펴고 은자를 등용하며 억울한 옥살이나 형벌이 없게 하고
마을에 도적이 없도록 하는 것은 승상의 직무이며 將相은 짐이 임명
하는 것이요. 侍中인 樂陵侯 高(고)는 휘장안의 근신으로 짐이 가까
이 하고 있지만 승상은 왜 월권하면서까지 그를 천거하는가?"

상서령이 승상의 답변을 받으려 하자 황패는 관을 벗어 놓고 사
죄하였고 며칠 지나서야 용서를 받았다. 이후로는 감히 아무런 소청
도 올릴 수 없었다. 그러나 漢이 건국된 이후로 백성을 잘 다스린 관
리로는 황패를 제일 먼저 꼽았다.

原文

爲相五歲, 甘露三年薨, 諡曰定侯. 霸死後, 樂陵侯高竟
爲大司馬. 霸子思侯賞嗣, 爲關都尉. 薨, 子忠侯輔嗣, 至衛

尉九卿. 薨, 子忠嗣侯, 訖王莽乃絶. 子孫爲吏二千石者五六人.

始, 霸少爲陽夏游徼, 與善相人者共載出, 見一婦人, 相者言, "此婦人當富貴, 不然, 相書不可用也." 霸推問之, 乃其鄕里巫家女也. 霸卽娶爲妻, 與之終身. 爲丞相後徙杜陵.

| 註釋 | ○甘露三年 – 前 51년. ○大司馬 – 군정의 최고 책임자. 황패가 사고를 태위에 추천한 일이 결국은 옳았다는 뜻. ○關都尉 – 함곡관 같은 관문 수비 장수. ○游徼(유요) – 鄕官, 지역 순찰 담당. ○推問 – 물어보다. 同意復詞.

〖國譯〗

승상이 되어 5년째인 甘露 3년에 죽었는데, 시호는 定侯라 하였다. 황패가 죽자 樂陵侯 史高는 마침내 大司馬가 되었다. 황패의 아들인 思侯 黃賞(황상)이 계승하였고 關都尉가 되었다. 죽은 뒤에 아들 忠侯 黃輔(황보)가 이었는데 衛尉(위위)가 되어 九卿에 올랐다. 죽은 뒤에 아들 黃忠이 이었으나 왕망 대에 이르러 단절되었다. 자손으로 2천석 관리가 된 자가 5, 6명이었다.

전에 황패가 젊었을 때 양하현의 游徼(유요)로 근무하며 관상을 보는 사람과 친하여 함께 다녔는데 한 여인을 보더니 관상가가 말했다. "이 여인이 부귀를 타고 났는데 그렇지 않다면 관상 보는 책이 쓸데가 없을 것이다." 황패가 물어보니 마을 무당의 딸이었다. 황패가 바로 데려다가 아내로 삼았고 평생을 같이 살았다. 승상이 된 뒤에 두릉현으로 이사했다.

89-4. 朱邑

朱邑字仲卿, 盧江舒人也. 少時爲舒桐鄕嗇夫, 廉平不苟, 以愛利爲行, 未嘗笞辱人, 存問耆老孤寡, 遇之有恩, 所部吏民愛敬焉. 遷補太守卒史, 舉賢良爲大司農丞, 遷北海太守, 以治行第一入爲大司農. 爲人淳厚, 篤於故舊, 然性公正, 不可交以私. 天子器之, 朝廷敬焉.

| 註釋 | ○盧江舒人 – 盧江(여강)은 군명. 치소는 舒縣(서현, 今 安徽省 合肥市 관할의 盧江縣). ○舒桐鄕嗇夫 – 舒桐鄕(서동향)은 今 安徽省 桐城縣. 嗇夫(색부)는 鄕官 명칭. 해당 지역의 소송에 관한 일이나 조세징수 담당. ○愛利 – 인애하고 남을 이롭게 해주다. ○北海 – 군명. 치소 營陵縣(今 山東省 濰坊市 관할의 昌樂縣). ○故舊 – 오래 사귄 친우.

〖國譯〗

朱邑(주읍)의 字는 仲卿(중경)으로 여강군 서현 사람이다. 젊어 舒桐鄕(서동향)의 嗇夫(색부)가 되었는데 청렴공정하고 가혹하지도 않았으며, 남을 아끼고 도우며 남을 때리거나 욕하지 않았고, 노인이나 고아와 과부를 돌봐주면서 만나면 은덕을 베풀어 관할 지역 관리나 백성들이 경애하였다. 승진하여 太守의 卒史가 되었다가 賢良으로 천거되어 大司農의 보좌관이 되었다가 北海 태수로 승진하였고 치적이 제일 우수하여 조정에 들어와 大司農이 되었다. 사람이 순박

하고 돈후했으며 옛 친구와 돈독히 지내면서도 천성이 공정하여 私
益을 위해 교제하지 않았다. 천자도 주읍을 중히 여겼고 조정에서도
존경을 받았다.

原文

是時, 張敞爲膠東相, 與邑書曰, "明主游心太古, 廣延茂
士, 此誠忠臣竭思之時也. 直敞遠守劇郡, 馭於繩墨, 匈臆
約結, 固亡奇也. 雖有, 亦安所施? 足下以淸明之德, 掌周稷
之業, 猶饑者甘糟糠, 穰歲餘梁肉. 何則? 有亡之勢異也. 昔
陳平雖賢, 須魏倩而後進, 韓信雖奇, 賴蕭公而後信. 故事
各達其時之英俊, 若必伊尹,呂望而後薦之, 則此人不因足
下而進矣."

邑感敞言, 貢薦賢士大夫, 多得其助者. 身爲列卿, 居處
儉節, 祿賜以共九族鄕黨, 家亡餘財.

| 註釋 | ○膠東－제후국명. 치소는 卽墨縣(今 山東省 靑島市 관할 平度市).
○游心太古－游心은 유념하다. ○茂士－善士. ○劇郡－정무가 매우 많은
군. 劇은 몹시 바쁘다. ○馭於繩墨－馭(말 부릴 어)는 제약을 받다. 繩墨(승
묵)은 법률. ○匈臆約結－胸臆(흉억). 가슴. 마음속. 約結은 마음이 답답하
다. ○掌周稷之業－대사농의 직분을 수행하다. 周稷(주직)은 周의 시조 后
稷. 나라의 농업 주관. ○穰歲(양세)－풍년. ○賴蕭公而後信－蕭公은 蕭
何. 信은 능력을 발휘하다. 伸也. ○呂望－태공망 呂尙. ○鄕黨－동향의
친척.

이 무렵 張敞(장창)은 膠東國 相이었는데 주읍에게 서신을 보내 말했다.

"明主께서는 尙古에 뜻을 두시고 널리 유능한 인재를 구하시니 이는 진실로 충신이 충성을 다 바쳐야 할 때입니다. 그러나 이 몸은 먼 곳에서 바쁜 일에 법적 제약을 받으며 가슴이 답답하여 사실 기책도 없습니다. 또 있다 한들 어디에 펴 보이겠습니까? 귀하께서는 청명한 덕으로 대사농의 직분을 수행하고 있으니 마치 굶주린 자에게 거친 음식이라도 맛이 있고 풍년에 밥과 고기가 남는 것과 같을 것입니다. 왜 그러하겠습니까? 유무의 형세가 다르기 때문입니다. 예전에 陳平이 현명했다지만 魏倩(위천)의 천거를 받아 출세하였고 韓信이 비록 奇士이었지만 蕭何(소하)의 도움으로 뜻을 펼 수 있었습니다. 이처럼 옛 인재라도 그 시대의 맞는 영웅이 나오는 것이니 만약 伊尹(이윤)과 呂尙(여상) 같은 인물이라도 귀하의 천거를 받지 못했다면 뜻을 펴지 못했을 것입니다."

주읍은 장창의 말에 감동하여 賢士와 대부를 천거하였고 조력자를 많이 얻을 수 있었다. 신분이 列卿에 속했어도 거처는 검소하였으며 녹봉이나 하사품은 향당의 九族들과 함께 했기에 집안에 남은 재산이 없었다.

原文

神爵元年卒. 天子閔惜, 下詔稱揚曰, "大司農邑, 廉潔守

節, 退食自公, 亡疆外之交, 束脩之饋, 可謂淑人君子, 遭離
凶災, 朕甚閔之. 其賜邑子黃金百斤, 以奉其祭祀."

初, 邑病且死, 屬其子曰, "我故爲桐鄕吏, 其民愛我, 必
葬我桐鄕. 後世子孫奉嘗我, 不如桐鄕民." 及死, 其子葬之
桐鄕西郭外, 民果共爲邑起塚立祠, 歲時祠祭, 至今不絶.

| 註釋 | ○神爵元年 - 선제의 연호. 前 61 - 58년. ○退食自公 - 退食은
퇴근하다. 또는 음식의 가짓수를 줄여 검소하게 생활하다. 自公은 公所에서.
관청에서 퇴근하여 집에서 쉰다는 뜻.《詩經 召南 羔羊》의 구절. ○亡疆外
之交 - 亡은 無. 疆外之交는 他地人과의 교제. ○束脩之饋 - 束脩는 육포
묶음. 스승을 처음 뵐 때의 예물. ○遭離凶災 - 죽음을 당하다. 갑자기 죽다.
○奉嘗我 - 嘗은 秋祭.

〔國譯〕

주읍은 神爵(신작) 원년에 죽었다. 선제는 애석히 여기어 조서를
내려 칭송하였다. "大司農 邑(읍)은 청렴한 지조를 지켰고 관리로서
청렴하였으며 외지인과 교제나 남에게 예물을 건네지 않았으니, 가
히 淑人君子라 할 수 있는데 갑자기 죽으니 짐이 심히 애석해 하노
라. 주읍의 아들에게 황금 1백 근을 하사하여 그 제사를 돕게 하라."

그전에 주읍이 죽기 직전에 아들에게 당부하였다. "나는 옛날에
桐鄕(동향)의 향리였고 그 사람들이 나를 아꼈으니 나를 꼭 동향에
묻도록 하라. 후세 자손이 나를 가을에 제사할지라도 동향 사람의
정성만 못할 것이로다."

죽자, 아들은 그를 동향의 서쪽에 묻었는데 그곳 백성이 과연 함

께 주읍의 무덤을 만들고 사당을 세워 세시에 따라 제사를 지냈는데 지금껏 끊어지지 않고 있다.

89-5. 龔遂

龔遂字少卿, 山陽南平陽人也. 以明經爲官, 至昌邑郎中令, 事王賀. 賀動作多不正, 遂爲人忠厚, 剛毅有大節, 內諫爭於王, 外責傅相, 引經義, 陳禍福, 至於涕泣, 蹇蹇亡已. 面刺王過, 王至掩耳起走, 曰, "郎中令善愧人." 及國中皆畏憚焉. 王嘗久與騶奴宰人遊戲飲食, 賞賜亡度. 遂入見王, 涕泣邾行, 左右侍御皆出涕. 王曰, "郎中令何爲哭?" 遂曰, "臣痛社稷危也! 願賜淸閒竭愚." 王辟左右, 遂曰, "大王知膠西王所以爲無道亡乎?" 王曰, "不知也." 曰, "臣聞膠西王有諛臣侯得, 王所爲擬於桀, 紂也, 得以爲堯, 舜也. 王說其諂諛, 嘗與寢處, 唯得所言, 以至於是. 今大王親近群小, 漸漬邪惡所習, 存亡之機, 不可不愼也. 臣請選郎通經術有行義者與王起居, 坐則通《詩》,《書》, 立則習禮容, 宜有益." 王許之. 遂乃選郎中張安等十人侍王. 居數日, 王皆逐去安

等. 久之, 宮中數有妖怪, 王以問遂, 遂以爲有大憂, 宮室將
空, 語在〈昌邑王傳〉. 會昭帝崩, 亡子, 昌邑王賀嗣立, 官屬
皆徵入. 王相安樂遷長樂衛尉, 遂見安樂, 流涕謂曰, "王立
爲天子, 日益驕溢, 諫之不復聽, 今哀痛未盡, 日與近臣飲食
作樂, 鬪虎豹, 召皮軒, 車九流, 驅馳東西, 所爲悖道. 古制
寬, 大臣有隱退, 今去不得, 陽狂恐知, 身死爲世戮, 奈何?
君, 陛下故相, 宜極諫爭." 王卽位二十七日, 卒以淫亂廢.
昌邑群臣坐陷王於惡不道, 皆誅, 死者二百餘人, 唯遂與中
尉王陽以數諫爭得減死, 髡爲城旦.

| 註釋 | ○山陽南平陽 − 山陽은 군명. 치소는 창읍현, 今 山東省 菏澤市
관할의 鉅野縣. 南平陽은 현명. 今 山東省 鄒城市(추성시, '孔孟桑梓之邦').
○昌邑郞中令 − 창읍국은 山陽郡을 개명한 것임. 치소는 昌邑縣. 전 74년에
창읍국이 폐지되면서 다시 山陽郡이 되었다. 龔遂(공수)가 창읍왕을 섬긴 기
록은 63권, 〈武五子傳〉 참고. ○蹇蹇亡已 − 蹇蹇(건건)은 충직한 모양. 蹇
다리를 절 건. 멈추다. ○善愧人 − 愧는 부끄러울 괴. ○騶奴宰人 − 騶奴(추
노)는 말 먹이는 사람. 宰人은 부엌 요리사. ○䣛行 − 膝行. 䣛은 膝(무릎
슬)의 古字. ○膠西王 − 劉卬(유앙), 경제 前元 3년(前 154년), 吳楚七國의
반란에서 반란 측에 가담. 吳楚가 패망한 뒤에 자살. ○〈昌邑王傳〉 − 창읍
왕의 자리가 피로 더럽혀지자 왕이 공수에게 물었다. 이에 공수는 절규하듯
큰 소리로 말했다. "머지않아 궁중이 빌 것이라서 재앙의 징조가 자주 나타
납니다. 피(血)란 陰이며 근심입니다. 심히 삼가고 근심하며 자성해야 합니
다." ○今哀痛未盡 − 복상기간 중. ○召皮軒, 車九流 − 皮軒은 虎皮를 씌운
수레. 九流는 九旒(규류, 천자의 깃발). ○王陽 − 王吉(? − 前 48), 자는 子陽,

瑯琊王氏의 先祖. 72권, 〈王貢兩龔鮑傳〉에 입전. ○髡爲城旦 – 髡은 머리 깎을 곤. 城旦(성단)은 城을 축조하는 노역. 형기는 4년이었다.

[國譯]

龔遂(공수)의 字는 少卿(소경)으로 산양군 남평양현 사람이다. 明經으로 천거 받아 관리가 되어 창읍국의 郎中令으로 창읍왕 劉賀(유하)를 모셨다. 창읍왕은 바르지 못한 행실이 아주 많았는데 공수는 사람이 충성스럽고 후덕하며 굳센 지조를 가지고 안으로는 왕에게 간쟁을 하고 밖으로는 사부와 相을 책망하면서 경전의 뜻을 인용하여 화복을 설명하면서 눈물을 흘릴 정도로 충직하기 끝이 없었다. 공수가 왕의 면전에서 왕의 잘못을 따지자 왕이 귀를 막고 일어나 달아나며 말했다. "郎中令은 사람 창피 주는 것을 잘한다." 이렇듯 온 나라 사람들이 두려워하며 꺼렸다. 왕이 오랫동안 마부나 부엌 일꾼과 함께 놀고 마시며 내리는 상이 절도가 없었다. 그러자 공수가 들어가 왕을 만나며 눈물을 흘리며 무릎으로 기어가자 측근에 모시고 있던 사람들도 모두 눈물을 흘렸다. 창읍왕이 "郎中令은 무엇 때문에 우는가?"라고 묻자, 공수가 말했다. "臣은 사직이 위태로워 가슴이 아픕니다! 좌우를 내보내주시면 제 어리석은 마음을 말씀드리겠습니다." 왕이 좌우를 물리자 공수가 말했다. "大王께서는 膠西王(교서왕)이 얼마나 무도하여 망했는지 이유를 아십니까?" 왕은 모른다고 말했다. 이에 공수가 말했다. "臣이 알기로, 膠西王에게는 侯得(후득)이라는 아첨배가 있어 교서왕은 걸주와 비슷해졌고 후득은 요순처럼 생각되었습니다. 교서왕은 그 아첨을 좋아하여 잠자리에서도 후득이 말한 대로 따라하다가 그 지경이 되었습니다. 지금

대왕께서는 여러 소인들과 가까이 하여 점차 사악한 일에 익숙해지면서 존망의 위기에서도 조심하지 않고 있습니다. 臣은 여러 낭관 중에서 경학에 밝고 대의를 실천하는 자를 선발하여 함께 생활하면서 앉으면 《詩》나 《書》를 외우고 읽어서 예의를 익힌다면 유익할 것입니다." 그러자 창읍왕이 허락하였다. 공수는 郎中 張安(장안) 등 10인을 골라 왕을 시중케 하였다. 며칠이 지나자 왕은 장안 등 모두를 내 쫓아버렸다. 얼마 후에 궁중에서 요괴한 일이 자주 일어나자 왕이 공수를 불러 물었고 공수는 큰 걱정거리가 생겨 궁실이 비게 될 것이라고 말했는데, 이는 〈昌邑王傳〉에 있다. 그때 昭帝가 붕어하였는데 아들이 없어 昌邑王 劉賀가 뒤를 잇고 관속들은 모두 함께 입궁하였다. 창읍왕의 相인 安樂(안락)은 長樂宮의 衛尉(위위)가 되었는데 공수가 안락을 보고서는 눈물을 흘리며 말했다.

"王이 천자가 되었다고 날마다 교만해져 간쟁을 하여도 여전히 듣지 않으며 지금 상중인데도 날마다 근신들과 함께 마시고 즐기며 맹수 싸움을 구경하고 수레에 호피를 씌우며 천자의 깃발을 다 세우고서 동서를 내 달리는 것이 모두 예법에 어긋납니다. 옛 제도는 관대하여 대신은 은퇴할 수도 있었으나 지금은 떠나갈 수도 없고 거짓 미친척하여도 남이 알까 두렵고 육신이 잘리고 일족도 죽임을 당할 것이니 어찌해야 하는가? 당신은 폐하의 옛 相이었으니 응당 극간을 해야 합니다."

창읍왕은 즉위 27일에 결국은 음란하다고 폐위되었다. 창읍국의 여러 신하들은 악행에 부도하게 왕을 모셨다 하여 모두 처형당했는데, 죽은 자가 2백여 명이었는데 오직 공수와 중위인 王吉(왕길)은 여러 번 간쟁하였다 하여 사형에서 감형되어 머리를 깎고 성에서 노역을 하였다.

原文

宣帝卽位, 不久, 渤海左右郡歲飢, 盜賊並起, 二千石不能
禽制. 上選能治者, 丞相,御史擧遂可用, 上以爲渤海太守.
時, 遂年七十餘, 召見, 形貌短小, 宣帝望見, 不副所聞, 心
內輕焉, 謂遂曰, "渤海廢亂, 朕甚憂之. 君欲何以息其盜賊,
以稱朕意?" 遂對曰, "海瀕遐遠, 不沾聖化, 其民困於饑寒
而吏不恤, 故使陛下赤子盜弄陛下之兵於潢池中耳. 今欲使
臣勝之邪, 將安之也?" 上聞遂對, 甚說, 答曰, "選用賢良,
固欲安之也." 遂曰, "臣聞治亂民猶治亂繩, 不可急也, 唯
緩之, 然後可治. 臣願丞相,御史且無拘臣以文法, 得一切便
宜從事." 上許焉, 加賜黃金, 贈遣乘傳. 至渤海界, 郡聞新
太守至, 發兵以迎, 遂皆遣還, 移書敕屬縣悉罷逐捕盜賊吏.
諸持鋤鉤田器者皆爲良民, 吏毋得問, 持兵者乃爲盜賊. 遂
單車獨行至府, 郡中翕然, 盜賊亦皆罷. 渤海又多劫略相隨,
聞遂敎令, 卽時解散, 棄其兵弩而持鉤鋤. 盜賊於是悉平,
民安土樂業. 遂乃開倉廩假貧民, 選用良吏, 尉安牧養焉.

| 註釋 | ○渤海(발해) － 勃海. 군명. 치소는 浮陽縣(今 河北省 滄州市), 군
내에 26개 현이 있었다. ○歲飢 － 흉년 들다. 飢는 饑(주릴 기). ○潢池 － 물
웅덩이 연못. 발해를 지칭. 潢 웅덩이 황. ○贈遣乘傳 － 贈遣은 파견하다. 乘

傳은 4필의 말이 끄는 驛傳의 수레. ○翕然(흡연) - 안녕하다. ○假貧民 - 假는 빌려주다. 꾸어주다. ○尉安牧養焉 - 尉安은 安慰(안위). 牧養은 다스리다.

宣帝가 즉위하고 오래지 않아 渤海(발해)와 좌우의 군에 흉년이 들었고 도적떼가 일어나 태수가 제압할 수 없었다. 선제가 다스릴 수 있는 사람을 고르는데 승상과 어사가 모두 공수를 등용해야 한다고 천거하여 선제도 임명하고자 하였다. 그때 공수 나이 70여 세였는데 불러보니 체구도 작아 선제가 멀리 보고서는 듣던 바와 달라 마음으로 경시하며 공수에게 물었다.

"발해가 혼란하여 짐이 크게 걱정하고 있소. 君은 어떻게 그 도적떼를 진압하여 짐의 기대에 부응하겠는가?" 이에 공수가 대답하였다. "바닷가 땅이 너무 멀어 폐하의 교화가 미치지 못하고 그 백성이 굶주림과 추위에 힘들어하는데도 관에서 구휼하지 못해 폐하의 적자들이 나라의 병기를 훔쳐 물가에서 장난을 치고 있는 것입니다. 지금 폐하께서는 신이 그들을 진압하거나 아니면 안무하기를 원하십니까?"

선제는 공수의 대답을 듣고 기뻐하며 말했다. "현명한 태수를 골랐으니 안무하기를 바라노라." 이에 공수가 말했다. "臣이 알기로, 난민을 다스리는 것은 헝클어진 줄을 정리하는 것과 같아 서두를 수 없어 서서히 다스려야 합니다. 臣은 승상과 어사가 법대로 신을 구속하지 말고 일체를 형편대로 맡겨 주기를 원합니다."

선제는 허락하였고 추가로 황금을 하사하여 전거에 태워 보냈다.

발해 군 경계에 이르자 군에서는 새로운 태수가 온다고 군사를 출동시켜 영접하였는데 공수는 군사를 다 돌려보내고 각 현에 문서를 보내어 관리가 도적을 체포하는 일을 중지하라고 하였다. 그리고 호미나 낫 같은 농기구를 들고 다니는 자는 양민이니 조사하지 말고, 무기를 들고 다니는 자는 도적이니 체포하라고 하였다. 그리고 단신으로 태수부에 도착하니 군내 백성이 좋아했고 도적들도 해산하였다. 발해에서 강제 협박으로 도적을 따르던 자들도 공수의 교령을 듣고 즉시 해산하면서 활 같은 무기를 버리고 괭이를 메었다. 이에 도적은 모두 평정되고 백성은 농토에 안주하며 기꺼이 일했다. 공수도 나라의 창고를 열어 빈민을 구제하고 양리를 선발하여 백성을 편안케 하였다.

遂見齊俗奢侈, 好末技, 不田作, 乃躬率以儉約, 勸民務農桑, 令口種一樹楡, 百本薤, 五十本蔥, 一畦韭, 家二母彘五雞. 民有帶持刀劍者, 使賣劍買牛, 賣刀買犢, 曰, "何爲帶牛佩犢!" 春夏不得不趨田畝, 秋冬課收斂, 益蓄果實菱芡. 勞來循行, 郡中皆有蓄積, 吏民皆富實. 獄訟止息.

| 註釋 | ○令口種一樹楡 ─ 口는 매 1人. 種은 심다. 楡는 느릅나무 유. 薤는 염교 해. 파와 비슷한 葷菜(훈채). 蔥는 파 총, 畦는 밭두둑 휴, 韭는 부추구. ○菱芡(능검) ─ 마름과 가시연. 菱는 마름 능(릉). 芡 가시연 검. 一名 鷄頭. 연꽃의 한 종류. 식용할 수 있다.

龔遂(공수)는 齊의 풍속이 사치하고, 잡기를 좋아하며 농사에 힘
쓰지 않는 것을 보고 몸소 검약한 생활을 솔선하면서 백성에게 농사
와 길쌈에 힘쓰도록 권장하였는데 집집마다 느릅나무를 심고, 염교
100본, 파 50본, 부추 한 두둑을 심게 하였으며, 가정마다 암돼지 2
마리, 닭 5마리를 기르게 하였다. 무기로 칼을 가진 자는 검을 팔아
소를 사고 칼(刀)을 팔아 송아지를 사게 하면서 "어찌 소나 송아지를
차고 다닐 수 있겠나!"라고 말하였다. 그리하여 봄과 여름에는 밭에
가 일을 하지 않을 수 없고 가을과 겨울에는 거두고 저축하여 과일
과 마름의 비축도 늘었다. 노역은 순차적으로 동원되고 백성들의 비
축이 늘면서 모두 부유했고 송사도 크게 줄었다.

　數年, 上遣使者徵遂, 議曹王生願從. 功曹以爲王生素耆
酒, 亡節度, 不可使. 遂不忍逆, 從至京師. 王生日飮酒, 不
視太守. 會遂引入宮, 王生醉, 從後呼, 曰, "明府且止, 願有
所白." 遂還問其故, 王生曰, "天子卽問君何以治渤海, 君
不可有所陳對, 宜曰'皆聖主之德, 非小臣之力也.'" 遂受
其言. 旣至前, 上果問以治狀, 遂對如王生言. 天子說其有
讓, 笑曰, "君安得長者之言而稱之?" 遂因前曰, "臣非知此,
乃臣議曹敎戒臣也." 上以遂年老不任公卿, 拜爲水衡都尉,
議曹王生爲水衡丞, 以褒顯遂云. 水衡典上林禁苑, 共張宮

館, 爲宗廟取牲, 官職親近, 上甚重之. 以官壽卒.

| 註釋 | ○議曹 – 郡의 屬吏, 정사 담당. 功曹도 군의 속리. 행정요원.
○明府 – 관속이 태수를 부르는 칭호. 우리말로 '사또'와 같음. ○水衡都尉
(수형도위) – 상림원 관리와 함께 元鼎 4년(전 113)부터 郡國에서의 주전이
금지되며 상림원에서 수형도위가 鑄錢을 담당. 少府와 함께 황제의 私府라
할 수 있다. 수형도위는 질록 2천석. 水衡丞은 副責任者. ○以官壽卒 – 관직
에 있으면서 천수를 다하다.

〖國譯〗

　　몇 년 뒤, 선제는 사자를 보내 공수를 불러들였는데 議曹(의조)의
王生(왕생)이란 사람이 따라가겠다고 나섰다. 그러나 공조의 관리는
왕생이 평소에 술을 좋아하여 절도가 없어 가서는 안 된다고 하였
다. 공수는 거절할 수가 없어서 데리고 경사에 도착하였다. 왕생은
날마다 술을 마셨고 태수는 안중에도 없었다. 마침 공수가 데리고
입궁하려는데 왕생은 술에 취해 뒤따라오며 말했다. "明府께서 잠
시 멈추시며 드릴 말씀이 있습니다." 공수가 돌아보며 묻자 왕생이
말했다. "천자께서 어떻게 발해군을 다스렸느냐고 물으시면 대답을
안 할 수 없으니 응당 '모든 것이 폐하의 크신 덕이지 소신의 힘이
아닙니다.'라고 말씀하셔야 합니다."

　　공수는 그 말을 기억했다. 선제 앞에 나갔을 때 선제는 과연 치군
한 상황을 물었고, 공수는 왕생의 말대로 대답하였다. 천자는 공수
의 겸양을 기뻐하면서 웃으며 말했다. "君은 어떻게 그런 長者의 말
로 짐의 뜻을 맞추는가?" 그러자 공수는 한발 나아가 말했다. "이는

신이 알고 있던 것이 아니라 신의 議曹가 일러주었습니다."

　선제는 공수가 나이가 많아 공경의 업무를 담당하기 어렵다 하여
水衡都尉에 임명하고 의조인 왕생을 水衡丞에 임명하여 공수를 돕
게 하였다고 한다. 수형도위는 上林의 禁苑을 관리하고 궁궐을 확장
하며 종묘제사를 위한 희생을 준비하는 곳이라서 황제와 가까웠고
선제도 매우 존중하였다. 공수는 관직에 있으며 생을 마쳤다.

89-6. 召信臣

原文

　召信臣字翁卿, 九江壽春人也. 以明經甲科爲郞, 出補穀
陽長. 擧高第, 遷上蔡長. 其治視民如子, 所居見稱述, 超爲
零陵太守, 病歸. 復徵爲諫大夫, 遷南陽太守, 其治如上蔡.

| 註釋 |　○九江壽春 - 九江은 군명. 치소는 壽春縣(今 安徽省 六安市 관할
의 壽縣).　○明經甲科 - 명경으로 천거된 자를 모아 射策으로 테스트하여
甲, 乙, 丙科로 구분 등용.　○穀陽長 - 곡양 縣長. 縣萬戶以上謂令 不滿謂長.
○上蔡 - 현명. 今 河南省 駐馬店市 관할의 상채현. 前 208년, 李斯가 腰斬刑
을 당하기 전에 上蔡 東門으로 누렁이를 끌고 토끼 사냥을 하고 싶었던 그
곳.　○零陵 - 군명. 치소는 零陵縣, 今 廣西省 桂林市 관할의 全州縣.

  召信臣(소신신)의 字는 翁卿(용경)으로 九江郡 壽春縣 사람이다.
明經甲科에 뽑혀 낭관이 되었고 穀陽 縣長에 임명되었다. 치적이 좋
아 상채 현장이 되었다. 그의 치민은 백성을 마치 자식을 돌보듯 하
였으니 임지에서 칭송을 들어 등급을 초월하여 零陵(영릉) 태수가
되었다가 병으로 귀향했었다. 다시 불려 諫大夫가 되었다가 남양태
수가 되었는데, 그의 治民은 상채현에서 했던 바와 같았다.

  信臣爲人勤力有方略, 好爲民興利, 務在富之. 躬勸耕農,
出入阡陌, 止舍離鄕亭, 稀有安居時. 行視郡中水泉, 開通
溝瀆, 起水門提閼凡數十處, 以廣漑灌, 歲歲增加, 多至三萬
頃. 民得其利, 蓄積有餘. 信臣爲民作均水約束, 刻石立於
田畔, 以防分爭. 禁止嫁娶送終奢靡, 務出於儉約. 府縣吏
家子弟好游敖, 不以田作爲事, 輒斥罷之, 甚者案其不法, 以
視好惡. 其化大行, 郡中莫不耕稼力田, 百姓歸之, 戶口增
倍, 盜賊獄訟衰止. 吏民親愛信臣, 號之曰召父. 荊州刺史
奏信臣爲百姓興利, 郡以殷富, 賜黃金四十斤. 遷河南太守,
治行常爲第一, 復數增秩賜金.

| 註釋 | ○方略 – 꾀, 方策. 계획성. ○阡陌(천맥) – 경작지의 경계. 阡 두
렁 천. 陌 두렁 맥. ○止舍離鄕亭 – 야외에서 머물 때는 향정에 있지 않았다.

鄕亭은 마을 회관. ○提閼 – 올리고 내릴 수 있게 만든 수문. 提 올릴 제. 閼
막을 알. ○漑灌 – 灌漑(관개). ○검父 – 父(보)는 남자의 미칭.

〖 國譯 〗

召信臣(소신신)은 사람이 부지런하면서도 계획성이 있으며 백성
에게 이익을 주고 부유하도록 힘썼다. 몸소 농경을 권장하며 경작지
를 돌며 확인하더라고 쉴 때는 향정을 피했으며 편히 쉴 때가 거의
없었다. 군중의 하천이나 연못을 시찰하고 수로를 개통하고 수문의
개폐장치를 수십 군데나 만들며 관개 지역을 넓히었는데 이를 해마
다 늘려 나가 3만여 頃(경)에 달했다. 백성들은 그 이득을 얻어 저축
하며 여유가 있었다. 소신신은 백성들에게 물을 균등히 배분하겠다
는 약속을 하게 했으며 경계선에 돌을 새겨 세워 분쟁을 예방하였
다. 결혼과 장례에 사치를 못하게 하고 검약한 생활을 하게 힘썼다.
태수부나 현리의 집안 자제가 놀기를 좋아하고 농사일을 하지 않으
면 그때마다 배척하였고 심한 경우는 그 불법을 조사하며 선악을 감
시하였다. 이에 풍속이 크게 순화되어 군에서 힘써 농사일을 하지
않는 자가 없었으며 떠난 백성들이 돌아와 호구가 두 배로 늘었으며
도독과 송사가 크게 줄었다. 백성들은 소신신을 친애하며 검父(소
부)라고 불렀다. 형주자사가 소신신이 백성을 위해 興利한 사실과
백성의 부유함을 상주하자 황제는 황금 4십 근을 하사하였다. 河南
太守로 승진하였는데 치적이 언제나 제일이었으며 여러 번 질록이
늘었고 하사금도 받았다.

竟寧中, 徵爲少府, 列於九卿, 奏請上林諸離遠宮館稀幸
御者, 勿復繕治共張, 又奏省樂府黃門倡優諸戲, 及宮館兵
弩什器減過泰半. 太官園種冬生蔥韭菜茹, 覆以屋廡, 晝
夜㸐蘊火, 待溫氣乃生. 信臣以爲此皆不時之物, 有傷於人,
不宜以奉供養, 乃它非法食物, 悉奏罷, 省費歲數千萬. 信
臣年老以官卒.

元始四年, 詔書祀百辟卿士有益於民者, 蜀郡以文翁, 九
江以召父應詔書. 歲時郡二千石率官屬行禮, 奉祠信臣塚,
而南陽亦爲立祠.

| 註釋 | ○竟寧(경녕) – 元帝의 마지막 연호. 전 33년. ○樂府黃門 – 樂
府는 음악 담당 부서. 黃門은 궁궐에 필요한 여러 수레나 기타 물자를 공급
하거나 사냥개나 말을 키우는 관청. ○太官 – 황제의 식사 담당 관리. ○蔥
韭菜茹 – 蔥(파 총), 韭(부추 구), 菜茹(채여)는 채소. ○㸐蘊火 – 㸐은 탈 연.
태우다. 연소시키다. 燃과 同. 蘊火는 蓄火. 계속 불을 지피다. ○不時之物
– 제철 음식이 아니다. ○非法食物 – 계절에 맞지 않는 음식. ○元始四年
– 元始는 平帝의 연호. 서기 4년. ○百辟 – 百官. ○〈循吏傳〉 앞부분의 서언
으로서 끝의 '贊曰'을 대신하였다. 《史記 儒林列傳》에도 '太史公曰'이 열전
앞에 나오고 뒤에는 다시 언급하지 않았다.

〔 國譯 〕

竟寧 연간에 부름을 받아 少府가 되어 九卿의 반열에 올랐는데,
상림원 먼 곳에 있어 행차하지 않는 여러 궁궐은 다시 수리하거나

늘리지 않을 것을 주청하였고, 또 악부와 黃門과 광대와 놀이기구나 궁궐의 여러 병기나 집기 등을 절반으로 줄일 것을 奏請하였다. 太官이 씨를 뿌려 겨울에도 자라게 하는 파, 부추 등의 채소는 건물을 지어 덮어야 하고 주야로 불을 지펴 온기가 있어 자라는 것이었다. 소신신은 이러한 것이 모두 제철에 나지 않는 것으로 사람에게 해가 되기에 봉양해서는 안 되며, 그리고 다른 제철 음식이 아닌 것을 없애야 한다 하여 수천만 전을 절약하였다. 소신신은 관직을 가지고 늙어 죽었다.

평제 元始 4년에 백성을 이롭게 한 모든 관리나 士人을 제사하라는 조서를 내렸는데 蜀군에서는 文翁(문옹)을, 九江郡에서는 召父(소부, 소신신)를 보고하였다. 歲時가 되면 군의 태수는 관속을 거느리고 제례를 행하고 소신신에 무덤에 제사했으며 南陽郡에서도 사당을 세웠다.

90 酷吏傳
〔혹리전〕

原文

孔子曰, "導之以政, 齊之以刑, 民免而無恥, 導之以德, 齊之以禮, 有恥且格." 老氏稱, "上德不德, 是以有德, 下德不失德, 是以無德. 法令滋章, 盜賊多有." 信哉是言也! 法令者, 治之具, 而非制治淸濁之原也. 昔天下之罔嘗密矣, 然不軌愈起, 其極也, 上下相遁, 至於不振. 當是之時, 吏治若救火揚沸, 非武健嚴酷, 惡能勝其任而愉快乎? 言道德者, 溺於職矣. 故曰, '聽訟吾猶人也, 必也使無訟乎!' '下士聞道大笑之.' 非虛言也.

|註釋| ○〈酷吏傳〉－酷 독할 혹. 《史記 酷吏列傳》도 있다. ○導之以政, ~－《論語 爲政》. 有恥且格은 부끄러움을 알게 되어 正에 이르다. 格은 至也. ○老氏稱, ~－老氏는 老子. 《老子道德經》 38장. 法令滋章, ~은 57장.

滋는 늘어나다. 章은 규정, 법 조항. ○昔天下~ - 秦代의 법. ○不軌 - 법을 지키지 않다. 바르지 않은 것. 軌는 법 궤. 바큇자국. 尢(간악할 귀)와도 通. ○上下相遁 - 遁(숨을 둔)은 속이다. ○救火揚沸 - 불을 꺼내지 않고 끓는 물을 식히려 하다. 조급한 행동을 비유한 말. 사리에 불통. 중국에 '揚湯止沸 不如去薪'(끓는 물을 퍼내어 안 끓게 하는 것은 장작을 꺼내는 것만 못하다.)란 속담이 있다. ○惡能勝~ - 惡은 의문대명사. 무엇. ○溺於職矣 - 전에 하던 그대로 따라하다. 침체하다. ○'聽訟 ~ -《論語 顏淵》. ○'下士聞道~ -《老子道德經》 41장.

〔國譯〕

　공자는 "법으로 다스리고 형벌로 지도한다면 백성은 벌받지 않으면 부끄러워하지도 않으나 德으로 다스리고 예의로 이끌면 부끄러움을 알고 바른 길로 간다."라고 말했으며, 노자는 "최고의 덕은 덕이 아닌 것 같기에 덕이지만, 작은 덕은 덕이어야 하기에 덕이 아니다. 법령이 늘어날수록 도적은 많아진다."고 하였다. 이는 진정 옳은 말이다! 법령은 통치의 도구일 뿐, 통제나 정치, 청정과 혼탁의 근본은 아니다. 예전 秦 천하의 법망은 아주 세밀하였지만 법을 지키지 않는 자는 더 많아졌으며 그 끝에 가서는 상하가 서로 속여 결국은 멸망에 이르렀다. 그때 관리가 하는 일은 밑불을 꺼내지 않고 끓는 물을 식히려 하는 것처럼 강한 무력이나 혹독한 법이 아니면 어찌 임무를 처리할 수 있었겠는가? 그러면서도 도덕을 말하는 자는 늘 그런 말이었다. 그러하기에 '송사를 들어 주기는 다른 사람과 같으나 꼭 소송이 없도록 하겠다!' 라는 말과 '下士는 道에 대한 말을 들으면 크게 웃기만 한다.' 는 말은 빈말이 아니다.

漢興, 破觚而爲圜, 斲雕而爲樸, 號爲罔漏呑舟之魚. 而
吏治蒸蒸, 不至於姦, 黎民艾安. 由是觀之, 在彼不在此. 高
后時, 酷吏獨有侯封, 刻轢宗室, 侵辱功臣. 呂氏已敗, 遂夷
侯封之家. 孝景時, 晁錯以刻深頗用術輔其資, 而七國之亂
發怒於錯, 錯卒被戮. 其後有郅都,甯成之倫.

| 註釋 | ○破觚而爲圜 − 가혹한 법치를 버리고 관대한 정치를 펴다. 觚는
술잔 고, 네모 고, 사각형 술잔. 圜은 둥글 환. 둥글 원(圓). ○斲雕而爲樸 −
교묘한 통치가 아닌 질박한 정치. 斲은 깎을 착. 斫(벨 작)과 同. 雕 새길 조.
樸은 통나무 박. ○吏治蒸蒸 − 蒸蒸(증증)은 純一한 모양 ○黎民艾安 − 黎
民(여민)은 백성. 艾安(예안)은 태평무사하다. 艾는 다스릴 예. 늙은이 애.
○在彼不在此 − 彼는 德治. 此는 法治. ○刻轢(각력) − 모욕하다. 刻은 각박
하다. 轢은 바퀴에 갈리다. ○晁錯(조조) − 인명. 晁는 鼂, 朝錯로도 표기. 19
권, 〈爰盎鼂錯傳〉에 입전. ○七國之亂 − 吳와 楚등 七國의 亂, 景帝 前元 3
년(전 154). ○郅都(질도),甯成(영성) − 인명. 郅 땅 이름 질. 甯은 寧과 同.

〔 國譯 〕

漢이 건국되고 가혹한 법치를 버리고 관대하게 다스리면서 간교
한 통치가 아닌 질박한 정책을 폈는데 배를 삼킬 큰 고기도 빠져나
갈 만큼 법망이 느슨하였다. 관리들은 순수하여 간교하지 않았고 백
성은 평안하였다. 이를 본다면, 나라의 태평은 德治에 달렸지 法治
에 있지 않았다. 高后 시절에 혹리로는 오직 侯封(후봉)이 있었는데
종실에게 혹독했고 공신들을 모욕 주었다. 여씨 일족이 망하면서 후

봉 일가도 멸족되었다. 경제 때 晁錯(조조)가 아주 각박한 정책으로 능력을 보였지만 七國의 난에서 조조에게 분노가 쏠리자 조조는 처형당했다. 그 뒤에 郅都(질도)와 甯成(영성) 같은 무리가 있었다.

90-1. 郅都

原文

郅都, 河東大陽人也. 以郎事文帝. 景帝時爲中郎將, 敢直諫, 面折大臣於朝. 嘗從入上林, 賈姬在廁, 野彘入廁. 上目都, 都不行. 上欲自持兵救賈姬, 都伏上前曰, "亡一姬復一姬進, 天下所少寧姬等邪? 陛下縱自輕, 奈宗廟太后何?" 上還, 彘亦不傷賈姬. 太后聞之, 賜都金百斤, 上亦賜金百斤, 由此重都.

| 註釋 | ○河東大陽 – 河東郡, 치소는 安邑縣(今 山西省 運城市 夏縣 서북). 大陽은 현명. 今 山西省 運城市 平陸縣. ○賈姬 – 경제의 후궁으로 趙 敬肅王 劉彭祖(유팽조)와 中山靖王 劉勝(유승)의 생모. 53권, 〈景十三王傳〉 참고. ○中郎將 – 낭중령의 속관. 궁궐, 전각과 능침 숙위 담당. 질록 比二千石. ○天下所少寧姬等邪 – 천하에 어찌 미인 하나가 모자르겠습니까? ○奈宗廟太后何 – 奈 ～何는 장차 ～는 어찌하겠습니까?

郅都(질도)는 하동군 대양현 사람이다. 낭관으로 文帝를 섬겼다. 경제 때 중랑장이 되었는데 과감하게 직간하였고 조정의 대신에게도 면박을 주었다. 그전에 경제를 모시고 상림원에 갔는데 賈姬(가희)가 변소에 있을 때 멧돼지가 변소로 돌진하였다. 경제가 질도에게 눈짓을 했지만 질도는 움직이지 않았다. 경제가 무기를 잡고 가희를 구하려 하자 질도가 경제 앞에 엎드려 말했다. "미인 한 사람이 없으면 다시 한 사람을 채우면 되는데 천하에 어찌 미인 하나가 없겠습니까? 폐하께서 이처럼 가볍게 처신하시면 종묘나 태후는 어찌 되겠습니까?" 경제가 돌아서자 돼지도 가희에게 상처를 입히지 않았다. 竇(두)태후는 이런 사실을 알고서 질도에게 황금 백 근을 하사하였고 경제 역시 황금 백 근을 하사하였는데 이후로 질도를 중히 여겼다.

濟南瞷氏宗人三百餘家, 豪猾, 二千石莫能制, 於是景帝拜都爲濟南守. 至則誅瞷氏首惡, 餘皆股慄. 居歲餘, 郡中不拾遺, 旁十餘郡守畏都如大府.

都爲人, 勇有氣, 公廉, 不發私書, 問遺無所受, 請寄無所聽. 常稱曰, "已背親而出身, 固當奉職死節官下, 終不顧妻子矣."

○濟南瞷氏 – 濟南은 군명. 치소는 平陵縣(今 山東省 濟南市 관할
의 章丘市). 瞷氏(한씨), 곁눈질할 한. 성씨. 엿볼 간. ○股慄(고율) – 다리가
후들거리다. 크게 떨다. ○大府 – 상급 감독 관청. ○問遺 – 예물. ○不發
私書 – 私信을 읽지 않다. 사사로운 공문을 보내지 않다. ○出身 – 관직에
들어서다.

〖 國譯 〗

  제남군의 瞷氏(한씨)들은 일족이 3백여 호로 세력이 강하고 멋대
로 횡행하여 태수라도 제압하질 못했는데 경제가 질도를 제남 태수
에 임명하였다. 제남군에 도착하면서 한씨의 우두머리 악인을 처형
하자 나머지는 모두 크게 두려워하였다. 일 년 정도 지나자 군에서
는 길에 떨어진 물건을 주워갖지 않았으며 주변 10여 개 군에서 질
도를 상급 관청처럼 두려워하였다.

  질도는 사람이 용기 있고 공정 청렴하며 개인적 편지를 보내지도
않았고, 예물도 받지 않았으며 남의 청탁을 듣지도 않았다. 그는 늘
"양친을 버려두고 떠나온 몸이니 맡은 일 열심히 하고 지조 지키며
관직에서 죽을 것이니 결코 처자를 돌보지 않을 것이다."라고 하였
다.

原文

  都遷爲中尉, 丞相條侯至貴居也, 而都揖丞相. 是時, 民
樸, 畏罪自重, 而都獨先嚴酷, 致行法不避貴戚, 列侯宗室見
都側目而視, 號曰 '蒼鷹'.

臨江王徵詣中尉府對簿, 臨江王欲得刀筆爲書謝上, 而都禁吏弗與. 魏其侯使人間予臨江王. 臨江王旣得, 爲書謝上, 因自殺. 竇太后聞之, 怒, 以危法中都, 都免歸家. 景帝乃使使卽拜都爲雁門太守, 便道之官, 得以便宜從事. 匈奴素聞郅都節, 舉邊爲引兵去, 竟都死不近雁門. 匈奴至爲偶人像都, 令騎馳射, 莫能中, 其見憚如此. 匈奴患之. 乃中都以漢法. 景帝曰, "都忠臣." 欲釋之. 竇太后曰, "臨江王獨非忠臣乎?" 於是斬都也.

| 註釋 | ○中尉 - 경사의 치안 담당. 9경의 하나. 질록은 中二千石. 무제 때 執金吾로 명칭 변경. 질도는 경제 7년에 중위가 되었다. ○至貴居也 - 아주 거만하다. 居는 倨(거만할 거). ○側目而視 - 바로 보지 못하다. 두려워하는 모양. ○蒼鷹(창응) - 새 매가 작은 새를 노려보듯 한다는 뜻. ○臨江王 - 栗姬(율희) 소생의 景帝의 태자, 劉榮(유영, ? - 前 148). 景帝 前元 4년(前 153) 황태자에 책봉. 모친 栗姬에 대한 경제의 애정이 식자 율희는 질투하였고, 栗태자도 폐위되어 임강왕으로 강등되었다. 질도에게 심문 받은 내용은 53권, 〈景十三王傳〉 참고. ○對簿 - 조사받다. 장부(고발장)과 대조하다. ○魏其侯(위기후) - 竇嬰(두영, ? - 前 131), 두황후(문제의 황후, 경제의 모친)의 친정 조카. 7국의 난을 평정한 군공으로 魏其侯(위기후)에 봉해졌다. 나중에 武安侯 田蚡(전분)과 不和하여 결국 詔書를 위조했다는 죄로 처형되었다. 52권, 〈竇田灌韓傳〉 참고. ○間予 - 틈을 보아 주다. ○以危法中都 - 危法은 峻法. 中은 모함하다. ○卽拜都爲雁門太守 - 卽은 찾아가다. 拜는 제수하다. 雁門郡, 치소는 善無縣(今 山西省 북쪽의 朔州市 右玉縣). ○便道之官 - (발령 받고) 집에서 바로 임지에 부임하다. 조정에 들려 황제에게 치하하지

않다.　○竟都死 - 竟은 ~할 때까지.　○乃中都以漢法 - 이 앞에 '匈奴患
之.' 구절이 있어 흉노가 질도를 모함한 것처럼 윤색되었으나 《사기 혹리열
전》에는 두태후가 모함하였다고 기록했다.

〔 國譯 〕

　　질도는 中尉로 승진하였고, 승상은 條侯(조후, 周亞夫)로 아주 거만
하였는데 질도는 승상에게도 揖(읍)만 하였다. 이 시절에 백성은 순
박하여 죄를 지을까 두려워하며 자중하였는데, 질도는 유독 엄격 가
혹하였고 법을 집행하면서 귀인이나 황실의 인척이라 하여 봐주지
않았기에 제후나 종실 사람은 질도를 곁눈질로 보면서 '새 매'라고
불렀다.

　　臨江王(임강왕, 劉榮)이 죄를 지어 중위부에 와서 조사를 받았는데
임강왕이 刀筆(도필)을 얻어 경제에게 사죄하려 했으나 질도는 관리
에게 주지 말라고 하였다. 魏其侯(위기후, 竇嬰)가 사람을 시켜 틈을
보아 임강왕에게 보내주었다. 임강왕은 도필을 얻어 경제에게 사죄
하고 자살하였다. 두태후가 이를 전해 듣고 화를 내면서 엄격하게
법을 적용하자 질도는 사직하고 귀향하였다. 경제는 사자를 보내 질
도를 안문군 태수에 임명하고 임지로 직행케 하며 형편대로 업무를
처리하게 하였다. 흉노는 평소에 질도의 지조를 알고 있었기에 모든
변경에서 군사를 철수시켰고 질도가 죽을 때까지 안문군에 접근하
지 않았다. 흉노는 질도의 목상을 깎아 세우고 말을 달려 활을 쏘게
하였으나 아무도 맞히는 사람이 없을 정도로 질도를 두려워하였다.
匈奴는 질도를 걱정거리로 여겼다. 그리하여 질도를 漢의 법에 의거
모함하였다. 경제가 "질도는 충신입니다."라며 풀어주려 했다. 그

러나 竇太后가 "臨江王만 유독 충신이 아니었소?"라고 물었다. 이에 질도를 참수하였다.

90-2. 甯成

原文

甯成, 南陽穰人也. 以郞謁者事景帝. 好氣, 爲小吏, 必陵其長吏, 爲人上, 操下急如束濕. 猾賊任威. 稍遷至濟南都尉, 而郅都爲守. 始前數都尉步入府, 因吏謁守如縣令, 其畏都如此. 及成往, 直凌都出其上. 都素聞其聲, 善遇, 與結歡. 久之, 都死, 後長安左右宗室多犯法, 上召成爲中尉. 其治效郅都, 其廉弗如, 然宗室豪傑人皆惴恐.

| 註釋 | ○南陽穰 – 南陽은 군명. 치소는 宛縣(今 河南省 서남부의 南陽市), 穰縣(양현)은, 今 河南省 南陽市 관할 鄧州市. ○好氣 – 힘이나 기세로 남을 이기다. ○小吏, 長吏 – 질록 2百石을 기준으로 小吏와 長吏로 구분하였다. ○束濕 – 束濕薪. 젖은 나무를 묶다. 손쉽게 몰아붙이다. ○都尉 – 郡의 군사와 치안 담당 무관직. ○惴恐 – 惴는 두려워할 췌.

甯成(영성)은 남양군 穰縣(양현) 사람이다. 낭관과 謁者(알자)로 景帝를 모셨다. 다른 사람 위에 올라서기를 좋아하여 小吏이면서도 長吏를 꺾어 눌렀으며 다른 사람 위에 있으면 아랫사람을 심하게 다루었다. 그는 교활했고 멋대로 위세를 부렸다. 점차 승진하여 제남군 도위가 되었는데 郅都(질도)가 태수로 있었다. 그전에 몇 명의 도위들은 태수부에 가서 속리를 통해 현령이 태수를 알현하듯 했는데 질도를 두려워하기가 이와 같았다. 그러나 영성이 도위로 가서는 바로 질도를 꺾어 누르고 올라섰다. 질도는 평소에 영성의 명성을 들어 알고 있었기에 잘 대우하며 친교를 맺었다. 얼마 뒤에 질도가 죽은 이후로 장안에서 황제 측근이나 종실들 중에 법을 어기는 자가 많이 나오자 경제는 영성을 불러 중위에 임명하였다. 그의 치적은 질도를 본떴으나 청렴하기로는 질도만 못했는데 종실이나 힘 좀 쓰는 사람들은 모두 영성을 두려워했다.

原文

武帝卽位, 徙爲內史. 外戚多毁成之短, 抵罪髡鉗. 是時, 九卿死卽死, 少被刑, 而成刑極, 自以爲不復收, 及解脫, 詐刻傳出關歸家. 稱曰, "仕不至二千石, 賈不至千萬, 安可比人乎!" 乃貰貸陂田千餘頃, 假貧民, 役使數千家. 數年, 會赦, 致産數千萬, 爲任俠, 持吏長短, 出從數十騎. 其使民, 威重於郡守.

| 註釋 | ○內史 - 京師의 행정 책임자. 관직명이 곧 행정단위. 뒷날 좌우 내사로 구분. 다시 京兆尹, 右扶風, 左馮翊으로 개명하며 三輔(삼보)라 통칭. ○髡鉗 - 髡은 머리 깎을 곤. 鉗은 칼 겸. 죄인에게 씌우는 형구. ○詐刻傳出 關歸家 - 詐는 거짓, 위조하다. ○刻傳 - 통행증을 만들다. 傳은 통행증인데 성명이나 목적지를 기입하지 않았다는 주석이 있다. 關은 관문. ○貰貸陂田 - 貰貸(세특)은 임대하다. 陂田(피전)은 山田.

〔國譯〕

武帝가 즉위하고(前 140년) 영성은 내사로 전직하였다. 그러자 영성의 잘못을 비방하는 사람이 많았는데, 영성은 머리를 깎고 족쇄를 채우는 벌을 받아야 했다. 이때 九卿은 큰 죄를 지으면 자살하거나 극소수가 형벌을 받았는데 영성은 자신의 죄가 무거워 다시 제자리에 임용될 수 없다고 생각하여 형구를 벗어던지고 통행증을 위조하여 관문을 빠져나와 귀향하였다. 그리고서는 "출사하여 2천석 고관이 되지 못하거나 장사하여 천만 전을 벌지 못한다면 어찌 남과 견주겠는가?"라고 말했다. 영성은 곧 산전 1천여 경을 세를 내어 빈민에게 임대해 주고 수천 호를 사역에 동원하였다. 몇 년 뒤에 사면을 받았고 재산은 천만 전에 달했으며 지방 관리들의 장단점을 이용하면서 수십 명 기병을 거느리고 다녔다. 그가 백성 위에 군림하기로는 군수보다도 더 했다.

90-3. 周陽由

周陽由, 其父趙兼以淮南王舅侯周陽, 故因氏焉. 由以宗家任爲郎, 事文帝. 景帝時, 由爲郡守. 武帝卽位, 吏治尙修謹, 然由居二千石中最爲暴酷驕恣. 所愛者, 撓法活之, 所憎者, 曲法滅之. 所居郡, 必夷其豪. 爲守, 視都尉如令, 爲都尉, 陵太守, 奪之治. 汲黯爲忮, 司馬安之文惡, 俱在二千石列, 同車未嘗敢均茵馮. 後由爲河東都尉, 與其守勝屠公爭權, 相告言, 勝屠公當抵罪, 議不受刑, 自殺, 而由棄市.

自寗成, 周陽由之後, 事益多, 民巧法, 大抵吏治類多成, 由等矣.

| 註釋 | ○侯周陽 − 주양의 제후가 되다. 侯는 동사로 쓰였다. 周陽은 今山西省 臨汾市 관할의 曲沃縣. ○故因氏焉 − 그래서 (趙氏를 버리고) 周陽을 성씨로 하다. ○撓法 − 법을 왜곡 적용하다. 撓는 屈曲하다. 어지럽힐 뇨. ○汲黯爲忮 − 汲黯(급암, ? − 前 112) 급암은 직언을 잘 했지만 거만하고 고집도 세웠다. 50권, 〈張馮汲鄭傳〉에 입전. 忮는 고집을 부리다. 해칠 기. ○司馬安之文惡 − 司馬安은 급암의 생질. 文惡은 법조문으로 남에게 해악을 끼치다. 사마안은 법조문 해석이 매우 각박하였고 영리하게 관직을 수행하여 4번이나 九卿의 반열에 올랐다가 河南太守로 죽었다. ○均茵馮 − 均은 함께, 같이. 茵(자리 인)은 수레의 깔 자리. 馮(탈 빙)은 기대다. ○勝屠公 − 勝屠(申屠)는 복성. ○議 − 義가 되어야 함. ○大抵(대저) − 대개. 대다수.

〔國譯〕

　周陽由(주양유)는 그의 부친 趙兼(조겸)이 淮南王(회남왕)의 외삼촌
으로 周陽의 제후가 되었기에 주양을 성씨로 하였다. 주양유는 외척
으로 낭관이 되어 文帝를 섬겼다. 景帝 때 주양유는 군수가 되었다.
무제가 즉위하고서도 관리들은 근신하며 백성을 다스렸지만 주양
유는 2천석 군수 중에서도 가장 포악하고 교만 방자하였다. 좋아하
는 자는 법을 어기면서라도 살려 주었지만 미워하는 자는 법을 왜곡
하면서 죽였다. 다스리는 군의 호족은 어떻게 해서든 없애버렸다.
군수로서 도위를 마치 현령처럼 멸시했지만 도위였을 때는 태수를
깔아뭉개며 그 권한을 빼앗으려 했다. 汲黯(급암)도 사나웠지만 司
馬安은 엄격한 법으로 남을 해쳤는데, 이들은 (3인은) 태수의 반열
에 있으면서 수레를 타더라도 같이 앉거나 기대지 않았다. 나중에
주양유는 하동군 도위가 되었는데 그 태수 勝屠公(승도공)과 권력을
다투며 서로를 고발하였는데 승도공은 법을 위반했다고 판결이 나
자 의기로 형을 받을 수 없다 하여 자살하였고 주양유는 기시형에
처해졌다.

　영성이나 주양유 이후 국사가 더욱 번잡해지면서 백성이 교묘히
법을 피해나가자 대다수의 관리들은 영성이나 주양유와 비슷해졌
다.

90-4. 趙禹

趙禹, 斄人也. 以佐史補中都官, 用廉爲令史, 事太尉周亞夫. 亞夫爲丞相, 禹爲丞相史, 府中皆稱其廉平. 然亞夫弗任, 曰, "極知禹無害, 然文深, 不可以居大府." 武帝時, 禹以刀筆吏積勞, 遷爲御史. 上以爲能, 至中大夫. 與張湯論定律令, 作見知, 吏傳相監司以法, 盡自此始.

| 註釋 | ○斄 – 현명. 땅이름 태(邰). 今 陝西省 陝西省 咸陽市 관할의 武功縣. ○佐史 – 하급 보좌관의 총칭. 지방관아의 하급 관리로 斗食, 佐史가 있었다. ○中都官 – 경사에 있는 모든 관서. ○用廉爲令史 – 用은 以. 廉은 청렴. 令史는 각 부서에 근무하는 하급 관리. 한 관청의 실무부서(曹)의 책임자를 掾(연)이라 하고, 연 아래 하급 직위로 令史가 있었다. ○丞相史 – 승상부 長史나 司直의 속관. 질 4백석. ○無害 – 능력이 아주 뛰어나다. ○與張湯論定律令 – 조우는 장탕과 함께 여러 律令을 제정하면서 법을 엄격하게 고쳤으며 재직 중인 관리들도 구속하였다. 얼마 뒤, 趙禹는 少府卿이 되었고 장탕은 廷尉가 되어 두 사람은 아주 가까웠는데 장탕은 조우를 형으로 섬겼다. 장탕은 무제 때 어사대부로 7년을 근무. 59권, 〈張湯傳〉에 참고. ○見知 – 見知法. 타 관리의 불법을 알고서도 고발하지 않으면 같은 범죄자로 간주해 처벌받는 법. ○傳相監司 – 관리 상호 간에 감찰하다.

趙禹(조우)는 斄縣(태현) 사람이다. 佐史(좌사)였다가 中都官에 임명되었고 청렴하여 令史(영사)가 되어 太尉인 周亞夫를 모셨다. 주아부가 승상이 되자 조우는 丞相史가 되었는데 승상부 모두가 그의 청렴과 공정을 칭송하였다. 그러나 주아부는 신임하지 않으며 "조우가 뛰어나다는 것을 잘 알지만 법 적용이 너무 엄격하여 최고 부서에 쓸 수 없는 사람이다."라고 말했다. 무제 때 조우는 도필리로 오래 근속하였기에 어사로 승진하였다. 무제는 조우를 유능하다 하여 中大夫에 승진시켰다. 조우는 장탕과 함께 율령을 협의 개정하였는데 見知法을 제정하여 관리가 법으로 서로를 감시해야 하는 일은 모두 이때부터 시작되었다.

禹爲人廉裾, 爲吏以來, 舍無食客. 公卿相造請, 禹終不行報謝, 務在絶知友賓客之請, 孤立行一意而已. 見法輒取, 亦不覆案求官屬陰罪. 嘗中廢, 已爲廷尉. 始條侯以禹賊深, 及禹爲少府九卿, 酷急. 至晚節, 事益多. 吏務爲嚴峻, 而禹治加緩, 名爲平. 王溫舒等後起, 治峻禹. 禹以老, 徙爲燕相, 數歲, 悖亂有罪, 免歸. 後十餘年, 以壽卒於家.

| 註釋 | ○廉裾 - 裾(옷자락 거)는 倨. 倨傲(거오). ○造請 - 타 관서에 가서 상면, 알현하다(往候也). 장창은 다른 관리를 찾아가 뵐 일이 있으면 '不

避寒暑’라고 한 것과는 대조적이다.   ○廷尉 - 최고의 司法官. 9卿의 하나.
○酷急 - 酷 독할 혹.

〔國譯〕

　조우는 사람이 청렴하지만 거만하여 관리가 된 이후 집안에는 찾
아오는 사람이 없었다. 公卿이 서로 만나려 찾아와도 조우는 답례방
문도 하지 않고 오로지 知友나 賓客의 청을 거절하면서 고립하여 외
곬수로만 나갈 뿐이었다. 법에 해당되면 곧 처리하였지만 옥안을 바
꿔 조사하면서 다른 관속의 숨겨진 죄까지 찾아내지는 않았다. 조우
는 한때 관직을 그만두었지만 얼마 안 있어 廷尉가 되었다. 처음에
條侯(조후, 주아부)는 조우가 너무 교활 가혹하다고 하였는데 조우가
少府로 九卿이 되었어도 가혹하였다. 만년이 될수록 국사는 더욱 많
아졌다. 관리들은 엄격 준엄하게 되었지만 조우의 일 처리는 점차
완화되었기에 공평하다는 명성을 얻었다. 王溫舒(왕온서)같이 나중
에 등용된 사람들의 업무처리는 조우보다 엄격하였다. 조우는 늙어
燕의 相이 되었는데 몇 년 뒤 일을 잘못 처리한 과오 때문에 사직 귀
향하였다. 그 십여 년 뒤에 집에서 천수를 누리고 죽었다.

90-5. 義縱

原文

義縱, 河東人也. 少年時嘗與張次公俱攻剽, 爲群盜. 縱有姊, 以醫幸王太后. 太后問, "有子,兄弟爲官者乎?" 姊曰, "有弟無行, 不可." 太后乃告上, 上拜義姁弟縱爲中郞, 補上黨郡中令. 治敢往, 少溫籍, 縣無逋事, 擧第一. 遷爲長陵及長安令, 直法行治, 不避貴戚. 以捕按太后外孫脩成子中, 上以爲能, 遷爲河內都尉. 至則族滅其豪穰氏之屬, 河內道不拾遺. 而張次公亦爲郞, 以勇悍從軍, 敢深入, 有功, 封爲岸頭侯.

| 註釋 | ○張次公 - 무제 때 衛靑(위청)을 따라 흉노 정벌에 여러 번 공을 세워 식읍이 2천호나 되었으나 죄를 지어 元狩 원년(前 122)에 廢侯되었다. ○攻剽 - 으르고 때려 물건을 빼앗다. 剽는 날랠 표. 빼앗다. ○王太后 - 무제의 생모. ○義姁 - 인명. 姁 할미 후. ○上黨郡 - 치소는 長子縣(今 山西省 長治市 관할의 長子縣). ○縣無逋事 - 현에서 지연되는 일이 없다. 逋는 달아날 포. 체납하다.

[國譯]

義縱(의종)은 하동군 사람이다. 젊었을 적에 張次公(장차공)이란 사람과 함께 남의 물건을 빼앗거나 떼도둑질을 하였다. 의종의 누이는 醫女(의녀)로 王太后의 신임을 받고 있었는데 태후가 "아들이나 형제에 벼슬할만한 사람이 있는가?"라고 물었다. 누이는 "동생이 있으나 행실이 안 좋아 할 수 없습니다."라고 대답했다. 태후는 이를 무제에게 이야기했고 무제는 義姁(의후, 누이 이름)의 동생 義縱(의종)을 中郎官에 임명했다가 上黨郡의 현령에 임명하였다. 의종은 과감하게 다스렸고 인정을 두지 않아 현의 일이 지체되지 않아 치적이 군내 제일이었다. 長陵현령과 長安현령으로 옮기면서 법대로 다스렸고 귀인이나 인척이라고 봐주지 않았다. 그리하여 태후의 외손자인 脩成(수성)의 아들 脩中(수중)을 법대로 처리하였는데 무제는 유능하다고 인정하여 하내군 도위로 승진시켰다. 하내군에 부임하여 그곳 세력가인 穰氏(양씨) 일족을 잡아죽이자 하내군에서는 길에 떨어진 물건을 줍는 자가 없었다. 그리고 張次公 역시 낭관이 되었다가 용감하여 종군하면서 적진 깊이 공격하여 공을 세웠고 岸頭侯(안두후)에 봉해졌다.

甯成家居, 上欲以爲郡守, 御史大夫弘曰, "臣居山東爲小吏時, 甯成爲濟南都尉, 其治如狼牧羊, 成不可令治民." 上乃拜成爲關都尉. 歲餘, 關吏稅肆郡國出入關者, 號曰, "寧見乳虎, 無直甯成之怒." 其暴如此. 義縱自河內遷爲南陽太守, 聞甯成家居南陽, 及至關, 甯成側行送迎, 然縱氣盛, 弗爲禮. 至郡, 遂按甯氏, 破碎其家. 成坐有罪, 及孔, 暴之屬皆奔亡, 南陽吏民重足一跡. 而平氏,周强,杜衍,杜周爲縱爪牙之吏, 任用, 遷爲廷尉史.

| 註釋 | ○寧見乳虎, 無直~ − 寧은 차라리 ~할지언정. 乳虎는 새끼 가진 호랑이. 몹시 사납다는 뜻. 直은 값 치(値), 당할 치. 만나다. ○重足一跡 − 길을 걸을 때 앞사람이 디딘 발자국에 다음 사람이 발을 딛다. 명령에 그대로 따르다. ○平氏,周强,杜衍,杜周 − 平氏(평지)와 杜衍(두연)은 남양군의 현명. 周强(주강)과 杜周(두주)는 인명. ○爪牙之吏(조아지리) − 앞잡이 노릇을 하는 屬吏.

〖國譯〗

甯成(영성)이 고향에 한거할 때 무제가 군수로 임용하려 하자 어사대부인 公孫弘(공손홍)이 말했다. "臣이 山東(산동)에서 하급 관리였을 때 영성은 제남군의 도위였는데 그가 백성을 다스리는 것은 마치 이리가 양 떼를 모는 것과 같았으니 영성이 백성을 다스리게 할 수 없습니다." 무제는 이에 영성을 관문 도위에 임명하였다. 일 년 뒤에 관문의 관리들이 군국에서 출입하는 자들을 멈추게 하고 살펴보니 그들이 "차라리 어미 호랑이를 만날지언정 화가 난 영성을 만나지는 말아야 한다."라고 말했다. 이렇듯 그가 흉포했다. 의종은 하내 도위에서 남양태수로 승진하면서 영성이 남양군의 집에 살고 있다는 말을 들었는데, 그가 관내에 도착하자 영성은 한편으로 비켜서서 영접했는데 의종은 으스대면서 답례도 하지 않았다. 군에 부임하고서는 마침내 甯氏(영씨) 일족을 조사 심문하여 가문의 세력을 꺾어버렸다. 영성이 죄에 걸려들자 孔氏(공씨), 暴氏(포씨) 같은 세력자들은 모두 도망갔으며 남양군의 관리나 백성 모두가 명령을 감히 어기는 자가 없었다. 平氏縣(평지현)의 周强(주강)이나 杜衍縣(두연현)의 杜周(두주)는 의종의 앞잡이 관리로 임용되었다가 나중에 廷尉史(정위사)로 승진하였다.

軍數出定襄, 定襄吏民亂敗, 於是徙縱爲定襄太守. 縱至, 掩定襄獄中重罪二百餘人, 及賓客昆弟私入相視者亦二百餘人. 縱壹切捕鞫, 曰 '爲死罪解脫'. 是日皆報殺四百餘人. 郡中不寒而慄, 猾民佐吏爲治.

| 註釋 | ○定襄 – 군명. 치소는 成樂縣(今 內蒙古自治區 呼和浩特市 관할의 和林格爾縣). ○捕鞫(포국) – 체포하여 국문하다. ○爲死罪解脫 – 사형에 해당하는 자의 형구를 벗겨주다. 이런 경우 죄에 일등급을 가하여 사형에 처할 수 있다. ○是日皆報~ – 是日은 당일. 報는 판결하다. ○猾民佐吏 – 교활한 백성이 관리를 돕다. 살기 위해 앞잡이가 되다.

〖 國譯 〗

군사가 定襄郡(정양군)에 자주 출정하자 정양 군민들이 아주 포악해졌는데 이에 의종을 정양 태수로 전출시켰다. 의종은 군에 부임하자 정양 옥중에 중죄를 지은 자 200여 명과 그 친구나 형제로 출입하며 면회한 자 200여 명이 있었다. 의종은 이들을 모두 잡아들여 심문하고 '사형수의 형틀을 벗겨준 죄'를 범했다고 말하였다. 그리고 당일에 판결하면서 4백여 명을 모두 죽였다. 군에서는 겨울이 아닌데도 두려워 떨었고 간교한 자들이 관리의 치안을 도왔다.

原文

　是時, 趙禹,張湯爲九卿矣, 然其治尙寬, 輔法而行, 縱以鷹擊毛摯爲治. 後會更五銖錢白金起, 民爲姦, 京師尤甚, 乃以縱爲右內史, 王溫舒爲中尉. 溫舒至惡, 所爲弗先言縱, 縱必以氣陵之, 敗壞其功. 其治, 所誅殺甚多, 然取爲小治, 姦益不勝, 直指始出矣. 吏之治以斬殺縛吏爲務, 閻奉以惡用矣. 縱廉, 其治效郅都. 上幸鼎湖, 病久, 已而卒起幸甘泉, 道不治. 上怒曰, "縱以我爲不行此道乎?" 銜之. 至冬, 楊可方受告緡, 縱以爲此亂民, 部吏捕其爲可使者. 天子聞, 使杜式治, 以爲廢格沮事, 棄縱市. 後一歲, 張湯亦死.

│註釋│ ○輔法而行 − 法에 따라 행해졌다. ○鷹擊毛摯 − 鷹 새 매 응. 摯는 잡을 지. 손으로 잡다. ○五銖錢 − 무제 元狩 5년(전 118)부터 통용된 화폐. 이전에 사용되던 三銖錢을 대신한 화폐. 국가의 공식 화폐였으나 鑄造權은 각 군국에도 있었다. 元鼎 4년(前 113)에 가서야 漢 上林三官(그래서 三官錢이라는 이름으로 불리기도 한다)에서만 발행권을 갖게 되었다. 漢 멸망 이후 隋(수)까지 공식적으로 통용되었다. 당 고조 때 정식으로 폐지되었다. ○白金 − 白金幣(무제 元狩 4년(前 119)년) 제조 유통. 은에 주석을 합금하여 제조. 백금은 보통 銀을 지칭. 金에는 黃金, 白金(銀), 赤金(銅)의 3종류가 있다. ○直指 − 繡衣直指(수의직지)의 축약. 무제 때 처음 설치한 天子의

특사 제도. 처음에는 侍御史를 내보냈기에 繡衣御史(수의어사)라고 불렀다. 繡衣는 비단 옷이니 고귀하다는 뜻. 直旨는 업무처리에 私情을 두지 않는다는 뜻. ○閻奉(염봉) - 인명. 水衡都尉에 임명되었다. ○鼎湖(정호) - 宮 이름. 今 陝西省 蘭田현 소재. 지명. 전설에 黃帝가 이곳에서 鼎(정)을 주조했고 정이 완성되자 황룡이 내려와 황제가 타고 승천했다는 곳. 今 河南省 三門峽市 관할의 靈寶市에 해당. ○楊可(양가) - 인명. 무제 때 告緡令(고민령)을 시행했는데 고민령은 張湯(장탕), 桑弘羊(상홍양) 등이 추진한 抑商(억상) 정책의 하나이다. 元狩 4년(前 119)에 상인들의 재산에 과세하자 상인들이 재산을 감추고 정직하게 신고하지 않았다. 이에 元鼎 3년(前 114)에 무제는 고민령을 발동하여 상인의 숨긴 재산을 신고하면 발각된 재산의 절반을 신고자에게 포상했다. 緡은 돈 꿰미 민.

〖 國譯 〗

이때, 趙禹(조우)와 張湯(장탕)은 九卿이 되었지만 그들의 통치는 오히려 너그러웠고 법에 의거 시행되었지만 의종은 마치 새 매가 공격하여 털을 뽑아내듯 통치하였다. 뒷날 마침 白金(銀)을 거둬들이며 五銖錢(오수전)을 시행할 때 백성들이 농간을 부렸는데 京師 지역에서 특히 심했기에, 곧 의종을 右內史에 임명하고 王溫舒(왕온서)를 中尉(중위)에 임명하였다. 왕온서는 아주 악독하였는데 자신이 하는 일을 의종에게 먼저 말해 주지 않았고 의종은 기세로 왕온서를 꺾으며 그의 공적을 없애려 하였다. 그들의 통치에 처형한 자가 아주 많았지만 결과는 잠시 안정될 뿐 불법행위는 더욱 극성하여 直旨御史(직지어사)를 두게 되었다. 이들 혹리의 통치는 참살하거나 포박하는 것이 일이었으며 閻奉(염봉)은 포악하였기에 등용되었다. 의종은 청렴했으며 그 통치는 郅都(질도)를 본받았다.

무제는 鼎湖宮(정호궁)에 행차했으나 병석에 오래 누었다가 나으면서 갑자기 甘泉宮으로 행차하였는데 도로가 정비되지 않았다. 이에 무제가 화를 내며 말했다. "의종은 내가 이 길을 다시는 행차 못하리라 생각했는가?" 그리고는 의종을 미워하였다. 겨울이 되자 楊可(양가)가 告緡(고민) 업무를 담당했는데 의종은 이를 백성을 혼란케 하는 정책이라 생각하여 의종의 부하가 양가의 사자들을 체포하였다. 무제가 이를 알고서 杜式(두식)을 보내 의종을 치죄하였는데 조서의 시행을 막은 죄라 하여 의종을 기시형에 처했다. 그 1년 뒤에 장탕 역시 처형되었다.

90-6. 王溫舒

原文

王溫舒, 陽陵人也. 少時椎埋爲姦. 已而試縣亭長, 數廢. 數爲吏, 以治獄至廷尉史. 事張湯, 遷爲御史, 督盜賊, 殺傷甚多. 稍遷至廣平都尉, 擇郡中豪敢往吏十餘人爲爪牙, 皆把其陰重罪, 而縱使督盜賊, 快其意所欲得. 此人雖有百罪, 弗法, 卽有避回, 夷之, 亦滅宗. 以故齊趙之郊盜不敢近廣平, 廣平聲爲道不拾遺. 上聞, 遷爲河內太守.

| 註釋 | ○陽陵 – 景帝의 능, 현명. 今 陝西省 咸陽市 동북. ○椎埋 – 죽이겠다고 겁주며 매장하다. 椎는 방망이 추. ○試縣亭長 – 縣의 亭長에 試用되다. ○廣平 – 경제 때 처음 설치한 제후국. 광천국, 신도국, 또는 군으로 수시 개명. 치소는 廣川縣, 今 河北省 衡水市 관할의 景縣 서남. ○聲爲~ – ~라고 소문이 나다.

[國譯]

　王溫舒(왕온서)는 양릉현 사람이다. 젊어 남을 때려 죽여 묻어버린 범죄를 저질렀다. 나중에 현의 亭長에 임시 임용되었으나 여러 번 쫓겨났다. 몇 번 小吏가 되었고 옥리로 근무하여 廷尉史가 되었다. 張湯(장탕)을 섬겨 승진하여 어사가 되었는데 도둑을 감시하면서 죽이거나 다치게 하는 경우가 매우 많았다. 점차 승진하여 廣平郡 도위가 되었는데 군내에 힘이 세고 용감한 관리 10여 명을 골라 爪牙(조아, 부하)로 삼았는데 그들의 숨긴 죄악을 알아내어 조정하면서 도적을 잡아내게 하니 신속하게 성과를 올려 칭송을 들었다. 이들이 비록 여러 죄를 범했지만 법으로 처벌하지 않는 대신 만약 명령에 따르지 않으면 죽이거나 일족을 멸했다. 이 때문에 齊나 趙 지역의 도적들이 감히 광평군에 얼씬도 하지 않았고 광평군에서는 길에 떨어진 물건도 줍지 않는다고 소문이 났다. 무제는 이를 알고 河內 태수로 승진시켰다.

原文

　素居廣平時, 皆知河內豪姦之家. 及往, 以九月至, 令郡具私馬五十匹, 爲驛自河內至長安, 部吏如居廣平時方略, 捕郡中豪猾, 相連坐千餘家. 上書請, 大者至族, 小者乃死, 家盡沒入償臧. 奏行不過二日, 得可, 事論報, 至流血十餘里. 河內皆怪其奏, 以爲神速. 盡十二月, 郡中無犬吠之盜. 其頗不得, 失之旁郡, 追求, 會春, 溫舒頓足嘆曰, "嗟乎, 令冬月益展一月, 足吾事矣!" 其好殺行威不愛人如此.

| 註釋 | ○爲驛自河內~ - 공문서를 전달하는 驛亭을 설치하고 역마를 두었는데 왕온서는 사적으로 설치 운영했다는 뜻. ○族 - 일족을 誅殺하다. ○償臧 - 가산으로 그전의 장물을 보상해 주다. 臧은 贓과 通. ○事論報 - 판결하다. 처결하다. ○益展 - 연장하다.

〖 國譯 〗

왕온서는 광평군에 있을 때부터 하내군의 세력가나 불법자들을 모두 알고 있었다. 광평군을 떠나 하내군에 9월에 부임하였는데 郡에서 개인 말 50필을 동원하여 하내에서 장안까지 역마를 운영하였고 관리를 광평군에 있을 때처럼 조직하여 군의 세력자나 범법자를 체포하니, 이에 관련된 가구가 1천여 호나 되었다. 왕온서는 조정에 상서하여 큰 범죄자는 멸족하고, 작은 범죄자는 사형하고, 가산은 모두 장물로 몰수하여 보상하겠다고 주청하였다. 상주하고 집행하는데 2일을 넘기지 않고 재가를 얻어 처결하니 피가 10여 리나 흘렀다. 하내군에서는 모두 그 상주를 두려워하며 신속하다고 생각하였다. 12월이 지나자 군에서는 도적이 없어 개가 짖지 않았다. 혹 부득이 잡지 못한 도둑은 이웃 군으로 도망갔는데 체포하려 추격하였으나 봄이 되자 왕온서가 발을 구르며 탄식하였다. "아! 만약 겨울이 한 달만 더 있었으면 내 일을 끝낼 수 있었으리라!" 그가 살인을 좋아하고 위세를 부리며 사람 목숨을 아끼지 않는 것이 이와 같았다.

原文

上聞之, 以爲能, 遷爲中尉. 其治復放河內, 徒請召猜禍吏與從事, 河內則楊皆, 麻戊, 關中揚贛, 成信等. 義縱爲內史, 憚之, 未敢恣治. 及縱死, 張湯敗後, 徒爲廷尉. 而尹齊爲中尉坐法抵罪, 溫舒復爲中尉. 爲人少文, 居它惛惛不辯, 至於中尉則心開. 素習關中俗, 知豪惡吏, 豪惡吏盡復爲用. 吏苛察淫惡少年, 投缿購告言姦, 置伯落長以收司姦. 溫舒多諂, 善事有勢者, 卽無勢, 視之如奴. 有勢家, 雖有姦如山, 弗犯, 無勢, 雖貴戚, 必侵辱. 舞文巧, 請下戶之猾, 以動大豪. 其治中尉如此. 姦猾窮治, 大氐盡靡爛獄中, 行論無出者. 其爪牙吏虎而冠. 於是中尉部中中猾以下皆伏, 有勢者爲游聲譽, 稱治. 數歲, 其吏多以權貴富.

| 註釋 | ○放 − 仿. 본뜨다. ○徒請召猜禍吏與從事 − 徒는 다만, 오로지. 請召는 데려오다. 猜禍吏는 간악한 관리. 從事는 일을 처리하다. ○徒爲廷尉 − 왕온서는 元鼎 3년(전 114)에 정위가 되었다가 1년 만에 다시 중위로 전근하였다. ○居它惛惛不辯 − 居它는 다른 직책. 它는 다를 타. 惛惛은 어

리석은 모양. 惛은 어리석을 혼. 不辯은 잘 처리하지 못하다.　○心開 - 생각이 잘 돌아갔다.　○投䙏購告言姦 - 䙏는 문서함 후. 벙어리 항(受錢器). 購는 받아들이다. 姦은 범죄.　○伯落長 - 거리나 마을의 염탐꾼. 伯은 陌(거리 맥)과 통. 落은 屯落(둔락, 마을).　○姦猾窮治 - 姦猾(간활)은 교활한 나쁜 놈. 窮治는 끝까지 닦달하다.　○大氐盡靡爛獄中 - 大氐는 大抵(대저), 대개. 靡爛(미란)은 썩어문드러지다.　○爪牙吏虎而冠 - 爪牙(조아)는 부하. 앞잡이. 虎而冠은 포악하고 인정이 없다는 뜻.

〖國譯〗

　무제가 이를 알고 능력을 인정하여 中尉로 승진시켰다. 왕온서의 통치는 하내군의 방법을 본떴으니 다만 간악한 관리를 불러 모아 함께 일을 하였으니 하내군에서는 楊皆(양개)와 麻戊(마무), 關中에서는 揚贛(양공)과 成信(성신) 등이 있었다. 義縱(의종)은 내사로 있으면서 왕온서를 꺼려하여 마음대로 힘을 쓰지 못했다. 의종이 처형당하고 장탕은 자살한 뒤에 왕온서는 정위가 되었다. 그리고 尹齊(윤제)가 中尉로 죄를 지어 법에 걸리자 왕온서는 다시 중위가 되었다. 왕온서의 사람됨은 학문이 짧아 다른 직책에서는 우매하고 헤매었지만 중위의 직책에서는 그런 걱정이 없었다. 평소에 관중의 습속에 익숙했고 힘 좀 쓰고 간악한 관리를 알고 있어 그런 사람들을 모두 불러들였다. 그들을 시켜 악행을 일삼는 젊은이를 엄밀히 사찰하였고, 범죄를 밀고하는 투서함을 설치했고, 거리나 마을의 염탐꾼을 두어 범죄자를 잡아들였다. 왕온서는 아첨을 잘하여 세력자를 잘 받들었지만 힘이 없는 사람이라면 노비처럼 대하였다. 세력자가 비록 산처럼 어마어마한 죄를 범해도 벌하지 않았지만 힘없는 자는 귀인이나 인척일지라도 틀림없이 모욕을 주었다. 법조항을 교묘히 꾸몄으며 간악한 하층민을 사주하여 큰 세력가를 위협하였다. 그가 중위로서의 일이 이런 식이었다. 교활한 범죄자는 끝까지 닦달하였으니 대개가 옥중에서 썩어문드러졌으며 판결을 받아 출옥하는 자가 없었다. 그 부하 관리들은 관을 쓴 호랑이였다. 이렇게 되자 중위부의 관할 지역에서 보통 교활한 자는 모두 잡혔고 세력자들은 명성을 누리면서 잘 다스린다고 왕온서를 칭송하였다. 몇 년이 지나 왕온서 부하들은 권력이나 부귀를 누렸다.

原文

溫舒擊東越還, 議有不中意, 坐以法免. 是時, 上方欲作通天臺而未有人, 溫舒請復中尉脫卒, 得數萬人作. 上說, 拜爲少府. 徙右內史, 治如其故, 姦邪少禁. 坐法失官, 復爲右輔, 行中尉, 如故操.

歲餘, 會宛軍發, 詔徵豪吏. 溫舒匿其吏華成, 及人有變告溫舒受員騎錢, 它姦利事, 罪至族, 自殺. 其時, 兩弟及兩婚家亦各自坐它罪而族. 光祿勳徐自爲曰, "悲夫! 夫古有三族, 而王溫舒罪至同時而五族乎!" 溫舒死, 家纍千金.

│註釋│ ○東越 - 越人의 한 갈래. 지금의 浙江省 동남부에 거주. 무제 때 그들 일부를 江淮 지역으로 이주시켰다. 동월을 정벌한 것은 元鼎 6년(前111)의 일. ○通天臺 - 무제가 신선을 맞이하기 위해 감천궁에 세운 누각.

○請復中尉脫卒 – 중위의 병졸에서 빠진 자를 징발하겠다고 요청하다. ○上說 – 說(열)은 悅. ○復爲右輔 – 복관하여 右扶風이 되다. ○行中尉 – 中尉를 겸임하다. ○如故操 – 옛 방식대로 하다. ○會宛軍發 – 大宛(대원) 원정군을 동원하다. 宛 굽을 완. 나라 이름 원. 서역의 국명. 國都는 貴山城. 汗血馬(한혈마)의 산지. 무제 때 복속, 宣帝 이후로 서역도호부에 속했다. 今 중앙아시아의 키르키즈스탄에 해당. ○家絫千金 – 絫는 累의 古字. 金 1근을 一金이라 하였다.

〖 國譯 〗

왕온서가 동월 원정에서 돌아왔을 때 조정 의논이 무제의 뜻과 달라 법에 걸려 면직되었다. 이때 무제는 通天臺를 짓고자 하였으나 인부가 없었는데 왕온서는 중위의 병졸에서 누락된 자를 동원하겠자고 주청하여 수만 명을 동원하였다. 무제는 기뻐하며 왕온서를 소부에 임명하였다. 다시 右內史로 옮겼는데 통치는 전과 같았는데 간사한 행위는 조금 자제하였다. 법에 저촉되는 일로 관직을 상실했다가 다시 右輔(右內史)가 되어 중위를 겸임하였는데 옛 방식대로 행동했다.

일 년 뒤, 마침 大宛(대원)을 칠 군사를 동원하는데 조칙으로 젊은 관리를 징발하였다. 왕온서는 부하인 華成(화성)을 숨겨주었는데 어떤 사람이 왕온서가 기병에 동원될 군사의 돈을 받고 면제해 주었으며 부당이득을 취했다고 고발하였는데 일가 멸족에 해당되자 왕온서는 자살하였다. 그때 두 동생과 혼인한 집안까지 다른 죄에 연루되어 멸족되었다. 광록훈인 徐自爲(서자위)가 말했다. "슬픈 일이다! 예로부터 삼족을 멸하는 일은 있었지만 왕온서는 한 날에 오족이 멸족되었도다!" 왕온서가 죽은 그 집에는 천금이 쌓여 있었다.

90-7. 尹齊

原文

尹齊, 東郡茌平人也. 以刀筆吏稍遷至御史. 事張湯, 湯
數稱以爲廉. 武帝使督盜賊, 斬伐不避貴勢. 遷關都尉, 聲
甚於甯成. 上以爲能, 拜爲中尉. 吏民益凋敝, 輕齊木强少
文, 豪惡吏伏匿而善吏不能爲治, 以故事多廢, 抵罪. 後復
爲淮陽都尉. 王溫舒敗後數年, 病死, 家直不滿五十金. 所
誅滅淮陽甚多, 及死, 仇家欲燒其屍, 妻亡去, 歸葬.

│ 註釋 │ ○東郡茌平 – 東郡의 치소는 濮陽縣(복양현, 今 河南省 동북부 濮
陽市). 茌平은 현명. 今 山東省 서부 聊城市(요성시) 관할 茌平縣(치평현).
○武帝使督盜賊~ – '武帝'는 장탕의 오류.《史記 酷吏傳》참고. ○凋敝(조
폐) – 피폐하다. ○輕齊木强少文 – '輕'은 잘못 들어간 글자일 것임. 木强은
고집이 세고 뻣뻣하다. 木은 質.

〖 國譯 〗
尹齊(윤제)는 東郡 茌平縣(치평현) 사람이다. 도필리에서 점차 승

진하여 御史(어사)가 되었다. 장탕을 섬겼는데 장탕은 그가 청렴하다고 여러 번 칭찬하였다. 장탕은 그에게 도적을 감시케 하였는데 귀인이나 세력자를 가리지 않았다. 關都尉로 승진하였는데 甯成(영성)보다 더 하다고 소문이 났었다. 무제는 유능하다 하여 윤제를 中尉에 임명하였다. 관리나 백성은 더욱 피폐하였는데, 윤제가 고집이 세고 배운 것이 없지만 포악한 관리들도 꼼짝못했으며 선량한 관리는 뜻을 펼 수가 없어 이로써 여러 문제가 생겨 결국 죄를 지었다. 뒤에 다시 회양군 도위가 되었다. 왕온서가 죽은 몇 년 뒤 병사했는데 집에 남은 재산은 50金이 되지 않았다. 그 때문에 죽은 회양 사람이 매우 많아 그가 죽었다 하자 원한을 가진 사람들이 그 시신을 불태우려 했지만 그의 아내가 시신을 숨겨 도망하여 고향에서 매장하였다.

90-8. 楊僕

原文

楊僕, 宜陽人也. 以千夫爲吏. 河南守擧爲御史, 使督盜賊關東, 治放尹齊, 以敢擊行. 稍遷至主爵都尉, 上以爲能. 南越反, 拜爲樓船將軍, 有功, 封將梁侯. 東越反, 上欲復使將, 爲其伐前勞, 以書敕責之曰,

"將軍之功, 獨有先破石門,尋陜, 非有斬將搴旗之實也, 烏足以驕人哉! 前破番禺, 捕降者以爲虜, 掘死人以爲獲, 是一過也. 建德,呂嘉逆罪不容於天下, 將軍擁精兵不窮追, 超然以東越爲援, 是二過也. 士卒暴露連歲, 爲朝會不置酒, 將軍不念其勤勞, 而造佞巧, 請乘傳行塞, 因用歸家, 懷銀黃, 垂三組, 誇鄉里, 是三過也. 失期內顧, 以道惡爲解, 失尊尊之序, 是四過也. 欲請蜀刀, 問君賈幾何, 對曰率數百, 武庫日出兵而陽不知, 挾僞干君, 是五過也. 受詔不至蘭池宮, 明日又不對. 假令將軍之吏問之不對, 令之不從, 其罪何如? 推此心以在外, 江海之間可得信乎! 今東越深入, 將軍能率衆以掩過不?"

僕惶恐, 對曰, "願盡死贖罪!" 與王溫舒俱破東越. 後復與左將軍荀彘俱擊朝鮮, 爲彘所縛, 語在〈朝鮮傳〉. 還, 免爲庶人, 病死.

| 註釋 | ○宜陽 － 弘農郡 宜陽縣. 今 河南省 洛陽市 관할의 宜陽縣. ○以千夫爲吏 － 무제는 군자가 부족하자 백성이 납부하는 전곡에 비례하여 무공작위를 하사했는데 20등 작위 중 下 7급이 千夫이었다. ○主爵都尉 － 封爵(봉작)에 관한 업무 담당자. ○樓船將軍 － 장군에 대한 호칭. 楊僕은 수군을 조련했다. ○石門,尋陜 － 남월 땅의 험지. 陜은 狹(音을 협). ○烏足~ － 烏는 어찌(惡, 焉과 같은 용법). 주로 反問할 때 쓰임. ○番禺(반우) － 남월의 도읍. 현명. 今 廣東省 廣州市. ○建德,呂嘉 － 建德은 남월왕의 이름. 呂嘉는 남월국의 승상. ○懷銀黃 － 白銀과 黃金을 가지고. ○失期內顧 － 內顧는

처자식을 보살피다.   ㅇ蜀刀 – 당시의 유명 특산품.   ㅇ賈幾何 – 값이 얼마
인가? 賈는 價. 幾何는 얼마. 幾許. 幾何學이라는 이름은 利瑪竇(마테오리치)
와 徐光啓가 合譯한 《幾何原本》에서 사용.   ㅇ率數百 – 率은 아마. 대개.
ㅇ挾僞干君 – 挾僞는 거짓. 干君은 주군의 뜻을 어기다. 犯하다.   ㅇ蘭池宮
– 渭城, 咸陽市 동북.   ㅇ掩過不 – 掩過는 과오를 보충하다. 不는 否. 못하겠
는가?   ㅇ左將軍荀彘 – 荀彘(순체)는 前 108년 衛滿朝鮮 右渠王(우거왕)을
공격하여 멸망시킨 漢의 장수. 이때 楊僕도 누선장군으로 수군을 이끌고 공
격에 참여했었다. 95권, 〈西南夷兩粤朝鮮傳〉참고.

〔 國譯 〕

楊僕(양복)은 宜陽縣(의양현) 사람이다. 千夫(천부)로 小吏가 되었
다. 하남태수의 천거로 御史(어사)가 되어 관동 지역의 도적들을 잡
았는데 방법은 尹齊(윤제)와 비슷했으나 과감하게 공격하였다. 차츰
승진하여 主爵都尉(주작도위)가 되었고 武帝의 인정을 받았다. 南越
(남월)이 반기를 들자 樓船將軍(누선장군)에 임명되어 공을 세웠고 將
梁侯(장량후)에 봉해졌다. 동월이 반기를 들자 무제는 양복을 다시
장군으로 임명하려 했는데 전에 세운 공을 과시하자 책서를 보내 문
책하였다.

"장군의 공적은 남월의 石門(석문)과 尋狹(심협)의 험지를 먼저 공
격했을 뿐, 적장을 베거나 적의 깃발을 노획하는 실질적 전과도 없
는데 어찌 이를 과시할 수 있는가! 전에 番禺(반우)를 격파할 때 투항
한 적을 생포한 것이고, 죽은 적의 시신을 파내어 전사자로 꾸민 것
이 첫 번째 과오이다. 남월왕 建德(건덕)과 呂嘉(여가)의 반역을 온
천하가 토벌할 때 장군은 정병을 거느리고서도 추격하지 않고 멀리

있는 동월의 원병을 기다린 것이 두 번째 과오이다. 士卒이 해마다 야전에 고생하며 조회에서도 술을 준비하지 않을 정도로 절약하는데 장군은 그 어려움을 생각하지 않고 간교한 놀이에 전거를 타고 영채를 순찰하며 그를 이용하여 귀향하고 백은과 황금을 챙겼으며 3組의 인수를 드리우고 향리에서 과시한 것이 3번째 과오이다. 처자식 때문에 기일을 어기고서 길이 험하여 늦었다고 해명하며 윗사람을 존중하지 않은 것이 4번째 과오이다. 蜀刀를 구매할 때, 장군이 그 가격이 얼마인가를 물었을 때 아마 수백 금이라 대답하였는데 武庫에서 매일 병사를 내보내면서도 모른 척하며 거짓으로 상관의 뜻을 범한 것이 5번째 과오이다. 조서를 받으러 蘭池宮(난지궁)에 오지 않았고 그 다음 날도 대면하지 않았었다. 가령 장군의 부하 관리가 물어도 대답하지 않고 명령해도 따르지 않는다면 그것은 무슨 죄이겠는가? 이러한 생각을 갖고 지방에 나가있다면 江海를 사이에 두고서 믿어야 하겠는가! 지금 장군은 군사를 거느리고 동월 땅 깊숙이 진격하여 지난 과오를 보상할 수 있는가? 못하겠는가?"

양복은 두려워하면서 답서를 올렸다. "목숨을 바쳐 속죄하겠습니다." 양복은 왕온서와 함께 동월을 격파하였다. 뒤에 다시 좌장군 荀彘(순체)와 함께 朝鮮(조선)을 공격할 때 순체에게 포박되었는데 이는 〈朝鮮傳〉에 실려 있다. 귀국하여 면관되어 서인으로 병사하였다.

90-9. 咸宣

原文

咸宣, 楊人也. 以佐史給事河東守. 衛將軍靑使買馬河東, 見宣無害, 言上, 徵爲廐丞. 官事辦, 稍遷至御史及中丞, 使治主父偃及淮南反獄, 所以微文深詆殺者甚衆, 稱爲敢決疑. 數廢數起, 爲御史及中丞者幾二十歲. 王溫舒爲中尉, 而宣爲左內史. 其治米鹽, 事小大皆關其手, 自部署縣名曹實物, 官吏令丞弗得擅搖, 痛以重法繩之. 居官數年, 一切爲小治辯, 然獨宣以小至大, 能自行之, 難以爲經. 中廢爲右扶風, 坐怒其吏成信, 信亡藏上林中, 宣使郿令將吏卒, 闌入上林中蠶室門攻亭格殺信, 射中苑門, 宣下吏, 爲大逆當族, 自殺. 而杜周任用.

| 註釋 | ○咸宣 – 咸의 발음은 '減省之減'이라는 주석이 있지만 우리나라에서는 '성 함'. '덜 감'으로 쓰기에 '함선'으로 표기한다. 楊은 河東郡의 현명. 今 山西省 臨汾市 관할의 洪洞縣. ○佐史 – 하급 보좌관의 총칭. 지방 관아의 하급 관리로 斗食, 佐史가 있었다. ○衛將軍靑 – 衛靑. 55권, 〈衛靑霍去病傳〉에 입전. ○見宣無害 – 無害는 능력이 우수하다(無人超過). 無比. 廐丞(구승)은 마필을 사육하는 廐長(구장)의 副職. 廐는 마구간 구. ○至御史及丞 – 시어사와 어사중승. '御史及中丞'이어야 한다는 주석에 따름. 본래 어사는 國君의 좌우에서 백관의 언행을 기록하다가 점차 내외의 관리를

감찰하는 임무를 수행하였다. 御史가 단독으로 쓰일 때는 御史大夫 또는 侍御使를 지칭한다. 어사대부의 속관으로는 御史中丞, 侍御史나 治書侍御史 등이 있었다. 御史中丞은 감찰 및 궁중 秘書 및 전적을 관리. 질록 1천석. 시어사는 어사중승보다 하위직. ○主父偃及淮南反獄 – 主父偃(주보언)은 64권, 〈嚴朱吾丘主父徐嚴終王賈傳〉(上)에 입전. 淮南反獄은 회남왕 劉安의 모반 사건에 대한 조사. 劉安(유안, 前 179 – 122)은 고조 막내아들 劉長의 아들이니 고조의 孫子이다. 門客과 함께 《淮南子》(原名은 鴻烈)를 저술하였다. 武帝 때 모반을 계획한다고 고발당해 아들과 함께 자살하였다. 그러나 민간에서는 得道하여 신선이 되었다고 믿는다.('一人得道, 雞犬升天' 의 주인공). ○其治米鹽 – 米鹽은 잔 일. 자질구레한 일. 細雜. '治米鹽事(가사를 돌보다)' 라는 말도 있다. ○難以爲經 – 經은 常. 부서 운영이나 업무가 정상적일 수 없다. ○郿令 – 우부풍 산하 郿縣(미현. 今 陝西省 寶雞市 관할의 眉縣)의 현령. ○闌入 – 마음대로 들어가다. 闌은 함부로 난(란), 가로 막을 난(란). 格殺은 쏴 죽이다. 擊殺.

〖國譯〗

咸宣(함선)은 楊縣(양현) 사람이다. 좌사로 하동태수 아래서 일했다. 衛青(위청) 장군의 사자가 말을 사러 하동군에 왔다가 함선의 뛰어난 능력을 보고 위에 이야기하여 불러다가 廐丞(구승)에 등용하였다. 업무 처리를 잘하여 점차 승진해서 시어사와 어사중승이 되었고 主父偃(주보언)과 淮南王의 모반 사건을 처리하였는데, 세밀한 법 적용과 극심한 고문으로 죽은 자가 아주 많았지만 과감하게 처리했다는 칭송을 들었다. 여러 번 쫓겨나고 등용되면서 시어사 및 어사중승으로 거의 20년을 근무하였다. 王溫舒(왕온서)가 中尉이었을 때 함선은 左內史이었다. 함선은 자질구레한 일까지 처리하고 크고 작은 일에 직접 손을 대었으며 관할 부서의 집기까지 관리하여 예하 관리나 현령들이 마음대로 할 수 있는 일이 없었고 위반하면 통렬하게 중법으로 처리하였다. 관직에 있는 여러 해 동안 작은 일 모두를 담당하면서 작은 일부터 큰일까지 직접 처리하다 보니 정상적인 부서 운영이 어려웠다. 중간에 면직되었다가 右扶風이 되었는데 부하 관리 成信(성신)을 미워하였고 성신이 도망가 상림원에 숨자 함선은 鄠縣(미현) 현령을 시켜 이졸을 거느리고 상림원 잠실문을 들어가 성실을 쏘아 죽이게 하였는데, 화살이 상림원의 대문에 맞아 함선은 옥리에게 넘겨졌고 대역죄로 멸족당하게 되자 함선은 자살하였다. 그 자리에는 杜周(두주)가 임용되었다.

原文

　是時, 郡守尉,諸侯相,二千石欲爲治者, 大抵盡效王溫舒等, 而吏民益輕犯法, 盜賊滋起. 南陽有梅免,百政, 楚有段中,杜少, 齊有徐勃, 燕,趙之間有堅盧,范主之屬. 大群至數千人, 擅自號, 攻城邑, 取庫兵, 釋死罪, 縛辱郡守,都尉, 殺二千石, 爲檄告縣趣具食, 小群以百數, 掠鹵鄕里者不可稱數. 於是上始使御史中丞,丞相長史使督之, 猶弗能禁, 乃使光祿大夫范昆, 諸部都尉及故九卿張德等衣繡衣, 持節,虎符, 發兵以興擊, 斬首大部或至萬餘級. 及以法誅通行飮食, 坐相連郡, 甚者數千人. 數歲, 乃頗得其渠率. 散卒失亡, 復聚黨阻山川, 往往而群, 無可奈何. 於是作沈命法, 曰, "群盜起不發覺, 發覺而弗捕滿品者, 二千石以下至小吏主者皆死." 其後小吏畏誅, 雖有盜弗敢發, 恐不能得, 坐課累府, 府亦使不言. 故盜賊浸多, 上下相爲匿, 以避文法焉.

| 註釋 | ○爲檄告縣趣具食 − 縣에 檄文(격문)으로 음식물을 준비하라고 재촉하다. 趣(달릴 추)는 재촉하다. 具食은 양식. ○掠鹵 − 鹵掠(노략). ○衣繡衣 − 繡衣(수의, 비단옷)을 입게 하다. 여기서 繡衣使者란 말이 나왔다. ○持節,虎符 − 持節로 인사명령과 재판권을 행사하고, 虎符로 지방의 군사를 동원 지휘할 수 있었다. ○以興擊 − 興은 백성으로부터 군사물자를 차출하거나 동원하다. ○渠率 − 首領. 渠(도랑 거)는 우두머리(鉅와 通). ○沈命法 − 沈은 가라앉다. 죽다. 도적을 은익한 자는 그 목숨을 몰수한다는 뜻. ○弗捕滿品 − 체포한 인원이 규정에 도달하지 못하다. ○主者皆死 − 主者는 책임자. ○以避文法 − 以文避法. 文辭로 진상을 호도하여 법적 제재를 피하다.

〖國譯〗

이 무렵 군의 태수나 도위, 제후국 相이나 二千石 관리로 백성을 통치하는 자들은 대체로 왕온서 등 혹리를 모방하였고, 백성은 법을 더욱 경시하고 위반하였으며 도적떼가 더 많이 일어났다. 남양군에서는 梅免(매면)과 百政(백정), 楚에서는 段中(단중)과 杜少(두소), 齊에는 徐勃(서발), 燕과 趙 사이에는 堅盧(견로)와 范主(범주) 같은 무리가 있었다. 큰 무리는 수천 명으로 멋대로 자호하면서 성읍을 공격하고 무기고의 병기를 탈취하였으며, 사형수나 죄인을 석방하고 태수나 도위를 포박하여 모욕하였으며, 지방관을 죽이거나 현에는 격문을 보내 식량을 준비하라고 경고하였는데 수백 명 작은 무리에게 노략질을 당한 마을은 이루 다 셀 수도 없었다.

이에 무제는 御史中丞이나 丞相長史를 보내 지방관을 감독케 하였으나 그래도 도적떼를 금할 수가 없자, 곧 光祿大夫 范昆(범곤)과 각 부(三輔)의 도위나 옛 九卿이었던 張德(장덕) 등에게 繡衣(수의)를 입히고 持節과 虎符(호부)를 주어 군사를 내거나 군수물자를 차출하여 토벌케 하였는데 큰 무리의 경우 참수자가 1만여 명에 이르렀다. 또 법으로 도적과 연락하거나 음식을 준 자를 처벌하니 이웃 군까지 연결되어 심한 경우 수천 명에 달하였다. 여러 해에 걸쳐 우두머리를 체포하였다. 흩어진 졸개들이 다시 무리가 되어 산천을 가로 막거나 왕왕 무리를 형성할 때는 어찌 할 길이 없었다. 이에 조정에서는 沈命法(침명법)을 제정하였는데, "群盜의 발생을 알아내지 못하거나 발각하고서도 체포하였으나 목표에 미달할 경우에 2천석 관리로부터 小吏에 이르기까지 책임자는 모두 사형에 처하겠다."라고 하였다. 그 이후로 小吏는 사형이 두려워 도적떼가 일어나 체포하지 못하면 郡府에게 누가 될 것이 두려워 발설하지 않았고 태수 또한 발설하지 못하게 하였다. 그러자 도적은 더욱 많아지고 상하 간 서로 숨기면서 진상을 교묘하게 꾸며 법망을 피했다.

90-10. 田廣明

原文

田廣明字子公, 鄭人也. 以郎爲天水司馬. 攻次遷河南都尉, 以殺伐爲治. 郡國盜賊並起, 遷廣明爲淮陽太守. 歲餘, 故城父令公孫勇與客胡倩等謀反, 倩詐稱光祿大夫, 從車騎數十, 言使督盜賊, 止陳留傳舍, 太守謁見, 欲收取之. 廣明覺知, 發兵皆捕斬焉. 而公孫勇衣繡衣, 乘駟馬車至圉, 圉使小史侍之, 亦知其非是, 守尉魏不害與厩嗇夫江德,尉史蘇昌共收捕之. 上封不害爲當塗侯, 德轑陽侯, 昌蒲侯. 初, 四人俱拜於前, 小史竊言. 武帝問, "言何?" 對曰, "爲侯者得東歸不?" 上曰, "女欲不? 貴矣. 女鄕名爲何?" 對曰, "名遺鄕." 上曰, "用遺汝矣." 於是賜小史爵關內侯, 食遺鄕六百戶.

| 註釋 | ○鄭人 − 鄭은 현명. 今 陝西省 渭南市 관할의 華縣. ○天水司馬 − 天水는 군명. 치소는 今 甘肅省 定西市 관할 通渭縣. 司馬는 職名. 大將軍, 將軍, 校尉, 衛尉, 中尉(執金吾)의 속관. ○攻次 − 年功. ○城父令 − 城父 (성보)는 현명. 今 安徽省 亳州市(박주시) 관할 渦陽縣(와양현). ○陳留 − 陳留縣은, 今 河南省 開封市. ○圉 − 圉縣(어현), 今 河南省 開封市 관할의 杞縣. ○竊言(절언) − 말을 주저하다. ○食遺鄕六百戶 − 遺鄕(유향)은 위치 미상. 식읍 6백 호는 관내후의 봉읍으로 결코 적지 않다는 주석이 있다.

田廣明(전광명)의 字는 子公(자공)으로 鄭縣(정현) 사람이다. 낭관으로 천수군의 司馬가 되었다. 연공에 의해 하남군 도위가 되었는데 살벌하게 통치하였다. 여러 군국에서 도적떼가 일어나자 전광명은 승진하여 회양태수가 되었다. 일 년 뒤에 옛 城父(성보) 현령이던 公孫勇(공손용)과 빈객 胡倩(호천) 등이 모반하였는데, 호천은 光祿大夫를 사칭하면서 기병 수십 명을 거느리고 도적 체포를 감독한다며 陳留縣의 傳舍(전사)에 머물며 태수를 알현하겠다면서 잡아 죽이려 하였다. 田廣明은 이를 알고서 군사를 내어 체포하여 죽여 버렸다. 그리고 공손용은 비단옷을 입고 4마리 말이 끄는 수레를 타고 圉縣(어현)에 가서는 하급 관리를 시중 들게 하였는데, 역시 진짜가 아님을 알아차려 縣尉의 직무대리인 魏不害(위불해)와 마구간 嗇夫(색부)인 江德(강덕), 尉史인 蘇昌(소창) 등이 함께 공손용을 체포하였다. 무제는 위불해를 當塗侯(당도후), 강덕을 轑陽侯(요양후), 소창을 蒲侯(포후)에 봉했다. 그리고 전광명 등 4인이 함께 어전에 배례할 때 소창이 할 말이 있는 듯 머뭇거렸다. 그러자 무제가 물었다. "무슨 할 말이 있느냐?" 이에 소창은 "제후가 된 사람은 동쪽에 아니 가면 안 됩니까?"라고 물었다. 이에 무제가 물었다. "너는 귀한 자리에 오르고 싶지 않느냐? 너의 고향은 어디이냐?" "遺鄕(유향)입니다." 이에 무제는 "유향을 너에게 주겠다."고 하였다. 이에 小史인 소창의 작위를 관내후로 내리고 식읍을 유향 6백 호로 정했다.

上以廣明連禽大姦, 徵入爲大鴻臚, 擢廣明兄雲中代爲淮
陽太守. 昭帝時, 廣明將兵擊益州, 還, 賜爵關內侯, 徙衛尉.
後出爲左馮翊, 治有能名. 宣帝初立, 代蔡義爲御史大夫,
以前爲馮翊與議定策, 封昌水侯. 歲餘, 以祁連將軍將兵擊
匈奴, 出塞至受降城. 受降都尉前死, 喪柩在堂, 廣明召其
寡妻與姦. 既出不至質, 引軍空還. 下太僕杜延年簿責, 廣
明自殺闕下, 國除. 兄雲中爲淮陽守, 亦敢誅殺, 吏民守闕
告之, 竟坐棄市.

| **註釋** | ○連禽 - 連擒. ○蔡義 - 66권, 〈公孫劉田王楊蔡陳鄭傳〉에 입
전. ○以前爲馮翊與議定策 - 昭帝가 붕어한 뒤 창읍왕을 폐하고 선제 옹립
하는 의논에 참여했다. 그 협의에 참여한 인물은 68권, 〈霍光金日磾傳〉참
고. ○受降城(수항성, 河外三城) - 흉노 귀족의 투항을 받기 위한 3개의 城,
북위 40度線 이북 河套(하투) 北岸 및 漠南(막남)의 초원지역, 곧 今 內蒙古
自治區 巴彦淖爾市 관할의 烏拉特中旗 지역. 후세에는 黃河 외측의 방어시
설 역할을 했다. ○不至質 - 質은 군부대가 도착하기로 약속한 날짜와 장소.

[**國譯**]

　무제는 전광명이 주요 범인을 모두 잡았다 하여 중앙으로 불러
大鴻臚(대홍려)에 임명하고 전광명의 형인 田雲中(전운중)을 회양 태
수에 임명하였다. 昭帝 때 전광명은 군사를 이끌고 益州을 토벌하고
돌아와 관내후의 작위를 받았고 衛尉(위위)로 전직하였다. 뒤에 좌
풍익이 되었는데 통치에 유능하다는 명성이 있었다. 宣帝 즉위 초에

蔡義의 후임으로 어사대부가 되었고 그전에 좌풍익으로 있으면서 선제 옹립 결정에 참여하여 昌水侯(창수후)에 봉해졌었다. 1년 뒤에 기련장군으로 흉노 원정에 참여하여 변경을 지나 受降城(수항성)에 도착했다. 受降 都尉는 이미 전사하여 시신의 관이 아직 집안에 있었는데 전광명은 그 과부를 불러 함께 정을 통했다. 수항성을 나섰으나 약속 기일을 지키지 못해 군사를 이끌고 그냥 회군하였다. 太僕인 杜延年(두연년)에게 넘겨져 고발 문건대로 심문을 받고서 전광명은 집에서 자살하였고 제후국은 폐지되었다. 형인 전운중은 회양 태수였는데 자살을 하려 했으나 관리가 관사를 지키면서 알려 결국 거리에서 처형되었다.

90-11. 田延年

原文

田延年字子賓, 先齊諸田也, 徙陽陵. 延年以材略給事大將軍莫府, 霍光重之, 遷爲長史. 出爲河東太守, 選拔尹翁歸等以爲爪牙, 誅鋤豪强, 姦邪不敢發. 以選入爲大司農. 會昭帝崩, 昌邑王嗣立, 淫亂, 霍將軍憂懼, 與公卿議廢之, 莫敢發言. 延年按劍, 廷叱群臣, 卽日議決, 語在〈光傳〉. 宣帝卽位, 延年以決疑定策封陽成侯.

| 註釋 | ○先齊諸田也 - 그 선조가 전국시대 齊의 왕족인 田氏. ○陽陵
- 景帝의 능, 현명. 今 陝西省 咸陽市 동북. 전연년의 선조가 이주한 뒤에 그
지역이 양릉현이 되었다. ○大將軍莫府 - 大將軍은 곽광. 莫府는 幕府. ○尹
翁歸(윤옹귀) - 右扶風 역임. 宣帝 元康 4년(前 62년)에 병사. 76권, 〈趙尹韓
張兩王傳〉에 입전. ○誅鋤豪强 - 誅鋤(주서)는 처형하거나 세력을 뿌리 뽑
다. 鋤 호미 서. 없애다. ○以選~ - 選은 치적이 뛰어나다.

〖 國譯 〗

　田延年(전연년)의 字는 子賓(자빈)으로, 그 선조는 齊의 왕족 田氏
로 陽陵으로 이사하였다. 전연년은 능력이 있어 대장군 霍光(곽광)
의 막부에 근무했는데 곽광이 신임하였고 나중에 長史가 되었다. 河
東 태수로 부임하여 尹翁歸(윤옹귀) 등을 선발하여 부하로 삼아 강한
호족을 제거하여 간악한 범죄가 일어날 수 없었다. 치적이 우수하여
중앙에 들어와 大司農이 되었다. 마침 昭帝가 붕어하고 昌邑王이 후
사로 즉위하였는데 음란한 행실로 대장군 곽광이 크게 걱정하여 공
경과 함께 폐위를 논의하였지만 감히 발언하는 사람이 없었다. 전연
년은 칼을 뽑아들고 군신을 질책하자 당일로 의론이 결정되었는데
이는 〈霍光傳〉에 실려 있다. 宣帝가 즉위하고 전연년은 미결의 방
책을 결정케 한 공로로 陽成侯(양성후)에 봉해졌다.

原文

　先是, 茂陵富人焦氏, 賈氏以數千萬陰積貯炭葦諸下里物.
昭帝大行時, 方上事暴起, 用度未辦, 延年奏言, "商賈或豫

收方上不祥器物, 冀其疾用, 欲以求利, 非民臣所當爲. 請沒入縣官." 奏可. 富人亡財者皆怨, 出錢求延年罪. 初, 大司農取民牛車三萬兩爲僦, 載沙便橋下, 送致方上, 車直千錢, 延年上簿詐增僦直車二千, 凡六千萬, 盜取其半. 焦, 賈兩家告其事, 下丞相府. 丞相議奏延年'主守盜三千萬, 不道.' 霍將軍召問延年, 欲爲道地, 延年抵曰, "本出將軍之門, 蒙此爵位, 無有是事." 光曰, "卽無事, 當窮竟." 御史大夫田廣明謂太僕杜延年, "《春秋》之義, 以功覆過. 當廢昌邑王時, 非田子賓之言大事不成. 今縣官出三千萬自乞之何哉? 願以愚言白大將軍." 延年言之大將軍, 大將軍曰, "誠然, 實勇士也! 當發大議時, 震動朝廷." 光因舉手自撫心曰, "使我至今病悸! 謝田大夫曉大司農, 通往就獄, 得公議之." 田大夫使人語延年, 延年曰, "幸縣官寬我耳, 何面目入牢獄, 使衆人指笑我, 卒徒唾吾背乎!" 卽閉閤獨居齊舍, 偏袒持刀東西步. 數日, 使者召延年詣廷尉. 聞鼓聲, 自刎死, 國除.

| 註釋 | ○茂陵(무릉) − 武帝의 능. 漢의 황릉 중 최대 규모. 縣名. 今 陝西省 咸陽市 관할의 興平縣. ○昭帝大行 − 소제의 장례. 大行은 한 번 가면 돌아오지 못한다는 뜻으로 황제의 죽음을 의미. ○方上事暴起 − 方上은 壙中, 곧 관이 들어가는 자리. 매장에 관한 여러 일. 暴起는 갑자기 일이 생기다. ○縣官 − 조정. 나라. ○萬兩 − 萬輛(수레 량). ○爲僦 − 빌리다. 동원하다. 僦 빌릴 추. ○車直 − 車値 수레의 운반 비용. ○欲爲道地 − (전연년

을 위해) 빠져나갈 길을 만들어 주다. ○自乞之何哉 - 自乞은 丐乞(개걸),
곧 나라에서 주다. 丐는 빌 개. 주다. 何哉는 어떠냐? ○病悸 - 마음이 아프
다. 가슴이 두근거리다. 悸 두근거릴 계. ○偏袒(편단) - 한쪽 어깨를 드러
내다. 左袒. ○聞鼓聲 - 漢代에 詔令을 발표할 때 북을 쳤다. 전연년은 북소
리가 자신에 대한 조서라 생각하고 자결했다.

〖國譯〗

　　이에 앞서 茂陵의 부자인 焦氏(초씨)와 賈氏(가씨)는 수천만 전을
들여 개인적으로 숯과 갈대 등 무덤 안에 들어갈 물건들을 비축해
놓았었다. 소제의 장례 때 대사를 갑자기 당했기에 소요 물자를 준
비할 수가 없자 전연년이 상주하였다.

　　"상인들이 간혹 장례에 쓸 기물들을 미리 사 놓고서 급히 조달할
경우에 그 이익을 얻으려 한다면 신하된 백성의 도리가 아니니 국가
에서 몰수하기 바랍니다."

　　상주는 可하다 하였다. 이에 재물을 손해 본 자들이 모두 원한을
품고 돈을 모아 전연년의 죄를 캐내었다. 전연년이 그전에 大司農으
로 근무할 때 백성들의 牛車 3만 대를 동원하여 다리 아래의 모래를
파서 봉분으로 운반하면서 수레 당 비용 1천 錢을 주었는데 장부에
는 수레 1량 당 2천 전을 준 것으로 늘려 기록하여 총 6천만 전 지출
중에 절반을 착복하였다. 초씨와 가씨 양가에서 이를 고발하였고 사
건은 승상부로 넘겨졌다. 승상부에서 의논한 끝에 전연년이 '업무
를 주관하면서 국고 3천만 전을 착복한 不道한 죄'를 범했다고 상주
하였다.

　　대장군 곽광이 전연년을 불러 물어보며 빠져나갈 길을 만들려 하

였으나 전연년은 부정하며 말했다. "본래 장군의 문안에서 이만한 작위까지 받았지만 그러지는 않았습니다." 그러자 곽광이 말했다. "만일 그러지 않다면 끝까지 조사를 받아야 한다."

이에 어사대부 田廣明(전광명)이 태복인 杜延年(두연년)에게 말했다. 《春秋》의 大義에 공적으로 과오를 상쇄한다고 하였습니다. 창읍왕 폐위를 결정할 적에 田子賓(전자빈, 전연년)의 말이 아니었으면 대사가 되질 않았습니다. 지금 나라에서 3천만 전을 주었다 하면 어떻습니까? 이런 저의 생각을 대장군에게 말씀해 주시기 바랍니다."

두연년이 이를 대장군 곽광에게 전하자 대장군이 말했다. "정말 그러하다면 전광명은 틀림없는 勇士입니다! 조정에서 모두 의논할 적에 조정이 진동할 것이요." 곽광은 손을 들어 자신의 가슴을 두드리며 말했다. "나는 지금 마음이 슬플 뿐이요! 田 어사대부(전광명)에게 말하여 大司農(전연년)을 설득하여 옥에 가게하고서 공론을 이끌어냅시다." 어사대부 전광명이 사람을 보내 전연년에게 뜻을 전하자 전연년이 대답했다.

"다행히 천자께서 나에게 너그럽다 하여도 무슨 면목으로 감옥에 들어가 조사를 받겠으며, 대중은 나를 비웃고 결국 내 등에 침을 뱉을 것이요!"

그리고는 즉시 폐문하고 홀로 청결한 방에서 한 쪽 어깨를 드러내고 칼을 뽑아 쥐고 이리저리 왔다 갔다 하였다. 며칠 뒤 사자가 와서 전연년을 불러 정위에게 가라고 전달하였다. 전연년은 북소리를 듣고서는 스스로 자결하였고 나라는 없어졌다.

90-12. 嚴延年

原文

嚴延年字次卿, 東海下邳人也. 其父爲丞相掾, 延年少學法律丞相府, 歸爲郡吏. 以選除補御史掾, 擧侍御史. 是時, 大將軍霍光廢昌邑王, 尊立宣帝. 宣帝初卽位, 延年劾奏光 '擅廢立主, 無人臣禮, 不道.' 奏雖寢, 然朝廷肅焉敬憚. 延年後復劾大司農田延年持兵干屬車, 大司農自訟不幹屬車. 事下御史中丞, 譴責延年何以不移書宮殿門禁止大司農, 而令得出入宮. 於是復劾延年闌內罪人, 法至死. 延年亡命. 會赦出, 丞相,御史府徵書同日到, 延年以御史書先至, 詣御史府, 復爲掾. 宣帝識之, 拜爲平陵令, 坐殺不辜, 去官. 後爲丞相掾, 復擢好時令. 神爵中, 西羌反, 强弩將軍許延壽請延年爲長史, 從軍敗西羌, 還爲涿郡太守.

| 註釋 | ○東海下邳 — 東海郡, 치소는 郯縣(담현, 今 山東省 臨沂市 관할의 郯城縣). 下邳(하비)는 현명. 今 江蘇省 북부 徐州市 관할 邳州市(비주시). ○掾(연) — 한 업무 부서의 우두머리(課長이나 係長). ○奏雖寢 — 寢은 기각되다. ○屬車 — 天子의 車駕의 後車. 예비용 수레. ○移書 — 공문을 보내다. 포고하다. ○闌內罪人 — 죄인이 멋대로 궁중에 들어오다. 闌은 가로막을 난(란). 內은 들일 납. ○好時(호치) — 현명. 今 陝西省 咸陽市 관할의 乾縣. ○神爵 — 선제의 연호, 前 61 – 58년. ○西羌 — 羌族에 대한 범칭. 중국 서쪽

의 강족이라는 의미. 羊을 토템으로 숭배하는 '西戎牧羊人' 본래 지금의 陝西, 甘肅, 靑海省 일대에 거주. ○涿郡 – 군명. 치소는 涿縣(탁현), 今 河北省 保定市 관할의 涿州市. 北京市의 접경.

〖國譯〗

嚴延年(엄연년)의 字는 次卿(차경)으로 동해군 下邳縣(하비현) 사람이다. 그의 부친은 승상부의 掾(연)이었기에, 엄연년은 젊어 승상부에서 법률을 배우고 돌아와 郡吏가 되었다. 나중에 뽑혀서 御史府의 掾(연)이 되었다가 侍御史(시어사)에 천거되었다. 이때 대장군 곽광이 창읍왕을 폐하고 宣帝를 옹립하였다. 선제 즉위 초에 엄연년은 곽광을 '황제를 마음대로 폐위 옹립하며 신하의 예도를 지키지 않는 무도한 죄'를 지었다고 고발하였다. 고발은 비록 기각되었지만 조정이 숙연해지며 모두가 엄연년을 敬重하면서도 두려워하였다. 엄연년은 뒤에 다시 대사농인 田延年(전연년)이 무기를 들고 황제의 屬車(속거)를 뒤졌다고 고발하였는데, 대사농 전연년도 그런 일이 없다며 엄연년을 고발하였다. 이 사건은 어사중승에게 넘겨졌는데 어사중승은 엄연년이 궁전문에 와 공문을 왜 보내지 않아 고발당한 죄인인 대사농의 궁전 출입을 막지 않았느냐고 엄연년을 견책하였다. 이에 엄연년은 죄인이 궁궐에 들어올 수 있게 한 죄로 고발이 되었는데, 이는 사형에 해당되었다. 엄연년은 도주하였다. 나중에 사면을 받자 승상부와 어사부에서 같은 날에 초빙하는 문서가 도착하였다. 엄연년은 어사부의 문서가 먼저 도착했다 하여 어사부에 가서 다시 掾(연)이 되었다. 선제가 엄연년을 알아보고 평릉 현령에 임명하였으나 무고한 자를 죽여 파면되었다. 뒤에 승상부의 연이 되었다가 다시 호치 현령으로 발탁되었다. 선제 神爵(신작) 연간에 西羌(서강) 족이 반기를 들자 强弩(강노) 장군인 許延壽(허연수)는 엄연년을 데려다가 長史에 임명하였고 종군하여 서강족을 패퇴시킨 뒤에 돌아와 涿郡(탁군) 태수가 되었다.

原文

時, 郡比得不能太守, 涿人畢野白等由是廢亂. 大姓西高氏, 東高氏, 自郡吏以下皆畏避之, 莫敢與牾, 咸曰, '寧負二千石, 無負豪大家.' 賓客放爲盜賊, 發, 輒入高氏, 吏不敢追. 浸浸日多, 道路張弓拔刃, 然後敢行, 其亂如此. 延年至, 遣掾蠡吾趙繡按高氏得其死罪. 繡見延年新將, 心內懼, 卽爲兩劾, 欲先白其輕者觀延年意, 怒, 乃出其重劾. 延年已知其如此矣. 趙掾至, 果白其輕者, 延年索懷中, 得重劾, 卽收送獄. 夜入, 晨將至市論殺之, 先所桉者死, 吏皆股弁. 更遣吏分考兩高, 窮竟其姦, 誅殺各數十人. 郡中震恐, 道不拾遺.

| 註釋 | ○比得不能太守 - 比는 자주. 연이어. 得 부임하다. 不能은 不材 (재목이 아닌), 곧 무능하다는 뜻. ○牾 - 거스를 오(違逆). ○放爲盜賊 - 放은 放縱(방종), 마음대로. ○浸浸日多 - 浸浸(침침)은 漸漸(점점). ○蠡吾 (여오) - 현명. 今 河北省 博野縣. 蠡는 좀먹을 여(려). ○晨將至市~ - 晨은 새벽 신. 날이 밝다. 將은 帶, 데려가다. 압송하다. ○所桉者 - 所는 피동의

뜻. 栚은 案. 조사받다. ○股弁 - 다리가 흔들리다. 다리가 떨리는 것이 손을 흔드는 것 같다(股戰若弁). 股는 넓적다리 고. 弁은 고깔 변. 두려워하다.

〔國譯〕

그 무렵 탁군에서는 연속 무능한 태수가 부임하자, 탁군 사람 畢野白(필야백) 등이 법을 무시하며 난동을 부렸다. 大姓인 西高氏와 東高氏들에게는 郡吏 이하 모두가 두려워하며 피하면서 감히 뜻을 거스를 수도 없었기에 모두가 '차라리 군수에게 죄를지언정, 대가 호족의 뜻을 거스르지 말라.'고 하였다. 그 집의 빈객이 마음대로 도적질을 했다고 고발이 되어도 관리가 고씨들 집에 들어가 잡아낼 수도 없었다. 점점 세월이 가면서 길에서도 활이나 칼을 가지고서야 다닐 수 있을 정도로 어지러웠다. 엄연년은 부임하면서 蠡吾縣(여오현)의 掾吏(연리)인 趙繡(조수)를 보내 高氏 일족의 사형에 해당하는 죄를 조사하게 하였다. 조수는 엄연년이 새로 부임한 무장 출신 태수인 것을 알고 내심으로 두려워하며 두 가지 방법을 생각하여 먼저 경범죄에 해당하는 자를 보고하여 엄연년의 의도를 떠보고 화를 내면 중죄에 해당하는 자를 고발하려고 하였다. 엄연년도 그런 뜻을 이미 알고 있었다. 조수가 돌아와 예상대로 경범죄를 고발하자 엄연년은 그 품속을 뒤져 중범자를 고발하는 문서를 꺼내어 즉시 범인을 잡게 하여 옥에 가두었다. 밤에 가두었는데 다음 새벽에 거리에서 판결을 내려 사형에 처했는데 먼저 고발된 자가(高氏 일족) 사형당하는 것을 보고 관리들은 모두 크게 두려워하였다. 다시 관리들을 보내어 고씨들을 나누어 조사시켰는데 철저히 그 불법을 조사하여 각각 수십 명을 사형에 처했다. 군내 모두가 크게 두려워하였고 길에 떨어진 물건은 집어 갖는 자도 없었다.

三歲, 遷河南太守, 賜黃金二十斤. 豪强脅息, 野無行盜, 威震旁郡. 其治務在摧折豪强, 扶助貧弱. 貧弱雖陷法, 曲文以出之, 其豪傑侵小民者, 以文內之. 衆人所謂當死者, 一朝出之, 所謂當生者, 詭殺之. 吏民莫能測其意深淺, 戰慄不敢犯禁. 按其獄, 皆文致不可得反.

| 註釋 | ○脅息 – 숨을 죽이다(屛氣而息). ○詭殺之 – 詭는 바르지 않다. 이치에 맞지 않다. ○文致 – 조사한 내용이 아주 꼼꼼하다. 치밀하다.

〖國譯〗

3년 뒤에 하남태수로 옮겼는데 황금 20근을 하사받았다. 호족들은 숨을 죽였고, 들에도 도둑질을 하는 자가 없었으며 위엄이 이웃 군에도 알려졌다. 그의 통치는 강한 자를 꺾어 누르고 약자를 돕는 데 힘썼다. 가난하고 약한 자가 법을 어겼다면 법을 달리하여 꺼내주었지만, 강자가 약한 백성을 침탈하면 법을 왜곡해서라도 집어넣었다. 여러 사람이 틀림없이 죽을 것이라 말하는 자가 하루아침에 살아 나오고, 살게 될 것이라는 사람은 어떻게든 사형에 처했다. 관리나 백성 중에 아무도 그 속셈을 헤아릴 사람이 없어 떨며 감히 법을 어길 수가 없었다. 갇혀 조사를 받으면 문건이 치밀하여 되돌릴 수가 없었다.

延年爲人短小精悍, 敏捷於事, 雖子貢,冉有通藝於政事,
不能絶也. 吏忠盡節者, 厚遇之如骨肉, 皆親鄉之, 出身不
顧, 以是治下無隱情. 然疾惡泰甚, 中傷者多, 尤巧爲獄文,
善史書, 所欲誅殺, 奏成於手, 中主簿親近史不得聞知. 奏
可論死, 奄忽如神. 冬月, 傳屬縣囚, 會論府上, 流血數里,
河南號曰 '屠伯'. 令行禁止, 郡中正清.

| 註釋 | ○不能絶也 – 絶은 過也. 더 잘하다. ○出身不顧 – 몸을 버려두
고 돌보지 않다. 出身은 捨身(사신). ○史書 – 관청의 문서. 屬吏의 글씨체
(古 隷書)로 쓴 문서. ○奄忽如神 – 奄忽(엄홀)은 신속하다. ○屠伯 – 屠는
잡을 도. 가축을 죽이다. 伯은 우두머리. ○郡中正清 – 正은 政과 通.

〚 國譯 〛

엄연년은 사람이 키가 작고 간간하며 업무에 민첩하여 비록 子貢
(자공)이나 冉有(염유)처럼 정사에 밝고 능통할지라도 이보다 더할
수는 없었다. 충성하고 절의를 지키는 관리는 형제처럼 후하게 대우
하며 모두에게 친밀했고 몸을 버리듯 돌보지 않았기에 아랫사람이
숨기려 하지 않았다. 그러나 질투심이 너무 강하여 다치는 자가 많
았으며 특히나 사안의 문서작성이 절묘하고 관청 문서(古 隷書)를 너
무 잘 알아 죽이려 마음먹고 직접 상주문을 작성하면 중간에 문서를
다루는 가까운 主簿(주부)일지라도 알 수가 없었다. 사형에 해당되
는 상주 문서는 마치 귀신처럼 빨리 처리되었다. 겨울철이면 현에
갇힌 죄수들을 군에 모아 군부에서 처형을 결정하고 그 피가 몇 리

에 걸쳐 흘렀기에 하남의 군민들은 엄연년을 '屠伯(도살자 우두머리)'라고 불렀다. 하지 말라는 명령 하나에 군내 政事가 깨끗하였다.

原文

　是時, 張敞爲京兆尹, 素與延年善. 敞治雖嚴, 然尙頗有縱舍, 聞延年用刑刻急, 乃以書諭之曰, "昔韓盧之取菟也, 上觀下獲, 不甚多殺. 願次卿少緩誅罰, 思行此術." 延年報曰, "河南天下喉咽, 二周餘斃, 莠甚苗穢, 何可不鋤也?" 自矜伐其能, 終不衰止.

　時, 黃霸在潁川以寬恕爲治, 郡中亦平, 屢蒙豐年, 鳳皇下, 上賢焉, 下詔稱揚其行, 加金爵之賞. 延年素輕霸爲人, 及比郡爲守, 襃賞反在己前, 心內不服. 河南界中又有蝗蟲, 府丞義出行蝗, 還見延年, 延年曰, "此蝗豈鳳皇食邪?" 義又道司農中丞耿壽昌爲常平倉, 利百姓, 延年曰, "丞相御史不知爲也, 當避位去. 壽昌安得權此?" 後左馮翊缺, 上欲徵延年, 符已發, 爲其名酷復止. 延年疑少府梁丘賀毀之, 心恨. 會琅邪太守以視事久病, 滿三月免, 延年自知見廢, 謂丞曰, "此人尙能去官, 我反不能去邪?" 又延年察獄史廉, 有臧不入身, 延年坐選擧不實貶秩, 笑曰, "後敢復有擧人者矣!" 丞義年老頗悖, 素畏延年, 恐見中傷. 延年本嘗與義俱爲丞相史, 實親厚之, 無意毀傷也, 饋遺之甚厚. 義愈益恐,自筮得死卦, 忽忽不樂, 取告至長安, 上書言延年罪名十事.
已拜奏, 因飮藥自殺, 以明不欺. 事下御史丞按驗, 有此數
事, 以結延年, 坐怨望非謗政治不道棄市.

| 註釋 | ○張敞(장창) - 76권, 〈趙尹韓張兩王傳〉에 입전. ○頗有縱舍 -
자주 풀어주다. 정상 참작하여 방면하다. ○昔韓盧~ - 전국시대 韓氏라는
사람의 검둥개는 주인의 눈치를 보면서 토끼를 잡았지 마구 잡지 않았다는
이야기가 있다. ○二周餘斃 - 하남군은 洛陽이 중심지이고 옛 주의 도읍이
라 그 폐습이 전해온다는 뜻. 斃(넘어져 죽을 폐)는 弊(해질 폐)와 通. ○莠甚
苗穢 - 莠는 강아지 풀 유. 잡초. 苗는 곡식의 싹. 穢는 잡초에 묻다. 더러
울 예. ○黃霸(황패) - 89권, 〈循吏傳〉에 입전. 어사대부 역임. ○府丞義 -
府丞(부승)인 狐義(호의). ○司農中丞耿壽昌(경수창) - 大司農의 속관 中丞.
대사농은 국가 재정 총괄. 耿은 빛날 경. ○常平倉 - 변방 郡에 지은 곡물 창
고. 곡물이 쌀 때 사들여 물가의 안정을 꾀하며 유사시 轉運 비용을 줄일 수
있다. 선제 때 처음 설치. ○符已發 - 符는 符節. 지방관을 중앙으로 徵召(징
소)하겠다는 통보. ○梁丘賀 - 88권, 〈儒林傳〉에 입전. ○取告~ - 휴가를
받다. ○以結延年 - 結은 判決하다. 치죄하다.

〖 國譯 〗

이 무렵, 張敞(장창)이 경조윤이었는데 평소에 엄연년과 친했다.
장창의 통치는 비록 엄격했지만 가끔 정상을 참작하여 풀어주는 경
우가 많았는데 엄연년이 형벌을 너무 엄하게 적용한다는 말을 듣고
서신을 보내 깨우치려 하였다.

"옛날 한씨라는 사람의 검둥개는 토끼를 사냥할 때 주인을 보고
잡으면서 많이 죽이지 않았다고 합니다. 바라건대, 次卿(엄연년의 字)

의 형벌을 조금 완화하면서 이런 방법을 생각해 보시오." 그러자 엄연년이 답장을 보냈다.

"河南은 천하의 咽喉(인후, 목구멍)인데, 옛 周나라의 전해오는 악습이 있으며 잡초가 무성하여 곡식이 묻히는데 뽑지 않을 수 있겠습니까?" 엄연년은 자신의 능력을 자랑하며 끝까지 형벌을 완화하지 않았다.

그때 黃霸(황패)는 潁川(영천) 태수로 관대하게 포용하며 다스렸는데 군이 역시 태평하고 여러 해 풍년이 들었으며, 봉황이 나타나기도 하여 선제가 유능하다 인정하며 조서를 내려 그 치적을 칭찬하고 상금과 작위를 하사하였다. 엄연년은 평소에 황패의 사람됨을 경시하였는데 이웃 군의 태수로 자기 앞에서 도리어 칭송을 받으니 내심으로 불복하고 있었다. 거기다가 하남군에 蝗蟲(황충, 메뚜기) 피해가 심각하여 하남 府丞(부승)인 狐義(호의)가 황충 때문에 출장 갔다고 돌아와 엄연년을 알현하자 엄연년이 말했다. "그 메뚜기들을 봉황이 왜 잡아먹지 않았는가?" 호의가 또 사농중승인 耿壽昌(경수창)이 常平倉(상평창)을 시행하여 백성을 이롭게 했다고 말하자 엄연년이 말했다. "丞相과 어사대부가 무지하기에 벌어진 것이니 응당 자리를 비켜야 한다. 경수창이 어찌 그런 권한을 행사할 수 있는가?" 그 뒤에 좌풍익이 결원이 되어 천자는 엄연년을 불러 임명하려고 부절을 가진 사자를 출발시켰다가 그 잔혹하다는 소문 때문에 그만두었다. 엄연년은 이를 少府인 梁丘賀(양구하)가 헐뜯었기 때문이라 생각하며 내심으로 증오하였다. 그때 낭야태수가 재직하며 오래 앓아 3개월 병가가 다 찼기에 엄연년은 파직될 것이라 생각하고 부승에게 말했다. "저런 사람은 관직을 그만둘 수 있는데, 나는 자리를 바꿀 수 없단 말인가?" 또 엄연년이 옥리를 청렴하다고 천거하였는데 뇌물을 받았다 하여 뽑히지 않았고, 엄연년은 부실한 인재를 천거한 죄에 걸려 질록이 삭감되자 비웃으며 말했다. "이후로 누가 사람을 천거하겠는가!"

부승 호의는 나이가 많아 실수를 자주 했는데 평소에 엄연년을 두려워하여 중상을 당할까 늘 걱정하였다. 엄연년은 본래 호의와 함께 丞相史로 일한 적이 있어 실제론 친밀하게 대하면서 중상할 생각도 없었으며 선물을 아주 후하게 주었었다. 그러나 그럴수록 호의는 두려웠고 혼자 점을 쳐서 죽는다는 점괘가 나오자 걱정하고 근심하다가 휴가를 내고 장안에 가서 엄연년의 죄 10가지를 상서하였다. 호의는 상서를 마치고서 독약을 마시고 자살하면서 자신의 상서가 거짓이 아니라고 밝혔다. 사안이 어사대부에게 넘어갔고 어사중승이 조사를 하여 그런 여러 가지 일로 엄연년의 죄가 입증되어 정치를 원망하고 비방하는 무도한 죄로 기시형에 처했다.

原文

初, 延年母從東海來, 欲從延年臘, 到雒陽, 適見報囚. 母大驚, 便止都亭, 不肯入府. 延年出至都亭謁母, 母閉閤不見. 延年免冠頓首閤下, 良久, 母乃見之, 因數責延年, "幸得備郡守, 專治千里, 不聞仁愛教化, 有以全安愚民, 顧乘刑罰多刑殺人, 欲以立威, 豈爲民父母意哉!" 延年服罪, 重頓首謝, 因自爲母御, 歸府舍. 母畢正臘, 謂延年, "天道神明, 人不可獨殺. 我不意當老見壯子被刑戮也! 行矣! 去女東歸, 掃除墓地耳." 遂去, 歸郡, 見昆弟宗人, 復爲言之. 後歲餘, 果敗. 東海莫不賢知其母. 延年兄弟五人皆有吏材, 至大官, 東海號曰'萬石嚴嫗'. 次弟彭祖, 至太子太傅, 在〈儒林傳〉.

| **註釋** | ○臘 – 臘祭, 선달에 지내는 제사. ○雒陽 – 洛陽. ○報囚 – 죄수를 판결하다. ○有以~ – 有는 詞頭(접두어). 實意가 없는 말. ○人不可獨殺 – 내가 남을 죽이면 결국 나도 함께 죽게 된다는 뜻. ○掃除墓地 – 아들의 죽음을 기다리겠다는 뜻. ○萬石嚴嫗 – 아들 5형제의 질록이 1만석이 된다는 뜻. 嫗는 할미 구.

〖 **國譯** 〗

전에 엄연년의 모친이 동해군에서 연년과 함께 선달 臘祭를 지내려 낙양에 들어와서 마침 죄수 판결을 내리는 것을 보고 크게 놀라며 마을 都亭에 머물면서 태수부에 가려 하지 않았다. 연년이 나와 도정에서 모친을 뵈려고 하였으나 모친은 문을 닫고 만나려 하지 않았다. 영년이 뜰에서 관을 벗고 머리를 조아리고 있자 한참 있다가 모친이 만나 보면서 여러 번 연년을 책망하였다.

"요행히 군수가 되어 사방 천리를 홀로 다스리면서 仁愛로 교화하여 어린 백성을 지켜준다는 소문은 듣지 못하고 형벌에 의거 많은 사람을 죽여 위신을 세우려 하다면, 그게 어찌 백성의 부모가 된 자의 뜻이겠느냐?"

엄연년이 잘못을 인정하고 머리를 거듭 조아리며 사죄하였고 모친을 싣고 직접 수레를 몰고 관사로 돌아왔다. 모친이 납제를 마치고 연년에게 일러 말했다.

"天道는 神明하기에 남을 죽인다면 나도 같이 죽게 된다. 나는 늙었는데 뜻밖에도 형벌로 죽는 젊은 사람을 보았구나! 나는 떠나겠다! 너를 버려두고 동쪽으로 가서 묘지나 청소하련다." 이어 떠나가 동해군으로 돌아가 형제와 일족 사람들에게 다시 같은 말을 하였다.

그 1년 뒤에 엄연년은 결국 자살하였다. 동해군에서 그 모친의 현명함을 칭송하지 않는 사람이 없었다. 엄연년의 형제 5인이 모두 관리가 될 재능이 있어 고관이 되었기에 동해군에서는 '만석 질록의 엄씨네 노파' 하고 불렀다. 바로 아래 동생 嚴彭祖(엄팽조)는 태자태부까지 올랐는데, 이는 〈유림전〉에 있다.

90-13. 尹賞

原文

尹賞字子心, 鉅鹿楊氏人也. 以郡吏察廉爲樓煩長. 擧茂材, 粟邑令. 左馮翊薛宣奏賞能治劇, 徙爲頻陽令, 坐殘賊免. 後以御史擧爲鄭令.

│註釋│ ○鉅鹿楊氏 – 鉅鹿은 군명. 治所는 거록현, 今 河北省 邢台市 관할의 鉅鹿縣. 楊氏(양지)는 현명. 今 河北省 남부 邢台市 관할의 寧晉縣. ○樓

煩－현명. 今 山西省 북부 忻州市(흔주시) 관할의 寧武縣. ○粟邑(율읍) －
현명. 今 陝西省 渭南市 관할의 白水縣. ○治劇－번잡한 현을 다스리다. 劇
은 煩雜. ○頻陽－縣名. 今 陝西省 渭南市 관할의 富平縣 서북. ○鄭令－
鄭縣 현령. 鄭縣은 今 陝西省 渭南市 관할의 華縣.

〔國譯〕

尹賞(윤상)의 字는 子心으로 거록군 楊氏縣(양씨현) 사람이다. 郡
吏로서 청렴하다고 천거되어 樓煩(누번)의 현장이 되었다. 무재로
천거되어 粟邑(율읍) 현령이 되었다. 좌풍익인 薛宣(설선)은 윤상이
번잡한 현을 잘 다스릴 수 있다 하여 頻陽(빈양) 현령으로 옮겼으나
잔인 포악하다고 면관되었다. 뒤에 어사에서 천거를 받아 鄭縣(정
현) 현령이 되었다.

原文

永始,元延間, 上怠於政, 貴戚驕恣, 紅陽長仲兄弟交通輕
俠, 臧匿亡命. 而北地大豪浩商等報怨, 殺義渠長妻子六人,
往來長安中. 丞相,御史遣掾求逐黨與, 詔書召捕, 久之乃
得. 長安中姦猾浸多, 閭里少年群輩殺吏, 受賕報仇, 相與
探丸爲彈, 得赤丸者斫武吏, 得黑丸者斫文吏, 白者主治喪,
城中薄暮塵起, 剽劫行者, 死傷橫道, 枹鼓不絶. 賞以三輔
高第選守長安令, 得一切便宜從事. 賞至, 修治長安獄, 穿
地方深各數丈, 致令辟爲郭, 以大石覆其口, 名爲'虎穴.' 乃

部戶曹掾史, 與鄕吏,亭長,里正,父老,伍人, 雜擧長安中輕薄
少年惡子, 無市籍商販作務, 而鮮衣凶服被鎧扞持刀兵者,
悉籍記之, 得數百人. 賞一朝會長安吏, 車數百輛, 分行收
捕, 皆劾以爲通行飮食群盜. 賞親閱, 見十置一, 其餘盡以
次內虎穴中, 百人爲輩, 覆以大石. 數日一發視, 皆相枕藉
死, 便輿出, 瘞寺門桓東. 楬著其姓名, 百日後, 乃令死者家
各自發取其屍. 親屬號哭, 道路皆歔欷. 長安中歌之曰, "安
所求子死? 桓東少年場. 生時諒不謹, 枯骨後何葬?" 賞所置
皆其魁宿, 或故吏善家子失計隨輕黠願自改者, 財數十百
人, 皆貰其罪, 詭令立功以自贖. 盡力有效者, 因親用之爲
爪牙, 追捕甚精, 甘耆姦惡, 甚於凡吏. 賞視事數月, 盜賊止,
郡國亡命散走, 各歸其處, 不敢窺長安.

| 註釋 | ○永始,元延 - 成帝의 연호, 永始(前 16 - 13), 元延(전 12 - 9년).
○紅陽長仲 - 紅陽侯 王立의 맏아들과 동생. 交通은 交結하다. ○北地 - 군
명. 치소는 馬嶺縣(今 甘肅省 동부의 慶陽市 서북). ○義渠 - 현명. 今 甘肅省
慶陽市 관할의 寧縣. ○受賕報仇 - 賕는 뇌물. 仇는 원수 구. ○枹鼓 - 북을
치다. 枹는 북채 포. ○致令闢爲郭 - 致는 쌓다. 令闢은 벽돌. 令은 瓴(동이
령, 벽돌). 闢은 甓(벽돌 벽)과 通. 郭(곽)은 칸막이가 된 방. ○伍人 - 민호 5
호를 1伍(오)로 하여 伍長을 두었다. ○少年惡子 - 불량소년. ○鮮衣凶服
- 鮮衣는 화려한 옷. 凶服은 戰服, 軍服. ○見十置一 - 10명을 조사하면 1명
을 풀어주다. 置는 放. 방면하다. ○瘞寺門桓東 - 瘞은 묻을 예(埋也). 寺門
은 관청 문. 桓은 팻말 기둥. ○楬著 - 楬 팻말 갈. 팻말에 쓰다. ○歔欷 -
흐느껴 울다. 歔는 흐느낄 허. 欷 흐느낄 희. ○魁宿 - 魁首(괴수)와 同. 魁

우두머리 괴. 으뜸. ○隨輕黠－隨는 따라다니다. 輕黠(경힐)은 불량배. 黠은 약을 힐. 교활하다. ○財數~－財는 겨우(纔 겨우 재, 才). ○皆貰其罪－貰 는 완화하다. 減輕시켜주다. ○詭令－責任지다. 약속하다.

〔國譯〕

성제 永始와 元延(원연) 연간에 황제는 정사를 게을리하고 고관과 인척들은 교만하였으니 紅陽侯(홍양후) 아들들은 협객과 한패가 되어 범죄자들을 숨겨주기도 하였다. 그리고 北地郡의 큰 세력가인 浩商(호상) 등은 원수를 갚는다고 義渠(의거) 縣長의 처자 6인을 죽이고 장안에 숨어들었다. 승상과 어사대부는 속관을 보내 일당을 추격하고 조서를 내려 체포케 하여 한참 뒤에야 체포하였다. 장안에는 간교한 범법자들이 점점 많아졌고 마을의 젊은 패거리는 관리를 죽이거나 뇌물을 받고 원수를 갚아주며 패거리끼리 탄알 꺼내기를 해서 붉은 탄알을 고른 자는 武臣을 죽이고, 검은 탄알을 잡은 자는 文臣을 죽이며, 흰 것을 고른 자는 장례를 해준다고 분담하였으니, 성안 저녁 무렵에 연기가 피어오를 때면 죽이고 겁탈하는 일이 벌어지고 죽고 다친 자들이 널려 있었으며 북소리가 끊이지 않았다. 윤상은 三輔(삼보)의 관내에서 치적이 우수하여 뽑혀 장안 현령 직무대리가 되었고 상황에 따라 모든 것을 처리할 수 있었다. 윤상은 부임하면서 장안현의 옥을 수리하고 땅속을 몇 길 깊이로 파낸 뒤에 되는 벽돌을 쌓아 칸막이를 한 뒤에 큰 돌로 입구를 덮어놓고 '호랑이 구멍'이라고 불렀다. 그리고서는 戶曹의 관리, 향리, 정장, 이정, 부로, 伍人(오인) 등을 부서별로 조직한 뒤 합동으로 장안성 안의 경박한 젊은 악당이나 시장의 명부에 등록하지 않고 장사를 하는 자, 화려한 옷이나 군복을 입고 방패나 무기를 들고 다니는 자들을 검거한 뒤 수백 명의 명단을 작성하였다. 윤상은 어느 날 장안현의 관리를 모두 모이게 하고 수레 수백 량을 여러 지역으로 다니며 명단에 오른 자들을 체포한 뒤에 모두를 도적에게 음식물을 제공한 죄로 고발하였다. 윤상이 직접 조사하면서 열 명에 한 사람 정도 풀어주고 그 나머지는 모두 백 명을 무리로 하여 순차적으로 호랑이굴(虎穴)에 집어넣고 덮개를 막아버렸다. 며칠 뒤 한 번 열어보니 모두 서로를 베고 죽어 있어 바로 수레로 실어내어 관청 팻말 기둥 동쪽에 묻었다. 작은 팻말에 그 이름을 써 놓은 뒤에 백일이 지난 후 죽은 자의 집에서 각자 시신을 파 가져가라고 하였다. 친척들이 통곡하였고 도로에서는 모두가 흐느껴 울었다. 장안에서는 이를 두고 노래하였으니 "죽은 아들을 어디서 찾겠는가? 동쪽 팻말에 젊은이가 묻혔도다. 살아서도 크게 챙기지 않았는데 백골을 묻어서 무엇 하랴?"

윤상이 풀어준 자들은 모두 그 우두머리거나 아니면 옛 관리의 선량한 자제로 불량배에 빠졌다가 잘못을 뉘우친 자들로 겨우 수십 내지 백 명 정도였는데 그 죄를 줄여주고 공을 세워 죗값을 치르기로 약속을 하였다. 온 힘을 기우려 노력하는 자는 윤상이 친히 앞잡이로 만들었는데, 이들은 도둑을 정확하게 잡아냈으며 간악한 짓을 좋아하기로는 보통 관리보다도 더했다. 윤상이 장안 현령으로 일한 몇 달 만에 도둑은 사라졌고 이웃 군국으로 흩어졌으며 각자 갈 데로 가버리고 감히 장안을 엿보지 못했다.

原文

江湖中多盜賊, 以常爲江夏太守, 捕格江賊及所誅吏民甚
多, 坐殘賊免. 南山群盜起, 以賞爲右輔都尉, 遷執金吾, 督
大姦猾. 三輔吏民甚畏之.

數年卒官. 疾病且死, 戒其諸子曰, "丈夫爲吏, 正坐殘賊
免, 追思其功效, 則復進用矣. 一坐軟弱不勝任免, 終身廢
棄無有赦時, 其羞辱甚於貪汚坐臧. 愼毋然!"賞四子皆至
郡守, 長子立爲京兆尹, 皆尙威嚴, 有治辦名.

| 註釋 | ○江夏 – 군명. 치소는 西陵縣(今 湖北省 武漢市 관할의 新洲縣).
○執金吾 – 中尉, 궁궐 수비와 京師의 치안 책임자. 질록 2천석. . ○正坐殘賊
免 – 正은 비록, 설령 ~할지라도. 殘賊(잔적)은 잔인하게 해치다. 免은 免官.
○貪汚坐臧 – 탐욕으로 汚職하고 뇌물죄로 걸려들다.

〔國譯〕

長江과 동정호 일대에 도적이 많다 하여 윤상을 江夏(강하) 태수
에 임명하였는데, 장강의 도적과 피살된 관리와 백성이 너무 많아
백성을 해쳤다고 면직되었다. 南山에 떼도적이 일어나자 윤상을 右
輔(우보) 도위에 임명하였는데 집금오로 승진시켜 큰 범죄자들을 단
속케 하자 삼보 지역의 관리와 백성이 크게 두려워하였다.

몇 년 뒤에 관직에 있으면서 죽었다. 병으로 죽기 전에 여러 아들
을 훈계하며 말했다.

"사나이가 관리가 되어 비록 백성을 해쳤다고 면직되더라도 그
공적을 생각하여 다시 등용될 수 있다. 일단 연약하여 책무를 감당

하지 못한다면 죽을 때까지 버려져 다시 사면되어 등용되지 못하니 그 치욕은 탐욕과 오직에 뇌물죄에 연루되는 것보다 더 심하다. 그렇지 않도록 조심하라!"

윤상의 아들 4명은 모두 군수가 되었고, 장남 尹立(윤립)은 경조윤이 되었는데 위엄을 숭상했고 치적으로 명성을 얻었다.

原文

贊曰, "自郅都以下皆以酷烈爲聲, 然都抗直, 引是非, 爭大體. 張湯以知阿邑人主, 與俱上下, 時辯當否, 國家賴其便. 趙禹據法守正. 杜周從諛, 以少言爲重. 張湯死後, 罔密事叢, 浸以耗廢, 九卿奉職, 救過不給, 何暇論繩墨之外乎! 自是以至哀, 平, 酷吏衆多, 然莫足數, 此其知名見紀者也. 其廉者足以爲儀表, 其汚者方略教道, 一切禁姦, 亦質有文武焉. 雖酷, 稱其位矣. 湯, 周子孫貴盛, 故別傳."

| 註釋 | ○抗直 — 강경 정직하다.   ○阿邑人主 — 阿(아읍)은 阿諂(아첨). 邑은 영합하다. 뜻을 굽혀 主君의 뜻에 맞추다. ○與俱上下 — 위아래가 일치하다. 윗사람 뜻에 따르다. ○罔密事叢 — 어렵고 큰 일이 많다. 叢은 衆의 뜻. ○救過不給 — 과오를 바로잡는 일이 뒤따르지 못하다. ○繩墨(승묵) — 법률. ○儀表 — 모범이 되다. ○教道 — 가르쳐 이끌다. 道는 導. ○稱其位矣 — 직무를 잘 수행하다. ○湯, 周 — 張湯, 杜周. 59권,〈張湯傳〉에 아들 張安世까지 입전. 60권,〈杜周傳〉에 아들 杜延年, 손자 杜欽까지 입전.

班固의 論贊："郅都(질도) 이하 모두가 가혹하기로 이름이 났지만 모두가 강직하였고 시비를 가리며 원칙을 다루었다. 張湯(장탕)은 주군의 뜻에 영합할 줄 알아 상하가 한마음으로 시무를 처리하였는데 뒷날 나라가 그 덕을 보았다. 杜周(두주)도 황제에게 아부하였지만 말수가 적고 중후하였다. 장탕이 죽은 뒤에 나라에 어렵고 큰 일이 많아 점차 허약하고 피폐해져서 9경은 직무에 급급하여 폐단을 바로잡지 못하였으니, 어느 겨를에 법률 외적인 것을 논하겠는가! 이후로 애제와 평제 때까지 혹리가 아주 많아 셀 수도 없지만 여기엔 기록할 만큼 이름이 난 자이다. 그중 청렴한 자는 족히 모범이 될 만하고 오명이 있더라도 방책은 취할만 하였으며 범죄를 단속과 처리에 모두 문무의 바탕이 있었다. 비록 잔혹했지만 그 책무를 다하였다. 장탕과 두주의 경우 그 자손이 크게 번성하였기에 별도로 입전하였다."

91 貨殖傳
〔화식전〕

原文

昔先王之制, 自天子公侯卿大夫士至于皁隷抱關擊柝者,
其爵祿奉養宮室車服棺槨祭祀死生之制各有差品, 小不得
僭大, 賤不得踰貴. 夫然, 故上下序而民志定. 於是辯其土
地川澤丘陵衍沃原隰之宜, 教民種樹畜養, 五穀六畜及至魚
鱉鳥獸萑蒲材幹器械之資, 所以養生送終之具, 靡不皆育.
育之以時, 而用之有節. 屮木未落, 斧斤不入於山林, 豺獺
未祭, 罝網不佈於野澤, 鷹隼未擊, 矰弋不施於徯隧. 旣順
時而取物, 然猶山不茬蘖, 澤不伐夭, 蟓魚麛卵, 咸有常禁.
所以順時宣氣, 蕃阜庶物, 稸足功用, 如此之備也. 然後四
民因其土宜, 各任智力, 夙興夜寐, 以治其業, 相與通功易
事, 交利而俱贍, 非有徵發期會, 而遠近咸足. 故《易》曰,

'后以財成輔相天地之宜, 以左右民.' '備物致用, 立成器以爲天下利, 莫大乎聖人.' 此之謂也.《管子》云古之四民不得雜處. 士相與言仁誼於閒宴, 工相與議技巧於官府, 商相與語財利於市井, 農相與謀稼穡於田野, 朝夕從事, 不見異物而遷焉. 故其父兄之敎不肅而成, 子弟之學不勞而能, 各安其居而樂其業, 甘其食而美其服, 雖見奇麗紛華, 非其所習, 辟猶<u>戎翟</u>之與于<u>越</u>, 不相入矣. 是以欲寡而事節, 財足而不爭. 於是在民上者, 道之以德, 齊之以禮, 故民有恥而且敬, 貴誼而賤利. 此<u>三代</u>之所以直道而行, 不嚴而治之大略也.

| 註釋 | ○皁隷－노예. 皁 하인 조. 養馬者. 皂와 同. 隷 종 예. 죄인. ○抱關擊柝－抱關은 문지기, 擊柝은 야경꾼. 柝은 딱따기 탁. ○衍沃原隰之宜－땅의 여러 가지 속성에 따라. 衍(넘칠 연)은 평지. 平坦(평탄), 沃은 물을 댈 수 있는 땅, 原은 평평한 땅. 隰은 습지. 衍은 넘칠 연. ○差品－등급. ○魚鱉(어별)－물고기나 자라. ○藋蒲－藋은 왕골 관. 蒲는 부들 포. 모두 돗자리나 보통 자리를 만드는 재료. ○斧斤(부근)－도끼. ○豺獺(시달)－승냥이와 수달. 수달이 잡은 물고기를 바위에 올려놓는 것을 수달이 제사를 지낸다고 보았다. 이들이 활동을 개시하는 시기, 곧 정월. ○罝網－그물. 罝는 짐승 그물 저. ○鷹隼－새 매의 총칭. 鷹은 매 응. 隼은 새 매 준. ○矰弋－矰은 주살 증. 弋은 주살 익. ○徯隧－짐승이 다니는 길. 徯는 샛길 혜. 隧는 길 수. 터널. ○茬糱－풀이 우거지다. 茬는 풀 우거질 치. 糱은 그루터기 얼. ○澤不伐夭－夭(어릴 요)는 어린 새끼. ○蚔魚麛卵－어린 유충이나 짐승과 새의 알. 蚔은 유충 연. 麛는 새끼사슴 미. ○稸足功用－稸足은 蓄積. 稸은

쌀을 축. ○《易》曰 -《易 泰卦》의 象辭. 괘상은 地天泰. 위에 地(☷), 아래에 天(☰). 后는 君. 財는 財用의 뜻. 左右는 佐佑, 助也. ○備物致用~ -《易 繫辭 上》의 구절. '致用成器'의 뜻. ○《管子》- 管仲의 저서. ○辟猶戎翟之 與于越 - 辟은 避와 동. 戎翟(융적)은 戎狄(융적), 于越(우월)은 吳越. ○道之 以德, ~ -《論語 爲政》의 구절.

〖 國譯 〗

옛날 선왕의 제도는 천자로부터 公이나 侯(후), 卿과 大夫나 士로 부터 노예나 문지기, 야경꾼에 이르기까지 그 작록이나 奉養, 宮室 과 車服, 棺槨(관곽)이나 제사와 생사의 여러 제도에 각자 품격을 달 리 하였으니 낮은 자리에서는 높은 자리를 넘겨볼 수 없고, 천한 자 는 고귀한 자를 넘어설 수 없었다. 그렇게 해야만 상하의 질서와 백 성의 뜻하는 바가 안정되었다. 그리고 토지와 하천과 산이나 언덕 등 땅의 여러 속성에 따라 백성에게 심을 나무와 기를 가축, 오곡과 가축, 그리고 물고기나 새와 짐승, 왕골 같은 자재나 도구의 재료를 가르쳐 주었으니 이런 것으로 생활하고 장례의 도구가 되며 모두가 기르지 않는 것이 없다. 이 모두는 때에 맞춰 생육하고 절약하여 사 용하여야 한다. 초목의 잎이 지기 전에는 도끼를 가지고 산에 들어 갈 수 없으며, 승냥이와 수달이 돌아다니지 않으면 들판이나 수택에 짐승이나 물고기 잡는 그물을 칠 수가 없고, 새매가 사냥을 하지 않 으면 새를 잡는 주살을 샛길에 칠 수 없었다. 이처럼 때에 맞춰 얻어 야만 했으니 그렇게 하지 않으면 산에 어린 나무 싹이 자랄 수 없고 수택의 어린 것을 잡지 않아 어린 생물이나 짐승, 새 알을 키워야 하 기에 일정한 금지가 있어야 했다. 그래야만 계절에 따라 생산되고 만물이 번식해야 비축과 용도에 대비할 수 있다. 그런 연후에 四民이 땅에 의지하여 각자의 지혜와 힘을 쓰며, 아침에 일어나고 저녁에 잠을 자며, 자신의 일에 따라 생산하고 더불어 교류하며, 이득을 교환해야 모두가 넉넉해질 수 있으며, 정해진 것이나 때가 아닐 때 징발하지 않는다면 원근이 모두 넉넉해질 것이다. 그래서 《易經》에서도 '王者는 財用으로 교화를 이룩하고 천지의 화육에 참여하며 백성을 돕는다.'고 하였으며, '만물을 잘 이용하여 공적을 쌓아 백성을 이롭게 하나니 성인보다 더 위대한 사람은 없다.'는 말은 이를 두고 한 말이다. 그리고 《管子》에서는 옛날의 四民은 서로 섞여 살지 않았다고 하였다. 士人은 한가한 틈을 이용하여 함께 仁義를 논하였으며, 工人은 관부에서 함께 기술을 이야기했고, 商人은 시정에서 財利를 따졌으며, 농민은 함께 田野에서 농사를 생각하였으니 조석으로 자기 일을 하면서 다른 일에 관심을 갖거나 행동하지 않았다. 그러하다 보니 부형의 가르침은 엄격하지 않아도 실천되었고, 자제의 학문은 힘써 노력하지 않아도 가능하여 각자 자신의 처지에 안주하며 기꺼이 직업에 종사하였고, 자신의 음식을 맛있다 하면서 각자의 옷을 좋다고 생각하였으며, 설령 화려하고 잘 꾸민 옷차림이라 하더라도 익숙하지 않기에 戎狄(융적)과 吳越(오월)이 서로 떨어져 사는 것과 같이 서로 관여하지 않게 된다. 이리하여 욕심도 없고 일에 절도가 있으며 재용이 넉넉하고 쟁탈하지도 않게 된다. 그리하여 백성 위에 있는 자는 덕으로 이끌고 예로 함께 하였기에 백성은 치욕을 알고 또 존중하며 의리를 귀하게 여기고 재물을 천하게 생각하였다. 이것이 바로 三代에 바른 도가 실행되었고 엄격하지 않아도 통치가 이루어진 대략이다.

及周室衰, 禮法墮, 諸侯刻桷丹楹, 大夫山節藻梲, 八佾舞
於庭, 〈雍〉徹於堂. 其流至乎士庶人, 莫不離制而棄本, 稼
穡之民少, 商旅之民多, 穀不足而貨有餘.

陵夷至乎桓‚文之後, 禮誼大壞, 上下相冒, 國異政, 家殊
俗, 嗜欲不制, 僭差亡極. 於是商通難得之貨, 工作亡用之
器, 士設反道之行, 以追時好而取世資. 僞民背實而要名,
姦夫犯害而求利, 簒弒取國者爲王公, 圉奪成家者爲雄桀.
禮誼不足以拘君子, 刑戮不足以威小人. 富者木土被文錦,
犬馬餘肉粟, 而貧者短褐不完, 含菽飮水. 其爲編戶齊民,
同列而以財力相君, 雖爲僕虜, 猶亡慍色. 故夫飾變詐爲奸
軌者, 自足乎一世之間, 守道循理者, 不免於饑寒之患. 其
教自上興, 由法度之無限也. 故列其行事, 以傳世變云.

| 註釋 | ○刻桷丹楹 - 桷은 서까래 각. 楹은 기둥 영. ○大夫山節藻梲 -
大夫는 魯의 臧文仲. 山節은 기둥 위 栱包(공포)에 山 모양을 새기다. 藻梲은
기둥 위의 작은 기둥(梲 동자 기둥 절)에 마름 모양 장식을 하다. ○八佾舞於
庭 - 八佾(팔일)은 천자의 궁정에서 추는 춤. 8줄 64명의 춤. 제후는 6佾, 대
부는 4佾. 魯國의 季氏. ○〈雍〉徹於堂 - 〈雍(옹)〉을 창하면서 제물을 철거하
다. 이는 천자만이 할 수 있는 예법. 徹은 撤(거둘 철)의 뜻. 孔子謂季氏, "八
佾舞於庭, 是可忍也, 孰不可忍也?" '家者以雍徹~.'《論語 八佾》 ○僭差亡
極 - (禮에 따른) 차등을 무시하는 것이 끝이 없다. 亡極은 無極. 極은 止의
뜻. ○圉奪成家者爲雄桀 - 圉는 御. 奪은 탈취하다. 成家는 일가를 이루다.

雄桀은 雄傑(웅걸). ㅇ短褐 - 짧은 갈옷. 菽은 콩 숙.

周 왕실이 쇠약해지면서 예법이 무너져서 제후는 서까래에 무늬를 새기고 기둥에 붉은 칠을 하였으며, 대부는 기둥 위에 여러 무늬를 새겨 넣었고, 대부는 자기 집 뜰에서 八佾(팔일)의 춤을 추게 하였고 〈雍(옹)〉으로 祭堂에서 제사 음식을 거두었다. 이런 풍조가 士人과 서인까지 번져서 예도를 벗어나고 근본을 버리지 않은 것이 없었으며, 농사짓는 백성은 줄어들고 상인은 많아졌으며 곡식은 부족하고 사치품은 넘쳐났다.

이런 예법 붕괴는 齊 桓公, 晉 文公 이후에 예의가 완전 붕괴되어 상하가 서로 침탈하고, 제후국마다 정치가 달랐으며 가문마다 풍속이 달라져서 욕망을 통제할 수도 없었고 예법에 따른 차등을 무시하는 풍조가 그치질 않았다. 그리하여 상인이 왕래해도 물건을 구할 수가 없고 工人은 쓸모 없는 물건을 만들었으며, 士人은 정도에 어긋난 행위를 하면서 시속이 좋아하는 대로 흘러가며 재물만 추구하였다. 거짓말을 하는 백성은 실질은 외면하고 명성만 얻으려 하였으며, 간악한 사내들은 남을 해치고 이익을 추구했으며, 주군을 시해하고 나라를 쟁탈한 자는 王公이 되었고, 대부의 봉지를 빼앗은 자는 영웅이 되었다. 예의로는 군자의 행실을 규제하지 못하고 형벌이나 사형은 소인에게 위협이 되지 못했다. 부자는 목제나 토기 대신 무늬 놓은 비단 옷을 입었으며, 사냥개나 말에게는 고기와 곡식이 남아돌았지만 가난한 자는 짧은 갈옷도 제대로 입지 못했으며 콩잎을 먹고 맹물을 마셔야 했다. 부자나 빈민 모두가 같은 평민이지만 부자는 평민인데도 財力으로 통치자를 도울 수 있고, 빈민은 부자의 노비가 된다 하여도 원한이 없었다. 그리하여 권력을 주무르며 위선으로 사악한 짓을 하는 자는 한 세대만으로도 충분히 누리고 즐길 수 있지만 도리를 지키며 따르는 자는 굶주림과 추위의 위협을 면할 수가 없었다. 이런 풍조는 위로부터 일어났는데 예의의 법도가 무너지면서 시작되었다. 그리하여 이런 사례들을 열거하여 세상의 변화를 후세에 전하고자 한다.

91-1. 范蠡 外

原文

昔粤王句踐困於會稽之上, 乃用范蠡,計然. 計然曰, "知鬪則修備, 時用則知物, 二者形則萬貨之情可得見矣. 故旱則資舟, 水則資車, 物之理也." 推此類而修之, 十年國富, 厚賂戰士, 遂報彊吳, 刷會稽之恥. 范蠡歎曰, "計然之策, 十用其五而得意. 旣以施國, 吾欲施之家." 乃乘扁舟, 浮江湖, 變名姓, 適齊爲鴟夷子皮, 之陶爲朱公. 以爲陶天下之中, 諸侯四通, 貨物所交易也, 乃治産積居, 與時逐而不責於人. 故善治産者, 能擇人而任時. 十九年之間三致千金, 再散分與貧友昆弟. 後年衰老, 聽子孫修業而息之, 遂至巨萬.
故言富者稱陶朱.

| 註釋 | ○粤王句踐困於會稽之上 － 越王 句踐. 粤은 말 내킬 월. 越과 통.
句踐은 吳王 夫差에게 會稽(회계, 山名. 今 浙江省 紹興市 동남)에서 패망한 뒤
에 嘗膽(상담)하며 복수를 실천했다. ○范蠡,計然 － 范蠡(범려). 范 거푸집
범. 蠡 나무 좀 려, 표주박 려. '忠以爲國, 智以保身, 商以致富, 成名天下.' 한
사람. 計然은 人名. ○刷會稽~ － 刷는 洗. 털어내다. ○乃乘扁舟, 浮江湖 －
범려가 이때 미인 西施(서시)를 데리고 齊로 갔다는 아주 그럴싸하며 현실적
인 이야기가 전해온다. ○鴟夷子皮 － 鴟夷(치이)는 가죽으로 만들어 술을
담는 용기. 용량에 따라 늘어나는데 비었으면 품에 넣을 수 있다고 하였다.
子皮는 가죽이라는 뜻. ○之陶爲朱公 － 之는 가다. 이사하다. 陶는 지명. 今
山東省 서부 菏澤市 관할의 定陶市. 朱公은 가명. 범려를 陶朱公, 또는 陶朱
라고 부른다. ○與時逐 － 시류에 따라 이익을 추구하다. ○任時 － 任은 때
를 파악하다(把握時期). ○而息之 － 息은 生也. 늘리다. ○여기 范蠡(범려),
다음의 子贛(자공), 그리고 巴寡婦清까지는 모두 漢代 이전 사람이다. 이들
을 수록한 것은 《史記 貨殖傳》의 답습이라 할 수 있다.

〖 國譯 〗

　옛날에 越王 句踐(구천)은 會稽(회계)에서 吳王에게 항복한 뒤에
范蠡(범려)와 計然(계연)을 등용하였다. 계연이 말했다.

　"싸움을 알면 대비를 해야 하고 시기와 용도를 안다는 것은 사물
을 아는 것이니, 시기와 용도를 파악했다면 만물의 흐름을 다 볼 수
있습니다. 그래서 비가 안 오면 배를 사들이고, 수해가 나면 수레를
사들여서 이득을 추구하는 것은 사물의 이치에 따른 것입니다."

구천은 이런 이치를 적용하고 대비하여 10년 만에 富國을 이루고서 戰士들에게 후한 재물을 주어 마침내 강한 吳에 복수하고 會稽(회계)의 치욕을 씻었다.

이에 범려가 탄식하며 말했다. "計然(계연)의 방책 10가지 중에서 5가지만을 수용하여 뜻을 이루었다. 이것이 나라에 적용되었으니 나는 나 개인에 적용해 보겠다."

범려는 바로 배를 타고 강호를 돌아다니며 성명을 바꾸고 齊에 가서 鴟夷子皮(치이자피)라고 하였고, 陶(도)에 가서는 朱公이라 하였다. 범려는 陶(도)가 천하의 중심지로 제후들과 사방에 통하여 화물이 교역되는 곳이라서 재산을 늘리며 비축할 수 있다고 생각하여 시류를 따라 돈을 벌었지 남에게 의거하지는 않았다. 고로 재산을 잘 늘리는 것은 사람을 보는데 뛰어나면서 시기를 잘 맞추는 것이다. 19년간에 3번이나 천금의 재산을 이루었는데 2차례는 가난한 벗이나 형제에게 나누어 주었다. 뒤에 늙고 쇠약하자 자식들에게 장사를 맡기고 늘려 마침내 거만의 자산을 모았다. 그래서 부자를 말할 때는 도주공을 말하게 되었다.

原文

子贛旣學於仲尼, 退而仕衛, 發貯鬻財曹, 魯之間. 七十子之徒, 賜最爲饒, 而顏淵簞食瓢飮, 在於陋巷. 子贛結駟連騎, 束帛之幣聘享諸侯, 所至, 國君無不分庭與之抗禮. 然孔子賢顏淵而譏子贛, 曰, "回也其庶乎, 屢空. 賜不受命,而貨殖焉, 意則屢中."

| 註釋 | ㅇ子贛 － 子貢(전 520 － 446). 본명은 端木賜(단목사, 단목은 복성). 孔門十哲의 한 사람. 언변과 理財 수완이 뛰어났었다. 공자는 자공의 능력을 '瑚璉之器'라고 높이 평가하였고, '君子愛財, 取之有道'의 풍모가 있어 '儒商의 시조'라고 일컬어진다.   ㅇ發貯鬻財 － 買入, 저장, 賣出하여 돈을 벌다. 시장 상황에 따라 돈을 벌다. 鬻(팔 죽)은 값을 받고 물건을 주다.   ㅇ曹,魯之間 － 춘추시대의 제후국. 今 山東省 일대. 曹는 今 山東省 定陶市 일원.   ㅇ顔淵簞食瓢飲 － 顔淵은 顔回. 30대에 영양실조로 머리가 하얗게 세었고 부친, 스승인 공자보다도 먼저 죽었다. 簞食瓢飲(단사표음)은 그의 가난을 상징하는 말이 되었다.   ㅇ分庭與之抗禮 － 分庭抗禮. 대등한 입장에서 예를 교환하다.   ㅇ回也其庶~ － 子曰, "回也其庶乎, 屢空. 賜不受命, 而貨殖焉, 億則屢中."《論語 先進》

〔 國譯 〕

子贛(자공)은 공자에게 배웠고 나중에 衛(위)에 출사하였으며 曹와 魯 일대에서 장사로 큰돈을 벌었다. 공자의 70제자 중에서 자공이 가장 부유했는데, 顔淵(안연, 顔回)은 대나무 그릇에 밥을 먹고 바가지 물을 마시며 궁벽한 마을에 살았다. 자공은 4마리 말이 끄는 수레에 또 2마리를 더 끌고 다녔으며 비단 같은 예물을 가지고 제후를 예방하면 가는 곳마다 國君과 分庭抗禮(분정항례)를 하지 않는 경우가 없었다. 그러나 공자는 안연의 학문과 인의를 인정하고 자공을 낮게 평가하여 "안회는 거의 仁道에 가까우나 너무 가난하다. 자공은 천명을 받지는 않았어도 돈을 늘리는데 그 추측이 잘 맞았다."라고 하였다.

白圭, 周人也. 當魏文侯時, 李克務盡地力, 而白圭樂觀
時變, 故人棄我取, 人取我予. 能薄飲食, 忍嗜欲, 節衣服,
與用事僮僕同苦樂, 趨時若猛獸摯鳥之發. 故曰, "吾治生
猶伊尹, 呂尙之謀, 孫, 吳用兵, 商鞅行法是也. 故智不足與
權變, 勇不足以決斷, 仁不能以取予, 强不能以有守, 雖欲學
吾術, 終不告也." 蓋天下言治生者祖白圭.

| 註釋 | ○周人也 － 東周의 도읍인 洛邑(낙양) 사람. ○魏文侯(? － 前
396) － 好學한 군주. 孔子의 제자 子夏와 再傳弟子인 田子方, 段干木 등을 초
치하면서도 법가 사상을 수용하여 魏(위)의 부국강병을 이룩했다. ○李克 －
李悝(이리). 魏의 재상, 경제 개혁을 주도하였다. ○治生 － 장사(生意). 영
업. 장사의 방법을 生意經이라 한다. 또 장삿속이나 이해타산을 生意眼이라
한다. ○祖白圭 － 祖는 본받다.

〔 國譯 〕

白圭(백규)는 낙양 사람이다. 魏 文侯 때에 李克(이극)이 농업 장려
에 힘쓸 때 백규는 시류의 변화 파악을 잘하였는데 남들이 팔 때 사
들이고 남이 사들일 때 물건을 팔았다. 나쁜 음식을 먹고 욕망을 억
제하고 의복에 들어가는 비용을 아끼면서 사업을 할 때 하인들과도
고락을 같이 하면서 때가 맞으면 맹수가 새를 잡는 형세로 시행하였
다.

그리고 "나는 사업에서 伊尹(이윤)이나 呂尙(여상)과 같은 계획과
孫子(손자)와 吳子(오자)와 같이 용병하며 商鞅(상앙)이 법을 시해하

듯 장사를 하였다. 그래서 임시방편을 택할 지략이 부족하거나 결단을 내릴 용기가 부족하며, 남에게 주는 인의를 베풀지 않고 신의를 지킬 굳센 뜻도 없는 사람이 만약 나의 기술을 배우겠다 하여도 더 말해 줄 것이 없다."라고 말했다. 이 때문에 천하에 장사하는 사람은 白圭를 본받았다.

原文

猗頓用鹽鹽起, 邯鄲郭縱以鑄冶成業, 與王者埒富.

烏氏贏畜牧, 及衆, 斥賣, 求奇繒物, 間獻戎王. 戎王十倍其償, 予畜, 畜至用谷量牛馬. 秦始皇令贏比封君, 以時與列臣朝請.

巴寡婦淸, 其先得丹穴, 而擅其利數世, 家亦不訾. 淸寡婦能守其業, 用財自衛, 人不敢犯. 始皇以爲貞婦而客之, 爲築女懷淸臺.

| 註釋 | ○猗頓(의돈) - 戰國 시대의 大商人. 본래 魯의 窮士이었는데 河東에서 鹽池(염지)를 경영하여 巨富를 이루었다. 猗 아름다울 의. 頓 조아릴 돈. 鹽는 염지(鹽池) 고. 鹽는 소금 염. ○邯鄲郭縱 - 邯鄲(한단)은 전국시대 趙의 도읍. 今 河北省 남부의 邯鄲市. 郭縱은 戰國 시대 趙國 사람으로 冶鐵(야철)로 거부를 축적했다. 埒은 같을 날, 낮은 담 날. ○烏氏贏 - 烏氏(오지)는 安定郡의 현명. 今 寧夏回族自治區 남부의 固原市 동남. 贏은 인명. 고둥 나(라), 나나니 벌 나(라). ○斥賣 - 모두 팔다. ○繒物 - 비단. 繒은 비단 증. ○間獻 - 몰래 바치다. ○用谷量牛馬 - 골짜기(谷). 수로 가축을 세다.

매우 많다는 뜻. ○巴寡婦淸－巴郡의 과부 淸(청). 巴郡, 치소는 江州縣〔今
中央直轄市의 하나인 重慶市의 渝中區(투중구)〕.〈참고 : 北京市, 天津市, 上海
市도 중앙직할시.〉 ○丹穴－丹砂(단사)를 캐는 광산. ○家亦不訾－家는
家産. 不訾(부자)는 계산할 수 없을 정도로 많다. 訾는 貲(재물 자)와 通. ○女
懷淸臺－今, 重慶市 長壽區에 진시황이 과부 淸(청)을 위해 축조한 누각.

〖國譯〗

　猗頓(의돈)은 염지의 소금으로 부자가 되었고, 邯鄲(한단)의 郭縱
(곽종)은 쇠 제련으로 성공하여 王者들과 대등한 부를 축적했다.

　烏氏縣(오지현)의 臝(영)은 목축을 하였는데 가축이 많아지자 모두
팔아 좋은 비단을 구해서 몰래 서융의 왕에게 선물했다. 戎王(융왕)
은 그 10배에 해당하는 가축을 상으로 주었고, 臝(영)은 가축을 길러
골짜기 단위로 셀 정도가 되었다. 秦始皇은 臝(영)을 封君처럼 대우
하였는데 때때로 여러 신하와 함께 만나보았다.

　巴郡(파군)의 과부인 淸(청)은 그 선조 때부터 丹砂 광산을 운영하
여 여러 대에 걸쳐 그 이익을 독점하여 가산이 셀 수 없을 정도로 많
았다. 淸(청)은 과부였지만 가업을 계속하며 재물로 자신을 지켰기
에 남이 감히 범하질 못했다. 진시황도 청을 정숙한 여인으로 생각
하며 빈객으로 예우하였고 女懷淸臺(여회청대)를 지어 주었다.

原文

　秦漢之制, 列侯封君食租稅, 歲率戶二百. 千戶之君則二
十萬, 朝覲聘享出其中. 庶民農工商賈, 率亦歲萬息二千,

百萬之家卽二十萬, 而更徭租賦出其中, 衣食好美矣. 故曰, 陸地牧馬二百蹄, 牛千蹄角, 千足羊, 澤中千足彘, 水居千石魚波, 山居千章之萩. 安邑千樹棗, 燕, 秦千樹栗, 蜀, 漢, 江陵千樹橘, 淮北滎南河濟之間千樹萩, 陳, 夏千畝漆, 齊, 魯千畝桑麻, 渭川千畝竹, 及名國萬家之城, 帶郭千畝畝鐘之田, 若千畝巵茜, 千畦薑韭, 此其人皆與千戶侯等.

| 註釋 | ○朝覲 - 제후가 황제를 알현하는 것. ○歲萬息二千 - 1년에 1만 전에 대한 利息이 2천 전. ○馬二百蹄 - 200개의 발굽이면 50마리이다. 蹄는 발굽 제. ○牛千蹄角 - 약 160여 마리. 소는 발굽이 4개, 뿔이 2개이다. ○千章之萩 - 章은 큰 목재. 萩는 가래나무 추. ○安邑 - 현명. 今山西省 運城市 夏縣. ○鐘 - 6斛(곡) 4斗. ○巵茜 - 염료 식물. 巵는 잔 치, 잇꽃 치. 臙脂(연지)의 원료가 되는 풀. 茜 꼭두서니 천. 붉은색을 내는 염료. ○千畦薑韭 - 畦는 밭두둑 휴. 薑은 생강 강. 韭는 부추 구.

〖國譯〗

秦와 漢의 법제로 列侯나 封君은 조세를 거두어 생활하였는데 해마다 가구 당 2백 전을 거둘 수 있었다. 1천 호의 제후왕이라면 조세가 20만 전인데 그것으로 朝覲(조근)과 손님 접대와 제사 비용을 지출하였다. 서민인 농민과 장인, 상인은 1만 전에 대한 이자가 2천 전이었는데 10만 전을 가진 사람이라면 2만 전을 거둘 수 있는데, 거기에서 요역과 조세와 부역의 비용을 지출하더라도 먹고 입는 생활은 아주 좋았다. 그리하여 이는 땅에서 말 50마리, 소 160여 마리, 양 250마리, 늪지에 돼지 250마리를 기르거나, 연못에 1천석의 물고기가 있거나, 산에 1천 주의 큰 나무가 있는 것과 마찬가지였다. 安邑縣의 대추나무 1천 주, 燕과 秦의 밤나무 1천 주, 蜀郡과 漢中郡, 江陵의 귤나무 1천 주, 淮北(회북) 滎水(형수) 남쪽과 황하와 濟水(제수) 일대의 가래나무 1천 주, 陳縣과 夏縣의 옻나무 밭 1천 무, 齊와 魯 일대 1천 무의 뽕나무나 삼 밭, 渭水 일대 1천 무의 대나무 밭 및 큰 나라의 1만 호 성이나 성곽 주변에 1畝에 1鐘의 수확할 수 있는 1천 무의 땅은 약 1천 무의 염료 풀밭, 1천 두둑의 생강이나 부추 밭을 가진 사람은 1천 호의 제후와 같다고 할 수 있다.

原文

　諺曰, '以貧求富, 農不如工, 工不如商, 刺繡文不如倚市門.' 此言末業, 貧者之資也. 通邑大都酤一歲千釀, 醯醬千瓨, 漿千儋, 屠牛羊彘千皮, 穀糶千鐘, 薪槁千車, 船長千丈, 木千章, 竹竿萬個, 軺車百乘, 牛車千兩, 木器髤者千枚, 銅器千鈞, 素木鐵器若巵茜千石, 馬蹄噭千, 牛千足, 羊彘千雙, 童手指千, 筋角丹沙千斤, 其帛絮細布千鈞, 文采千匹, 荅布皮革千石, 漆千大斗, 蘗麴鹽豉千合, 鮐鮆千斤, 鯫鮑千鈞, 棗栗千石者三之, 狐貂裘千皮, 羔羊裘千石, 旃席千具, 它果采千種, 子貸金錢千貫, 節騶儈, 貪賈三之, 廉賈五之, 亦比千乘之家, 此其大率也.

| 註釋 | ○刺繡文不如倚市門 ─ 刺繡文(자수문)은 무늬를 놓다. 수공업을

의미. 倚市門은 저잣거리에 서 있다. 상업, 慶商. ○貧者之資也 - 末業은 상
업. 貧者가 의지할 곳. ○千釀, 千瓨, 千儋 - 釀 항아리에 담은 술. 瓨은 목이
긴 항아리 강. 儋(멜 담)은 두 항아리에 담아 멜대로 메는 것. ○穀糶, 薪槀
- 穀糶은 곡식. 糶은 쌀 사들일 적. 薪槀(신고)는 땔감. ○千章 - 章은 大木
材. ○木器髹者 - 髹은 漆(칠, 옷 칠). 옷은 목재에 바르는 방부제이다. ○后
茜千石 - 后茜(치천)은 염료. ○鈞 - 1鈞(균)은 30斤. 1石은 120斤. ○馬蹄
噭千 - 말발굽과 주둥이 1천 개, 곧 2백 마리. 噭는 동물의 입 교, 부르짖을
교. ○童手指千 - 童手는 노복. 손가락이 1천 개, 곧 1백 명. ○筋角丹沙千
斤 - 筋은 힘줄 근, 靭帶(인대). ○文采千匹 - 文采 무늬가 있는 채색 비단.
○荅布皮 - 거친 직포. ○糱麴鹽豉千合 - 糱麴은 누룩. 糱은 누룩 얼. 麴은
누룩 국. 鹽豉(염시)는 소금 간을 한 메주. 豉 메주 시. 千合은 百升. ○鮐鮆,
鮿鮑 - 鮐鮆(태제)는 복어와 갈치. 鮿鮑(첩보)는 건어물. ○旃席千具 - 旃은
氈. 氈席은 담요. 방석. ○棗栗千石者三之 - 대추와 밤은 3천석. 三之는 3배.
○子貸金錢千貫 - 子貸金錢은 이자를 받고 대출하는 돈. ○節駔儈 - 節은
중개, 흥정. 駔은 거간꾼 장. 거간꾼의 우두머리. 儈은 거간꾼 쾌. ○貪賈三
之 - 貪賈(탐고)는 욕심 많은 상인. 三之는 百分의 三. 3%. ○大率 - 大概.
대개 비슷하다.

〔國譯〕

　속담에 '가난한 자가 부유해지려면 농사는 工匠(공장, 수공업)만
못하고, 공장은 장사만 못하며, 손바느질은 시장의 장사만 못하다.'
고 하였다. 이 말은 장사가 가난한 자에게 밑천이 된다는 뜻이다. 큰
도시에서는 1년에 술이 1천 항아리, 식초 1천 항아리, 간장 1천 짐,
소나 양, 돼지 가죽 1천 장, 곡식 1천 鐘(종), 땔감 1천 수레, 1천 장
길이의 배에 실은 화물, 목재 1천 章(장), 대나무 장대 1만 개, 軺車

(초거, 작은 수레) 1백 량. 짐수레 1천 량, 옻칠을 한 목기 1천 매, 놋그릇 1천 鈞(균), 素木이나 철기, 염료 같은 것이 1千 石, 말 2백 마리, 소 250마리, 양이나 돼지 2천 마리, 奴僕(노복, 종) 1백 명, 筋角(근각, 인대)이나 丹沙(丹砂) 1천 斤, 帛絮(백서)나 細布(세포) 1천 鈞(균), 무늬 비단 1천 필, 거친 천이나 가죽 1천석, 옻(漆,칠) 1천 大斗, 누룩과 소금 간을 한 메주 1백 升(승), 복어나 갈치 1천 鈞(균), 대추나 밤 3천석, 狐貂裘(호초구, 여우털 갖옷) 1천 벌. 양 가죽 갖옷 1천석, 담요 1천 장, 기타 과일이나 채소 1천 種(鐘), 이자놀이하는 금화 1천 貫(관), 거간꾼 중개료로 욕심 많은 상인은 1백분의 3, 정직한 상인은 1백분의 5를 주었는데, 이를 千乘의 제후와 비교한다면 아마 거의 같을 것이다.

91-2. 蜀卓氏 外

原文

蜀卓氏之先, 趙人也, 用鐵冶富. 秦破趙, 遷卓氏之蜀, 夫妻推輦行. 諸遷虜少有餘財, 爭與吏, 求近處, 處葭萌. 唯卓氏曰, "此地狹薄. 吾聞岷山之下沃埜, 下有蹲鴟, 至死不飢. 民工作布, 易賈." 乃求遠遷. 致之臨邛, 大喜, 卽鐵山鼓鑄, 運籌筭(算), 賈滇,蜀民, 富至童八百人, 田池射獵之樂擬於人君.

ㅣ註釋ㅣ ○蜀卓氏 - 蜀郡 卓氏. 卓王孫(탁문군의 부친, 司馬相如의 장인)의
조부 또는 부친일 것이라는 주석이 있다. 여기서부터는 漢代의 인물이다.
○處葭萌 - 處은 정착하다. 葭萌(가맹)은 현명. 今 四川省 동북부 廣元市.
○沃壄 - 沃野. 壄는 野의 古字. ○下有蹲鴟 - 토란. 웅크린 올빼미와 같이
생겼다. 蹲은 쭈그리고 앉을 준. 鴟은 올빼미 치. 솔개. ○臨邛(임공) - 현명.
今 四川省 成都市 관할의 邛峽市(공래시). ○運籌筭 - 계산을 하다. 책략을
세우다. 籌算과 同. ○賈滇 - 賈는 장사하다. 거래하다. 滇은 종족 이름 전.
지금 雲南省 동부 지역에 존재했던 羌族(강족)의 나라. 왕도는 지금 雲南省
昆明市 관할의 晋寧縣. 武帝 元封 2년에 그곳에 益州郡을 설치했다.

〔國譯〕
　　蜀郡 卓氏(탁씨)의 선조는 趙나라 사람이었는데, 쇠를 제련하여
부자가 되었다. 秦이 趙를 멸망시킨 뒤 탁씨를 蜀으로 이주시켰는데
부부가 손수레를 밀고 이주했다. 이주하는 죄인들이 약간의 재물만
있어도 다투어 관리에게 주고 가까운 곳에 살려고 葭萌縣(가맹현)에
남았다. 탁씨만은 "이곳은 땅이 좁고 척박하다. 내가 들은 바로는,
嶓山(민산) 아래에 비옥한 들로 토란 같은 곳이 있는데 거기는 죽을
때까지 굶주리지 않는다. 또 사람들이 천을 짜서 쉽게 장사할 수 있
다고 하였다." 그러면서 멀리 가겠다고 말했다. 臨邛縣(임공현)에 와
서는 좋아하며 鐵山에 들어가 쇠를 제련하고 방책을 마련하고 滇
(전)과 蜀(촉)의 사람들에게 팔아 하인을 8백 명이나 거느렸으며 산
천에서 사냥을 하며 즐기기를 人君과 같이 하였다.

程鄭, 山東遷虜也, 亦冶鑄, 賈椎結民, 富埒卓氏.

程, 卓旣衰, 至成, 哀間, 成都羅裒訾至鉅萬. 初, 裒賈京師, 隨身數十百萬, 爲平陵石氏持錢. 其人彊力. 石氏訾次如, 苴, 親信, 厚資遣之, 令往來巴, 蜀, 數年間致千餘萬. 裒舉其半賂遺曲陽, 定陵侯, 依其權力, 賒貸郡國, 人莫敢負. 擅鹽井之利, 期年所得自倍, 遂殖其貨.

| 註釋 | ○椎結民 – 西南夷. 椎結(퇴결)은 상투를 틀다. 椎 몽둥이 퇴. 상투. ○富埒卓氏 – 埒은 제방 둑 날. 같은 날. ○羅裒 – 인명. 裒는 모을 부. 鉅萬(거만)은 巨萬. ○爲平陵石氏持錢 – 平陵은 현명. 今 陝西省 咸陽市. 持錢은 관리하다. ○訾次如,苴 – 訾는 資. 次는 맡기다. 대출하다. 如氏와 苴氏(저씨). ○曲陽,定陵侯 – 曲陽侯는 王根, 定陵侯는 淳于長. ○賒貸 – 高利로 대출하다. 賒 세 낼 사. 외상을 주다. ○擅鹽井之利 – 擅은 독점하다. 擅은 마음대로 할 천.

〖 國譯 〗

程鄭(정정)은 山東에서 이주한 죄인이었는데 철을 제련하여 西南夷에게 팔아 卓氏와 비슷한 부자가 되었다.

정정과 탁씨 같은 사람들이 죽은 뒤로 成帝와 哀帝 연간에 成都의 羅裒(나부)는 거만의 재산을 모았다. 그전에 나부가 京師에서 장사를 할 때 몸에 수십 내지 백만 전을 갖고 다녔는데 평릉현의 石氏(석씨)에게 돈 관리를 맡겼다. 그 사람은 힘이 좋았다. 石氏는 그 돈을 如氏(여씨)나 苴氏(저씨) 같은 사람에게 대출했는데, 나부는 석씨를 신임하며 많은 돈을 맡겼으며 巴郡이나 蜀郡을 왕래하며 장사를 하게 하여 수년간에 천여만 전을 벌었다. 나부는 그 돈의 절반 가량을 곡양후 王根과 정릉후 淳于長(순우장)에게 뇌물로 바친 뒤에 그 권력을 바탕으로 여러 군국에 고리채를 놓았는데 감히 떼먹는 사람이 없었다. 또 소금 제조의 이익을 독점하여 1년에 배 이상을 벌어 그 돈을 크게 늘렸다.

原文

宛孔氏之先, 梁人也, 用鐵冶爲業. 秦滅魏, 遷孔氏南陽, 大鼓鑄, 規陂田, 連騎游諸侯, 因通商賈之利, 有游閒公子之名. 然其贏得過當, 瘉於孅嗇, 家致數千金, 故南陽行賈盡法孔氏之雍容.

| 註釋 | ○宛孔氏 - 宛縣(완현, 今 河南省 南陽市)의 孔氏. ○梁人 - 전국 시대 魏國의 수도는 大梁(今 河南省 開封市)이었기에 魏를 梁이라고 통칭하였다. ○規陂田 - 規는 영유하다. 陂田은 경작지. 저수지(陂池). ○游閒公子 - 마음이 여유만만한 사람. ○贏得 - 利得. 贏은 이득이 남을 영. ○瘉於孅嗇 - 瘉는 더 심하다(愈也). 孅嗇(섬색)은 인색. 孅 가늘 섬(細也). 嗇은 아낄 색. ○雍容(옹용) - 온화한 모습.

〔國譯〕

宛縣(완현) 孔氏(공씨)의 선조는 梁나라 사람이었는데 제철로 성공하였다. 秦이 魏(위)를 멸망시키고, 孔氏를 南陽郡으로 이주시켰는데, 크게 제련하고 저수지도 보유하였으며 제후를 방문하면서 겸하여 통상의 이득을 챙겼고 游閒公子라는 명성을 얻었다. 그러나 이득을 크게 남겼어도 지나치게 인색했으며 천금의 재산을 보유했기에 南陽에서 장사를 하는 사람들은 모두 공씨의 온화한 모습을 본받았다.

魯人俗儉嗇, 而丙氏尤甚, 以鐵冶起, 富至鉅萬. 然家自父兄子弟約, 頫有拾, 卬有取, 貰貸行賈遍郡國. 鄒,魯以其故, 多去文學而趨利.

齊俗賤奴虜, 而刀閒獨愛貴之. 桀黠奴, 人之所患, 唯刀閒收取, 使之逐魚鹽商賈之利, 或連車騎交守相, 然愈益任之, 終得其力, 起數千萬. 故曰, '寧爵無刀.' 言能使豪奴自饒, 而盡其力也. 刀閒旣衰, 至成,哀間, 臨淄姓偉訾五千萬.

| 註釋 | ○丙氏 – 丙은 성씨. ○頫有拾, 卬有取 – 日常 중에 벌어들이다. 頫는 고개 숙일 부(俯). 卬은 고개들 앙(仰). ○貰貸 – 빌려주다(借貸). ○刀閒 – 刀는 姓, 閒은 名. ○桀黠奴(걸힐노) – 흉포하고 교활한 노비. ○守相 – 太守나 제후국의 相. ○臨淄姓偉 – 臨淄(임치)는, 今 山東省 淄博市(치박시) 臨淄區. 姓은 姓. 偉는 名. ○寧爵無刀 – 寧爲爵之貴, 無若刀之饒邪.

〖 國譯 〗

魯의 풍속은 절약 인색하지만 丙氏(병씨)는 아주 심하였는데 제철로 시작하여 거만의 부를 이룩하였다. 그리고 집안의 부모나 형제도 모두 절약하면서 일상생활에서 재산을 모았으며 곳곳의 상인들에게 대출해 주었다. 鄒(추)와 魯(노)에서는 이런 까닭에 학문을 버리고 장사 이득을 쫓았다.

齊(제)의 풍속에서는 노비를 천하게 대우하였는데, 오직 刀閒(도한)만은 노비를 아끼고 귀하게 대우하였다. 흉포하고 거친 노비는 사람들이 싫어했지만 도한은 그런 사람들을 모았고 그들을 시켜 생선이나 소금을 거래하여 이익을 얻었는데, 어떤 자는 수레와 말을 타고 다니며 태수나 제후국의 相과 교유하였는데 그럴수록 더욱 신임하여 나중에 그들의 도움으로 수천만의 재산을 만들었다. 그래서 '높은 벼슬일지라도 도한의 재산만 못하다.' 라는 말은 유능한 노비로 돈을 벌었고 그 노비들이 힘썼다는 것을 말한 것이다. 도한이 죽은 뒤에 成帝와 哀帝 연간에 臨淄(임치) 姓偉(성위)의 재산이 5천만에 달했다.

原文

周人旣孅, 而師史尤甚, 轉轂百數, 賈郡國, 無所不至. 雒陽街居在齊,秦,楚,趙之中, 富家相矜以久賈, 過邑不入門. 設用此等, 故師史能致十千萬.

師史旣衰, 至成,哀,王莽時, 雒陽張長叔,薛子促訾亦十千萬. 莽皆以爲納言士, 欲法武帝, 然不能得其利.

| 註釋 | ○周人 – 낙양 사람들. 孅은 가늘 섬. 꼼꼼하여 아껴쓰다. ○轉轂百數 – 백여 량의 수레로 장사를 하다. 轂은 바퀴 곡. 수레. ○久賈 – 낙양

성내에 농토가 없기에 장사에 나서 오랫동안 집에 들르지 않다. ○十千萬 − 十千은 萬, 萬萬은 1億. ○納言士 − 왕망은 大司馬를 羲和(희화)로 개명했다가 다시 納言으로 개명하였다. 納言 아래에 3인의 大夫를 두었고, 대부 아래 元士를 3명 두었는데 이들을 納言士라 하였다. ○欲法武帝 − 무제는 목축으로 큰 재산을 벌어 軍用 비용으로 기부한 卜式(복식)에게 관직을 하사했었다. 58권, 〈公孫弘卜式兒寬傳〉 참고. 또 무제는 東郭咸陽, 孔僅(공근) 등 상인에게 관직을 수여했었다.

[國譯]

낙양 사람들도 인색하지만 師史(사사)는 특히 심했는데 수레 백여 량을 동원하여 여러 군국을 다니며 장사를 했는데 아니 간 곳이 없었다. 낙양 시내는 齊와 秦, 그리고 楚와 趙의 중앙에 자리 잡았기에 부잣집에서는 오랫동안 장사를 다니며 본 읍을 지나면서도 집에 들르지 않은 것을 자랑으로 여겼다. 이렇게 하였기에 사사는 억대의 재산을 모았다.

사사가 죽은 뒤에 성제와 애제 왕망 시기에 낙양의 張長叔(장장숙), 薛子促(설자촉)의 재산 역시 억대에 달했다. 왕망은 이들을 모두 納言士에 임명하고 武帝를 본받으려 했지만 그 재산을 얻을 수는 없었다.

91-3. 宣曲任氏 外

原文

宣曲任氏, 其先爲督道倉吏. 秦之敗也, 豪桀爭取金玉,
任氏獨窖倉粟. 楚,漢相距滎陽, 民不得耕種, 米石至萬, 而
豪桀金玉盡歸任氏, 任氏以此起富. 富人奢侈, 而任氏折節
爲力田畜. 人爭取賤賈, 任氏獨取貴善, 富者數世. 然任公
家約, 非田畜所生不衣食, 公事不畢則不得飮酒食肉. 以此
爲閭里率, 故富而主上重之.

| 註釋 | ○宣曲任氏 – 宣曲(선곡)은 지명. 今 陝西省 西安市 서남. ○督
道倉吏 – 督道(독도)에 있는 창고의 下吏. ○獨窖倉粟 – 窖은 움 교. 움을 파
고 저장하다. 粟은 곡식 속. ○閭里 – 마을. 閭은 이문 여(려).

〖國譯〗

宣曲(선곡) 任氏(임씨)의 선조는 督道(독도)이 창고지기였다. 秦이
패망할 때 호걸들이 금옥을 차지할 때 임씨는 홀로 창고의 곡식을
저장하였다. 楚와 漢이 滎陽(형양)에서 싸울 때 백성들은 농사를 짓
지 못해 쌀 1석이 만전에 이르렀는데 호걸의 금옥은 모두 임씨에게
모였고 임씨는 이 때문에 부자가 되었다. 부자들이 사치할 때 임씨
는 자신을 낮추며 힘써 농사짓고 가축을 길렀다. 사람들이 싼값에
물건을 사더라도 임씨만은 좋은 값을 주고 물건을 샀기에 몇 대에

걸쳐 부자로 살 수 있었다. 그리고 임씨 집안은 검소 절약하여 농사 짓거나 기른 가축이 아니면 입거나 먹지도 않았으며, 公事를 마치지 전에는 술을 마시거나 고기를 먹지도 않았다. 때문에 마을 사람들의 본보기가 되었고 부자이면서도 나라에서 중히 여겼다.

原文

塞之斥也, 唯橋桃以致馬千匹, 牛倍之, 羊萬, 粟以萬鐘 計.

吳,楚兵之起, 長安中列侯封君行從軍旅, 齎貸子錢家, 子 錢家以爲關東成敗未決, 莫肯予. 唯母鹽氏出捐千金貸, 其 息十之. 三月, 吳,楚平. 一歲之中, 則母鹽氏息十倍, 用此富 關中.

| 註釋 | ○橋桃(교도) – 人名. ○齎貸子錢家 – 齎는 齎糧, 군량을 준비해 서 출전하다. 貸 빌 특. 子錢家는 고리대금업자. ○母鹽氏 – 母鹽氏(무염씨) 가 되어야 함. 《史記 貨殖列傳》은 無鹽氏. ○其息十之 – 이자가 월 10%라 는 뜻.

〖 國譯 〗

변경이 개척되면서 오직 橋桃(교도)란 사람만이 馬 1천 필, 소 2천 마리, 양 1만 마리나 되었고, 곡식은 1萬鐘이 되었다.

경제 때 吳와 楚가 반군을 일으키자 長安 성안의 列侯와 封君은 군을 따라 출정하는데 군량을 마련하기 위하여 고리대업자에게 돈

을 빌려야 했는데, 고리대업자는 관동의 성패를 알 수 없다 하여 대
출하려 하지 않았다. 다만 毋鹽氏(무염씨)는 천금을 대출해 주면서
그 이자가 월 10분의 1이었다. 3개월에 오와 초의 반란은 평정되었
다. 1년 안에 무염씨의 이자는 10배가 되었고 이 때문에 關中의 부
자가 되었다.

原文

關中富商大賈, 大氐盡諸田, 田牆,田蘭. 韋家栗氏,安陵
杜氏亦鉅萬. 前富者旣衰, 自元,成訖王莽, 京師富人杜陵樊
嘉, 茂陵摯網, 平陵如氏,苴氏, 長安丹王君房, 豉樊少翁,王
孫大卿, 爲天下高訾. 樊嘉五千萬, 其餘皆鉅萬矣. 王孫卿
以財養士, 與雄桀交, 王莽以爲京司市師,漢司東市令也.

| 註釋 | ○大氐(대저) - 大槪. ○豉樊少翁,王孫大卿 - 豉는 메주 시. 樊少
翁(번소옹)은 인명, 王孫大卿도 인명. 王孫은 복성. ○高訾 - 高資, 財富가
많다. ○漢司東市令也 - 장안에 東西南北의 市가 있었는데 그중 東市의 감
독관.

〖 國譯 〗

관중의 富商이나 大賈(대고)는 대개 田牆(전장)과 田蘭(전란) 같은
田氏들이 많았다. 韋家(위가)의 栗氏(율씨)나 安陵縣(안릉현)의 杜氏
(두씨) 역시 거만의 부자였다. 이전의 부자들이 쇠퇴한 뒤로 元帝, 成
帝에서 왕망에 이르기까지 京師 일대의 부자로는 두릉의 樊嘉(번

가), 무릉의 摯網(지망), 평릉의 如氏(여씨)와 苴氏(저씨)가 있고, 장안에서는 丹砂를 거래한 王君房(왕군방), 메주 상인 樊少翁(번소옹)과 王孫大卿(왕손대경)은 천하의 부자가 되었다. 樊嘉(번가)는 5천 만, 그 나머지는 모두 거만의 재산가였다. 왕손대경은 재산을 가지고 養士하며 영웅과 교제하였는데 王莽은 왕손대경을 京司市師로 임명했는데, 이는 漢의 司東市令이었다.

原文

　此其章章尤著者也. 其餘郡國富民兼業顓利, 以貨賂自行, 取重於鄕里者, 不可勝數. 故秦楊以田農而甲一州, 翁伯以販脂而傾縣邑, 張氏以賣醬而隃侈, 質氏以㸊削而鼎食, 濁氏以胃脯而連騎, 張里以馬醫而擊鐘, 皆越法矣. 然常循守事業, 積累嬴利, 漸有所起. 至於蜀卓, 宛孔, 齊之刀閒, 公擅山川銅鐵魚鹽市井之入, 運其籌策, 上爭王者之利, 下錮齊民之業, 皆陷不軌奢僭之惡. 又況掘塚搏掩, 犯姦成富, 曲叔, 稽發, 雍樂成之徒, 猶復齒列, 傷化敗俗, 大亂之道也.

| 註釋 | ○章章 - 彰彰. 뚜렷한 모양. ○顓利 - 專利. 이득을 독점하다. ○秦楊 - 인명. ○隃侈 - 분수에 넘치는 사치. 隃는 넘을 유. ○㸊削而鼎食 - 㸊削(쇄삭)은 칼을 갈거나 구리 거울(銅鏡)의 빛을 내다. 鼎食(정식)은 列鼎而食, 진수성찬. 부유하고 호화로운 생활. ○擊鐘 - 요즘 말로 풍악을 울

리며 식사하다. 鼎食과 같은 뜻. ○掘塚搏掩 - 掘塚(굴총)을 남의 무덤을 도
굴하다. 搏掩(박엄)은 남의 재물을 가로채다. 또는 도박으로 빼앗다. ○復齒
列 - 병렬하다. 선량한 부자와 같은 반열에 올라서다.

〖 國譯 〗

　이상은 그중에서도 뚜렷하여 특별히 드러난 사람들이다. 그 나머
지 여러 군국의 부자로 이런저런 사업을 겸하면서 이득을 독점하고
재물을 뇌물로 제공하며 향리에서 힘을 쓰는 자들은 이루 다 헤아릴
수도 없다. 그리하여 秦楊(진양)은 농사로 한 고을의 갑부였고, 翁伯
(옹백)은 牛脂(우지)를 팔아 향읍에서 제일 부자가 되었으며, 張氏(장
씨)란 사람은 醬油를 팔아 분수에 넘치는 사치를 하였고, 質氏(질씨)
란 사람은 칼을 갈아 호화생활을 하였으며, 濁氏(탁씨)는 동물 위장
을 脯(포)로 떠서 팔아 좋은 수레를 탔고, 張里(장리)는 짐승의 병을
고쳐 鐘鼓(종고)를 울리고 살았는데 모두가 예법에 어긋난 일이었
다. 그렇지만 자신의 본업을 잘 지키고 오랫동안 이득을 누적하며
점차로 起家한 사람들이었다. 蜀郡의 卓氏, 宛縣(완현)의 孔氏, 齊의
刀間(도한) 등은 공적으로 산천과 구리나 철광산, 漁場(어장)이나 소
금의 시장에 진입하여 계획을 세워 운영하면서 위로는 王者와 이익
을 다투고, 아래로는 백성을 구제할 생업을 독점하고서 법도에 어긋
나며 분에 넘치는 사치를 하는 죄악을 저질렀다. 심지어 남의 무덤
을 도굴하거나 도박을 하는 등 법을 어기면서 부자가 된 曲叔(곡숙)
이나 稽發(계발), 雍樂成(옹락성) 같은 무리들도 함께 부자의 반열에
올랐으니 교화를 해치며 악습을 남겼으니 大亂之道라 할 수 있다.

92 遊俠傳
〔유협전〕

原文

古者天子建國, 諸侯立家, 自卿大夫以至於庶人各有等差, 是以民服事其上, 而下無覬覦. 孔子曰, "天下有道, 政不在大夫." 百官有司奉法承令, 以修所職, 失職有誅, 侵官有罰. 夫然, 故上下相順, 而庶事理焉.

| 註釋 | ○等差 – 差等. ○覬覦 – 분수에 넘치는 것을 바라다. 覬는 바랄 기. 覦는 넘겨다 볼 유. ○天下有道, ~ – 孔子曰, "天下有道, 則禮樂征伐自天子出, ~天下有道, 則政不在大夫. 天下有道, 則庶人不議."《論語 季氏》. ○有司 – 직분이나 성명을 명시하지 않은 官吏. 設官하고 職務를 구분하기에 事有專司의 뜻. 담당 관청이나 부서.

　옛날에 천자가 건국하고 제후는 가문을 세워 卿(경)이나 대부로부터 서민에 이르기까지 각각 차이가 있었기에 백성들은 따르며 윗사람을 섬겼고 아랫사람은 윗자리를 넘겨보지 않았다. 공자는 "천하에 도가 행해지면 대부가 정권을 휘두르지 못한다."고 하였다. 모든 관리들은 법을 받들고 명령에 따라 직무를 수행했고 직분을 잃었다면 처형되고 남의 영역을 침범했다면 벌을 받았다. 그러했기에 상하가 순응하며 만사가 다스려졌다.

原文

　周室既微, 禮樂征伐自諸侯出. 桓,文之後, 大夫世權, 陪臣執命. 陵夷至於戰國, 合從連衡, 力政爭彊. 由是列國公子, 魏有信陵, 趙有平原, 齊有孟嘗, 楚有春申, 皆借王公之勢, 競爲遊俠, 雞鳴狗盜, 無不賓禮. 而趙相虞卿棄國捐君, 以周窮交魏齊之厄, 信陵無忌竊符矯命, 戮將專師, 以赴平原之急, 皆以取重諸侯, 顯名天下, 搤腕而游談者, 以四豪爲稱首. 於是背公死黨之議成, 守職奉上之義廢矣.

| 註釋 |　○桓,文之後 － 齊 桓公, 晋 文公. 春秋五霸의 대표적 인물. ○陪臣(배신) － 제후의 신하. ○力政爭彊 － 武力征伐과 영토 확장. ○信陵, 平原, 孟嘗, 春申 － 식객을 많이 거느렸던 戰國 四公子. 信陵君 魏无忌, 平原君 趙勝, 孟嘗君 田文, 春申君 黃歇(황헐). ○趙相虞卿棄國捐君 － 虞卿은 인명,

다음 句의 魏齊(위제)도 인명. 우경은 趙王의 뜻에 반하면서 지인 魏齊를 魏에 안전하게 보내 주었다.   ○雞鳴狗盜 − 닭 울음소리나 내고 좀도둑질이 특기인 사람. 이런 하찮은 기능을 가진 사람도 인재라고 대우했다는 뜻.   ○竊符矯命 − 信陵君은 魏 왕비 如姬를 시켜 兵符를 훔치게 했고, 거짓 왕명으로 장수를 바꿔 秦軍을 격파하고 趙의 위기를 타개해 주었다.   ○搤腕 − 팔을 잡다. 搤은 잡을 액. 腕은 팔뚝 완. 팔뚝을 잡아주며 격려하다.   ○四豪 − 상기 4公子.

〔國譯〕

　周室이 쇠약해지자 예악과 정벌이 諸侯의 손에서 이루어졌다. 齊桓公과 晉 文公 이후에 대부는 권력을 세습하고 陪臣(배신)이 국정을 집행하였다. 왕정이 무너진 채 전국시대가 되자 合從과 連衡(연횡)이 성립하고 무력 정벌과 영토 쟁탈이 진행되었다. 이에 여러 나라의 公子들, 곧 魏의 信陵君(신릉군), 趙의 平原君(평원군), 齊의 孟嘗君(맹상군), 楚의 春申君(춘신군) 등이 모두 王公의 힘을 이용하여 경쟁적으로 遊俠(유협)을 자처하며 雞鳴狗盜(계명구도)의 하찮은 사람까지 賓禮(빈례)로 대우하지 않은 경우가 없었다. 그리고 趙의 승상 虞卿(우경)은 나라와 주군을 버리면서 교우인 魏齊(위제)의 어려움을 해결해 주었고, 신릉군 魏無忌(위무기)는 병부를 훔쳐내고 왕명을 위조하며 장수를 죽이고 교체하면서 趙 평원군의 위급을 타개해 주었는데, 이로써 제후들이 중시하게 되었고 천하에 이름을 날렸으며 팔을 잡아 서로 격려하며 유협을 말하는 사람들은 누구나 4명의 공자를 첫째로 꼽았다. 이렇게 되자 公을 버리고 私黨을 위해 죽어도 좋다는 의론이 형성되고 직무에 따라 주군에 충성한다는 의론은 없어져 버렸다.

及至漢興, 禁網疏闊, 未之匡改也. 是故代相陳豨從車千乘, 而吳濞,淮南皆招賓客以千數. 外戚大臣魏其,武安之屬競逐於京師, 布衣遊俠劇孟,郭解之徒馳騖於閭閻, 權行州域, 力折公侯. 衆庶榮其名跡, 覬而慕之. 雖其陷於刑辟, 自與殺身成名, 若季路,仇牧, 死而不悔也. 故曾子曰, "上失其道, 民散久矣." 非明王在上, 視之以好惡, 齊之以禮法, 民曷由知禁而反正乎!

| 註釋 | ○陳豨(진희, ?－前 196) － 고조의 공신. 楚漢 전쟁에 참여하여 공을 세우고 항우에 의해 임명된 燕王 臧荼(장도) 토벌에 참여하여 代國의 승상이 되었으나 흉노와 연결하여 漢에 반기를 들었다. 34권, 〈韓彭英盧吳傳〉의 韓信傳 참고. ○吳濞,淮南 － 오왕 劉濞(유비), 淮南王 劉安(유안). 모두 漢에 반기를 들었다. 35권, 〈荊燕吳傳〉 및 44권, 〈淮南衡山濟北王傳〉에 입전. ○魏其,武安之屬 － 魏其侯 竇嬰(두영), 武安侯 田蚡(전분). 22권, 〈竇田灌韓傳〉에 각각 입전. ○馳騖於閭閻 － 馳騖(치무)는 분주히 돌아다니다. 閭閻(여염)은 마을. 閭는 마을의 里門. 閻은 마을 안의 中門. ○覬而慕之 － 覬는 바라볼 기. ○自與 － 허락하다. ○上失其道, ~ － 《論語 子張》의 구절. 散은 離心離德의 뜻. ○曷(갈) － 어찌(何). 어느 때에.

〖國譯〗

漢이 건국되고 법망이 느슨하고 기강도 바로 잡히지 않았었다. 이러했기에 代國의 승상 陳豨(진희)를 따르는 수레가 1천 승이나 되었고, 吳王 劉濞(유비)나 淮南王도 수천의 빈객을 거느리었다. 외척

대신인 위기후 竇嬰(두영)이나 무안후 田蚡(전분) 같은 사람도 京師에서 경쟁적으로 세력을 폈고, 포의로서 유협인 劇孟(극맹)과 郭解(곽해) 같은 무리들은 자기 마을에서 멋대로 행동했고 주군에서 힘을 쓰면서 公侯의 권력을 힘으로 꺾기도 하였다. 많은 사람들이 그들의 명성을 영광이라 생각하고 행적을 살피고 흠모도 하였다. 유협은 처형당하거나 자신을 생명을 내주면서 이름을 얻고자 하였으니, 공자의 제자 季路(계로)나 송의 대부 仇牧(구목)은 죽으면서도 후회가 없었다. 그래서 曾子(증자)는 "위에서 도를 잃으면 백성의 마음은 오랫동안 떠나간다."고 하였다. 명철한 王者가 위에서 선악을 살피며 예법으로 이끌지 않는다면 백성이 어찌 스스로 자제해야 한다는 것을 알아 正道에 돌아올 수 있겠는가!

原文

古之正法, 五伯, 三王之罪人也, 而六國, 五伯之罪人也. 夫四豪者, 又六國之罪人也. 況於郭解之倫, 以匹夫之細, 竊殺生之權, 其罪已不容於誅矣. 觀其溫良泛愛, 振窮周急, 謙退不伐, 亦皆有絶異之姿. 惜乎不入於道德, 苟放縱於末流, 殺身亡宗, 非不幸也!

| 註釋 | ○五伯(오패) − 五霸. 춘추시대 제후국을 호령했던 5명의 제후. 齊 桓公, 晉 文公, 楚 莊王, 吳王 夫差, 越王 句踐. 夫差와 句踐 대신 宋 襄公, 秦 穆公을 포함. ○三王 − 夏禹, 商湯, 周文王. ○六國 − 齊, 楚, 燕, 韓, 魏, 趙. ○匹夫之細 − 필부의 낮은 지위.

고대의 正法으로는 五伯(오패)는 三王의 죄인이고, 6국은 5패의 죄인이라 할 수 있다. 그리고 四豪(사호)란 자도 결국은 6국의 죄인이다. 하물며 郭解(곽해)와 같은 무리가 필부의 저급한 지위에서 멋대로 살생의 권한을 휘두른 그 죄는 죽고도 남을 것이다. 그 온량한 사람을 아껴주고 곤궁한 자를 도와주며 자신의 공을 자랑하지 않는 것을 본다면 특별한 형상이라 할 수 있다. 그러나 도덕의 경지에 이르지 못하고 말류의 방종으로 흐른 것이 아쉬우며 자신과 일족을 멸망케한다면 불행이 아니겠는가!

原文

自魏其,武安,淮南之後, 天子切齒, 衛,霍改節. 然郡國豪桀處處各有, 京師親戚冠蓋相望, 亦古今常道, 莫足言者. 唯成帝時, 外家王氏賓客爲盛, 而樓護爲帥. 及王莽時, 諸公之間陳遵爲雄, 閭里之俠原涉爲魁.

┃註釋┃ ○切齒 – 빈객을 끌어 모으고 세력화하여 반기를 든 것을 극도로 미워했다는 뜻. ○衛,霍 – 衛靑과 霍去病. ○冠蓋相望 – 冠冕(관면)과 車蓋(거개)가 서로 이어지다. 연락부절하다. ○樓護(누호),陳遵(진준),原涉(원섭) – 모두 인명. 本傳에 立傳. ○魁 – 우두머리 괴. ○以上은 〈遊俠傳〉의 서문이라 할 수 있다. 《史記 遊俠列傳》과 다른 논조는 班氏 부자가 太史公이 處士를 뒤로 하고 奸雄을 내세웠다고 생각했기 때문이라는 주석도 있다.

〖國譯〗

魏其侯와 武安侯, 淮南王이 죽은 뒤에 천자는 절치하며 싫어하였고 위청과 곽거병도 지조를 바꿨었다. 그러나 여러 군국에 호걸은 곳곳에 널려 있었고 경사의 친척들이 서로 긴밀히 연락하는 것 역시 고금의 상도이니 족히 말할 것은 못 되었다. 그런데도 成帝의 외가인 왕씨들에게 빈객이 많이 모여들었고 樓護(누호)는 장수와도 같았다. 또 왕망 때 와서는 여러 公子 사이에 陳遵(진준)이 강자였으며 마을의 협객으로는 原涉(원섭)이 우두머리였다.

92-1. 朱家

原文

朱家, 魯人, 高祖同時也. 魯人皆以儒教, 而朱家用俠聞. 所臧活豪士以百數, 其餘庸人不可勝言. 然終不伐其能, 歆其德, 諸所嘗施, 唯恐見之. 振人不贍, 先從貧賤始. 家亡餘財, 衣不兼采, 食不重味, 乘不過軥牛. 專趣人之急, 甚於己私. 旣陰脫季布之厄, 及布尊貴, 終身不見. 自關以東, 莫不延頸願交. 楚田仲以俠聞, 父事朱家, 自以爲行弗及也. 田仲死後, 有劇孟.

| 註釋 | ○用俠聞 − 의협으로 알려지다. 用은 以. ○不伐其能 − 不伐은
자랑하지 않다. ○歙其德 − 歙은 欽의 訛字(와자). 欽은 歆, 받다. 곧 남에게
베푼 덕행을 스스로 자랑으로 여기다. 伐其能과 歙其德하지 않았다. ○諸所
嘗施 − 施는 수혜자. ○軥牛 − 소가 끄는 수레. 軥는 멍에 구. ○季布 − 項
羽의 部將으로 漢王을 여러 번 궁지에 몰았으나 나중에 漢王의 사면을 받았
다. 7권, 〈季布欒布田叔傳〉에 입전. '得黃金百金, 不如得季布一諾' 이라는 成
語가 있다. ○延頸(연경) − 목을 늘이다. 간절히 바라다. ○楚田仲 − 楚의
田仲. 협객.

〖 國譯 〗

朱家(주가)는 魯나라 사람으로 高祖와 같은 시대 사람이었다. 魯
의 士人이 모두 유학을 했지만 주가는 의협으로 알려졌다. 주가가
숨겨 살려준 豪士가 백여 명이었으며 그 나머지 보통 사람들은 이루
다 말할 수가 없었다. 그러나 주가는 끝까지 자기의 능력이나 베푼
덕을 자랑하지 않았으며 시혜를 베풀어 준 사람을 만나게 될까 걱정
하였다. 넉넉지 못한 사람이나 빈천한 사람을 먼저 도와주었다. 집
안에는 남은 재산이 없었으며 옷은 색이 바랠 정도였고, 식사에 두
가지 반찬을 먹지 않았으며, 겨우 소가 끄는 수레를 타고 다녔다. 자
신의 일보다 오로지 다른 사람의 위급을 도왔다. 전에 남모르게 계
포의 어려움을 해결해 주었고 계포가 높은 자리에 오른 뒤에도 죽을
때까지 찾아가 만나지 않았다. 함곡관 동쪽에서 주가와 교제하기를
간절히 바라지 않는 사람이 없었다. 楚에 田仲(전중)이 협객으로 소
문났는데 주가를 부친 섬기듯 하면서도 스스로 주가를 따라갈 수 없
다고 생각했다. 전중이 죽은 뒤에 劇孟(극맹)이 나왔다.

92-2. 劇孟

原文

劇孟者, 洛陽人也. 周人以商賈爲資, 劇孟以俠顯. 吳,楚
反時, 條侯爲太尉, 乘傳東, 將至河南, 得劇孟, 喜曰, "吳,楚
擧大事而不求劇孟, 吾知其無能爲已." 天下騷動, 大將軍得
之若一敵國云. 劇孟行大類朱家, 而好博, 多少年之戲. 然
孟母死, 自遠方送喪蓋千乘. 及孟死, 家無十金之財. 而符
離王孟, 亦以俠稱江,淮之間. 是時, 濟南瞯氏,陳周膚亦以
豪聞. 景帝聞之, 使使盡誅此屬. 其後, 代諸白,梁韓母辟,陽
翟薛況,陝寒孺, 紛紛復出焉.

| 註釋 | ○周人 - 東周의 도읍 洛邑(洛陽) 사람. ○條侯 - 周勃(주발)의
아들인 周亞夫(주아부). 40권, 〈張陳王周傳〉에 父子 입전. ○符離王孟 - 符
離(부리)는 縣名. 今 安徽省 북부 宿州市. ○濟南瞯氏 - 濟南郡의 瞯氏(한
씨). 瞯은 곁눈질할 한. ○陳周膚 - 陳縣의 周膚(주부). ○陽翟薛況 - 陽翟
(양책)은, 今 河南省 許昌市 관할 禹州市. 薛況(설황)은 인명. ○陝寒孺 - 陝
(섬)은, 今 河南省 三門峽市 관할 陝縣(섬현). 寒孺(한유)는 인명.

〖國譯〗

劇孟(극맹)은 洛陽(낙양) 사람이다. 낙양 사람들이 장사를 밑천으
로 할 때 극맹은 협객으로 이름이 났었다. 吳와 楚가 반기를 들었을
때 條侯(조후, 周亞夫)는 太尉로 傳車를 타고 동쪽으로 와서 河南郡에

도착할 무렵에 극맹을 만났는데 기뻐하며 말했다.

"吳와 楚가 대사를 벌리면서 극맹을 제 편으로 하지 않았다니 나는 그들이 무능하다는 것을 알겠다."

천하가 소란스러울 때, 대장군으로 극맹을 만난 것을 적국 하나를 얻은 것 같이 생각하였다. 극맹의 행실은 朱家(주가)와 많이 닮았으나 도박을 좋아하였고 젊은 사람들과 주로 놀았다. 그래도 극맹의 모친이 죽었을 때 먼 곳에서 문상하러 오는 수레가 대략 1천여 대이었다. 나중에 극맹이 죽었을 때 집안에는 十金의 재산도 없었다.

符離縣의 王孟(왕맹)도 협객으로 장강과 회수 사이에 알려졌었다. 이 무렵에 제남군에 瞷氏(한씨), 陳郡(진군)에 周膚(부부) 역시 호걸로 소문이 났었다. 景帝가 알고서는 사자를 보내 그런 무리를 다 죽이게 하였다. 그 후로 代郡의 여러 白氏(백씨), 梁나라의 韓毋辟(한무벽), 陽翟縣(양책현)의 薛況(설황), 陝縣(섬현)의 寒孺(한유) 등이 분분히 협객이라 하였다.

92-3. 郭解

原文

郭解, 河內軹人也, 溫善相人許負外孫也. 解父任俠, 孝文時誅死. 解爲人靜悍, 不飮酒. 少時陰賊感慨, 不快意, 所殺甚衆. 以軀耤友報仇, 臧命作姦剽攻, 休乃鑄錢掘塚, 不可勝數. 適有天幸, 窘急常得脱, 若遇赦.

| 註釋 | ○河內軹 – 河內郡 軹縣(지현). 今 河南省 洛陽市 북쪽의 濟源市. ○溫善相人許負 – 溫縣(今 河南省 溫縣)의 관상을 잘 보았던 許負(허부). 또는 許氏 성을 가진 노파. 負는 老夫人之稱. 楚漢 전쟁 시 魏王 豹(표)의 妃인 薄姬(박희)의 관상을 보고 '天子를 낳을 相'이라 했고, 주아부가 곧 제후가 될 것이나 굶어죽을 것이라고 예언했는데 모두 적중했다. ○靜悍 – 悍은 사나울 한. ○陰賊感慨 – 음험하면서도 비분강개하다. ○以軀耤友報仇 – 몸을 아끼지 않고 친구의 원수를 갚아주다. 耤은 적전 적. 빌리다(借助). 깔개 자. ○臧命作姦剽攻 – 臧命은 도망자를 숨겨주다. 作姦은 범죄를 저지르다. 剽攻(표공)은 남을 치고 빼앗다. ○休乃鑄錢掘塚 – 休는 쉬다. 다른 일이 없다. 掘塚(굴총)은 남의 무덤을 도굴하다. ○窘急常得脱 – 아주 위급한 상황에서도 늘 탈주하다. 窘은 막힐 군.

〖 國譯 〗

郭解(곽해)는 河內郡 軹縣(지현) 사람인데, 溫縣(온현)의 관상을 잘 보는 許負(허부)의 외손이었다. 곽해의 부친도 협객이었는데 효문제 때 사형 당했다. 곽해는 사람이 침착, 강인하며 술을 마시지 않았다. 젊어서 음험하며 강개하여 기분이 안 좋다고 죽인 사람이 매우 많았다. 곽해는 몸을 아끼지 않고 우인의 원수를 갚아 주었으며, 도망자를 숨겨주고 나쁜 짓을 하며 치고 빼앗거나, 일이 없다면 돈을 위조하거나 남의 무덤을 수없이 도굴했다. 그때마다 하늘이 돕는 듯 위기에서 벗어났는데 마치 사면을 받은 것 같았다.

及解年長, 更折節爲儉, 以德報怨, 厚施而薄望. 然其自
喜爲俠益甚. 旣已振人之命, 不矜其功, 其陰賊著於心本發
於睚眥如故云. 而少年慕其行, 亦輒爲報仇, 不使知也.

| 註釋 | ○更折節爲儉 – 평소의 지조를 바꿔 겸손해지다. ○睚眥(애자)
– 노려보다(怒目而視). 睚은 눈초리 애. 眥 흘길 자.

〖國譯〗

곽해는 나이를 먹으며 평소의 지조를 바꿔 겸손해졌고 원한을 덕
으로 갚고 후하게 베풀고도 바라지 않았다. 그러나 스스로 의협심에
대한 자부심은 날로 더해졌다. 남의 생명을 구해준 뒤에도 그 공을
자랑하지 않았으나 음험한 마음이 발동하면 남을 노려보는 것은 여
전하였다. 젊은 사람들은 그의 행실을 모방하여 몰래 원수를 갚고서
도 곽해에게는 알리지 않았다.

原文

解姊子負解之勢, 與人飮, 使之釂, 非其任, 强灌之. 人怒,
刺殺解姊子, 亡去. 解姊怒曰, "以翁伯時人殺吾子, 賊不
得!" 棄其屍道旁, 弗葬, 欲以辱解. 解使人微知賊處. 賊窘
自歸, 具以實告解. 解曰, "公殺之當, 吾兒不直." 遂去其賊,
罪其姊子, 收而葬之. 諸公聞之, 皆多解之義, 益附焉.

○使之釂 – 釂는 다 들이킬 조. ○非其任 – 마실 주량이 아니다. ○翁伯(옹백) – 곽해의 字. ○賊窘自歸 – 살인자가 궁지에 몰려 스스로 찾아오다. ○皆多解之義 – 모두 곽해의 의리를 칭찬하다.

〖國譯〗

곽해의 누나 아들이 곽해를 믿고 남과 술을 마시다가 모두 마시라 하였으나 다 먹을 수 없다고 하자 억지로 술을 부었다. 그 사람이 화가 나서 곽해의 생질을 찔러 죽이고 도주하였다. 곽해의 누나는 화가 나서 "翁伯(옹백, 郭解의 字)을 아는 이 사람이 내 아들을 죽였는데 범인을 잡지 못하네!"라고 말했다. 시신을 길가에 방치하고 장례를 치루지 않으면서 곽해를 망신주려고 했다. 곽해가 사람을 시켜 범인의 은신처를 몰래 알아내자 살인자가 궁지에 몰려 스스로 찾아와 사실대로 이야기하였다. 그러자 곽해는 "자네는 죽일만했고 내 생질이 옳지 못했다." 그러면서 범인을 보내고 생질의 잘못이라면서 시신을 거두어 장례했다. 여러 사람이 이를 알고서 모두 곽해의 의리를 칭찬하였고 추종자는 더 많아졌다.

原文 |

解出, 人皆避, 有一人獨箕踞視之. 解問其姓名, 客欲殺之. 解曰, "居邑屋不見敬, 是吾德不修也, 彼何罪!" 乃陰請尉史曰, "是人吾所重, 至踐更時脫之." 每至直更, 數過, 吏弗求. 怪之, 問其故, 解使脫之. 箕踞者乃肉袒謝罪. 少年聞之, 愈益慕解之行.

| 註釋 |　○箕踞(기거) − 두 다리를 쭉 뻗고 앉다. 무례한 태도.　○邑屋 − 村舍. 마을.　○尉史 − 縣尉의 屬吏.　○踐更 − 순번대로 배정되는 요역. 순번이 되면 돈을 납부하고 면제받을 수 있었다.　○肉袒謝罪 − 袒은 웃통 벗을 단.

〔國譯〕

　곽해가 외출하면 사람들이 다 피했는데 한 사람이 두 발을 벌리고 앉아 곽해를 바라보았다. 곽해가 그 이름을 물어보자 빈객이 죽이려 하였다. 이에 곽해가 말했다. "마을에 살면서 존경을 받지 못한다면 내가 덕을 못 닦은 것인데 그가 무슨 죄가 있겠나!"

　그리고서는 몰래 위사에게 부탁하였다. "이 사람은 내가 소중히 여기는 사람이니 요역 순번이 되면 빼주시오." 매번 요역 차례가 되면 그냥 지나가고 관리가 요구하지도 않았다. 그 사람이 이를 이상히 여겨 까닭을 물어 곽해가 시킨 것임을 알았다. 다리를 벌리고 앉았던 자는 웃통을 벗고 사죄하였다. 젊은이들이 알고서 곽해의 행실을 더욱 흠모하였다.

原文

　洛陽人有相仇者, 邑中賢豪居間以十數, 終不聽. 客乃見解. 解夜見仇家, 仇家曲聽. 解謂仇家, "吾聞洛陽諸公在間, 多不聽. 今子幸而聽解, 解奈何從它縣奪人邑賢大夫權乎!" 乃夜去, 不使人知, 曰, "且毋庸, 待我去, 令洛陽豪居間乃聽."

| 註釋 | ○居間 – 중간에서 조정하다.   ○仇家曲聽 – 仇家는 원한을 품은 사람. 曲聽은 고집을 버리고 타인의 말을 따르다.   ○且毋庸 – 일단 내 말을 듣지 말라. 庸은 用.

〖 國譯 〗

　洛陽에 서로 원한을 가진 사람이 있었는데 읍내 여러 현자들이 10여 차례나 화해를 권고해도 끝내 따르지 않았다. 어떤 사람이 와서 곽해에게 말해주었다. 곽해는 밤에 원한 가진 자의 집에 가서 설득하자 곽해의 말에 따랐다. 그러자 곽해가 말했다.

　"내가 듣기론, 낙양의 여러분이 중간에서 권유했는데 당신은 듣지 않았다고 하였소. 지금 내 말에 따라주지만 내가 다른 현 사람으로서 어찌 이곳 낙양 여러 현자의 권위를 뺏을 수 있겠소!" 그러면서 다른 사람이 모르게 밤에 떠나오면서 말했다. "일단 내 말을 따르지 말고 내가 간 뒤에 낙양 현자들의 중개를 따르도록 하시오."

原文

　解爲人短小, 恭儉, 出未嘗有騎, 不敢乘車入其縣庭.　之旁郡國, 爲人請求事, 事可出, 出之, 不可者, 各令厭其意, 然後乃敢嘗酒食. 諸公以此嚴重之, 爭爲用. 邑中少年及旁近縣豪夜半過門, 常十餘車, 請得解客舍養之.

| 註釋 | ○有騎 – 말을 탄 수행원.   ○各令厭其意 – 厭은 만족케 하다.

　곽해는 단신에 왜소하나 공손 검소하며 외출하더라도 수행할 사람도 없었으며, 수레를 탄 채 현의 관청까지 들어갈 수 없었다. 이웃 군국에 가서 남을 위해 청탁할 경우에 일이 될만하면 말을 꺼냈고 부탁을 했는데도 뜻대로 안 될 경우는 성의를 다 보인 뒤에 술이나 음식을 대접받았다. 여러 사람들은 이 때문에 곽해를 매우 존중하였고 다투어 곽해가 불러 주길 원했다. 같은 고을의 젊은이나 이웃 현의 豪客(호객)으로 밤중에 곽해의 집 앞을 지날 경우 늘 수레 10여 대가 멈추곤 했는데 곽해를 손님으로 초청하여 모시고 싶다는 사람들이었다.

原文

　及徙豪茂陵也, 解貧, 不中訾. 吏恐, 不敢不徙. 衛將軍爲言, "郭解家貧, 不中徙." 上曰, "解布衣, 權至使將軍, 此其家不貧!" 解徙, 諸公送者出千餘萬. 軹人楊季主子爲縣掾, 舉之, 解兄子斷楊掾頭. 解入關, 關中賢豪知與不知, 聞聲爭交驩. 邑人又殺楊季主, 季主家上書人又殺闕下. 上聞, 乃下吏捕解. 解亡, 置其母家室夏陽, 身至臨晉. 臨晉籍少翁素不知解, 因出關. 籍少翁已出解, 解傳太原, 所過輒告主人處. 吏逐跡至籍少翁, 少翁自殺, 口絶. 久之得解, 窮治所犯爲, 而解所殺, 皆在赦前.

| 註釋 | ○茂陵(무릉) - 무제의 능. 황제 능의 주변에 縣(현)을 설치하였는데 능의 이름이, 곧 縣이었다. 무릉은 今 陝西省 咸陽市 興平縣. ○不中訾 - 전국의 부자(자산 3백만 전 이상)를 이주시키는데, 곽해는 재산이 거기에 미달이지만 유명인이라 이주케 하였다. 中은 充, 충분하다. 訾는 貲(재물 자. 資). ○縣掾(현연) - 縣의 속리. 掾은 도울 연. ○鬲之 - 곽해를 이사 보내다. 鬲은 隔과 통. 鬲은 막을 격. 솔 력. ○交驩(교환) - 交歡. 驩은 歡의 異體字. ○夏陽 - 현명. 今 陝西省 渭南市 관할 韓城市(司馬遷의 고향). ○臨晉 - 현명. 今 陝西省 渭南市 관할의 大荔縣(대려현). ○太原 - 군명. 치소는 晉陽縣(今 山西省 太原市).

〖 國譯 〗

부호를 茂陵(무릉)으로 이사시키는데 곽해는 가난하여 그 재산을 맞출 수 없었다. 관리는 두려워 이사시키지 않을 수 없었다. 장군 衛靑이 이를 황제에게 말했다. "곽해는 가난하여 이사시킬 수 없습니다." 그러자 무제가 말했다. "평민인 곽해가 장군을 움직일 정도이니, 이는 그가 가난하지 않은 것이요."

곽해가 이사할 때 여러 사람들이 보내준 금전이 천여만 전이었다. 軹縣(지현) 사람 楊季主(양계주)의 아들은 현리였는데 여러 사람들의 전송을 막자 곽해의 조카가 현리 양씨의 목을 잘라버렸다. 곽해가 관중에 들어오자 관중의 호족들이 곽해를 알던 사람이든, 모르던 사람이든 소문을 듣고 다투어 사귀고자 하였다. 지현 사람이 마침 또 양계주를 죽였는데 양계주 집안에서 상서하는 문서를 가지고 온 사람을 궁궐 앞에서 또 죽였다. 무제가 이를 알고서 관리를 보내 체포케 하였다. 곽해는 도망치며 모친과 아내를 夏陽縣(하양현)에 두고 자신은 臨晉縣(임진현)으로 갔다. 임진현의 籍少翁(적소옹)이란 사람은 평소에 곽해를 알지 못했지만 곽해가 관문을 나갈 수 있게 하였다. 적소옹이 곽해를 출관시킨 뒤 곽해는 太原郡(태원군)으로 갔는데 가는 곳마다 주인에게 갈 곳을 말했다. 관리가 뒤를 추적하여 적소옹을 따라잡자 적소옹은 자살하여 스스로 입을 막았다. 얼마 뒤에 곽해를 체포하였는데 곽해가 죽인 사람들은 모두 사면령을 내리기 이전의 일이라 사면에 해당되었다.

原文

軹有儒生侍使者坐, 客譽郭解, 生曰, "解專以奸犯公法, 何謂賢?" 解客聞之, 殺此生, 斷舌. 吏以責解, 解實不知殺者, 殺者亦竟莫知爲誰. 吏奏解無罪. 御史大夫公孫弘議曰, "解布衣爲任俠行權, 以睚眥殺人, 解不知, 此罪甚於解知殺之. 當大逆無道." 遂族解.

| 註釋 | ○當大逆~ − 當은 해당하다. 그런 죄로 처단하다. ○遂族解 − 族은 부모형제 처자를 모두 죽이는 혹형.

〔國譯〕

軹縣(지현)의 어떤 유생이 사자를 거느리고 앉아 있는데 어떤 빈객이 곽해를 칭찬하자 유생이 말했다. "곽해는 공법을 지키지 않는 죄인인데 왜 좋은 사람이라 하는가?" 곽해의 빈객이 이를 전해 듣고 유생을 죽이고 혀를 잘라버렸다. 관리가 이를 가지고 곽해를 문책했는데 곽해는 사실 살인자를 알지 못했고, 살인자 또한 누구를 위한 살인인지 알지 못했다. 관리가 곽해는 죄가 없다고 상주하였다. 이에 어사대부 公孫弘이 말했다.

"곽해는 평민으로 협객을 자처하며 힘을 썼고 노려보았다고 살인을 하였는데, 곽해가 알지 못하는 사람이라지만 곽해가 알면서 죽이는 것보다 더 심한 것입니다. 이는 대역무도에 해당합니다."

곽해의 일족은 모두 처형되었다.

自是之後, 俠者極衆, 而無足數者. 然關中長安樊中子,
槐里趙王孫, 長陵高公子, 西河郭翁中, 太原魯翁孺, 臨淮兒
長卿, 東陽陳君孺, 雖爲俠而恂恂有退讓君子之風. 至若北
道姚氏, 西道諸杜, 南道仇景, 東道佗羽公子, 南陽趙調之
徒, 盜跖而居民間者耳, 曷足道哉! 此乃鄕者朱家所羞也.

| 註釋 | ○槐里(괴리) – 현명. 今 陝西省 咸陽市 興平縣. ○西河 – 군명.
치소는 平定縣(今 陝西省 최북단 楡林市 관할 府谷縣). ○東陽 – 縣名. 今 安徽
省 天長市. ○恂恂 – 겸손, 겸양, 근신하는 모양. 恂은 정성 순. ○東道 – 장
안을 중심으로 동서남북 방향을 언급.

〔國譯〕

이후로 협객들이 아주 많았으나 굳이 꼽을만한 사람은 없었다.
그래도 關中과 장안의 樊中子(번중자)와 槐里縣(괴리현)의 趙王孫(조
왕손), 장릉현의 高公子(고공자), 서하군의 郭翁中(곽옹중), 태원군의

魯翁孺(노옹유), 임회군의 兒長卿(예장경), 東陽縣의 陳君孺(진군유)
등등이 비록 협객이지만 근신하며 사양할 줄 아는 군자의 풍도가 있
었다. 그러나 북도의 姚氏(요씨)나 서도의 여러 杜氏(두씨), 남도의
仇景(구경), 동도의 佗羽公子(타우공자), 그리고 남양군 趙調(조조) 같
은 무리들은 盜跖(도척) 같은 사람이면서 보통 백성처럼 사는 자였으
니 어찌 족히 언급하겠는가! 이런 자들은 예전에 朱家(주가)도 창피
하게 생각했었다.

92-4. 萬章

原文

　萬章字子夏, 長安人也. 長安熾盛, 街閭各有豪俠, 章在
城西柳市, 號曰, ‘城西萬子夏.’ 爲京兆尹門下督, 從至殿
中, 侍中諸侯貴人爭欲揖章, 莫與京兆尹言者. 章逡循甚懼.
其後京兆不復從也. 與中書令石顯相善, 亦得顯權力, 門車
常接轂. 至成帝初, 石顯坐專權擅勢免官, 徙歸故郡. 顯貲
巨萬, 當去, 留床席器物數百萬直, 欲以與章, 章不受. 賓客
或問其故, 章歎曰, “吾以布衣見哀於石君, 石君家破, 不能
有以安也, 而受其財物, 此爲石氏之禍, 萬氏反當以爲福

邪!"諸公以是服而稱之. 河平中, 王尊爲京兆尹, 捕擊豪俠, 殺章及箭張回, 酒市趙君都, 賈子光, 皆長安名豪, 報仇怨養刺客者也.

| 註釋 | ○萬章 – 萬 풀이름 우. 성씨. ○門下督 – 경조윤의 속관. 문하의 접객 담당. ○逡循 – 망설이며 나아가지 못하다. 逡은 뒷걸음질 준. 循은 숨을 둔. ○石顯 – 환관인 石顯(석현)은 원제 때 中書令으로 한때 정사를 독점했었다. 93권, 〈佞幸傳〉에 立傳. ○見哀於石君 – 哀는 愛, 哀憐(애련). 石君은 石顯. ○不能有以安也 – 구원할 힘이 없다. ○河平 – 성제의 연호. ○箭張回 – 화살을 만드는 장인 張回.

〖 國譯 〗

萬章(우장)의 字는 子夏(자하)로, 장안 사람이다. 장안이 번성할 때 각 거리마다 협객이 있었는데 우장은 장안성의 서쪽 柳市(유시)에 살아 '城西의 우자하' 라고 불렸다. 우장은 경조윤의 門下督(문하독)이었는데 경조윤을 따라 궁전에 들어가면 시중이나 제후, 귀인들이 다투어 우장과 인사하려고 했지만 아무도 경조윤과 이야기를 나누려 하지 않았다. 우장은 멈칫거리며 크게 두려워하였다. 그 후 경조윤은 다시는 데리고 다니지 않았다.

우장은 중서령 石顯(석현)과 친했는데 석현이 권력을 잡자 대문 앞에는 수레가 줄을 이었다. 成帝 초기에 석현은 권력을 독점했던 죄로 면관되어 고향으로 돌아갔다. 석현의 재산이 거만이었는데 떠나면서 상석이나 기물 등 수백만 어치를 우장에게 주려고 하였으나 우장은 받지 않았다. 빈객들이 그 까닭을 묻자 우장이 탄식하며 말했다.

"나는 평민으로서 石君의 인정을 받았지만 석군이 破家되어도 나는 도울 길이 없는데 그 재물을 받으면 석씨의 재앙이 반대로 우장의 복이 되는 것이요!"

여러 사람들은 탄복하면서 우장을 칭송하였다. 성제 河平 연간에 王尊(왕준)이 경조윤이 되었는데 협객들을 체포하고 우장 및 화살을 만드는 장인 張回(장회), 酒市의 趙君都(조군도)와 賈子光(가자광) 등을 죽였는데 모두 장안에 이름난 협객으로 원수를 갚아주거나 자객을 양성한 사람들이었다.

92-5. 樓護

原文

樓護字君卿, 齊人. 父世醫也, 護少隨父爲醫長安, 出入貴戚家. 護誦醫經, 本草, 方術數十萬言, 長者咸愛重之, 共謂曰, "以君卿之材, 何不宦學乎?" 由是辭其父, 學經傳, 爲京兆吏數年, 甚得名譽.

| 註釋 | ○醫－醫(의원 의)와 同. ○本草－中國 傳統 藥用 植物學의 古稱. ○京兆吏－京兆尹의 속관.

　　樓護(누호)의 字는 君卿(군경)으로 齊나라 사람이다. 부친은 대대로 의원이었는데 누호는 젊어 부친을 따라 장안에 와서 의원으로 귀인이나 외척의 집에 출입하였다. 누호는 醫經과 本草와 方術書 수십만 자를 외웠는데 여러 귀인들이 모두 존중하며 한결같이 "당신의 재능으로 왜 벼슬할 공부를 하지 않는가?"라고 말했다. 이에 부친을 떠나 경전을 배웠고 경조윤의 속관으로 수년간 근무하면서 자못 명성을 얻었다.

[原文]

　　是時, 王氏方盛, 賓客滿門, 五侯兄弟爭名, 其客各有所厚, 不得左右, 唯護盡入其門, 咸得其歡心. 結士大夫, 無所不傾, 其交長者, 尤見親而敬, 衆以是服. 爲人短小精辯, 論議常依名節, 聽之者皆竦. 與谷永俱爲五侯上客, 長安號曰, '谷子雲筆札, 樓君卿脣舌,' 言其見信用也. 母死, 送葬者致車二三千兩, 閭里歌之曰, '五侯治喪樓君卿.'

| 註釋 | ○五侯兄弟 – 成帝의 母后 王政君의 친정 형제로 成帝 河平 2년 同日에 王譚은 平阿侯, 王商은 成都侯, 王立은 紅陽侯, 王根은 曲陽侯, 王逢은 高平侯에 봉해졌는데, 세인은 이를 五侯라 불렀다. ○不得左右 – 서로 왕래하지 않다. ○谷永 – 85권, 〈谷永杜鄴傳〉에 입전. ○皆竦 – 모두가 엄숙해지다.

이 무렵 王氏들이 한창 성하여 빈객이 滿門하였고, 五侯 형제들은 이름을 날렸으며, 그들 문객은 각각 후한 대접을 받았지만 서로 왕래하지는 못했는데 오직 누호만이 그들 저택을 출입하면서 모두로부터 환대를 받았다. 그와 친교를 맺은 사대부는 모두 누호를 좋아하였고, 그가 교제한 長者는 더욱 친밀히 공경하였기에 모두가 누호에게 감복하였다. 누호는 체구는 작으나 언변이 뛰어났고 논의에서는 언제나 명분과 지조를 언급하였기에 듣는 사람이 모두 엄숙하며 공경하였다. 누호는 谷永(곡영)과 함께 왕씨 五侯(오후)의 상객이었기에 장안 사람들이 '谷子雲(谷永)의 書翰과 樓君卿(樓護)의 언변'이라 하여 그에 대한 믿음을 표현하였다. 누호의 모친이 죽었을 때 문상을 온 수레들이 2, 3천 량에 달했는데 마을에서는 '五侯가 樓君卿(누군경) 모친의 장례를 치러주었다.'고 하였다.

原文

久之, 平阿侯擧護方正, 爲諫大夫, 使郡國. 護假貸, 多持幣帛, 過齊, 上書求上先人塚, 因會宗族故人, 各以親疏與束帛, 一日數百金之費. 使還, 奏事稱意, 擢爲天水太守. 數歲免, 家長安中. 時成都侯商爲大司馬衛將軍, 罷朝, 欲候護, 其主簿諫, "將軍至尊, 不宜入閭巷." 商不聽, 遂往至護家. 家狹小, 官屬立車下, 久住移時, 天欲雨, 主簿謂西曹諸掾曰, "不肯强諫, 反雨立閭巷!" 商還, 或白主簿語, 商恨, 以他職事去主簿, 終身廢錮.

| 註釋 | ㅇ假貸 - 빌려주다. 여기서는 국가에서 빈민에게 곡식을 대여하는 업무를 감독하려고 출장 갔다는 의미. ㅇ天水 - 군명. 치소는 平襄縣(今 甘肅省 定西市 관할의 通渭縣). ㅇ西曹 - 丞相府 여러 부서 중의 하나. ㅇ廢 錮(폐고) - 면직시킨 뒤 다시는 등용하지 않다.

〖 國譯 〗

　　얼마 뒤에, 평아후(王譚, 왕담)가 누호를 方正한 인재로 천거하여 諫大夫가 되어 郡國에 사자로 나갔다. 누호는 빈민에 대한 대출을 감독하였는데, 비단을 많이 가지고 齊를 지나면서 조상의 무덤에 성묘하겠다고 글을 올린 뒤에 종족과 친우를 불러 친소에 따라 비단을 나누어 주었는데 하루에 수백 금의 비용을 지출했다. 사자의 임무를 마치고 돌아와 보고한 것이 황제의 마음에 들어 天水郡의 태수로 발탁되었다. 몇 년 뒤에 면직하고 장안에 살았다. 그때 성도후 王商(왕상)은 대사마 위장군으로 조회를 마치고 누호의 집을 방문하려 했는데 그 主簿가 말리며 말했다. "지존하신 장군께서는 민간 마을에 가셔서는 안 됩니다." 그러나 왕상은 따르지 않고 누호의 집을 방문하였다. 집안이 협소하여 관속들은 수레 옆에 서 있었는데 한참 지나 비가 오려고 하자, 주부가 西曹(서조)의 여러 속리들에게 말했다. "강하게 말리지 않았기에 우리만 골목에서 비를 맞게 되었다!" 왕상이 돌아오자 누군가가 주부의 말을 전하자, 왕상은 서운해하면서 그 주부를 타 부서로 보낸 뒤에 죽을 때까지 다시 등용하지 않았다.

後護復以薦爲廣漢太守. 元始中, 王莽爲安漢公, 專政,
莽長子宇與妻兄呂寬謀以血塗莽第門, 欲懼莽令歸政. 發
覺, 莽大怒, 殺宇, 而呂寬亡. 寬父素與護相知, 寬至廣漢過
護, 不以事實語也. 到數日, 名捕寬詔書至, 護執寬. 莽大喜,
徵護入爲前輝光, 封息鄕侯, 列於九卿.

| **註釋** | ○廣漢 – 군명. 치소는 梓潼縣(今 四川省 綿陽市 관할의 梓潼縣).
○元始 – 평제의 연호. 서기 1 – 5년. ○前輝光 – 왕망은 漢의 관제를 복고
적인 의미로 많이 바꾸었는데 京師 주변의 행정을 담당하는 京兆尹, 右扶風
左馮翊의 三輔를 前輝光과 後承烈의 2개 행정 단위로 개편하였다.

[**國譯**]

  뒤에 누호는 다시 천거를 받아 광한군 태수가 되었다. 平帝 元始
연간에 王莽(왕망)은 安漢公(안한공)으로 정권을 독점하였는데, 왕망
의 長子인 王宇(왕우)는 손위 처남 呂寬(여관)과 공모하여 왕망의 저
택 대문에 피를 발라 왕망이 정권을 황제에게 돌리게 하려고 했다.
일이 탄로 나자 왕망은 대노하며 아들을 죽였고, 여관은 도주하였
다. 여관은 평소에 누호와 서로 알고 지냈는데, 여관은 광한군으로
누호를 찾아왔으나 사실을 말하지 않았다. 며칠 뒤에 여관을 체포라
는 조서가 내려오자 누호는 여관을 체포하였다. 왕망은 크게 기뻐하
며 누호를 불러들여 前輝光(전휘광)에 임명하고 息鄕侯(식향후)에 봉
하자 누호는 九卿의 반열에 올랐다.

莽居攝, 槐里大賊趙朋,霍鴻等群起, 延入前煇光界, 護坐
免爲庶人. 其居位, 爵祿賂遺所得亦緣手盡. 旣退居里巷,
時五侯皆已死, 年老失勢, 賓客益衰. 至王莽簒位, 以舊恩
召見護, 封爲樓舊里附城. 而成都侯商子邑爲大司空, 貴重,
商故人皆敬事邑, 唯護自安如舊節, 邑亦父事之, 不敢有闕.
時請召賓客, 邑居樽下, 稱"賤子上壽." 坐者百數, 皆離席
伏, 護獨東鄉正坐, 字謂邑曰, "公子貴如何!"

初, 護有故人呂公, 無子, 歸護. 護身與呂公,妻與呂嫗同
食. 及護家居, 妻子頗厭呂公. 護聞之, 流涕責其妻子曰,
"呂公以故舊窮老托身於我, 義所當奉." 遂養呂公終身. 護
卒, 子嗣其爵.

| 註釋 | ○居攝(거섭) – 왕망은 孺子 嬰(영)을 帝位에 올리고, 어린 황제
가 친정을 할 수 없어 大臣으로서 황제의 자리에 나아가 업무를 처리한다는
뜻으로 居攝이라 하였다. ○樓舊里附城 – 樓舊里는 지명. 附城은 왕망이 제
정한 작위 명칭. 5관작 중 제 5위. ○居樽下 – 잔을 머리 위로 들어 올리다.
존경의 표시. ○字謂邑 – 王邑의 字를 부르다. 王邑의 자는 公子.

〖 國譯 〗

  왕망이 居攝(거섭)할 때 槐里(괴리)현에 큰 도적 趙朋(조붕)과 霍鴻
(곽홍) 등의 무리가 일어나 前煇光(전휘광)의 관내까지 세력을 뻗쳐왔
는데 누호는 이 때문에 면직당해 서인이 되었다. 누호가 현직에 있

을 때 작록이나 선물로 들어온 것은 손길 가는 대로 다 주어버렸다. 물러나 마을에 살 때는 五侯도 모두 죽었으며, 또 늙고 세력도 없기에 문객도 점차 줄어들었다. 왕망은 찬위하고서 옛날의 정으로 누호를 불러 만났는데 누호를 樓舊里(누구리)의 附城(부성, 제후)에 보하였다. 그리고 성도후 王商(왕상)의 아들 王邑(왕읍)은 大司空(대사공, 어사대부)이 되었는데 높은 자리에 오르자 왕상의 옛 문객들이 왕읍을 공경하며 섬겼다. 그러나 누호만은 옛 지조를 지켰고 왕읍도 누호를 부친 대하듯 섬기며 감히 소홀히 하지 않았다.

어느 때인가 빈객을 초청했는데 왕읍이 잔을 높이 들어 올리며 "어린 자식이 축수하옵니다."라고 말했다. 좌석의 100여 명 손님이 모두 한발 물러나 엎드렸지만 누호는 혼자 동향으로 정좌하고서 왕읍의 字를 불러 말했다. "公子는 귀한 자리에서 어찌 이러시는가!"

그전에 누호에게는 呂公(여공)이라는 친우가 있었는데 자식이 없어 누호에 의지하고 있었다. 누호는 여공과 함께 누호의 처는 여공의 처와 함께 식사를 했었다. 누호가 집에 있게 되면서 누호의 처자는 여공을 점차 싫어하였다. 누호가 듣고서 눈물을 흘리며 아내와 자식을 책망하였다. "여공이 옛 친구로 늙고 궁하여 나에게 몸을 맡겼으니 의리상 당연히 모셔야 한다." 그리고서는 여공이 죽을 때까지 부양하였다. 누호가 죽은 뒤 아들이 작위를 계승했다.

92-6. 陳遵

原文

陳遵字孟公, 杜陵人也. 祖父遂, 字長子, 宣帝微時與有故, 相隨博弈, 數負進. 及宣帝即位, 用遂, 稍遷至太原太守, 乃賜遂璽書曰, "制詔太原太守, 官尊祿厚, 可以償博進矣. 妻君寧時在旁, 知狀." 遂於是辭謝, 因曰, "事在元平元年赦令前." 其見厚如此. 元帝時, 徵遂爲京兆尹, 至廷尉.

| 註釋 | ○宣帝微時 - 微는 貧賤. 선제는 武帝의 증손으로 태어났지만 誣蠱(무고)의 화를 당해 겨우 목숨을 유지하며 陳外家(祖母의 친정)에서 성장하며 결혼까지 했었다. ○相隨博弈 - 博은 局戲, 장기. 弈은 바둑 혁. ○數負進 - 負는 내기에서 지다. 進은 갚아야 할 돈이 있다. 贐(예물 신)과 같은 뜻. ○元平元年赦令前 - 元平元年은 昭帝의 재위 마지막 해(前 74년, 소제가 죽고 선제가 즉위하는 해). 赦令(사면령) 이전의 일이라서 그전의 죄는 모두 사면되었으니 갚을 의무가 없다는 뜻.

〖國譯〗

陳遵(진준)의 字는 孟公(맹공)으로 杜陵縣(두릉현) 사람이다. 조부인 陳遂(진수)의 字는 長子(장자)인데 선제가 미천할 때 친구로 지내며 함께 내기 장기를 두었는데 여러 번 내기에서 져 갚아야 할 돈이 있었다. 선제가 즉위한 뒤에 진수를 등용했고 점차 승진하여 太原의 태수가 되었는데, 선제가 璽書(새서, 국새를 찍은 문서)를 보냈다.

"황제의 명령을 太原太守에게 보내노니, 벼슬도 높고 녹봉도 많으니 내기에 진 돈을 갚아야 할 것이다. 아내인 君寧(군영)이 그때 곁에 있었으니 빚진 것을 알고 있을 것이로다."

　그러자 진수는 사례하며 말했다. "그 일은 元平 원년 사면령 이전의 일입니다." 그에 대한 선제의 대우가 이 정도였다. 원제 때 진수는 경조윤이 되었다가 정위까지 승진하였다.

　遵少孤, 與張竦伯松俱爲京兆史. 竦博學通達, 以廉儉自守, 而遵放縱不拘, 操行雖異, 然相親友, 哀帝之末俱著名字, 爲後進冠. 並入公府, 公府掾史率皆羸車小馬, 不上鮮明, 而遵獨極輿馬衣服之好, 門外車騎交錯. 又日出醉歸, 曹事數廢. 西曹以故事適之, 侍曹輒詣寺舍白遵曰, "陳卿今日以某事適." 遵曰, "滿百乃相聞." 故事, 有百適者斥, 滿百, 西曹白請斥. 大司徒馬宮大儒優士, 又重遵, 謂西曹, "此人大度士, 奈何以小文責之?" 乃擧遵能治三輔劇縣, 補郁夷令. 久之, 與扶風相失, 自免去.

　| 註釋 | ○張竦伯松 - 張竦(장송)은 성명. 伯松(백송)은 字. ○俱著名字 - 俱는 함께. 著名字는 이름이 알려지다. ○羸車(이거) - 초라한 수레. 羸 여윌 이(리). ○曹事 - 담당 부서의 업무. ○以故事適之 - 전례에 의거 문책하다. 適은 謫. 꾸짖다. ○寺舍 - 官舍. 사무실. ○優士 - 賢士를 우대하

다. ○三輔劇縣 - 劇縣(극현)은 일이 많은 현, 다스리기 힘든 현. ○郁夷令 - 郁夷(욱이)는 현명. 今 陝西省 寶雞市.

[國譯]

陳遵(진준)은 어려서 부친을 여의었는데 張竦(장송, 字 伯松)과 함께 경조윤의 속리가 되었다. 장송은 학문이 깊고 통달하였으며 청렴검소하며 매사에 조심하였으나 진준은 방종하며 小節에 얽매이지 않아 두 사람의 操行(조행)이 달랐지만 서로 친우로서 애제 말년에 함께 이름이 났고 젊은 관리들의 우두머리 격이었다. 나란히 관청에 들어갈 때 관청 하급 관리들의 수레는 대개 삐쩍 마른 말이 끄는 초라한 수레였지만 진준은 말과 수레를 화려하게 장식하여 관청 밖에서 수레가 뒤섞일 때 매우 당당하였다. 또 진준은 매일 나가서 술에 취해 돌아와 부서 일을 여러 번 처리하지 못했다. 그러면 西曹(서조)의 관리가 관례에 의거 적발하였고 하급 관리가 진준의 사무실에 와서 진준에게 말했다. "陳卿은 오늘 이런 일로 지적받았습니다." 그러면 진준이 말했다. "1백 번이 차면 알려 주시오." 전례에 의하면 1백 번 지적을 받으면 관직에서 물러나야만 했는데 1백 번이 되자 서조에서 면직을 요청하였다. 大司徒인 馬宮(마궁)은 大儒로 평소에 현사를 우대하고 존중하였는데 서조의 관리에게 말했다. "이 사람은 도량이 넓은 현사인데, 왜 그런 작은 일로 문책하려는가?" 그리고는 진준을 三輔에서도 다스리기 힘든 현을 다스릴 수 있다고 추천하여 郁夷(욱이) 현령에 임명하였다. 얼마 뒤에 우부풍과 뜻이 맞지 않아 스스로 사임하였다.

槐里大賊趙朋,霍鴻等起, 遵爲校尉, 擊朋,鴻有功, 封嘉威
侯. 居長安中, 列侯近臣貴戚皆貴重之. 牧守當之官, 及郡
國豪桀至京師者, 莫不相因到遵門.

遵嗜酒, 每大飮, 賓客滿堂, 輒關門, 取客車轄投井中, 雖
有急, 終不得去. 嘗有部刺史奏事, 過遵, 値其方飮, 刺史大
窮, 候遵霑醉時, 突入見遵母, 叩頭自白當對尙書有期會狀,
母乃令從後閣出去. 遵大率常醉, 然事亦不廢.

| 註釋 | ○校尉 – 중상급 무관. ○轄 – 수레 비녀장 할. 수레바퀴와 굴대
를 고정시키는 큰 못. ○部刺史 – 13部의 刺史. ○霑醉(점취) – 大醉. ○期
會 – 約定期限. ○後閣 – 후문. 閣은 쪽문 합.

〖國譯〗

槐里(괴리)현에서 도적인 趙朋(조붕)과 霍鴻(곽홍) 등이 일어나자,
진준은 교위로 조붕과 곽홍 토벌에 공을 세워 嘉威侯(가성후)에 봉해
졌다. 長安에 거처할 때 列侯와 近臣과 貴戚(귀척)들이 모두 진준을
존중하였다. 지방관으로 나가거나 경사에 들어오는 군국의 호걸들
이 서로 진준을 예방하지 않는 사람이 없었다.

진준은 술을 좋아했고 매번 크게 마셨는데 손님이 집에 가득 모
이면 매번 대문을 잠그고 손님 수레의 바퀴에 끼는 굴대 고정 못을
뽑아 우물에 버려 아무리 급해도 먼저 나갈 수가 없었다. 한번은 部
의 자사가 상주할 일이 있어 진준에게 들렀는데 마침 한창 술을 마

실 때라서 자사가 나갈 수가 없었는데 진준이 대취하자 안으로 진준 모친을 찾아 머리를 숙이고 상서와 만나기로 한 약속을 설명하자 모친이 후문으로 내 보내 주었다. 진준은 보통 때 늘 술에 취해 있었지만 업무를 못하지는 않았다.

原文

長八尺餘, 長頭大鼻, 容貌甚偉. 略涉傳記, 贍於文辭. 性善書, 與人尺牘, 主皆藏去以爲榮. 請求不敢逆, 所到, 衣冠懷之, 唯恐在後. 時列侯有與遵同姓字者, 每至人門, 曰, 陳孟公, 坐中莫不震動, 旣至而非, 因號其人曰, 陳驚坐云.

| 註釋 | ㅇ尺牘 - 척독. 書信. 牘은 서찰 독. 그때는 종이 발명 이전이니 便紙라고 번역할 수 없을 것이다. ㅇ衣冠 - 의관을 차린 벼슬아치. 高官. 官紳. ㅇ陳驚坐 - 좌중을 놀라게 하는 진씨.

〖 國譯 〗

진준은 키가 8척이 넘고 긴 얼굴에 코도 커서 용모가 아주 당당하였다. 여러 책을 섭렵하였고 문사가 풍부하였다. 천성적으로 글씨를 잘 썼는데 다른 사람에게 보낸 尺牘(척독, 書信)을 받은 사람이 소장하면서 영광으로 여겼다. 진준이 부탁하면 거절하지 못했고 가는 곳마다 상류 인사들이 불러 접대하며 혹시 소홀할까 걱정하였다. 그때 열후 중에 진준과 같은 성과 字(자)를 쓰는 사람이 있었는데 다른 사람을 방문할 때 "陳孟公이 왔습니다."라고 하면 모든 좌중이 놀라지만 진준이 아니라서 당시 사람들이 '陳驚坐(진경좌)'라고 불렀다고 한다.

原文

王莽素奇遵材, 在位多稱譽者, 由是起爲河南太守. 旣至官, 當遣從史西, 召善書吏十人於前, 治私書謝京師故人. 遵馮几, 口占書吏, 且省官事, 書數百封, 親疏各有意, 河南大驚. 數月免.

| 註釋 | ○從史 - 수행원. 散吏 ○口占 - 불러주다.

〔國譯〕

왕망은 평소에 진준의 재능을 기이하다 여겼고 진준을 칭찬하는 고관이 많아 진준을 기용하여 河南 태수로 임명하였다. 하남 관부에 도착하여 從史를 서쪽(장안)으로 보내기 전에 글씨를 잘 쓰는 관리 10여 명을 불러 놓고 경사의 우인들에게 사례하는 편지를 쓰게 하였다. 진준은 안석에 기대 앉아 書吏에게 구술하였는데 관청 업무를 결재하면서 사적 서찰 100여 통을 친소에 따라 그 내용을 다르게 작성케 하니 하남군 사람들이 놀랐다. 그러나 몇 달 뒤에 그만두었다.

初, 遵爲河南太守, 而弟級爲荊州牧, 當之官, 俱過長安
富人故淮陽王外家左氏飮食作樂. 後司直陳崇聞之, 劾奏,
"遵兄弟幸得蒙恩超等歷位, 遵爵列侯, 備郡守, 級州牧奉
使, 皆以擧直察枉宣揚聖化爲職, 不正身自愼. 始遵初除,
乘藩車入閭巷, 過寡婦左阿君置酒謌謳, 遵起舞跳梁, 頓僕
坐上, 暮因留宿, 爲侍婢扶臥. 遵知飮酒飫宴有節, 禮不入
寡婦之門, 而湛酒混餚, 亂男女之別, 輕辱爵位, 羞汙印韍,
惡不可忍聞. 臣請皆免." 遵旣免, 歸長安, 賓客愈盛, 飮食
自若.

| 註釋 | ○外家 – 외조부의 집. 또 여자가 출가한 뒤에 친정을 외가라고
하였다. ○司直 – 승상부의 속관. 관리의 불법을 감독하는 승상의 직무를
보좌. ○藩車(번거) – 가림막을 친 수레. ○謌謳 – 노래하다. 謌는 노래 가
(歌와 同). 謳는 노래할 구. ○羞汙印韍 – 羞는 부끄러울 수. 부끄럽게 하다.
드릴 수, 음식 수. 汙는 더러울 오(汚). 印韍(인불)은 印綬(인수). 관직. 韍은
인끈 불.

〖 國譯 〗

  그전에 진준이 하남태수가 되었을 때 동생 陳級(진급)은 荊州(형
주)의 牧(목, 刺史)이 되어 임지로 가야 했는데 형제가 장안의 부호인
故 淮陽王(회양왕)의 외가인 左氏(좌씨) 집에 들려 술을 마시고 즐겼
다. 뒤에 司直인 陳崇이 이를 알고 탄핵 상주하였다.

"陳遵(진준) 형제는 요행히 서열을 넘어 성은을 받았는데 진준은 열후의 작위를 받고 군수에 임명되었으며, 陳級은 州의 牧(刺史)이 되었으니 모두 정직한 자를 천거하고 부정을 감찰하며 성덕을 널리 펴는 것이 직무이기에 자신이 바른 행동을 하도록 신중해야 합니다. 그런데도 진준은 군수를 제수 받으며 가림막을 친 수레를 타고 골목 안의 과부인 左阿君(좌아군)의 집에 들려 술상을 차려놓고 노래를 불렀고, 진준은 일어나 뛰면서 춤을 추다가 자리에 거꾸로 넘어졌으며 날이 저물었다고 유숙하면서 비녀의 부축을 받으며 잠자리에 들었습니다. 진준은 음주와 作樂에 절도가 있어야 하고 예법에 과부의 집에 들어갈 수 없다는 것을 알면서도 술과 안주에 취했고, 남녀유별의 예를 문란케 하였으며, 작위와 관직을 소홀히 하며 욕되게 하였으니 그 추행을 이루 다 말할 수가 없습니다. 臣은 두 사람의 파직을 주청합니다."

진준이 면직된 뒤 장안으로 돌아오자 빈객은 더욱 많아졌고 편안하게 먹고 마셨다.

原文

久之, 復爲九江及河內都尉, 凡三爲二千石. 而張竦亦至丹陽太守, 封淑德侯. 後俱免官, 以列侯歸長安. 竦居貧, 無賓客, 時時好事者從之質疑問事, 論道經書而已. 而遵晝夜呼號, 車騎滿門, 酒肉相屬.

　○丹陽太守 – 군명. 치소는 宛陵縣(今 安徽省의 동남부 宣城市, 宣紙가 유명, 中國 ‘文房四寶의 鄕’).

〖 國譯 〗

　얼마 후 다시 九江郡과 河內郡의 都尉가 되었으니 모두 3번 2천석의 지위에 올랐다. 그리고 張竦(장송) 또한 丹陽 태수로 淑德侯(숙덕후)에 봉해졌다. 뒤에 두 사람 모두 관직을 사임하고 열후로 장안에 살았다. 장송은 가난하고 빈객도 없었으며 가끔 호사가가 의문되는 일을 물어오거나 경서를 토론할 뿐이었다. 진준은 주야로 사람이 찾아오고 거마가 집안에 가득했으며 주육이 이어졌다.

原文

　先是, 黃門郎揚雄作〈酒箴〉以諷諫成帝, 其文爲酒客難法度士, 譬之於物, 曰, ‘子猶瓶矣. 觀瓶之居, 居井之眉, 處高臨深, 動常近危. 酒醪不入口, 臧水滿懷, 不得左右, 牽於纆徽. 一旦亳礙, 爲瓽所轠, 身提黃泉, 骨肉爲泥. 自用如此, 不如鴟夷. 鴟夷滑稽, 腹如大壺, 盡日盛酒, 人復借酤. 常爲國器, 托於屬車, 出入兩宮, 經營公家. 由是言之, 酒何過乎!’”

　遵大喜之, 常謂張竦, “吾與爾猶是矣. 足下諷誦經書, 苦身自約, 不敢差跌, 而我放意自恣, 浮湛俗間, 官爵功名, 不減於子, 而差獨樂, 顧不優邪!" 竦曰, "人各有性, 長短自裁.
子欲爲我亦不能, 吾而效子亦敗矣. 雖然, 學我者易持, 效
子者難將, 吾常道也."

| 註釋 | ○黃門郎揚雄 − 黃門郞은 황제의 개인 비서 역할. 揚雄(양웅)은
87권, 〈揚雄傳〉에 입전. ○井之眉 − 우물 가. ○酒醪 − 탁주. 醪는 막걸리
료(醪). ○牽於纆徽 − 牽於纆徽. 포승줄에 묶이다. 여기서는 두레박 줄. 牽
은 끌 견. 纆 끈 묵. 노끈. 徽는 굵은 세 겹 줄 휘, 아름다울 휘. ○更礙(전애)
− 막히다. 更은 걸릴 전. 疐(꼭지 체)의 誤字라는 주석이 있다. 礙는 가로막
을 애. ○爲甕所轠 − 우물 바닥 벽돌에 부딪쳐 깨지다. 甕는 큰 동이 당. 鋪
石. 轠는 잇닿을 뇌. ○鴟夷(치이) − 술을 담을 수 있는 가죽 자루. ○滑稽
(골계) − 酒器. 돌고 도는 도르래. 종일 술이 나온다는 의미. ○盡日 − 終日.
○人復借酤 − 사람이 다시 술을 사서 채우다. 酤 술 살 고. 술. ○托於屬車 −
황제를 수행하는 수레에 술을 싣다. 鴟夷(치이)에 술을 담아 싣고 다녔다. 屬
車는 副車. ○足下 − 대등한 사람에 대한 경칭. 貴下. ○不敢差跌 − 差跌(차
질)은 실족하여 넘어지다. 실수하다. ○顧不優邪 − 생각해보면 더 낫지 않
은가. 顧는 念也. ○吾而效子~ − 而는 만약. 子는 그대. 당신. ○難將 − 일
을 해내기 어려울 것이다.

〖 國譯 〗

　이에 앞서 황문랑인 揚雄(양웅)이 〈酒箴(주잠)〉을 지어 成帝를 풍
간하였는데 그 글은 酒客을 가상으로 설정하여 법도를 따지는 선비
를 責難(책난)하였는데 물건으로 사람을 비유하였다.

　"당신은 술병과 같습니다. 술병이 있는 곳을 보면 우물가나 높은
곳 아니면 깊은 곳에 있어 움직이려면 늘 위험합니다. 탁주는 그 입

구로 들어가기도 어렵고 물을 가득 담아놓으면 좌우로 움직일 수도 없으며 튼튼한 노끈으로 묶여 있습니다. 일단 막히거나 벽돌에 부딪치게 되면 몸은 황천에 떨어지고 골육은 진흙에 묻히게 됩니다. 이런 쓰임새를 보면 鴟夷(치이, 술 담는 자루)보다 못합니다. 치이는 술이 계속 나오는데 배는 큰 항아리처럼 크고 종일 술을 담고 있으며 사람이 다시 술을 사다 채워줍니다. 언제나 나라에서 필요한 容器로 황제의 수행 수레에 실리고 여러 궁궐을 출입하며 관청에서도 활용합니다. 이를 두고 말하지만 술이 무슨 잘못이 있습니까?"

진준은 이 글을 아주 좋아하면서 늘 장송에게 말했다. "나와 당신도 이와 같습니다. 족하는 경서를 암송하고 자신의 행실을 조심하면서 실수를 하지 않으려 하지만, 나는 마음 내키는 대로 행동하며 세상을 따라 부침했으나 관작과 공명은 당신에게 뒤지지 않으며 혼자 즐기는 쾌락일지라도 생각해보면 더 낫지 않은가!"

그러자 장송이 대답했다. "사람마다 개성이 있으며 그 길고 짧은 것은 스스로 재는 것입니다. 그대가 나를 닮으려 해도 닮을 수 없으며, 내가 당신을 본받고자 해도 안 되는 것입니다. 그렇지만 나를 따라 배우는 자는 쉽게 가질 수 있지만 당신을 본받는 자는 따라 하기 어려울 것이니, 내가 바로 정상적인 길입니다."

原文

及王莽敗, 二人俱客於池陽, 竦爲賊兵所殺. 更始至長安, 大臣薦遵爲大司馬護軍, 與歸德侯劉颯俱使匈奴. 單于欲脅

詘邊, 邊陳利害, 爲言曲直, 單于大奇之, 遣還. 會更始敗,
邊留朔方, 爲賊所敗, 時醉見殺.

| 註釋 | ○及王莽敗 - 왕망(前 45 - 서기 23)은 서기 8 - 23년 新의 황제로
재위, 地皇 4년(서기 23)에 綠林軍이 장안을 공격하자 왕망은 혼란 중에 杜
吳(두오)라는 상인에게 피살되었다. ○池陽 - 左馮翊의 현명. 今 陝西省 咸
陽市 관할의 三原縣. ○更始至長安 - 綠林軍에 의해 옹립된 更始帝 劉玄.
서기 23년 洛陽에서 즉위하고 24년에 장안으로 천도했다. ○朔方 - 군명.
지금 내몽고 지역의 황하 유역.

〖國譯〗

　　왕망이 죽자, 진준과 장송은 池陽縣(지양현)에 피난하였는데 장송
은 賊兵에게 피살되었다. 更始帝(경시제)가 장안에 들어오자 대신들
은 진준을 천거하여 大司馬護軍이 되었다가 귀덕후 劉颯(유삽)과 함
께 흉노에 사신으로 나갔다. 흉노의 선우는 진준을 협박하며 투항을
강요했으나 진준은 이해를 따져 설득하며 일의 옳고 그름을 따지자
선우는 크게 놀라며 돌려보냈다. 그때 경시제가 죽자, 진준은 朔方
城(삭방성)에 머물고 있다가 술에 취해 도적에게 살해되었다.

92-7. 原涉

原文

原涉字巨先. 祖父武帝時以豪桀自陽翟徙茂陵. 涉父哀帝
時爲南陽太守. 天下殷富, 大郡二千石死官, 賦斂送葬皆千
萬以上, 妻子通共受之, 以定産業. 時又少行三年喪者. 及
涉父死, 讓還南陽賻送, 行喪冢廬三年, 由是顯名京師. 禮
畢, 扶風謁請爲議曹, 衣冠慕之輻輳. 爲大司徒史丹擧能治
劇, 爲谷口令, 時年二十餘. 谷口聞其名, 不言而治.

| 註釋 | ○陽翟(양책) - 潁川郡 치소, 今 河南省 許昌市 관할의 禹州市.
○死官 - 관직 재임 중에 죽다. ○行喪冢廬三年 - 3年 守墓를 하다. 冢廬(총
려)는 수묘하는 거처.   ○史丹 - 82권, 〈王商史丹傅喜傳〉에 입전.   ○谷口 -
縣名. 今 陝西省 咸陽市 禮泉縣 동북.

〖國譯〗

原涉(원섭)의 字는 巨先이다. 조부는 武帝 때 호걸로 陽翟縣(양책
현)에서 茂陵(무릉)으로 이사하였다. 원섭의 부친은 哀帝 때 南陽태
수였다. 그때 천하는 풍족했고 큰 군의 태수가 재임 중에 죽었기에
군내 백성이 장례비용으로 보내는 돈이 천만 전 이상으로 처자는 그
돈을 모두 받아 가산으로 할 수 있었다. 그때는 3년 상을 치루는 사
람이 많지 않았다. 원섭은 부친이 죽자, 남양군에서 賻儀(부의)로 들

어온 돈을 모두 돌려보내고 무덤 옆에 오두막을 짓고 3년 守墓를 하였는데 이 때문에 경사에 이름이 널리 알려졌다. 3년 상을 마치자 右扶風이 초빙하여 議曹에 임명하자 관리들이 사모하며 모여들었다. 大司徒인 史丹은 원섭이 힘든 현도 다스릴 수 있다 생각하여 谷口(곡구)현령에 임명하였는데 원섭은 그때 20세 남짓이었다. 곡구현에서는 명성을 듣고 말을 하지 않아도 잘 다스려졌다.

原文

先是, 涉季父爲茂陵秦氏所殺, 涉居谷口半歲所, 自劾去官, 欲報仇. 谷口豪桀爲殺秦氏, 亡命歲餘, 逢赦出. 郡國諸豪及長安,五陵諸爲氣節者皆歸慕之. 涉遂傾身與相待, 人無賢不肖闐門, 在所閭里盡滿客. 或譏涉曰, "子本吏二千石之世, 結髮自修, 以行喪推財禮讓爲名, 正復讎取仇, 猶不失仁義, 何故遂自放縱, 爲輕俠之徒乎?" 涉應曰, "子獨不見家人寡婦邪? 始自約敕之時, 意乃慕宋伯姬及陳孝婦, 不幸一爲盜賊所汚, 遂行淫失, 知其非禮, 然不能自還. 吾猶此矣!"

| 註釋 | ○五陵 − 5개 陵縣, 곧 長陵, 陽陵, 安陵, 平陵, 茂陵. ○闐門 − 滿門. 闐 가득할 전. ○結髮 − 束髮. 어려서부터. ○宋伯姬 − 춘추시대 魯 宣公의 딸. 宋 恭公에게 출가했다. 恭公이 죽자 과부로 지조를 지켰는데 밤에 궁중에 불이 났는데 피신하라고 하자 '부인의 도의에 保傅(보부)가 함께하

지 않으면 밤에 下堂할 수 없다며 피하지 않고 타 죽었다. ○陳孝婦 - 漢 文帝 때의 효부. 남편이 행상을 떠나며 노모를 잘 모시라는 부탁을 했는데 남편이 죽자 끝까지 시부모를 잘 모셨다. 조정에서는 황금 40근을 하사하였다. ○淫失 - 淫佚(음일). 이때 失은 놓을 일. 마음대로 하다.

〔國譯〕

이에 앞서 원섭의 작은아버지가 무릉현의 秦氏(진씨)에게 피살당했는데 원섭이 곡구현령이 된지 반년 쯤 되었을 때였으나 원섭은 스스로 사임하고 원수를 갚으려 했다. 곡구현의 호걸이 진씨를 죽여주었기에 원섭은 도망쳤고 1년쯤 지나자 사면령이 반포되었다. 郡國의 여러 호걸과 장안, 그리고 五陵縣의 기개와 지조가 있는 여러 사람들이 모두 원섭을 흠모하며 모여들었다. 원섭은 현명하든, 불초하든 정성을 다하여 상대하여 대문이 언제나 붐볐으며 사는 마을에 손님이 가득했다. 이에 어떤 사람이 원섭을 나무라며 말했다.

"당신은 본래 2천석 고관의 후세로 어려서부터 수신하였고 상례에 재물을 사양하였으며, 禮讓으로 사람을 상대하여 명성을 얻었는데 원수를 갚는다며 새 원수를 만들었으니 비록 仁義를 잃지는 않았다지만 왜 스스로 방종하며 협객이 되려 합니까?"

이에 원섭이 대답하였다. "당신은 민간의 과부를 보지 못했습니까? 처음에 과부가 되어 다짐할 때는 누구든 宋伯姬(송백희)나 陳孝婦(진효부)를 사모하지만 불행하게 도적에게 몸이 더럽혀지거나 음행을 하면 그것이 예가 아닌 줄을 알면서도 스스로 正道로 돌아오지 못하는 것입니다. 나도 그와 같습니다!"

涉自以爲前讓南陽賻送, 身得其名, 而令先人墳墓儉約,
非孝也. 乃大治起塚舍, 周閣重門. 初, 武帝時, 京兆尹曹氏
葬茂陵, 民謂其道爲京兆仟, 涉慕之, 乃買地開道, 立表署
曰, 南陽仟, 人不肯從, 謂之原氏仟. 費用皆卬富人長者, 然
身衣服車馬纔具, 妻子內困. 專以振施貧窮赴人之急爲務.
人嘗置酒請涉, 涉入里門, 客有道涉所知母病避疾在里宅
者. 涉卽往候, 叩門. 家哭, 涉因入吊, 問以喪事. 家無所有,
涉曰, "但潔掃除沐浴, 待涉." 還至主人, 對賓客歎息曰,
"人親臥地不收, 涉何心鄉此! 願撤去酒食." 賓客爭問所當
得, 涉乃側席而坐, 削牘爲疏, 具記衣被棺木, 下至飯含之
物, 分付諸客. 諸客奔走市買, 至日昳皆會. 涉親閱視已, 謂
主人, "願受賜矣." 旣共飮食, 涉獨不飽, 乃載棺物, 從賓客
往至喪家, 爲棺斂勞徠畢葬. 其周急待人如此. 後人有毁涉
者曰, "姦人之雄也," 喪家子卽時刺殺言者.

| 註釋 | ○京兆仟 - '경조윤의 길.' 仟은 두둑에 난 길 천. ○卬富人長者
- 卬은 仰. 의지하다. ○纔具 - 겨우 갖추다. 纔는 겨우 재(才)와 같음. ○側
席而坐 - 걱정거리가 있는 사람은 한편에 피해 앉는다고 하였다. ○削牘爲
疏 - 削은 깎을 삭. 牘은 木簡. 疏는 記帳하다. ○飯含之物 - 飯은 제사에 쓸
물건. 含은 부장품. ○日昳 - 해가 질 무렵. 昳은 해가 기울 질. ○勞徠 - 徠
는 위로할 래.

[國譯]

原涉(원섭)은 앞서 남양군에서 백성들의 부의를 돌려보내어 명성을 얻었지만 선친의 분묘를 검소하게 만든 것은 불효라고 생각하였다. 이에 분묘를 크게 수리하고 묘 곁에 집을 짓고 사방에 누각을 지었으며 重門도 만들었다. 그전 무제 때 경조윤이던 曹氏(조씨)는 茂陵(무릉)에 묻혔고 무덤 앞 神道를 백성들이 京兆仟(경조천)이라고 불렀는데, 원섭은 이를 흠모하여 땅을 사서 길을 내 주고 '南陽仟'이라고 표지를 세워 놓았는데 사람들은 그렇게 부르지 않고 '原氏仟(원씨천)'이라고 불렀다. 그 비용은 모두 부자나 높은 사람들이 대었지만 원섭은 그 자신의 의복이나 수레를 겨우 갖추었으며 처자의 살림은 곤궁하였다. 원섭은 전적으로 빈궁한 사람에게 베풀거나 남의 위급한 일을 돕는데만 힘썼다.

어떤 사람이 술자리를 준비하고 원섭을 초청하였는데 원섭이 그 마을에 들어가자 다른 빈객이 원섭이 알고 지내는 사람의 모친이 질병은 피하여 그 마을의 집에 있다는 말을 해 주었다. 원섭이 즉시 문안을 하려고 그 집 문을 두드렸다. 집안에서 곡소리가 나서 원섭이 들어가 조문을 하고 喪事에 대하여 물었다. 집안에 가진 것이 없다고 하자 원섭이 말했다. "일단 집안을 소제하고 시신을 목욕시키고서 내가 돌아올 때까지 기다리시오." 원섭은 자신을 초청한 사람 집에 가서 여러 빈객을 보고 탄식하며 말했다. "아는 사람 모친이 죽어 시신을 수습하지 못하고 있는데 내가 어찌 음식을 마주하겠습니까! 음식을 거둬 주시기 바랍니다." 그러자 빈객들이 다투어 할 수 있는 일을 물었고, 원섭은 방의 한편으로 피해 앉고서 목간을 깎아 장부를 만들어 수의나 시신의 이불과 관곽의 목재나 제사 용품과 부장품을 모두 기록하여 빈객들에게 부탁하였다. 여러 빈객들이 부지런히 물건을 구매하여 해질 무렵에 모두가 준비되었다. 원섭은 직접 그 물건들을 살펴보고서 주인에게 말했다. "차려주신 술과 음식을 먹겠습니다." 모두 함께 음식을 먹었는데 원섭은 배불리 먹지 않고 바로 관과 물건들을 가지고 다른 빈객과 함께 상가에 가서 염하여 입관하고 빈객들을 격려하며 장례를 마쳤다. 그의 위급한 사람을 돕는 것이 이와 같았다.

뒤에 어떤 사람이 원섭을 헐뜯으며 '간악한 사람들의 우두머리'라고 하였는데 그 상가의 아들이 그렇게 말한 사람을 즉시 찔러 죽였다.

原文

賓客多犯法, 罪過數上聞. 王莽數收繫欲殺, 輒復赦出之. 涉懼, 求爲卿府掾史, 欲以避客. 文母太后喪時, 守復土校尉. 已爲中郞, 後免官. 涉欲上塚, 不欲會賓客, 密獨與故人期會. 涉單車驅上茂陵, 投暮, 入其里宅, 因自匿不見人. 遣奴至市買肉, 奴乘涉氣與屠爭言, 斫傷屠者, 亡. 是時, 茂陵守令尹公新視事, 涉未謁也, 聞之大怒. 知涉名豪, 欲以示衆厲俗, 遣兩吏脅守涉. 至日中, 奴不出, 吏欲便殺涉去. 涉迫窘不知所爲. 會涉所與期上塚者車數十乘到, 皆諸豪也, 共說尹公. 尹公不聽, 諸豪則曰, "原巨先奴犯法不得, 使肉袒自縛, 箭貫耳, 詣廷門謝罪, 於君威亦足矣." 尹公許之.

涉如言謝, 復服遣去.

| 註釋 | ○卿府掾史 - 9卿 官府의 掾史. ○文母太后 - 원제의 황후 王政君. 왕망의 고모. ○守復土校尉 - 守는 임시, 대리직. 復土校尉는 능의 토목공사를 지휘하는 무관직. ○驅上 - 驅(몰고 갈 구)는 驅(몰 구). ○投暮 - 어두워진 뒤에. 遲暮. ○茂陵守令 - 무릉현령 직무대리.

〖 國譯 〗

　　원섭의 빈객 중에 범법자가 많아 그 죄과가 황제까지 알려졌다. 왕망은 체포해서 죽이려 했지만 그때마다 사면령이 반포되었다. 원섭은 두려워 관직을 구해 9경 관부의 속리가 되어 빈객과 어울리지 않았다. 원섭은 元帝 황후인 文母太后의 장례 때에는 復土校尉 직무대리가 되었다. 나중에 中郎이 되었다가 면관하였다. 원섭이 선친 분묘에 머물며 빈객들과 만나지 않으려고 친한 벗과 비밀리에 만나기로 약속하였다. 원섭은 혼자 말을 타고 무릉현에 갔다가 날이 어두워진 다음에 그 마을에 들어가 다른 사람의 눈에 띄지 않았다. 정육을 사오라고 노비를 시장에 보냈는데 노비가 원섭의 힘을 믿고 도살자와 언쟁을 하다가 도끼로 상처를 입히고 도주하였다. 이때 무릉의 현령 대리인 尹公(윤공)이 새로 부임하였지만 원섭은 아직 만나보지 못했는데 윤공은 이를 알고 대노하였다. 윤공은 원섭이 유명한 협객이니, 이를 계기로 자신의 위엄을 보이고 풍기를 단속하겠다고 생각하여 관리 두 명을 보내 원섭의 집을 감시하였다. 한낮이 되어도 노비가 나오지 않자 관리는 원섭을 죽이고 돌아가려 하였다. 원섭은 궁지에 몰려 어찌할 줄 몰랐다. 마침 원섭과 함께 분묘에 따라가고 싶어 하는 수레 수십 량이 모여들었고 모두 土豪(토호)들로 윤공을 설득하였다. 윤공이 따르려 하지 않자 토호들이 말했다. "원섭의 노비가 법을 어겼지만 못 잡았으니 범인의 웃통을 벗겨 묶고 귀에 화살을 꿰어 현청에 나아가 사죄하게 하면 현령의 권위도 충분히 서게 될 것이요." 尹公은 수락하였다. 원섭은 약속대로 사죄하게 한 뒤에 헌옷을 입혀 데려왔다.

原文

　初, 涉與新豐富人祁太伯爲友, 太伯同母弟王游公素嫉涉, 時爲縣門下掾, 說尹公曰, "君以守令辱原涉如是, 一旦眞令至, 君復單車歸爲府吏, 涉刺客如雲, 殺人皆不知主名, 可爲寒心. 涉治塚舍, 奢僭逾制, 罪惡暴著, 主上知之. 今爲君計, 莫若墮壞涉塚舍, 條奏其舊惡, 君必得眞令. 如此, 涉亦不敢怨矣." 尹公如其計, 莽果以爲眞令. 涉由此怨王游公, 選賓客, 遣長子初從車二十乘劫王游公家. 游公母卽祁太伯母也, 諸客見之皆拜, 傳曰, "無驚祁夫人." 遂殺游公父及子, 斷兩頭去.

| 註釋 |　○新豐 − 현명. 今 陝西省 西安市 臨潼區 북쪽. ○縣門下掾 − 縣관아의 小吏. ○游公父及子 − 왕유공의 父와 子, 곧 왕유공.

　그전에 원섭은 신풍현의 부호인 祁太伯(기태백)과 친구였으나 기태백의 씨가 다른 동생 王游公(왕유공)은 평소에 원섭을 질시하였는데 그때 무릉현의 하급 관리로 현령 대리 윤공에게 말했다. "당신은 현령 대리로 원섭에게 수모를 당했는데, 일단 정식 현령이 내려온다면 당신은 홀로 우부풍의 관리로 돌아가야 하며, 원섭의 자객은 구름처럼 많고 살인을 해도 누가 주동자인지 알 수도 없으니 정말 한심한 일입니다. 원섭의 봉분 주변 저택은 화려하며 법제를 초월하였고 그간 여러 죄상도 확실하여 주상께서도 알고 계십니다. 지금 당신을 위한 계책으로는 원섭의 봉분 저택을 헐어버리는 것보다 더 좋은 것이 없으며 과거의 범죄를 조목조목 열거한다면 당신은 정식 현령이 될 수 있습니다. 그렇게 되면 원섭은 감히 대들지 못할 것입니다." 윤공은 그 방책에 따랐고, 왕망은 윤공을 정식 현령으로 임명하였다. 원섭은 이 때문에 왕유공에게 원한을 품고 빈객을 선발하여 장남 原初(원초)와 함께 수레 20여 대를 몰고 가서 왕유공의 집을 포위하였다. 왕유공의 모친은 곧 기태백의 모친이었는데 여러 빈객들이 보고서는 절을 올리며 서로 말했다. "기공의 모친을 놀라게 하지 마시오." 결국 왕유공과 그 부친의 목을 잘라갔다.

原文

　涉性略似郭解, 外溫仁謙遜, 而內隱好殺. 睚眥於塵中, 獨死者甚多. 王莽末, 東方兵起, 諸王子弟多薦涉能得士死,可用. 莽乃召見, 責以罪惡, 赦貰, 拜鎮戎大尹. 涉至官無幾, 長安敗, 郡縣諸假號起兵攻殺二千石長吏以應漢. 諸假號素聞涉名, 爭問原尹何在, 拜謁之. 時莽州牧使者依附涉者皆得活. 傳送致涉長安, 更始西屛將軍申徒建請涉與相見, 大重之. 故茂陵令尹公壞涉塚舍者爲建主簿, 涉本不怨也. 涉從建所出, 尹公故遮拜涉, 謂曰, "易世矣, 宜勿復相怨!" 涉曰, "尹君, 何壹魚肉涉也!" 涉用是怒, 使客刺殺主簿.

| 註釋 | ○塵中 – 塵世 中. ○獨死者 – 獨은 觸이어야 文理가 통함. ○赦貰 – 貰는 赦. 赦免(사면). ○鎮戎大尹 – 왕망은 天水郡을 鎮戎, 太守를 大尹으로 개명했다. 天水郡 치소는 平襄縣(今 甘肅省 定西市 관할의 通渭縣). ○無幾 – 오래지 않아. ○以應漢 – 更始帝(劉玄)의 漢을 후세에서는 보통 玄漢이라 통칭한다. ○何壹魚肉涉也 – 어찌 나를 해치려 했었나! 魚肉은 제멋대로 토막을 내고 삶다. 해치다.

〔國譯〕

　원섭의 성격은 郭解(곽해)와 대략 비슷하여 밖으로 온순 인자하고 겸손하면서도 안으로는 살육을 좋아하였다. 시중에서 눈을 흘겨 째려보고 성질을 건드렸다고 죽인 자가 아주 많았다. 왕망 말기에 동방에서 반군이 일어나면서 여러 왕이나 귀족 자제들은 원섭이 죽기를 각오한 군사를 거느릴 수 있어 등용할 만하다고 원섭을 천거하였다. 왕망은 원섭을 불러 만나 그간의 죄를 책망한 뒤 사면하면서 天水 태수에 임명하였다. 원섭이 부임한 지 얼마 안 되어 장안이 함락되었고 군현에서 임시 칭호로 기병한 자들은 2천석 태수나 관리들을 죽이며 玄漢(更始帝의 漢)에 호응하였다. 여러 임시 호칭 세력가들은 평소에 원섭의 이름을 알고 있었기에 다투어 원섭이 어디에 있는가를 물으며 찾아와 만났다. 그때 왕망 치하에서 州의 牧(刺史)로 원섭에 의지했던 자들은 모두 살아남았다. 원섭이 장안에 가자 更始帝의 西屏將軍(서병장군)인 申徒建(신도건)은 원섭을 불러 상견하고 크게 대접하였다. 옛날 무릉 현령으로 원섭의 봉분 저택을 허물게 했던 尹公(윤공)이란 자는 신도건의 주부였는데 원섭은 본래 원한이 없었다. 원섭이 신도건을 만나고 나오자 윤공이 일부러 나와 원섭에게 절을 하며 말했다. "세상이 바뀌었습니다만 이제 서로 원망하지 맙시다!" 이에 원섭이 말했다. "尹君은 나를 해치려 하지 않았는가!" 원섭은 화를 내었고 나중에 자객을 보내 主簿(尹公)을 찔러 죽였다.

原文

涉欲亡去, 申徒建內恨恥之, 陽言, "吾欲與原巨先共鎭三輔, 豈以一吏易之哉!" 賓客通言, 令涉自繫獄謝, 建許之. 賓客車數十乘共送涉至獄. 建遣兵道徼取涉於車上, 送車分散馳, 遂斬涉, 縣之長安市.

| 註釋 | ○道徼 – 도중에서 요격하다. 徼는 맞아 싸울 요, 구할 요. ○縣之~ – 縣은 懸(매달 현)과 通.

　원섭은 도주할 생각이었는데 신도건은 속으로 증오하고 치욕으
로 여겨 "나는 원섭과 함께 三輔(삼보) 일대를 진압하려 하는데, 어
찌 관리 하나 죽었다고 마음을 바꾸겠는가!"라고 거짓말을 했다.
빈객들이 이 말을 전하면서 원섭에게 옥에 가서 자수하고 사죄하라
고 하였으며 신도건은 수락하였다. 빈객의 수레 수십 량이 원섭과
함께 옥으로 갔다. 신도건은 도중에서 원섭의 수레를 공격하였고
일행의 수레를 분산시킨 뒤에 원섭을 죽여 장안에 시중의 목을 내
걸었다.

原文

　自哀,平間, 郡國處處有豪桀, 然莫足數. 其名聞州郡者,
霸陵杜君敖,池陽韓幼孺,馬領繡君賓,西河漕中叔, 皆有謙
退之風. 王莽居攝, 誅鉏豪俠, 名捕漕中叔, 不能得. 素善强
弩將軍孫建, 莽疑建藏匿, 泛以問建. 建曰, "臣名善之, 誅
臣足以塞責." 莽性果賊, 無所容忍, 然重建, 不竟問, 遂不
得也. 中叔子少游, 復以俠聞於世云.

| 註釋 |　○馬領 - 현명. 北地郡 치소. 馬嶺縣(今 甘肅省 동부의 慶陽市 서
북).　○誅鉏豪俠 - 호걸협객을 죽이다. 鉏는 호미 서(鋤와 同).　○泛以問建
- 孫建에게 그냥 물어보다. 泛은 널리 두루.

〖 國譯 〗

　哀帝나 平帝 때부터 군국의 곳곳에 호걸들이 있었으나 족히 열거할 만한 사람은 없었다. 그래도 주군에서 이름이 있는 자로는 霸陵(패릉)의 杜君敖(두군오), 지양현의 韓幼孺(한유유), 마령현의 繡君賓(수군빈), 西河郡의 漕中叔(조중숙) 등이 모두 겸양의 기풍이 있었다. 왕망이 섭위할 때 호걸 협객들을 죽이면서 명분은 조중숙을 잡는다고 하였지만 체포하지 못했다. 조중숙은 평소에 強弩(강노)장군 孫建(손건)과 가까웠는데 왕망은 손건이 조중숙을 숨겨주었을 것이라 의심하며 손건에게 묻자, 손건이 대답했다. "臣이 그를 잘 대우한다고 알려졌으니 신을 죽여 문책하십시오."라고 말했다. 왕망의 성격도 잔인하고 용서가 없었지만 손건을 중히 여겨 더 묻지 않았고 끝내 조중숙을 잡지 못했다. 조중숙의 아들 漕少游(조소유)도 뒤를 이어 협객으로 세상이 알려졌다고 한다.

93 佞幸傳
〔영행전〕

原文

漢興, 佞幸寵臣, 高祖時則有籍孺, 孝惠有閎孺. 此兩人非有材能, 但以婉媚貴幸, 與上臥起, 公卿皆因關說. 故孝惠時, 郞侍中皆冠鵔鸃, 貝帶, 傅脂粉, 化閎,籍之屬也. 兩人徙家安陵. 其後寵臣, 孝文時士人則鄧通, 宦者則趙談,北宮伯子, 孝武時士人則韓嫣, 宦者則李延年, 孝元時宦者則弘恭,石顯, 孝成時士人則張放,淳于長, 孝哀時則有董賢. 孝景,昭,宣時皆無寵臣. 景帝唯有郞中令周仁. 昭帝時, 駙馬都尉秺侯金賞嗣父車騎將軍日磾爵爲侯, 二人之寵取過庸, 不篤. 宣帝時, 侍中中郞將張彭祖少與帝微時同席硏書, 及帝卽尊位, 彭祖以舊恩封陽都侯, 出常參乘, 號爲愛幸. 其人謹敕, 無所虧損, 爲其小妻所毒薨, 國除.

| 註釋 | ○佞幸寵臣 − 佞幸은 아첨하여 임금의 총애를 받는 사람. 佞倖과 同. 佞은 아첨할 영. 말 재주 있을 영(녕). 寵은 사랑할 총. ○籍孺 − 高祖의 男寵. 姓은 失傳. 籍은 名. 孺은 幼少者란 뜻. 儒生이라 번역할 수 없다. ○閎孺 − '閎籍孺'로도 표기. 혜제의 남총. 혜제와 기거를 같이했다. 혜제가 죽은 뒤 安陵(혜제의 능, 우부풍에 소속된 현 이름)에 이사했고 守陵했다. 閎은 마을 문 굉. ○關說 − 남을 대신하여 말하다. 미리 부탁을 넣다(通關節). ○冠鵔䴈(관준의) − 鵔䴈는 새의 이름(錦雞). 금계의 깃으로 장식한 관을 쓰다. ○士人 − 文士만을 지칭하지 않는다. 文武나 기술직을 불문하고 하급 관리를 지칭. ○北宮伯子 − 北宮은 성. 伯子는 이름. ○弘恭(홍공) − 부형을 받고 환관이 되어 선제 때 中書令이 되었고, 원제 때에 환관 석현, 외척 史高(사고)와 함께 국정을 좌우했고 蕭望之(소망지)를 무고하여 자살케 하였다. ○金賞(김상) − 흉노족. 흉노 休屠王의 太子로 귀화하여 무제의 절대적 신임을 받았던 金日磾(김일제)의 아들. 昭帝와 동갑으로 특별한 총애를 받으며 元帝 때에 光祿勳에 올랐다. 김일제는 68권, 〈霍光金日磾傳〉에 입전. ○過庸 − 庸은 平常之人. ○參乘 − 驂乘(참승).

〖 國譯 〗

漢이 건국되고 아첨을 잘한 寵臣(총신)으로는 고조 때 籍孺(적유)가 있고 혜제 때는 閎孺(굉유)가 있었다. 이 두 사람은 능력이 있어서가 아니라 다만 온순히 아첨을 잘하여 총애를 받으며 황제와 기거를 같이하였기에 공경들도 이들을 통해 부탁을 했다. 그리고 혜제 때 郞官이나 侍中(시중)은 모두 鵔䴈(준의)로 장식한 관을 쓰고 조개껍질로 장식한 요대를 매었으며, 脂粉(지분)을 발라 적유나 굉유와 같은 무리처럼 꾸몄다. 두 사람은 安陵(안릉)으로 이사하여 守陵하였다. 그 이후의 寵臣으로 문제 때의 士人으로는 鄧通(등통), 환관으로는 趙談(조담)과 北宮伯子(북궁백자)가 있고, 武帝 때 士人으로는 韓嫣(한언)과 환관으로는 李延年(이연년)이 있었고, 元帝 때 환관으로 弘恭(홍공)과 石顯(석현), 成帝 때 士人으로는 張放(장방)과 淳于長(순우장), 애제 때에는 董賢(동현)이 있었다. 景帝와 昭帝, 宣帝 때에는 총신이 없었다. 그래도 景帝 때에는 郎中令인 周仁(주인)이 있었다. 소제 시에는 부마도위인 秺侯(투후) 金賞(김상)은 부친 車騎將軍 金日磾(김일제)의 작위를 계승하여 제후가 되었었는데 두 사람에 대한 신임은 보통 사람 이상이었으나 심하지는 않았다. 선제 때에는 侍中으로 中郎將인 張彭祖(장팽조)가 젊었던 날에 민간에 살던 선제와 함께 한자리에서 글공부를 했었기에 선제가 즉위한 뒤에 장팽조는 舊恩으로 陽都侯(양도후)가 되었고, 황제 출행 시에 늘 참승하여 총애를 받는다고 하였다. 그러나 장팽조는 사람이 삼가고 조심하며 남을 헐뜯지도 않았으나 첩에게 독살당했고 후국은 없어졌다.

93-1. 鄧通

原文

鄧通, 蜀郡南安人也, 以濯船爲黃頭郞. 文帝嘗夢欲上天, 不能, 有一黃頭郞推上天, 顧見其衣尻帶後穿. 覺而之漸臺, 以夢中陰目求推者郞, 見鄧通, 其衣後穿, 夢中所見也. 召問其名姓, 姓鄧, 名通. 鄧猶登也, 文帝甚說, 尊幸之, 日日異. 通亦愿謹, 不好外交, 雖賜洗沐, 不欲出. 於是文帝賞賜通巨萬以十數, 官至上大夫.

文帝時間如通家遊戲, 然通無他技能, 不能有所薦達, 獨自謹身以媚上而已. 上使善相人者相通, 曰, "當貧餓死." 上曰, "能富通者在我, 何說貧?" 於是賜通蜀嚴道銅山, 得自鑄錢. 鄧氏錢布天下, 其富如此.

| 註釋 | ○蜀郡南安 – 蜀郡 치소는, 今 四川省 成都市. 南安은 현명. 今 四川省 중남부의 樂山市. ○以濯船爲黃頭郎 – 濯(씻을 탁)은 櫂(노 도, 棹)와 통. 黃頭郎은 뱃사공. 뱃사공은 土克水의 뜻으로 土의 색인 누런 모자를 썼다. 그래서 黃頭郎이라 불렀다. ○尻帶後穿 – 허리띠 아래 궁둥이를 덮는 부분이 옷깃이 터지다. 尻는 꽁무니 고. 穿은 뚫을 천, 구멍이 나다. 꿰맨 부분이 터지다. ○漸臺 – 未央宮 蒼池(창지)에 있는 누각. ○鄧猶登也 – 鄧은 나라 이름 등. ○愿謹 – 성실하고 신중하다. 愿은 성실할 원. ○外交 – 다른 사람과 사귀다. ○時間如通家 – 時間은 틈틈이. 가끔. 間은 機會. 틈을 내어. 如는 가다. ○蜀嚴道銅山 – 蜀郡 嚴道의 구리 광산. 漢代에는 蠻夷 지역의 縣을 道라 불렀다. 嚴道는 今 四川省 중부 雅安市 관할의 榮經縣(형경현).

〖 國譯 〗

鄧通(등통)은 蜀郡 南安縣 사람인데 배를 잘 저어 黃頭郎(황두랑, 사공)이 되었다. 언젠가 文帝가 꿈에 하늘에 올라가려 했지만 올라가지 못하고 있는데, 어떤 황두랑이 밀어주어 하늘에 올라갔는데 돌아보니 그 사공 엉덩이 쪽 허리 아래 윗옷이 터져 있었다. 꿈을 깨고서 漸臺(점대)에 가서 꿈속에서처럼 밀어준 사공을 몰래 살펴보아 鄧通(등통)을 찾아냈는데 옷의 뒤가 터진 것이 꿈에 본 것과 같았다. 불러 그 성명을 물어보니 성이 鄧(등)이고, 이름이 通(통)이었다. 鄧(등)은 쯩과 같기에 문제는 매우 기뻐하며 그를 중히 여기고 아껴주었는데 날이 갈수록 더했다. 등통 역시 성실하고 신중하였으며 다른 사람과 사귀는 것도 좋아하지 않아 洗沐日(세목일, 휴가)에도 외출을 하지 않았다. 이에 문제는 등통에게 거만금을 10여 차례나 하였고 관직은 上大夫가 되었다.

문제는 가끔 등통의 집에 가서 놀기도 하였는데 등통은 특별한 재주도 없고 다른 사람을 천거하지도 않았으니 다만 행실을 조심하며 황제의 비위나 맞출 뿐이었다. 문제가 관상을 잘 보는 사람에게 등통을 보게 하였더니 "가난하여 굶어 죽을 것"이라고 하였다. 문제는 "내가 능통을 부자로 만들어 줄 수 있는데 어찌 가난할 것이라 말하는가?"라고 했다. 그리고 蜀郡 嚴道(엄도)에 있는 구리광산을 하사하여 등통이 鑄錢(주전)하게 해주었다. 등통이 주조한 돈이 천하에 유포되었으니 그처럼 부유하였다.

原文

文帝嘗病癰, 鄧通常爲上嗽吮之. 上不樂, 從容問曰, "天下誰最愛我者乎?" 通曰, "宜莫若太子." 太子入問疾, 上使太子齰癰. 太子齰癰而色難之. 已而聞通嘗爲上齰之, 太子慚, 由是心恨通.

| 註釋 | ○癰 – 악창 옹. 악성 종기. 嗽吮(삭연)은 입으로 빨다. 嗽 빨 삭.
기침할 수, 양치질할 수. 吮 핥을 연. ○不樂 – 몸이 아프다. 從容은 조용히.
○齰癰(색옹) – 종기를 빨아내다. 齰 깨물 색. 色難之는 하기 싫어하다.

〖國譯〗

　文帝에게 악성 종기가 있어 등통이 늘 그 고름을 입으로 빨았다.
몸이 안 좋은 문제가 조용히 물었다. "천하에 누가 나를 가장 아껴
주겠는가?" 그러자 등통이 말했다. "태자만큼 걱정하는 사람은 없
을 것입니다." 태자가 들어와 문안을 올리자, 문제는 태자에게 종기
고름을 빨아내라고 하였다. 태자가 고름을 빨았지만 난처한 표정이
었다. 나중에 등통이 문제의 고름을 빨았다는 것을 알고 태자는 부
끄러웠지만 이 때문에 마음으로 등통을 미워하였다.

原文

　及文帝崩, 景帝立, 鄧通免, 家居. 居無何, 人有告通盜出
徼外鑄錢, 下吏驗問, 頗有, 遂竟案, 盡沒入之, 通家尙負責
數巨萬. 長公主賜鄧通, 吏輒隨沒入之, 一簪不得著身. 於
是長公主乃令假衣食. 竟不得名一錢, 寄死人家.
　趙談者, 以星氣幸, 北宮伯子長者愛人, 故親近, 然皆不比
鄧通.

| 註釋 | ○文帝崩, 景帝立 – 前 157년. ○徼外 – 변방, 塞外. 徼는 변방

요, 훔칠 요, 구할 요. ○逐竟案 – 逐는 成. 竟은 결국. 案은 사안. 범죄사실.
○長公主 – 文帝와 竇皇后의 딸. 館陶長公主(관도장공주, ? – 前 116), 경제의
친동생, 武帝의 고모라서 竇太主라고도 호칭. ○負責 – 負債. 빚을 지다.
○假衣食 – 假는 임차해주다. ○名一錢 – 名은 점유하다. 소유하다. ○星
氣 – 별 운행을 관찰하다.

[國譯]

　文帝가 붕어하고 景帝가 즉위하자 등통은 免官되어 집에 머물렀
다. 얼마 안 있어 누군가가 등통이 새외로 주전을 밀반출한다고 고
발하여 관리를 시켜 조사하였더니 사실이어서 조사를 받고 모든 재
산을 몰수하였는데 등통의 집에서는 예전에 거만금을 빌려준 돈이
있었다. 관도장공주가 등통에게 빚을 갚으면 관리가 그때마다 몰수
하여 비녀 하나도 몸에 지닐 수 없었다. 이에 장공주가 의식을 꾸어
주는 것처럼 도와주었다. 결국은 일전도 소유할 수 없어 남의 집에
서 객사했다.

　趙談(조담)이란 자는 별 운행을 잘 보아 총애를 받았고 北宮伯子
(북궁백자)는 후덕하고 남을 아껴주어 가까이 했으나 등통에 비할 바
가 아니었다.

93-2. 韓嫣

原文

韓嫣字王孫, 弓高侯頹當之孫也. 武帝爲膠東王時, 嫣與上學書相愛. 及上爲太子, 愈益親嫣. 嫣善騎射, 聰慧. 上卽位, 欲事伐胡, 而嫣先習兵, 以故益尊貴, 官至上大夫, 賞賜擬鄧通.

| 註釋 | ○韓嫣 - 嫣은 아리따울 언. ○頹當(퇴당, 頹當) - 今 內蒙古의 古地名. 고조 때 漢王信(대장군 韓信이 아님)이 漢을 배반하고 흉노로 이주하면서 韓王信이 頹當城(퇴당성)에 도착하여 다시 아들을 낳아 이름을 頹當(퇴당)이라 하였다. 孝文帝 때, 한퇴당은 그 무리들을 이끌고 다시 漢에 투항하였다. 漢에서는 한퇴당을 弓高侯(궁고후)에 봉했다. 吳楚七國의 반란을 진압할 때, 궁고후의 공로가 여러 장수 중에 으뜸이었다. 33권,〈魏豹田儋韓王信傳〉참고. ○武帝爲膠東王時 - 경제 前元 4년(前 153)에 景帝의 長子 劉榮이 황태자가 되고 劉徹(武帝)은 膠東王(교동왕) 되었는데, 前元 7년(前 150) 劉榮이 폐위되어 臨江王이 되었고 劉徹은 太子로 책봉되었다.

〖 國譯 〗

韓嫣(한언)의 字는 王孫(왕손)으로 弓高侯 頹當(퇴당)의 손자이다. 武帝가 膠東王(교동왕)일 때, 한언은 교동왕과 함께 글을 배우면서 서로 아껴주었다. 교동왕이 태자가 된 뒤에도 더욱 한언을 가까이 하였다. 한언은 騎射에 능했으며 영특하였다. 무제가 즉위한 뒤 흉노를 정벌하려고 하자 한언은 먼저 군사를 교련하였는데 이 때문에 더욱 존귀해져서 관직은 上大夫에 올랐으며 하사하는 재물은 등통 이 받은 것과 비슷하였다.

原文

　始時, 嫣常與上共臥起. 江都王入朝, 從上獵上林中. 天子車駕蹕道未行, 先使嫣乘副車, 從數十百騎馳視獸. 江都王望見, 以爲天子, 辟從者, 伏謁道旁. 嫣驅不見. 旣過, 江都王怒, 爲皇太后泣, 請得歸國入宿衛, 比韓嫣. 太后由此銜嫣.

　嫣侍, 出入永巷不禁, 以姦聞皇太后. 太后怒, 使使賜嫣死. 上爲謝, 終不能得, 嫣遂死. 嫣弟說, 亦愛幸, 以軍功封案道侯, 巫蠱時爲戾太子所殺. 子增封龍雒侯,大司馬,車騎將軍, 自有傳.

| 註釋 | ○江都王 – 劉非(? – 前 127), 경제의 아들. 武帝의 이복 형. 七國之亂 후에 江都王에 改封. 53권, 〈景十三王傳〉 입전. ○蹕道(필도) – 황제 행차에 앞서 길을 치우다. ○永巷(영항) – 후궁들의 거처. ○子增封龍雒侯 – 龍雒侯(용낙후)는 韓增(한증). 33권,〈魏豹田儋韓王信傳〉韓王信 조항에 附記.

〔國譯〕

　그 무렵 한언은 늘 무제와 기거를 함께 했다. 江都王〔易王, 劉非

(유비))가 入朝했는데 무제를 따라 상림원에서 같이 사냥하기로 하였다. 천자의 車駕가 길을 치우고 출발하지 않았을 때 무제는 한언에게 副車를 타고 수십 기의 기병을 거느리고 먼저 출발하여 짐승이 있는가를 알아보게 시켰다. 강도왕은 멀리서 보고 천자가 출발했다고 생각하여 종자들을 물리치고 길가에 엎드렸다. 한언은 달려가면서 강도왕을 보지 못했다. 한언이 지나간 다음 강도왕은 화가 나서 황태후에게 읍소하면서 봉국을 반환하고 들어와 숙위하겠다며 한언의 예를 들었다. 태후는 이 때문에 한언에게 감정을 품었다.

한언은 무제를 시중하면서 永巷(영항)도 출입할 수 있었는데 간통한다는 말이 황태후에게 들어갔다. 황태후가 노하여 사자를 시켜 한언을 죽이라고 하였다. 무제가 사죄하였으나 끝내 통하지 않아 결국 한언을 죽였다. 한언의 동생 韓說(한열) 역시 총애를 받았고 군공으로 案道侯(안도후)에 봉해졌는데, 巫蠱(무고)의 禍(화) 때에 戾太子(여태자)에게 피살되었다. 아들 韓增(한증)은 龍雒侯(용낙후)로 대사마에 거기장군이었고 입전했다.

93-3. 李延年

原文

李延年, 中山人, 身及父母兄弟皆故倡也. 延年坐法腐刑,給事狗監中. 女弟得幸於上, 號李夫人, 列〈外戚傳〉. 延年善歌, 爲新變聲. 是時, 上方興天地祠, 欲造樂, 令司馬相如等作詩頌. 延年輒承意弦歌所造詩, 爲之新聲曲. 而李夫人産昌邑王, 延年由是貴爲協律都尉, 佩二千石印綬, 而與上臥起, 其愛幸埒韓嫣. 久之, 延年弟季與中人亂, 出入驕恣. 及李夫人卒後, 其愛弛, 上遂誅延年兄弟宗族. 是後, 寵臣大氐外戚之家也. 衛青,霍去病皆愛幸, 然亦以功能自進.

| 註釋 | ○中山 − 제후국명. 국도는 盧奴縣(今 河北省 定州市). ○倡 − 樂人. 광대. ○腐刑(부형) − 생식 기능을 제거하는 형벌. ○給事狗監中 − 給事는 근무하다. 狗監은 사냥개를 키우는 관청. ○爲新變聲 − 새 음악을 창제하다. ○司馬相如 − 57권,〈司馬相如傳〉에 입전. ○埒韓嫣 − 埒은 같을 날(랄). 대등하다. 낮은 담. ○中人亂 − 中人은 宮人. ○其愛弛 − 弛는 弛(늦출 이)와 同. 한물가다. 손을 떼다. ○大氐 − 大抵(대저). 대체로. ○衛青,霍去病 − 55권,〈衛青霍去病傳〉에 입전.

〖 國譯 〗

李延年(이연년)은 中山國 사람으로, 본인과 부모형제가 그전에 모두 樂人이었다. 이연년은 법에 걸려 腐刑(부형)을 받았고 狗監(구감)에서 일했다. 여동생이 무제의 총애를 받으며 李夫人(이부인)이라 불렸는데 〈外戚傳〉에 실렸다. 이연년은 노래를 잘했고 새 악곡도 만들었다. 이때 무제는 막 천지에 대한 제사를 올리며 새 악곡을 만들려고 司馬相如(사마상여) 등을 시켜 시가를 짓게 하였다. 이연년은 그때마다 무제의 뜻을 알아 새로 지은 시를 연주하고 신 악곡을 지었다. 이부인이 昌邑王(창읍왕)을 낳자 이연년은 이로 인해 더욱 높이 올라 協律都尉가 되어 2천석 고관의 인수를 차고 무제와 기거를 같이 하였으니 그 총애가 韓嫣(한언)과 대등하였다. 얼마 후 이연년의 동생 李季(이계)가 궁인과 난잡한 짓을 하면서 그 출입이 매우 교만 방자하였다. 그러다가 이부인이 죽은 뒤 총애도 식으면서 무제는 이연년 형제와 일족을 주살하였다.

이후로 총신은 대개 외척 집안에서 나왔다. 衛靑(위청)과 霍去病(곽거병)이 모두 총애를 받았는데 그러나 공적과 능력으로 스스로 승진하였다.

93-4. 石顯

原文

石顯字君房, 濟南人, 弘恭, 沛人也. 皆少坐法腐刑, 爲中黃門, 以選爲中尙書. 宣帝時任中書官, 恭明習法令故事, 善爲請奏, 能稱其職. 恭爲令, 顯爲僕射. 元帝卽位數年, 恭死, 顯代爲中書令.

| 註釋 | ○濟南 - 군명. 治所는 東平陵縣(今 山東省 濟南市 관할의 章丘市).
○中黃門 - 환관. 黃門 안에서 봉직하는 사람. 환관은 모두 少府에 소속되었

다. 中尙書는 문서의 전달과 상주를 담당하는 환관.   ○中書僕射 – 副 中書
令.

〖國譯〗

石顯(석현, ? – 前 33)의 字는 君房(군방)으로, 濟南郡(제남군) 사람이
고, 弘恭(홍공)은 沛郡(패군) 사람이다. 둘 다 젊어 죄를 지어 腐刑(부
형)을 받고 中黃門이 되었고 선발되어 중상서가 되었다. 선제 때 중
서관이 되었는데 홍공은 법령과 전례에 밝아 주청을 잘했으며 직무
도 잘 처리하였다. 홍공이 중서령이었을 때, 석현은 中書僕射(중서복
야)이었다. 원제 즉위 몇 년 뒤에 홍공이 죽자, 석현이 중서령이 되
었다.

原文

是時, 元帝被疾, 不親政事, 方隆好於音樂, 以顯久典事,
中人無外黨, 精專可信任, 遂委以政. 事無小大, 因顯白決,
貴幸傾朝, 百僚皆敬事顯. 顯爲人巧慧習事, 能探得人主微
指, 內深賊, 持詭辯以中傷人, 忤恨睚眦, 輒被以危法. 初元
中, 前將軍蕭望之及光祿大夫周堪,宗正劉更生皆給事中.
望之領尙書事, 知顯專權邪辟, 建白以爲, “尙書百官之本,
國家樞機, 宜以通明公正處之. 武帝游宴後庭, 故用宦者,
非古制也. 宜罷中書宦官, 應古不近刑人.”元帝不聽, 由是
大與顯忤. 後皆害焉, 望之自殺, 堪,更生廢錮, 不得復進用,

語在〈望之傳〉. 後太中大夫張猛,魏郡太守京房,御史中丞
陳咸,待詔賈捐之皆嘗奏封事, 或召見, 言顯短. 顯求索其
罪, 房,捐之棄市, 猛自殺於公車, 咸抵罪, 髡爲城旦. 及鄭令
蘇建得顯私書奏之, 後以它事論死. 自是公卿以下畏顯, 重
足一跡.

| 註釋 | ○中人無外黨 − 中人은 환관. 外黨은 妻族. ○初元 − 원제의 첫
번째 연호(前 48 − 44년). ○蕭望之 − 78권,〈蕭望之傳〉에 입전. ○周堪(주
감) − 58권,〈儒林傳〉에 입전. ○劉更生(前 77 − 前 6) − 劉向(유향)의 본명,
楚 元王 劉交의 4세손. 劉歆(유흠)의 부친. 성제 때 向으로 개명.《新序》,《說
苑》등 저술. 중국 目錄學의 시조. 賦 작가로도 유명. 36권,〈楚元王傳〉에 입
전. ○邪辟(사벽) − 僻邪. 간사함. 성실하지 않다. 辟은 僻. ○不近刑人 − 刑
人은 환관. '刑人不在君側.' ○張猛 − 張騫(장건)의 후손. 71권,〈張騫李廣
利傳〉참고. ○鄭令 − 鄭縣은, 今 陝西省 渭南市 관할의 華縣. ○重足一跡
− 迭足而立. 발을 모아 서있다. 매우 두려워하는 모양.

〖國譯〗

　　이때 元帝는 병환이 있어 정사를 돌보지 않았으며, 음악을 너무
좋아하여 석현이 처리하게 하였는데 환관은 妻族이 없어 신임할 수
있다 하여 오랫동안 위임하였다. 이로써 크고 작은 정사를 석현이
아뢰고 결정하니 총애가 조정에 제일이었으며 모든 신료들이 석현
을 공경하였다. 석현은 사람됨이 영특하고 일을 잘하며, 황제의 속
마음을 잘 간파하고 속으로는 잔인하며, 궤변으로 남을 모함하였고
감정으로 남을 미워하며 법으로 얽어매었다. 初元 연간에, 전장군

蕭望之(소망지) 및 광록대부 周堪(주감), 宗正인 劉更生(유경생) 등이 모두 급사중이었다. 소망지는 尙書事를 겸했는데 석현이 전권을 휘두르며 간사한 것을 알고 원제에게 건의하였다.

"尙書는 백관의 근본이며 국가의 樞機(추기)라 할 수 있기에 업무에 명철하면서도 공정해야 합니다. 武帝께서는 후궁에서 놀이를 즐겼기에 환관을 등용하였지만 옛 제도는 아니었습니다. 환관의 중서 담당을 폐지하여 법도대로 형벌받은 자를 측근에 둬서는 안 됩니다."

그러나 원제는 따르지 않았고 이 때문에 소망지는 석현과 크게 틀어졌다. 뒷날 모두 해를 당했는데 소망지는 자살하고 주감과 유경생은 관직에서 쫓겨나 다시 등용되지 않았는데, 이는 〈蕭望之傳〉에 실려 있다. 그 뒤에 太中大夫 張猛(장맹), 魏郡太守인 京房(경방), 御史中丞 陳咸(진함), 待詔인 賈捐之(가연지) 등이 封事를 올리거나 황제를 알현할 때 석현의 죄를 언급했다. 석현은 그들의 허물을 캐어 경방과 가연지는 기시형에 처했고, 장맹은 公車(공거, 官車)에서 자살했으며, 진함은 죄에 걸려 머리를 깎고 노역형을 받았다. 鄭縣 현령 蘇建(소건)은 석현의 私書를 가지고 탄핵하였으나 뒷날 다른 일로 사형에 처해졌다. 이로써 공경 이하 모두는 석현을 두려워했고 감히 나서지 못했다.

原文

顯與中書僕射牢梁,少府五鹿充宗結爲黨友, 諸附倚者皆得寵位. 民歌之曰, '牢邪石邪, 五鹿客邪! 印何纍纍, 綬若若邪!'言其兼官據勢也.

　顯見左將軍馮奉世父子爲公卿著名, 女又爲昭儀在內, 顯心欲附之, 薦言昭儀兄謁者逡修敕宜侍帷幄. 天子召見, 欲以爲侍中, 逡請間言事. 上聞逡言顯顓權, 天子大怒, 罷逡歸郎官. 其後御史大夫缺, 群臣皆舉逡兄大鴻臚野王行能第一, 天子以問顯, 顯曰, "九卿無出野王者. 然野王親昭儀兄, 臣恐後世必以陛下度越衆賢, 私後宮親以爲三公." 上曰, "善, 吾不見是." 乃下詔嘉美野王, 廢而不用, 語在〈野王傳〉.

| 註釋 | ○五鹿充宗 – 五鹿은 복성. ○纍纍, 若若 – 纍纍(루루)는 많은 모양. 若若은 길게 늘어진 모양. ○馮奉世 – 79권, 〈馮奉世傳〉에 父子 立傳. ○昭儀(소의) – 풍봉세의 장녀 馮媛(풍원)은 후궁으로 元帝의 昭儀가 되어 中山孝王을 낳았다. 元帝가 붕어하자, 풍원은 中山太后로 왕을 따라 중산국으로 갔다. ○〈野王傳〉 – 馮野王은 馮奉世의 아들.

〔國譯〕

　석현과 중서복야인 牢梁(뇌량), 少府인 五鹿充宗(오록충종)은 黨人이 되었고 이들에게 의부한 자들은 모두 좋은 자리를 차지했다. 이에 백성들이 노래를 지었다. '牢씨여, 石씨여, 손님인 오록씨여! 직인이 어찌 그리 많고 인수는 어찌 그리 길고 긴가!'

　석현은 좌장군 馮奉世(풍봉세) 부자가 공경 중에서도 저명하고 그 딸 또한 昭儀(소의)로 후궁에 있기에 내심으로 자기편으로 만들려고 소의의 오빠인 謁者(알자) 馮逡(풍준)을 근엄하여 측근에서 황제를 모실 수 있다고 천거하였다. 원제가 불러 만나보고 시중으로 임명하려 했는데 풍준이 따로 말씀드릴 일이 있다고 주청하였다. 원제는 석현이 정사를 독점한다는 풍준의 말을 듣고 대노하며 풍준을 다시 낭관이 되게 하였다. 그 뒤에 어사대부 자리가 비게 되자 많은 사람들이 풍준의 형인 대홍려인 馮野王(풍야왕)의 능력이 제일이라고 천거하였다. 천자가 이를 석현에게 물어보자, 석현이 대답하였다. "九卿 중에 풍야왕보다 나은 자는 없습니다. 그러나 풍야왕은 폐하가 가까이하는 소의의 오빠이기에 臣은 후세에 폐하께서 다른 현명한 사람을 제치고 후궁의 형제를 삼공에 임명했다고 말할까 걱정이 됩니다." 이에 원제가 말했다. "그렇다. 나는 그것 생각하지 못했다." 그리고서는 조서를 내려 풍야왕을 칭송했으나 버려두고 등용하지 않았는데, 이는 〈馮奉世傳〉에 있다.

原文

　顯內自知擅權事柄在掌握, 恐天子一旦納用左右耳目, 有以間己, 乃時歸誠, 取一信以爲驗. 顯嘗使至諸官有所徵發, 顯先自白, 恐後漏盡宮門閉, 請使詔吏開門. 上許之. 顯故投夜還, 稱詔開門入. 後果有上書告顯顯命矯詔開宮門, 天子聞之, 笑以其書示顯. 顯因泣曰, "陛下過私小臣, 屬任以事, 群下無不嫉妒欲陷害臣者, 事類如此非一, 唯獨明主知之. 愚臣微賤, 誠不能以一軀稱快萬衆, 任天下之怨, 臣願歸樞機職, 受後宮掃除之役, 死無所恨, 唯陛下哀憐財幸, 以此全活小臣." 天子以爲然而憐之, 數勞勉顯, 加厚賞賜, 賞賜及賂遺訾一萬萬.

| 註釋 | ○有以間己 – 자신에게서 떠나가다. 間은 離間也. ○取一信以爲
驗 – 한 가지 일로 확인해보려 하다. 信이 言으로 된 판본도 있다. ○賞賜及
賂遺訾一萬萬 – 상으로 하사한 것과 증여한 재물. 訾는 貲, 재물. 一萬萬은 1
억.

〔國譯〕

　석현은 정사를 마음대로 휘두를 권한을 갖고 있지만 천자가 어느
날 측근에게서 보고 들은 말을 받아들이면 권력이 자신에서 멀어질
것이라는 것을 알고 충성을 내보이는 일로 확인하려고 했다. 석현은
먼저 여러 부서에서 불려온 사람들이 돌아갈 때 궁문이 닫힌 시각
이후에는 천자의 허락을 요청한 뒤에 궁문을 열게 하겠다고 주청하
였다. 이에 천자가 허락하였다. 석현은 일부러 밤에 늦게 궁에 들어
와 폐하의 명이라면서 문을 열게 하고 들어갔다. 그 뒤에 과연 석현
이 제멋대로 천자의 명을 사칭하여 궁문을 열게 했다는 상서가 들어
왔고, 천자가 이를 알고 웃으면서 올라온 글을 석현에게 보여주었
다. 이에 석현은 눈물을 흘리며 말했다.
　"폐하께서 소신을 너무 편애하시며 국사를 맡기셨기에 다른 신하
들은 질투하며 저를 모함하지 않는 자가 없으며 이런 일은 한두 번
이 아님을 오직 폐하께서는 알고 계십니다. 저는 미천하여 정말로
만 가지 국사를 제대로 처리하지 못하여 천하의 원망을 받고 있기에
저는 국사의 요직을 반납하고 후궁에 들어가 청소나 할 수 있다면
죽어도 여한이 없으며, 오직 폐하만이 저를 가엽게 여겨 보살펴 주

시어 소신을 살려주신 것입니다."

천자는 그 말을 옳다 여기면서 여러 번 석현을 위로하고 격려하며 많은 재물을 하사하니 내려진 상과 하사품이 1억 전에 달했다.

初, 顯聞衆人匈匈, 言己殺前將軍蕭望之. 望之當世名儒, 顯恐天下學士姍己, 病之. 是時, 明經著節士琅邪貢禹爲諫大夫, 顯使人致意, 深自結納. 顯因薦禹天子, 歷位九卿, 至御史大夫, 禮事之甚備. 議者於是稱顯, 以爲不妒譖望之矣. 顯之設變詐以自解免取信人主者, 皆此類也.

| 註釋 | ○匈匈 - 恟恟(흉흉). ○姍己 - 姍은 訕(헐뜯을 산)의 古字. 비방하다.

〖 國譯 〗

그전에 석현은 자신이 전장군 蕭望之(소망지)를 죽게 하였다고 천하 사람들이 떠든다는 말을 들었다. 소망지는 당세의 명유였기에 석현은 천하의 학사들의 비방을 걱정하였다. 이때 경학에 밝으면서도 절의가 뛰어난 낭야군의 貢禹(공우)가 諫大夫(간대부)이었는데 석현은 사람을 보내 자신의 뜻을 전하며 깊이 사귀었다. 석현은 공우를 천자에게 천거하였고 9경의 반열에 올라 어사대부까지 승진하였는데 예를 갖춰 아주 잘 모시었다. 때문에 세상 사람들은 석현을 칭송하며 소망지를 질투하여 참소하지 않았을 것이라고 생각하게 되었다. 석현이 기회를 보아 거짓으로 자신에 대한 감정을 무마하고 남의 신임을 얻어내는 것이 대개 이런 식이었다.

原文

　元帝晩節寢疾, 定陶恭王愛幸, 顯擁祐太子頗有力. 元帝崩, 成帝初卽位, 遷顯爲長信中太僕, 秩中二千石. 顯失倚, 離權數月, 丞相御史條奏顯舊惡, 及其黨牢梁,陳順皆免官. 顯與妻子徙歸故郡, 憂滿不食, 道病死. 諸所交結, 以顯爲官, 皆廢罷. 少府五鹿充宗左遷玄菟太守, 御史中丞伊嘉爲雁門都尉. 長安謠曰, '伊徙雁, 鹿徙菟, 去牢與陳實無賈.'

| 註釋 | ○擁祐(옹우) – 지켜주다. ○長信中太僕 – 長信宮은 황태후의 거처. 中太僕(太僕)은 車馬 담당관. 상설직은 아님. ○憂滿 – 懮懣(우만). 근심과 번민. ○玄菟(현토) – 군명. 치소는 沃沮縣. 菟 새삼 토. 토끼. 今 북한 咸鏡南道 咸興市. ○雁門 – 군명. 雁門郡 치소는 善無縣(今 山西省 북쪽의 朔州市 右玉縣 남쪽).

〔國譯〕

　元帝 만년에, 병이 위독하면서 定陶 恭王(공왕)을 편애하였는데 석현은 태자를 잘 지켜주었다. 원제가 붕어하고 성제가 즉위한 뒤에 석현은 長信宮의 太僕(태복)에 질록 이천석으로 좌천되었다. 석현은 기댈 곳을 잃고 권좌를 떠난 몇 달 뒤에 승상과 어사대부는 석현의 구악을 조목조목 상서하였고 그 당파이던 牢梁(뇌량)과 陳順(진순)도

모두 면관되었다. 석현과 처자식은 고향으로 돌아갔는데 울분이 쌓여 밥을 먹지 못하다가 길에서 병사하였다. 석현에 줄을 대어 관직에 오른 자들도 모두 파면되었다. 少府인 五鹿充宗(오록충종)은 玄菟(현토) 태수로 좌천되었고, 어사중승인 伊嘉(이가)는 雁門(안문) 도위로 쫓겨났다. 이에 장안 사람은 '伊嘉(이가)는 안문에 五鹿(오록)은 현토로 갔고, 牟梁(뇌량)과 陳順(진순)은 값도 없네.' 라고 노래했다.

93-5. 淳于長

原文

淳于長字子孺, 魏郡元城人也. 少以太后姊子爲黃門郎, 未進幸. 會大將軍王鳳病, 長侍病, 晨夜扶丞左右, 甚爲甥舅之恩. 鳳且終, 以長屬托太后及帝. 帝嘉長義, 拜爲列校尉諸曹, 遷水衡都尉侍中, 至衛尉九卿.

| 註釋 | ○淳于長 – 淳于(순우)는 복성. 字가 子鴻(자홍)인 판본도 있다. 成帝가 총애하는 趙飛燕을 황후로 책립하는데 힘써 정릉후가 되었다. 성제 綏和(수화) 원년(前 8년)에 대역죄로 처형되었다. ○魏郡元城 – 魏郡, 치소는 鄴縣(今 河北省 邯鄲市 관할의 臨漳縣). 元城은 현명. 今 河北省 邯鄲市 관할의 大名縣. 山東省과 경계. ○列校尉諸曹 – 諸 부서의 校尉의 자리. ○水衡

都尉侍中 − 水衡都尉는 상림원 황실의 재산 관리와 鑄錢 업무 담당. 시중은 가관의 칭호. ○衛尉 − 궁궐 수비 총책임자. 9卿의 하나.

〖 國譯 〗

淳于長(순우장)의 字는 子孺(자유)로 魏郡 元城縣 사람이다. 젊어 太后(元帝의 王황후) 언니의 아들로 黃門郎이 되었지만 높이 오르지는 못했다. 마침 大將軍 王鳳(왕봉)이 병이 들었는데 순우장은 밤낮으로 좌우에서 시중을 들며 외삼촌에 대한 예를 다하였다. 왕봉이 죽기 전에 순우장을 태후와 성제에게 부탁하였다. 성제는 순우장의 의리를 가상히 여겨 여러 부서의 교위를 시켰다가 水衡都尉로 侍中에 올랐다가 衛尉(위위)로 9경의 반열에 올랐다.

原文

久之, 趙飛燕貴幸, 上欲立以爲皇后, 太后以其所出微, 難之. 長主往來通語東宮. 歲餘, 趙皇后得立, 上甚德之, 乃追顯長前功, 下詔曰, "前將作大匠解萬年奏請營作昌陵, 罷弊海內, 侍中衛尉長數白宜止徙家反故處, 朕以長言下公卿, 議者皆合長計. 首建至策, 民以康寧. 其賜長爵關內侯."

後遂封爲定陵侯, 大見信用, 貴傾公卿. 外交諸侯牧守, 賂遺賞賜亦累巨萬. 多畜妻妾, 淫於聲色, 不奉法度.

| 註釋 | ○趙飛燕 − 처음에는 倢伃(첩여)로 입궁. 뒤에 황태후가 되었다.

97권, 〈外戚傳 下〉에 입전. ○東宮 - 태자나 태후의 거처. 여기서는 성제의 모후인 王太后를 지칭. ○將作大匠 - 궁궐 종묘의 건축과 수리, 능침의 토목공사나 축성을 관장하는 직책. 질 二千石, 공로가 있으면 中二千石. ○昌陵 - 미완성된 成帝의 능원. 5년이나 공사를 하다가 결국 재정 부족으로 永始 원년(前 16)에 중지시켰다.

[國譯]

얼마 후에 趙飛燕(조비연)이 총애를 받았는데 성제는 황후로 책봉하려 했으나 태후는 조비연의 출신이 미천하다 하여 난색을 표했다. 순우장은 태후의 거처를 다니면서 설득하였다. 일 년 뒤에 조황후가 책봉되면서 성제는 순우장을 크게 고맙게 여기면서 순우장의 이전 공적을 강조하며 조서를 내려 말했다.

"이전의 將作大匠 解萬年(해만년)이 昌陵(창릉)의 건조를 건의하여 海內를 피폐케 하였는데, 侍中이며 衛尉인 순우장은 여러 번 그곳으로의 백성 이주를 금해야 한다고 건의하였고, 짐은 순우장의 의견을 여러 사람에게 물었는데 논의한 자들이 모두 순우장의 의견에 동의하였다. 바른 정책을 처음 건의하여 백성을 편안케 하였도다. 이에 순우장에게 관내후의 작위를 하사하노라."

나중에는 定陵侯(정릉후)에 봉했고 크게 신임하였는데 공경 중에 제일이었다. 순우장은 여러 제후나 자사, 태수와 널리 교제하였고 보내주거나 하사받은 재물이 거만금에 이르렀다. 처첩을 많이 거느리고 미색에 빠져 음란하면서 법도를 따르지 않았다.

初, 許皇后坐執左道廢處長定宮, 而后姊嬺爲龍額思侯夫人, 寡居. 長與嬺私通, 因取爲小妻. 許后因嬺賂遺長, 欲求復爲倢伃. 長受許后金錢乘輿服御物前後千餘萬, 詐許爲白上, 立以爲左皇后. 嬺每入長定宮, 輒與嬺書, 戲侮許后, 嫚易無不言. 交通書記, 賂遺連年. 是時, 帝舅曲陽侯王根爲大司馬驃騎將軍, 輔政數歲, 久病, 數乞骸骨. 長以外親居九卿位, 次第當代根. 根兄子新都侯王莽心害長寵, 私聞長取許嬺, 受長定宮賂遺. 莽侍曲陽侯疾, 因言, "長見將軍久病, 意喜, 自以當代輔政, 至對衣冠議語署置." 具言其罪過. 根怒曰, "卽如是, 何不白也?" 莽曰, "未知將軍意, 故未敢言." 根曰, "趣白東宮." 莽求見太后, 具言長驕佚, 欲代曲陽侯, 對莽母上車, 私與長定貴人姊通, 受取其衣物. 太后亦怒曰, "兒至如此! 往白之帝!" 莽白上, 上乃免長官, 遣就國.

| 註釋 | ○許皇后 – 成帝의 황후. ○左道 – 邪道. ○長定宮 – 甘泉宮 안의 별궁. ○嬺 – 아리따울 미, 여자 이름 미. ○倢伃(첩여) – 婕伃. 후궁 중 昭儀 다음의 지위. 비빈은 14등급으로 구분했다. 倢은 빠를 첩. 婕과 同. 伃은 궁녀 여(好와 동). ○衣冠議語署置 – 衣冠은 관리. 議語署置는 인선과 보임에 대한 논의. ○對莽母上車 – 왕망의 모친은 순우장의 외숙모인데 그 앞에서 수레를 올라탄 것은 무례라는 뜻.

그전에, 許皇后는 左道(사도)에 빠져 폐위되어 長定宮에 거처하고 있었고, 황후의 언니 許嬙(허미)는 龍額(용액) 思侯의 夫人이었는데 과부였다. 순우장은 허미와 사통한 뒤에 첩으로 삼았다. 許后(허후)는 허미를 통해 순우장에게 뇌물을 보내고 다시 婕仔(첩여)가 되려고 하였다. 순우장은 허후의 금전이나 수레, 의복 등 전후에 걸쳐 천여만 전을 받으면서 황제에게 말씀드려 左皇后(좌황후)가 되게 하겠다고 거짓말을 하였다. 허미가 장정궁에 들어갈 때마다 허미를 통해 서찰을 보내면서 허황후를 놀리고 무시하며 하지 못하는 말이 없었다. 서찰 왕래와 재물을 보내는 일은 다음 해에도 이어졌다.

이때 성제의 외삼촌인 곡양후 王根(왕근)은 대사마 표기장군으로 여러 해 동안 국정을 보필하였는데 오래 앓게 되자 여러 번 사직하고자 하였다. 순우장은 외척으로 9경의 반열에 있었기에 다음에 당연히 왕근의 후임이 된다고 하였다. 왕근의 조카인 신도후 王莽(왕망)은 마음속으로 순우장이 총애를 받는 것이 걱정이 되었는데 순우장이 허미를 데리고 살며 장정궁에서 뇌물을 받고 있다는 것을 알아내었다. 왕망이 곡양후 왕근의 병 시중을 들다가 기회를 보아 말했다. "순우장은 장군이 오랫동안 병석에 계시자 마음속으로 응당 뒤를 이어 국정을 보좌할 것이라고 기뻐하지만 당연히 관리들의 논의에 부쳐보아야 할 것입니다." 그러면서 그의 허물을 모두 이야기하였다. 그러자 왕근이 노하여 말했다. "그와 같다면 왜 말하지 않았느냐?" 왕망은 "장군의 뜻을 알지 못해 감히 아뢸 수가 없었습니다."라고 대답했다. 왕근은 "빨리 동궁에 보고하라." 왕망은 태후를 찾아가 순우장의 교만과 무례 및 곡양후 자리를 대신하여 차지하려

하며 왕망의 모친 앞에서 수레를 탄 것과 장정궁의 언니와 사통했고 뇌물을 받은 사실들을 모두 이야기하였다. 太后 역시 대노하며 말했다. "어린 것이 그런 짓을 하다니! 가서 황제에게 보고하라!"

왕망이 성제에게 아뢰자, 성제는 순우장을 면직시키고 제후국으로 가게 하였다.

初, 長爲侍中, 奉兩宮使, 親密. 紅陽侯立獨不得爲大司馬輔政, 立自疑爲長毀譖, 常怨毒長. 上知之. 及長當就國也, 立嗣子融從長請車騎, 長以珍寶因融重遺立, 立因爲長言. 於是天子疑焉, 下有司案驗. 吏捕融, 立令融自殺以滅口. 上愈疑其有大奸, 遂逮長繫洛陽詔獄窮治. 長具服戲侮長定宮, 謀立左皇后, 罪至大逆, 死獄中. 妻子當坐者徙合浦, 母若歸故郡. 紅陽侯立就國. 將軍, 卿, 大夫, 郡守坐長免罷者數十人. 莽遂代根爲大司馬. 久之, 還長母及子酺於長安. 後酺有罪, 莽復殺之, 徙其家屬歸故郡.

始, 長以外親親近, 其愛幸不及富平侯張放. 放常與上臥起, 俱爲微行出入.

| 註釋 | ○兩宮 – 태후궁과 황제의 궁. ○侮 – 侮(업신여길 모)의 古字. ○合浦 – 군명, 현명. 今 廣西壯族自治區 北海市 관할의 合浦縣. 廣東省과 경계. ○張放 – 張湯의 후손. 59권, 〈張湯傳〉 참고. 황제와 함께 기거하며

총애가 남달랐고 成帝를 따라 자주 미복으로 유람하면서 장안에서 투계나 말달리기를 수년 동안 계속했다.

그전에 순우장은 시중으로 있으면서 양쪽 궁을 다니면서 황태후와 매우 가까웠었다. 홍양후 王立(왕립)은 자신만 혼자 대사마로 국정을 보좌하지 못했는데 왕립은 순우장이 자신을 헐뜯었을 것이라 의심하며 언제나 순우장을 심히 미워하였다. 성제도 그것을 알고 있었다. 순우장이 봉국으로 돌아갈 때 왕립의 장자인 王融(왕융)은 순우장의 수레와 말을 요청했는데 순우장은 왕융을 통해 많은 보물을 왕립에게 보냈고, 왕립은 순우장을 위해 이를 상주하였다. 이에 성제는 의심하며 담당 관리에게 조사하게 하였다. 관리가 왕융을 체포하려 하자 왕립은 왕융에게 자살케 하여 입을 봉했다. 성제는 간악한 모의가 있을 것이라 의심하였고 결국 순우장을 체포하여 낙양의 詔獄(조옥)에서 조사하게 시켰다. 순우장은 장정궁의 허황후를 모욕한 것을 모두 자백하였는데 좌황후로 옹립한다는 대역 죄로 옥중에서 죽었다. 순우장의 처자는 남쪽 合浦(합포)로 이주시켰고, 모친 王若(왕약)은 고향으로 돌아가게 하였다. 또 홍양후 왕립도 봉국으로 보냈다. 순우장과 연관이 있는 장군이나 경과 대부와 군수 등 수십 명이 파면되었다. 왕망은 마침내 왕근의 후임으로 대사마가 되었다. 얼마 뒤에 순우장의 모친과 아들 淳于酺(순우포)를 장안에 돌아오게 하였다. 뒤에 순우포가 죄를 짓자 왕망은 순우포를 죽였고 그 가속은 고향으로 보냈다.

그전에 순우장은 외척으로 가까웠지만 그에 대한 총애는 부평후

張放(장방)에 미치지 못했다. 장방은 성제와 기거를 같이했으며 성제가 미행할 때 함께 출입하였다.

93-6. 董賢

原文

董賢字聖卿, 雲陽人也. 父恭, 爲御史, 任賢爲太子舍人. 哀帝立, 賢隨太子官爲郎. 二歲餘, 賢傳漏在殿下, 爲人美麗自喜, 哀帝望見, 說其儀貌, 識而問之, 曰, "是舍人董賢邪?" 因引上與語, 拜爲黃門郎, 由是始幸. 問及其父爲雲中侯, 卽日徵爲霸陵令, 遷光祿大夫. 賢寵愛日甚, 爲駙馬都尉侍中, 出則參乘, 入御左右, 旬月間賞賜累巨萬, 貴震朝廷. 常與上臥起. 嘗晝寢, 偏藉上袖, 上欲起, 賢未覺, 不欲動賢, 乃斷袖而起. 其恩愛至此. 賢亦性柔和便辟, 善爲媚以自固. 每賜洗沐, 不肯出, 常留中視醫藥. 上以賢難歸, 詔令賢妻得通引籍殿中, 止賢廬, 若吏妻子居官寺舍. 又召賢女弟以爲昭儀, 位次皇后, 更名其舍爲椒風, 以配椒房云. 昭儀及賢與妻旦夕上下, 並侍左右. 賞賜昭儀及賢妻亦各千萬數. 遷賢父爲少府, 賜爵關內侯, 食邑, 復徙爲衛尉. 又以

賢妻父爲將作大匠, 弟爲執金吾. 詔將作大匠爲賢起大第北
闕下, 重殿洞門, 木土之功窮極技巧, 柱檻衣以綈錦. 下至
賢家僮僕皆受上賜, 及武庫禁兵, 上方珍寶. 其選物上弟盡
在董氏, 而乘輿所服乃其副也. 及至東園秘器, 珠襦玉柙,
豫以賜賢, 無不備具. 又令將作爲賢起塚塋義陵旁, 內爲便
房, 剛柏題湊, 外爲徼道, 周垣數里, 門闕罘罳甚盛.

| 註釋 | ○董賢(동현, 前 23 - 前 1) - 哀帝의 同性愛 파트너. 관직이 大司
馬에 이르렀다. ○雲陽 - 현명. 今 陝西省 咸陽市 관할의 淳化縣 서북. ○太
子舍人 - 태자 동국의 경비나 숙위 담당. ○傳漏 - 시각을 알리다. ○駙馬
都尉 - 황제의 거마를 관리. 황제 측근의 보직. ○旬月(순월) - 열흘에서 한
달 사이의 짧은 기간. ○偏藉上褎 - 偏은 옆으로. 藉는 머리로 베다. 褎는
褎(소매 수, 나아갈 유)와 同. 袖(소매 수)의 古字. ○斷袖而起 - 옷소매를 자
르고 일어나다. 斷袖之好란 성어가 있다. 袖 소매 수. ○柔和便辟 - 柔和(유
화)하고 아첨을 잘하다. ○止賢廬 - 廬는 궁중의 임시 거처. ○椒風 - 椒房
(초방). 황후의 침전. ○重殿洞門 - 重殿은 前殿과 後殿. 洞門은 여러 개의
문. ○柱檻衣以綈錦 - 柱檻은 기둥이나 난간. 衣는 싸매다. 감다. 綈錦(제금)
은 두꺼운 비단. ○東園秘器 - 東園은 少府 소속 관청. 황궁에 필요한 기물
을 제조. 秘器는 棺. ○珠襦玉柙 - 珠襦(주유)는 구슬로 장식한 속옷. 玉柙
(옥합)은 玉匣(옥갑). ○便房 - 楩房(편방). 관곽이 들어갈 녹나무로 만든 큰
방. ○剛柏題湊 - 단단한 松柏으로 관곽 위에 사각뿔 모양으로 쌓아올린 목
재. 황제의 장례시설과 같은 규모를 미리 준비하여 동현에게 하사했다는 뜻.
○徼道(요도) - 무덤에 이르는 길. ○周垣(주원) - 둘러친 담. ○罘罳(부시)
- 안을 들여다 볼 수 있게 나무로 얽어 만든 목제 담. 罘는 그물 부. 罳은 집
의 정면에 쌓은 담 시.

〔國譯〕

　董賢(동현)의 字는 聖卿(성경)으로 雲陽縣(운양현) 사람이다. 부친 董恭(동공)은 어사가 되어 동현을 태자사인이 되게 하였다. 哀帝가 즉위하자, 동현은 태자관을 따라 낭관이 되었다. 2년 뒤에 동현은 전각 아래에서 시각을 알려주는 일을 했는데 잘생긴 외모에 얼굴에 늘 웃음기가 있고 그 의표와 외모가 멋져 애제가 멀리서 알아보고 물었다. "舍人이던 동현 아닌가?"

　그리고 가까이 불러 이야기를 나누고 黃門郎을 제수하였는데 이 때부터 동현을 총애하였다. 동현의 부친이 雲中侯(운중후)인 것을 알고 당일로 불러 霸陵(패릉) 현령을 제수했다가 光祿大夫로 승진시켰다. 동현에 대한 총애는 날로 심하여 駙馬都尉 겸 侍中에 임명하여 출행하면 참승을 하고 들어와서는 좌우에서 모셨는데 한 달도 안되는 기간에 하사한 물건이 거만에 달하였고 그 총애가 조정을 뒤흔들었다. 한 번은 낮잠을 자며 애제의 소매를 베고 잠이 들었는데 애제가 일어나려 했으나 동현은 아직 자고 있어 동현을 깨우지 않으려고 옷소매를 자르고 일어났다. 그에 대한 은총과 사랑이 이 정도였다. 동현 또한 그 천성이 온유하고 비위를 잘 맞추는 성격이라 아첨으로 지위를 공고히 하였다. 매번 洗沐日(세목일, 휴가)에도 외출하지 않고 늘 궁중에서 애제의 의약을 보살폈다. 애제는 동현을 보낼 수 없어 詔命(조명)으로 동현의 처를 사람을 시켜 데려다가 동현의 임시 거처에 머물게 하였는데, 이로써 다른 관리들의 아내도 관사에 머물 수 있었다. 또 동현의 여동생을 불러 昭儀(소의)로 삼았는데 지위가 황후 다음이었고 그 거처를 椒風(초풍)이라 하여 황후의 椒房(초방)과 비슷하게 하였다. 소의와 동현과 동현의 처가 아침에서 저녁에 이르기까지 애제의 좌우에서 시중을 들었다. 소의와 동현의 처에게 하사하는 재물도 천만으로 세어야만 했다. 동현의 부친을 少府로 승진시켰고 관내후의 작위와 식읍을 하사하였으며 다시 衛尉(위위)에 임명하였다. 또 동현의 장인을 將作大匠(장작대장)에 임명하였고 동현의 처남은 집금오가 되었다. 애제는 장작대장에게 명하여 북궐 아래에 동현의 집을 짓게 하였는데 전후 전각에 여러 문을 만들고 토목 공사도 극도로 화려하여 기둥이나 난간을 모두 두꺼운 비단으로 감쌌다. 동현의 집 노비까지도 모두 하사품을 받았고 武庫의 좋은 병기나 上房의 진기한 보물도 하사하였다. 황궁에 오는 여러 물건 중 좋은 것은 동현의 집에 있었고 수레나 의복 등도 그와 비슷하였다. 그리고 東園(동원)에서 제조한 관곽이나 구슬 옷이나 구슬 상자 등도 미리 동현에게 하사하여 없는 것이 없었다. 또 장작대장에게 명하여 동현을 위한 무덤을 義陵(의릉, 애제 생전에 축조한 능) 곁에 축조하게 하면서 내부에는 편방을 짓고 단단한 송백 목재를 쌓아 올렸으며, 외부에는 길을 만들고 몇 리에 걸친 담을 두르고 궐문과 정면에 쌓은 담 등이 아주 화려하였다.

原文

上欲侯賢而未有緣. 會待詔孫寵,息夫躬等告東平王雲后謁祠祀祝詛, 下有司治, 皆伏其辜. 上於是令躬,寵爲因賢告東平事者, 乃以其功下詔封賢爲高安侯, 躬宜陵侯, 寵方陽侯, 食邑各千戶. 頃之, 復益封賢二千戶. 丞相王嘉內疑東

平事冤, 甚惡躬等, 數諫爭, 以賢爲亂國制度, 嘉竟坐言事下
獄死.

| 註釋 | ○孫寵(손총) - 騎都尉 역임. 변설에 뛰어났으나 간사한 인물.
○息夫躬(식부궁, ? - 前 1) - 최후에는 옥사. 긍정적 평가를 받을만한 인물은
아니었다. 45권, 〈劓伍江息夫傳〉에 입전. ○東平王雲后謁祠祝詛 - 東平
王 劉雲의 왕후인 謁(알, 人名)이 귀신에게 빌며 남을 저주하다. 이에 관해서
는 80권, 〈宣元六王傳〉 참고. 東平國은 宣帝 甘露 元年(前 53년)에 皇子 劉寧
을 봉한 나라. 大河郡을 동평국으로 개명하였다. 치소는 今 山東省 泰安市
관할의 東平縣. ○王嘉 - 86권, 〈何武王嘉師丹傳〉에 입전.

〖 國譯 〗
　애제는 동현을 제후로 봉하고 싶었으나 그럴만한 이유가 없었다.
마침 待詔(대조)인 孫寵(손총)과 息夫躬(식부궁) 등이 東平王 劉雲(유
운)의 왕후 謁(알)이 귀신에 제사하며 천자를 저주한다는 고발을 하
여 담당자에게 심문하게 하였고 모두 죄를 자복했다. 애제는 이에
식부궁과 손총이 동현을 통하여 동평왕의 사건을 고발했다고 만들
어서 그 공적으로 동현을 고안후에 봉하였고 식부궁은 의릉후, 손총
은 방양후에 봉하고 식읍을 각 1천 호씩을 하사하였다. 얼마 뒤 다
시 동현에게 2천 호를 추가하였다. 승상인 王嘉(왕가)는 내심으로 동
평왕의 사안이 억울하게 조작되었다며 식부궁 등을 극도로 미워하
고 여러 번 동현이 국가의 제도를 어지럽힌다고 간쟁했는데 왕가는
결국 이와 연좌되어 옥사하였다.

上初卽位, 祖母傅太后, 母丁太后皆在, 兩家先貴. 傅太后從弟喜先爲大司馬輔政, 數諫, 失太后指, 免官. 上舅丁明代爲大司馬, 亦任職, 頗害賢寵, 及丞相王嘉死, 明甚憐之. 上寖重賢, 欲極其位, 而恨明如此, 遂册免明曰, "前東平王雲貪慾上位, 祠祭祝詛, 雲后舅伍宏以醫待詔, 與校秘書郎楊閎結謀反逆, 禍甚迫切. 賴宗廟神靈, 董賢等以聞, 咸伏其辜. 將軍從弟侍中奉車都尉吳, 族父左曹屯騎校尉宣皆知宏及栩丹諸侯王后親, 而宣除用丹爲御屬, 吳與宏交通厚善, 數稱薦宏. 宏以附吳得興其惡心, 因醫技進, 幾危社稷, 朕以恭皇后故, 不忍有云. 將軍位尊任重, 既不能明威立義, 折消未萌, 又不深疾雲, 宏之惡. 而懷非君上, 阿爲宣, 吳, 反痛恨雲等揚言爲群下所冤, 又親見言伍宏善醫, 死可惜也, 賢等獲封極幸. 嫉妒忠良, 非毀有功, 於戲傷哉! 蓋'君親無將, 將而誅之.' 是以季友鴆叔牙, 《春秋》賢之, 趙盾不討賊, 謂之弑君. 朕閔將軍陷於重刑, 故以書飭. 將軍遂非不改, 復與丞相嘉相比, 令嘉有依, 得以罔上. 有司致法將軍請獄治, 朕惟噬膚之恩未忍, 其上驃騎將軍印綬, 罷歸就第." 遂以賢代明爲大司馬衛將軍. 册曰, "朕承天序, 惟稽古建爾於公, 以爲漢輔. 往悉爾心, 統辟元戎, 折衝綏遠, 匡正庶事, 允執其中. 天下之衆, 受制於朕, 以將爲命, 以兵爲威, 可不愼與!"

是時, 賢年二十二, 雖爲三公, 常給事中, 領尙書, 百官因賢奏事. 以父恭不宜在卿位, 徙爲光祿大夫, 秩中二千石. 弟寬信代賢爲駙馬都尉. 董氏親屬皆侍中諸曹奉朝請, 寵在丁,傅之右矣.

| 註釋 | ○寖重 - 점차 중히 등용하다. 寖은 浸(담글 침, 점차). ○册免 - 免官 형식의 하나. 황제가 조서를 내려 면관시키는 이유를 설명하였다. 册은 策과 同. ○左曹 - 가관의 명칭. 加官은 황제가 총애하는 신하에게 본 관직 외에 추가로 다른 업무를 담당할 수 있는 권한을 수여한 직함이다. ○恭皇后 - 애제의 모친. ○於戲傷哉 - 於戲(어희)는 嗚呼! 傷哉는 가슴이 아프다. ○君親無將, 將而誅之 -《春秋公羊傳》莊公 32년, 將은 반역을 꾀하다. ○季友鴆叔牙 - 季友는 魯 桓公의 막내아들. 鴆은 짐새의 독. 맹독성 극약. 叔牙(숙아)는 환공의 아들. 庄公이 병석에 눕자 叔牙는 同腹 형 慶父(경보)를 왕으로 즉위시키려 하였다. 이에 계우가 숙아를 독살하였는데, 이는 형제의 정보다 君臣의 의리를 중시한 것이라는 뜻. ○趙盾不討賊 - 趙盾(조순, 조돈)은 춘추시대 晉 대부 趙宣子. 晉 靈公이 조순을 죽이려 하자 조순은 타국으로 망명하였으나 아직 국경을 넘지는 않았다. 이때 趙穿이 영공을 시해했다는 소식을 듣고 조순은 되돌아왔다. 이에 사관은 '조순이 주군을 시해했다.'고 기록했다. 조순이 아니라고 하자, 사관이 말했다. "당신은 나라의 正卿으로 망명했으나 국경을 넘지 않았고 돌아와 난적을 토벌하지도 않았으니 당신이 하지 않았으면 누가 한 것이냐?"고 하였다.《春秋左氏傳》魯 宣公 2년의 기사. 盾(방패 순)은 '사람 이름 돈'이라는 음이 있으나 벽자이기에 '조순'으로 표기하였다. ○相比 - 서로 친하다. 짝이 되다. ○得以罔上 - 천자를 기만하다. ○嚙膚之恩 - 嚙膚(서부)는 살을 깨물다. 관계가 아주 밀접하다. 가까운 인척관계이다. 嚙는 씹을 서. 膚는 살갗 부. ○承天序 - 천자의

자리를 계승하다. 天序는 天命. ○統辟元戎 - 대군의 우두머리가 되어 통솔하다. 統은 거느리다. 辟은 君. 元戎(원융)은 大軍. ○折衝綏遠 - 折衝(절충)은 적의 戰車를 물리치다. 綏遠(수원)은 변방을 편안케 하다. ○諸曹 - 諸曹는 가관의 명칭. ○奉朝請 - 황족, 列侯, 외척, 퇴직한 대신이나 장군에게 수여하는 일종의 명예직. 봄철에 천자를 알현을 朝, 가을철 알현을 請이라 하였는데 朝請을 할 수 있다는 뜻. 황제가 이런 직위를 내리는 것은 최고의 예우였다.

〔國譯〕

애제 즉위 초에, 조모인 傅太后(부태후)와 모후인 丁太后가 모두 있어 두 집안이 먼저 고귀해졌다. 부태후의 4촌 동생인 傅喜(부희)는 먼저 大司馬가 되어 정사를 보필하였는데 여러 번 바른 충고로 부태후의 뜻을 거슬러 면관되었다. 애제의 외삼촌인 丁明(정명)이 그 후임으로 대사마가 되어 직임을 수행하면서 동현에 대한 총애를 매우 해롭다고 생각하였으며 승상 王嘉(왕가)의 죽음을 매우 안타깝게 생각하였다. 애제는 동현을 점차 중히 등용하며 최고의 자리까지 올리려 하나 정명의 태도를 미워하다가 마침내 冊書를 내려 정명을 파면하였다.

"그전에 東平王 劉雲이 천자 자리를 탐내면서 귀신에 빌며 저주했고 유운의 처숙인 伍宏(오굉)이 의원으로 待詔(대조)가 되어 校秘書郞인 楊閎(양굉)과 모의 반역하여 그 화가 매우 다급했었다. 종묘와 신령의 도움으로 동현 등이 이를 알게 되었고 모두 죄를 자복하였다. 장군의 사촌 동생인 시중인 봉거도위 丁吳(정오)와 族父인 左曹 屯騎校尉(둔기교위)인 丁宣(정선)은 모두 양굉과 栩丹(허단)을 알고 제후의 왕후와 가까웠으며, 정선은 후단을 속관으로 등용되게 하였으며 정오와 양굉은 왕래하며 매우 가까웠고 여러 번 양굉을 칭송하며 천거하였다. 양굉은 정오에 붙어 그의 악한 심성을 돋웠고 의료기술로 측근이 되어 사직을 위기로 몰았으나 짐은 恭皇后(공황후)가 계시기에 차마 말할 수가 없었도다. 장군은 높은 지위와 중한 임무를 갖고서도 권위에 맞는 의론을 하지도 못하고 작은 일이나 일어나지 않는 걱정을 하며 유운과 오굉의 악행을 알지 못했다. 또 윗사람을 비난하는 마음을 가지고 정선과 정오와 한 편이 되어 오히려 유운 등을 칭송하여 백성들의 원한을 부풀리고 오굉 등을 유능한 의원이라고 칭송하고 직접 알현케 하였으니, 죽음도 아까우나 동현 등이 이를 고발하여 책봉된 것은 천만 다행이었다. 忠良한 사람을 질투하고 유공자를 비난하고 헐뜯으니 정말로 가슴이 아프도다. 그래서 '주군이 친애하니 반역이 없고 반역하면 주살한다.'고 하였다. 이 때문에 季友(계우)가 叔牙(숙아)를 독살한 것을 《春秋》에서는 잘 한 일이라 했지만 趙盾(조순)이 난적을 토벌하지 않자 조순이 주군을 시해했다고 하였다. 짐은 장군이 중형을 받는 것이 안쓰러워 이렇게 글로써 申飭(신칙)하노라. 장군이 잘못을 고치겠지만 승상 王嘉(왕가)와 아주 가까웠기에 왕가가 의지했었고 결과적으로 주군을 기만했었다. 담당자가 장군을 옥에 가두고 치죄하겠다고 주청하였지만 짐은 가까운 인척관계라 차마 그렇게 할 수 없었으니 표기장군의 인수를 반환하고 집에 돌아가기 바라노라."

결국 동현을 정명의 후임 大司馬 衛將軍에 임명하였다. 그 책명에 "朕은 천자의 자리에서 옛일을 상고하여 그대를 公으로 삼아 漢을 보필케 하노라. 공은 마음을 다하여 大軍의 우두머리로서 통솔하고 적을 막아 변방을 편안케 할 것이며 모두 국사를 바로잡으며 그 중정을 잡아 실행하라. 천하 백성들이 짐의 통제를 받고 있으나 이에 명하나니 대군의 위엄을 보이되 신중하지 않을 수 있겠는가!"

이때 동현의 나이 22세였으니 三公의 자리에 올랐으면서도 여전히 給事中으로 상서를 겸하였기에 百官은 동현을 통하여 국사를 상주하였다. 동현의 부친 董恭(동공)은 공경의 자리에 있을 수가 없어 光祿大夫로 전근하였는데 질록은 中二千石이었다. 동현의 동생 董寬信은 동현을 대신하여 부마도위가 되었다. 동씨 친속은 모두 侍中이나 諸曹, 奉朝請이 되었으니 그 총애는 丁氏나 傅氏(부씨)보다 더했다.

原文

明年, 匈奴單于來朝, 宴見, 群臣在前. 單于怪賢年少, 以問譯, 上令譯報曰, "大司馬年少, 以大賢居位." 單于乃起拜, 賀漢得賢臣.

| 註釋 | ○以問譯 – 譯은 통역관.

〖 國譯 〗

다음 해에 흉노의 單于(선우)가 입조하였는데 연석에서 동현이 群臣의 앞에 있었다. 선우가 동현이 젊은 것을 이상히 여겨 묻자, 애제가 통역에게 말하게 하였다. "대사마가 연소한 것은 大賢이 제 자리를 얻은 것이요." 선우는 일어나 漢의 현신 등용을 하례하였다.

  初, 丞相孔光爲御史大夫, 時賢父恭爲御史, 事光. 及賢
爲大司馬, 與光並爲三公, 上故令賢私過光. 光雅恭謹, 知
上欲尊寵賢, 及聞賢當來也, 光警戒衣冠出門待, 望見賢車
乃卻入. 賢至中門, 光入閤, 旣下車, 乃出拜謁, 送迎甚謹,
不敢以賓客均敵之禮. 賢歸, 上聞之喜, 立拜光兩兄子爲諫
大夫, 常侍. 賢由是權與人主侔矣.

| 註釋 | ○孔光(前 65 – 서기 5) – 孔子의 14세손, 어사대부, 승상 역임. 81
권, 〈匡張孔馬傳〉에 입전. ○常侍 – 황제 최 측근의 시종관. ○侔矣 – 대등
하다. 侔는 가지런할 모.

〖 國譯 〗

  그전에 승상인 孔光(공광)이 어사대부이었을 때 동현의 부친 동공
은 어사로 공광을 모시고 있었다. 동현이 大司馬가 되어 공광과 나
란히 三公이 되자, 애제는 고의로 공광보다 동현을 더 보살펴주었
다. 공광은 점잖고 공손 신중하여 애제가 동현을 총애하며 존중하려
는 뜻을 알고 동현이 방문한다고 하면 의관을 정제하고 밖에서 대기
하다가 멀리 동현의 수레가 오는 것을 보면 일단 안으로 들어왔다.
그리고 동현의 수레가 중문을 지나면 공광은 쪽문쪽에 가 있다가 동
현이 수레에서 내리면 나와 영접하였는데 맞이하고 전송하는 예절
이 아주 엄숙하여 빈객에 대한 대등한 예로 맞이하지 않았다. 동현
이 돌아가면 애제는 공광의 그런 예우를 전해 듣고 기뻐하였으며 공
광 두 형의 아들을 諫大夫나 常侍에 임명하였다. 이처럼 동현의 권

력은 주군과 대등하였다.

原文

是時, 成帝外家王氏衰廢, 唯平阿侯譚子去疾, 哀帝爲太
子時爲庶子得幸, 及卽位, 爲侍中騎都尉. 上以王氏亡在位
者, 遂用舊恩親近去疾, 復進其弟閎爲中常侍, 閎妻父蕭咸,
前將軍望之子也, 久爲郡守, 病免, 爲中郎將. 兄弟並列, 賢
父恭慕之, 欲與結婚姻. 閎爲賢弟駙馬都尉寬信求咸女爲
婦, 咸惶恐不敢當, 私謂閎曰, "董公爲大司馬, 册文言'允執
其中', 此乃堯禪舜之文, 非三公故事, 長老見者, 莫不心懼.
此豈家人子所能堪邪!" 閎性有知略, 聞咸言, 心亦悟, 乃還
報恭, 深達咸自謙薄之意. 恭歎曰, "我家何用負天下, 而爲
人所畏如是!" 意不說. 後上置酒麒麟殿, 賢父子親屬宴飮,
王閎兄弟侍中, 中常侍皆在側. 上有酒所, 從容視賢笑, 曰,
"吾欲法堯禪舜, 何如?" 閎進曰, "天下乃高皇帝天下, 非陛
下之有也. 陛下承宗廟, 當傳子孫於亡窮. 統業至重, 天子
亡戲言!" 上默然不說, 左右皆恐. 於是遣閎出, 後不得復侍
宴.

| **註釋** | ㅇ庶子 - 주로 宿衛를 담당하는 시종. 여기서는 太子庶子. ㅇ允
執其中 - 堯曰, "咨! 爾舜! 天之曆數在爾躬, 允執其中. ~.《論語 堯曰》. ㅇ酒
所 - 酒氣, 酒意.

〖國譯〗

이때, 成帝의 외가인 王氏 세력은 크게 쇠퇴하였는데 平阿侯 王譚(왕담)의 아들 王去疾(왕거질)은 애제가 태자였을 때 太子庶子이었기에 총애를 받아 애제가 즉위한 뒤에도 侍中으로 騎都尉에 겨우 남아 있었다. 애제는 왕씨로 고위에 있는 자가 없기에 옛 인척으로 왕거질을 가까이 두었고 그 동생 王宏(왕굉)을 중상시로 임명하였는데 왕굉의 장인인 蕭咸(소함)은 전장군 蕭望之(소망지)의 아들로 오랫동안 군수를 지낸 뒤 병으로 사직했다가 다시 中郎將이 되었다. 왕거질, 왕굉 형제가 나란히 관직에 있었는데 동현의 부친 董恭(동공)이 흠모하면서 혼인을 맺으려 했었다. 왕굉은 동현의 동생인 부마도위 동관신이 소함의 딸을 아내로 맞이하려 하자 소함은 황공하여 감히 그럴 수 없다며 몰래 사위인 왕굉에게 말했다. "董公(董賢)이 대사마가 될 때 그 冊文에 '允執其中'이라 하였는데, 이는 堯가 舜에게 선양할 때의 글이지 三公의 전례가 아니며 이를 본 長老들이 두려워하지 않는 사람이 없었다. 이런 일을 어찌 보통 사람의 자제가 감당하겠느냐!"

왕굉 역시 지략이 있는 사람이라 소함의 말을 듣고 깨달아 소함이 말한 겸양의 뜻으로 동공에게 사양하였다. 이에 동공은 탄식하며 말했다. "우리 가문이 어찌 이렇게 천하에 인심을 잃었고, 어찌 이리 사람들이 두려워하게 되었는가!"

그 뒤에 애제가 麒麟殿(기린전)에서 연회를 벌렸는데 동현 부자와 친족과 왕굉 형제인 시중과 중상시도 모두 곁에 있었다. 애제는 술기운이 오르자 조용히 동현을 바라보고 미소를 지으며 말했다. "내가 堯임금을 본떠 舜에게 선양한다면 어떻겠는가?" 그러자 왕굉이

나서며 말했다.

"天下는 바로 高皇帝의 천하이지 폐하의 천하가 아닙니다. 폐하
께서는 종묘를 계승하시어 자손에게 전하여 무궁히 이어가야 합니
다. 천하 통치는 막중한 일이오며 천자에게 농담은 있을 수 없습니
다!"

애제는 말이 없었지만 불쾌하였고 좌우 모두가 두려웠다. 이어
왕굉을 내보내었는데 왕굉은 이후로 연회에서 다시는 시중하지 못
했다.

原文

賢第新成, 功堅, 其外大門無故自壞, 賢心惡之. 後數月,
哀帝崩. 太皇太后召大司馬賢, 引見東廂, 問以喪事調度.
賢內憂, 不能對, 免冠謝. 太后曰, "新都侯莽前以大司馬奉
送先帝大行, 曉習故事, 吾令莽佐君." 賢頓首幸甚. 太后遣
使者召莽. 旣至, 以太后指使尙書劾賢帝病不親醫藥, 禁止
賢不得入出宮殿司馬中. 賢不知所爲, 詣闕免冠徒跣謝. 莽
使謁者以太后詔卽闕下册賢曰, "間者以來, 陰陽不調, 菑害
並臻, 元元蒙辜. 夫三公, 鼎足之輔也, 高安侯賢未更事理,
爲大司馬不合衆心, 非所以折衝綏遠也. 其收大司馬印綬,
罷歸第." 卽日賢與妻皆自殺, 家惶恐夜葬. 莽疑其詐死, 有
司奏請發賢棺, 至獄診視. 莽復風大司徒光奏, "賢質性巧
佞, 翼姦以獲封侯, 父子專朝, 兄弟並寵, 多受賞賜, 治第宅,

造塚壙, 放效無極, 不異王制, 費以萬萬計, 國家爲空虛. 父子驕蹇, 至不爲使者禮, 受賜不拜, 罪惡暴著. 賢自殺伏辜, 死後父恭等不悔過, 乃復以沙畫棺四時之色, 左蒼龍, 右白虎, 上著金銀日月, 玉衣珠璧以棺, 至尊無以加. 恭等幸得免於誅, 不宜在中土. 臣請收沒入財物縣官. 諸以賢爲官者皆免." 父恭, 弟寬信與家屬徙合浦, 母別歸故郡鉅鹿. 長安中小民讙譁, 鄉其第哭, 幾獲盜之. 縣官斥賣董氏財凡四十三萬萬. 賢旣見發, 裸診其屍, 因埋獄中.

| 註釋 | ○功堅 – 견고하게 짓다. 功은 견고하다(堅牢). 功을 攻으로 쓴 판본도 있는데, 攻은 治也. ○新都侯 – 新都는 南陽郡 新野縣 都鄉(도향). ○大行 – 황제의 죽은, 죽은 황제. 장례절차가 끝나지 않은 황제의 죽음. ○幸甚 – 다행한 일. 고마운 처사. ○菑害 – 災害(재해). 菑는 灾(재앙 재)의 古字. ○至獄診視 – 診은 검사하다. 檢屍하다. ○驕蹇(교건) – 오만하다. 순종하지 않다. ○至不爲使者禮 – 천자의 사자에게 예를 표하지 않다. ○以砂畫棺 – 朱砂로 관에 칠하다. 그림을 그리다. ○不宜在中土 – 中土는 중국의 땅. 中原. ○縣官 – 국가. 황제. ○讙譁(훤화) – 떠들다. 왁자지껄하다(喧譁).

〔國譯〕

동현의 저택을 새로 완성되어 튼튼한 공사였는데도 바깥 대문이 까닭 없이 저절로 무너져 동현은 크게 걱정하였다. 그 몇 달 뒤 애제가 붕어하였다. 太皇太后(成帝의 王皇后)는 대사마 동현을 불러 東廂에서 만나 喪事의 준비에 대해 물었다. 동현은 內憂(내우)로 대답도 못하다가 관을 벗고 사죄하였다. 이에 태후가 말했다.

"新都侯 王莽(왕망)은 전에 대사마로 선제의 운구를 모신 경험이 있고 전례에 밝으니 내가 왕망에게 명하여 君을 돕도록 하겠소."

이에 동현은 돈수하며 사례하였다. 태황태후는 사자를 보내 왕망을 불렀다. 왕망이 들어왔고, 왕망은 태후의 지시에 의거 尙書로 하여금 동현이 황제의 병환 중에 의약을 챙기지 않았다고 탄핵하며 동현의 궁중 대사마 집무실 출입을 금지시켰다. 동현은 그런 줄도 모르고 궁궐에 도착했다가 관을 벗고 사죄하였다. 왕망은 謁者(알자)를 시켜 황태후의 조서로 궐문 앞에 가서 동현을 문책하였다.

"얼마 전부터 음양이 순조롭지 못하고 여러 재해가 한꺼번에 닥쳐 백성이 그 피해를 당했도다. 대저 삼공이란 鼎足(정족)으로 보필하는 자리이거늘 高安侯 동현은 사리를 알지도 못하면서 大司馬가 되었으며, 민심에 부합하지 못하고 외적을 막거나 변방을 편하게 하지도 못했다. 이에 대사마의 인수를 회수하고 파직하니 집에 돌아가기 바란다."

동현과 그 아내는 당일에 자살하였고 집안에서는 서둘러 밤에 장례를 치렀다. 왕망은 거짓으로 죽었는가를 의심했고, 담당자는 동현의 관을 발굴하겠다고 주청하여 옥에 가져와서 검시하였다. 왕망은 이어 대사도인 孔光(공광)을 사주하여 상주하게 하였다.

"동현은 천성이 아첨을 잘하고 간사함을 더하여 제후에 책봉되었으며, 부자가 조정을 마음대로 했고 형제가 총애를 받으며 하사품을 많이 받았고 저택을 지었으며, 무덤을 만들면서 방자함이 끝이 없어 왕의 법도와 같았으며, 억 단위를 돈을 허비하여 국고를 비게 하였습니다. 父子가 교만하여 사자가 하사품을 갖고 가도 예를 표하지도 않는 등 죄악이 아주 뚜렷합니다. 동현은 자살로 죄를 자복하였다지만 사후에도 그 부친 동공 등은 과오를 뉘우치지 않고 관에 주사로 사계절의 색을 칠하고 좌청룡 우백호를 그렸으며, 관위에 금은으로 일월을 새겼고 옥으로 만든 수의와 구슬로 관을 장식하였으니 지존한 천자라도 이보다 더할 수는 없었습니다. 동공 등이 행여 주살을 면하였지만 이 中原에 살게 할 수는 없습니다. 臣은 그 재물을 나라에서 몰수하고 동현에 의지하여 관직에 오른 자를 모두 파면할 것을 주청합니다."

동현의 부친과 동생 동관신의 가속들은 合浦郡으로 이주시켰고 그 모친은 옛 고향인 거록군으로 옮겨갔다. 장안의 하층 백성들이 저주하고 집을 보고 통곡하며 모든 재물을 훔쳐갔다. 나라에서는 동씨의 재산을 팔았는데 모두 43억 전이었다. 동현은 관을 꺼내 나신으로 검시한 뒤에 감옥의 마당에 묻었다.

原文

賢所厚吏沛朱詡自劾去大司馬府, 買棺衣收賢屍葬之. 王莽聞之而大怒, 以它罪擊殺詡. 詡子浮建武中貴顯, 至大司馬, 司空, 封侯. 而王閎王莽時爲牧守, 所居見紀, 莽敗乃去官. 世祖下詔曰, "武王克殷, 表商容之閭, 閎修善謹敕, 兵起, 吏民獨不爭其頭首. 今以閎子補吏." 至墨綬卒官, 蕭咸外孫云.

○建武 - 後漢 光武帝의 연호. 서기 25 - 55년. ○世祖 - 後漢 光武帝(劉秀)의 廟號(묘호), ○商容之閭 - 商容은 殷 紂王(주왕) 때의 樂官으로 賢人이었다. ○墨綬(묵수) - 漢 관리가 패용하는 검은색의 인수.

〖國譯〗

　동현이 평소에 후하게 대우하였던 沛郡(패군)의 관리 朱詡(주후)는 대사마부에 가서 자신을 탄핵하고 관과 수의를 사다가 동현의 시신을 거두어 매장해 주었다. 왕망이 이를 알고 다른 죄목으로 주후를 죽였다. 주후의 아들 朱浮(주부)는 建武 연간에 고위직에 올랐는데 大司馬와 司空을 역임하고 제후가 되었다. 王閎(왕굉)은 왕망 시기에 지방관을 지냈는데 임지에서 기강을 세웠고 왕망이 패망한 뒤에 관직을 떠났다. 世祖가 조서를 내려 말했다. "武王이 殷을 정벌한 뒤에 商容(상용)의 마을을 표창하였고, 王宏(왕굉)은 백성을 부지런히 잘 다스려 병란이 일어났어도 그 백성들이 그의 죽음을 원치 않았다. 이에 왕굉의 아들을 관리에 임용하겠다." 그 아들은 관리가 되어 관직에서 죽었는데, 소함의 외손이라고 하였다.

原文

　贊曰, 柔曼之傾意, 非獨女德, 蓋亦有男色焉. 觀籍,閎,鄧, 韓之徒非一, 而董賢之寵尤盛, 父子並爲公卿, 可謂貴重人臣無二矣. 然進不由道, 位過其任, 莫能有終, 所謂愛之適足以害之者也. 漢世衰於元,成, 壞於哀,平. 哀,平之際, 國多疊矣. 主疾無嗣, 弄臣爲輔, 鼎足不强, 棟幹微撓. 一朝帝崩, 姦臣擅命, <u>董賢</u>縊死, <u>丁</u>,傅流放, 辜及母后, 奪位幽廢, 咎在親便嬖, 所任非仁賢. 故<u>仲尼</u>著'損者三友' 王者不私人以官, 殆爲此也.

│註釋│ ○柔曼之傾意－미인에게 마음이 기울다. 柔曼(유만)은 온유하고 아름다우며〔婉媚(완미)〕곱고도 아름답다〔艶麗(염려)〕. ○籍,閎－籍孺는 고조의 男寵, 閎孺(굉유)는 혜제의 男寵. ○弄臣－군주의 놀잇감인 신하. ○鼎足－鼎의 三足. 곧 三公. ○棟幹微撓－棟幹(동간)은 기둥. 微撓(미뇨)는 약하여 휘어지다. ○損者三友－孔子曰, "益者三友, 損者三友. 友直, 友諒, 友多聞, 益矣. 友便辟, 友善柔, 友便佞, 損矣." 《論語 季氏》.

〚**國譯**〛

　　班固의 論贊 : 미인에게 마음이 기우는 것은 비단 여인의 德性 때문만은 아니며 아마 남자에게도 그런 미색이 있을 것이다. 籍孺(적유), 閎孺(굉유), 鄧通(등통), 韓嫣(한언) 같은 무리가 한 둘이 아니었지만 동현에 대한 총애는 특히 유별났으며, 父子가 나란히 공경의 자리에 올라 貴重하기로는 가히 신하에 그런 예가 없을 것이다. 그러나 正道를 거친 출세가 아니었고 직위가 감당할 수 없었기에 좋은 끝을 본 사람이 없었으니, 이는 애지중지한 것이 도를 넘었기에 오히려 해친 것이라 할 수 있다. 漢 왕조는 元帝와 成帝 때 쇠약해져서 哀帝와 平帝 때 붕괴되었다고 한다. 哀帝와 平帝 시기는 나라에 변고도 많았다. 그 큰 원인은 후사가 없었고 弄臣(농신)의 보필을 받았으며 三公이 나약했고 기둥이 약해 견디지 못했기 때문이다. 하루아침에 황제가 붕어하면 간신의 운명도 다하니 동현은 목매어 죽었고, 丁明(정명)과 傅喜(부희)는 유배되었는데 재앙은 그 모후까지 미쳐 지위도 빼앗기고 유폐되었으며 그 화가 가까이 했던 아첨배까지 닥친 것은 어질지 않은 사람이 등용되었기 때문이다. 그래서 공자도 '損者인 三友'를 언급하였으며, 王者가 私人에게 벼슬을 주지 않은 것은 아마 이 때문일 것이다.

저자 약력

陶硯 진기환陳起煥

서울 대동세무고등학교 교장을 역임하였고 개인 문집으로《陶硯集》출간.
주요 저서로는 중국 고전소설《儒林外史》국내 최초 번역,《史記講讀》,《史記 人物評》,
《中國의 土俗神과 그 神話》,《中國의 신선이야기》,《上洞八仙傳》,《三國志 故事成語 辭
典》,《三國志 故事名言 三百選》,《三國志의 지혜》,《三國志 人物評論》,《精選 三國演義
原文 註解》,《中國人의 俗談》,《水滸傳 評說》,《金甁梅 評說》,《논술로 읽는 論語》,《十八
史略 中(下)·下(上)·下(下)》,《唐詩三百首 上·中·下》共譯,《唐詩逸話》,《唐詩絶句》,《王維》,
《漢書 (一)·(二)·(三)·(四)·(五)·(六)·(七)권》외

E-mail : jin47dd@hanmail.net

原文 註釋 國譯

漢書(八)
한 서

초판 인쇄 2017년 6월 20일
초판 발행 2017년 6월 30일

역　주 | 진기환
발행자 | 김동구
디자인 | 이명숙·양철민
발행처 | 명문당(1923. 10. 1 창립)
주　소 | 서울시 종로구 윤보선길 61(안국동)
　　　　우체국 010579-01-000682
전　화 | 02)733-3039, 734-4798(영), 733-4748(편)
팩　스 | 02)734-9209
Homepage | www.myungmundang.net
E-mail | mmdbook1@hanmail.net
등　록 | 1977. 11. 19. 제1~148호

ISBN 979-11-88020-18-8 (04910)
ISBN 979-11-85704-78-4 (세트)
30,000원